2015年度湖北省社科基金一般项目
本书得到湖北大学研究生精品课程教材建设经费资助

道德·价值·文化丛书

中国哲学导论

周海春 / 著

科学出版社
北京

图书在版编目（CIP）数据

中国哲学导论/周海春著.—北京：科学出版社，2016
（道德·价值·文化丛书）
ISBN 978-7-03-048899-2

Ⅰ.①中… Ⅱ.①周… Ⅲ.①哲学—研究—中国
Ⅳ.①B2

中国版本图书馆CIP数据核字（2016）第136498号

丛书策划：侯俊琳　樊　飞
责任编辑：侯俊琳　樊　飞／责任校对：张怡君
责任印制：徐晓晨／封面设计：无级书装

编辑部电话：010-6403 5853
E-mail：houjunlin@mail.sciencep.com

科学出版社 出版
北京东黄城根北街16号
邮政编码：100717
http://www.sciencep.com

北京虎彩文化传播有限公司 印刷
科学出版社发行　各地新华书店经销
*
2016年7月第 一 版　开本：720×1000　1/16
2021年7月第三次印刷　印张：20 1/2
字数：550 000
定价：99.00元
（如有印装质量问题，我社负责调换）

"道德·价值·文化丛书"
编委会

主　编　江　畅　戴茂堂
副主编　李家莲　方　熹
编　委　（以姓氏拼音为序）

陈道德	陈　俊	陈　山	陈占友	方德志
冯　军	冯显德	高乐田	侯忠海	胡向东
黄文红	黄　妍	江传月	江　峰	李斌斌
李　莉	林季杉	刘　丹	罗　超	罗金远
倪　霞	强以华	阮　航	史　军	舒红跃
孙友祥	谭　洁	陶文佳	万明明	王义芳
王　振	吴晓云	吴秀莲	伍志燕	夏建华
谢　军	熊在高	徐　瑾	严　炜	颜昌武
杨爱琼	杨　丹	杨海军	姚才刚	余卫东
余　燕	曾丽洁	张光华	张立波	张　能
张　清	周海春	周鸿雁	周　涛	周　勇

目录

第一章　中国哲学的灵魂与内核　　1

　　第一节　中国哲学是一种闻道功夫　　2
　　第二节　中国哲学是出生灭门入真如门的学问　　25
　　第三节　中国哲学是转识成智的学问　　27
　　第四节　中国哲学是即凡而圣的学问　　37

第二章　生灭和真如　　53

　　第一节　生灭为式，真如为能　　53
　　第二节　儒门亦"隐"　　54
　　第三节　道家求真如界之逍遥　　66

第三章　顿悟和修心　　70

　　第一节　儒门修心法　　70
　　第二节　道家修真法　　76
　　第三节　禅悟法　　85

第四章　德性与伦常　　93

　　第一节　天人情怀　　93
　　第二节　人伦情怀　　121
　　第三节　人类情怀　　146
　　第四节　德性情怀　　153

第五章　王道政治　　178

　　第一节　政治儒学　　178
　　第二节　"为政"意旨　　184

        第三节　仁政六义　　　　　　　　　　　　　190

第六章　《中国哲学史》　　　　　　　　　　　199

        第一节　中国哲学史的回顾与展望　　　　　199
        第二节　治中国哲学史的目的　　　　　　　207
        第三节　外观法和内观法　　　　　　　　　213
        第四节　现代中国哲学史的核心要件　　　　227

第七章　中国哲学创新的基本视域　　　　　　240

        第一节　保守主义和激进主义的两难　　　　240
        第二节　新批判主义对中国哲学的理解　　　244
        第三节　传统文化与民族认同　　　　　　　257
        第四节　中国哲学的自觉　　　　　　　　　266

第八章　中国哲学的解释学与通向语言之途　　284

        第一节　道言及其显示的诸种形式　　　　　284
        第二节　汉字与中国哲学　　　　　　　　　288
        第三节　汉语语法和中国哲学　　　　　　　296
        第四节　中国哲人对话的艺术　　　　　　　301
        第五节　譬喻中的逻辑　　　　　　　　　　304
        第六节　中国哲学史上的两种逻辑进路　　　307

后记　　　　　　　　　　　　　　　　　　　　315

丛书编后记　　　　　　　　　　　　　　　　　317

第一章 中国哲学的灵魂与内核

每个民族的哲学思想都包含很多方面的内容,把握一个民族的哲学思想要把握核心,这样才能深入一个民族哲学的核心。给一个民族的哲学下定义,也要紧扣这个核心。中国有没有自己的哲学?虽然很多学者承认中国有自己的哲学,但却缺乏中国自己的哲学定义。为什么会出现这种情形呢?原因之一就在于对中国哲学的灵魂体认不足,便拿另一种类文化的哲学来定义自己的哲学。

冯友兰、胡适等都提出过哲学的定义。胡适给哲学下的定义是:"哲学的定义从来没有一定的。我如今也暂下一个定义:'凡研究人生切要的问题,从根本上着想,要寻一个根本的解决:这种学问叫做哲学。'"① 他给哲学史下的定义是:"若有人把种种哲学问题的种种研究法和种种解决方法,都依着年代的先后和学派的系统一一记叙下来,便成了哲学史。"② 依照这个定义,可以把中国哲学史定义为:中国人记叙下来的种种研究和种种解决哲学问题的方法史。那又什么是哲学问题呢?依据胡适的意思推出来,显然就是人生切要的问题。然而,如何理解人生切要的问题本身又成了一个哲学的问题。所以此定义还没有直面中国哲学本身。

冯友兰说如果要用一句话说出哲学是什么,那就是:"哲学是对于人生的、有系统的、反思的,思想。"③ 对于人生的觉解,就是对于人生反思的思想;在人生中思想人生的思想就是反思的思想,这种思想,如成为系统,即是哲学。具体的哲学都是为了反思人本身,显示天和宇宙本身的,都是显示本然的哲学系统的某一方面的,其最后都要依照天和宇宙之理。这样一来,中西哲学就有了会通的基础。

冯友兰和胡适都比较关注哲学与人生的关联,这没有问题。关键的问题是:中国古代哲人是如何直面人生的呢?中国古代哲人有自己特殊的直面人生的方式,现在的任务是提出能够概括中国哲学特质的中国自己的哲学定义,这个定义能够说明中国古代哲人直面人生的思考。中国自进入现代以来,冯友兰等人在探寻中国哲学的时候,都倾向于借助规定一般哲学来界定中国哲学。如冯友兰认为有一个本然的哲学系统,然后才是具体的哲学系统。如牟宗三说:"由此才能了解哲学虽然是普遍的真理,但有其特殊性,故有中国的哲学也有西方的哲学,普遍性与

---

① 胡适:《中国哲学史大纲》(卷上),东方出版社,2004年,第1页。
② 胡适:《中国哲学史大纲》(卷上),东方出版社,2004年,第2页。
③ 冯友兰:《冯友兰卷》(下),胡伟希编校,河北教育出版社,1996年,第824页。

特殊性均要承认,这样就可解消二律背反。以其有普遍性,通过中华民族或希腊罗马民族来表现也可以相沟通。"①列文森把冯友兰和蔡元培的中国文化建设思路看成是一样的,就是力求把中国价值普遍化来提高中国哲学和文化的价值地位。"它仍然是蔡元培的思路,即努力通过促使特殊的中国价值与普遍的世界价值的配合来加强中国的地位。"②上述思路导致这些哲学家跳过了给中国哲学下定义,而往往给出一个一般的哲学定义,然后直接跳到谈论中国哲学的特质问题。比如冯友兰的《中国哲学史》这样说中国哲学:"所谓中国哲学者,即中国之某种学问或某种学问之某部分之可以西洋所谓哲学名之者也。"③紧接着,冯友兰先生就谈起了中国哲学的弱点等问题。

中国哲学的定义需要根据中国哲学的特质的把握概括出来。对中国哲学的特质的把握不同,自然可以概括出不同的中国语境下的哲学定义。可以给中国哲学下这样一个定义:中国哲学是转识成智,由凡入圣,出生灭门入真如门的学问。此定义借鉴了牟宗三先生的说法和唐君毅先生的说法。此定义涵盖了哲学三个较为核心的组成部分,转识成智是认识论问题,由凡入圣是伦理道德问题,出生灭门入真如门是本体论问题。这个定义在一定程度上触及了中国哲学的内核。如果用一句话来概括中国哲学,可以说中国哲学是闻道的学问。道家求道自不待言,儒门也求"闻道",也是"道问学",中国佛教也讲"道心"和"悟道"。正如慧能所言:"自若无道心,闇行不见道。"(《坛经》)

第一节 中国哲学是一种闻道功夫

中国古人不以"哲学"称呼自己的学问和思想。中国古人重视"为道","为道"与"为学"相对,不管是体悟天理,还是追求本心,都是"道问学"的事。这个是中国哲学的核心部分,也是最纯的部分。这个最纯的部分当然应该是中国自己的"哲学"。

这样一来,就有了矛盾,"哲学"似有知识之意,用有知识之意的词语来描述中国哲学,会有一定的不协调。熊十力就讨论了圣学和哲学的关系。"尽性至命,正是圣学之所以为圣学处。若只说到穷理而止,则圣学与中外古今哲学家者,亦

---

① 牟宗三:《中西哲学之会通十四讲》,上海古籍出版社,1997年,第5页。
② [美]约瑟夫·列文森:《儒教中国及其现代命运》,郑大华译,广西师范大学出版社,2009年,第95页。
③ 冯友兰:《中国哲学史》(上),重庆出版社,2009年,第7页。

无甚区别。西洋哲学家谈本体者,只是驰逞知见,弄成一套理论,甚至以其理论即是真理,而真理直被他毁弃。须知,哲学不当以真理为身外物而但求了解。正须透悟真理非身外物,而努力实现之。圣学归本尽性至命,此是圣学与世间哲学根本区别处。"① 圣学即中国哲学的灵魂和核心。

中国哲学不同于以知识取向为主的哲学,然而又是一种知识,如何理解中国哲学的"哲学"性?以《庄子·逍遥游》为例,连叔即是典型的中国"哲学家"。

> 肩吾问于连叔曰:"吾闻言于接舆,大而无当,往而不返。吾惊怖其言,犹河汉而无极也;大有径庭,不近人情焉。"连叔曰:"其言谓何哉?""曰'藐姑射之山,有神人居焉,肌肤若冰雪,淖约若处子;不食五谷,吸风饮露;乘云气,御飞龙,而游乎四海之外;其神凝,使物不疵疠而年谷熟。'吾以是狂而不信也。"连叔曰:"然!瞽者无以与乎文章之观,聋者无以与乎钟鼓之声。岂唯形骸有聋盲哉?夫知亦有之。是其言也,犹时女也。之人也,之德也,将旁礴万物以为一,世蕲乎乱,孰弊弊焉以天下为事!之人也,物莫之伤,大浸稽天而不溺,大旱金石流、土山焦而热。是其尘垢秕糠,将犹陶铸尧舜者也,孰肯分分然以物为事!"(《庄子·逍遥游》)

在这个故事中,肩吾是拘泥于世俗经验中的人。肩,肩膀;"吾"是与"我"相对的,与"吾"并肩,说明没有深入到"吾"的世界之中,没有深入到"道之通见"之中。肩吾,隐喻与道并列的、缺乏内在联系的人,拘泥于常识经验中的人。所以肩吾不能理解接舆的话,认为接舆的话"大而无当","往而不返","不近人情"。以论证经验和理性世界为主要取向的哲学,难以和科学划清界限,缺乏必要的超越视野和对现实生活的反思。

接舆的处境类似于一个宗教人物,具有超绝的出世的倾向。接舆,隐喻已接近道的人。接舆的话显然有一定的"大话"特征。接舆,接引的车子,显然是入道的工具和桥梁。接舆的话是接引入道的桥梁。接舆说了什么呢?在遥远的姑射山上,住了一个神人,不吃五谷,吸清风,饮露水,乘着云气,驾着飞龙,而遨游于四海之外。他的精神凝聚,使物不受伤害,谷物丰熟。姑射山上的神人,是对得道的人的形象化的描述。他肌肤像冰雪一样洁白,容貌有如处女一样柔美。也就是说得道的人会有一些形体方面的特征,首先是皮肤比较干净,气质更加单纯和纯洁,真实,没有污染。风露、云气等都是道的滋养。也就是说"得道"的

---

① 熊十力:《熊十力卷》,王守常编校,河北教育出版社,1996年,第133页。

人在饮食方面不主要依赖"五谷",而是从道处得到滋养。"御飞龙"、"游乎四海之外"是说得道的人的心智完全在超越的世界。得道之人生命的飞扬依赖的是完全不一样的工具"飞龙"。"其神凝,使物不疵疠而年谷熟"是说得道的人的价值是很大的,其精神凝聚就可以使物不受伤害,谷物丰熟。什么样的生命对这个世界有很大的贡献,在"道之通见"中,是人的精神凝聚平衡了世界的阴阳,平衡了世界的肯定和否定的力量,从而有利于风调雨顺,这是无用之用,无功之功。接舆显然是超越世界的代表。接舆的人物形象不能成为中国哲学的代表。

连叔则即入世又出世,既了解世俗生活的经验,也能够向世俗生活解释超越世界的经验,出有入无,在生灭门和真如门之间如如,这体现了中国哲学的精神本质。连叔,隐喻与道连在一齐的次一级的人。连叔具有一种解释学的地位,可回忆或者解释不同的经验系统,可以了解神秘经验,也可以了解常识经验。连叔因为能够理解超越世界的经验,从而能够发现世俗经验的局限性。"瞽者无以与乎文章之观;聋者无以与乎钟鼓之声,岂独形骸有聋盲哉!夫知亦有之。"(《庄子·逍遥游》)连叔能够认知高等事物及其价值具有超越性、独立性和一体性。高等价值事物的生存论、本体论或者本原论的特征是:在万物与"一"之间有机结合,是体会和领会"道"之"一"的存在者。"之人也,之德也,将磅礴万物以为一,世蕲乎乱,孰弊弊焉以天下为事!"(《庄子·逍遥游》)从道德论来看,高等价值的事物的德性是德被万物的。高等事物及其价值是不会受到伤害的。"之人也,物莫之伤,大浸稽天而不溺,大旱金石流土山焦而不热"。(《庄子·逍遥游》)尧舜所代表的价值只不过是高等事物及其价值的尘垢秕糠罢了。"是其尘垢秕糠,将犹陶铸尧舜者也。孰肯以物为事!"(《庄子·逍遥游》)从价值论来看,高等事物的无功具有大功,无用是用的基础,无用具有大用。这样《逍遥游》从"有"之"化"开始,落脚于"用",重点讨论了人生价值的问题。

在儒家那里,则是要处理"道"和"经""文"的关系。如果只是拘泥于经文则成辞章之学,只有闻道才成"儒学"。"古之学者,皆在传授。如圣人作经,本欲明道。"① 闻道为本,经义为末,合起来是儒学。"学也者,使人求于内也。不求于内而求于外,非圣人之学也。何谓于求外?以文为主者是也。学也者,使人求于本也。不求于本而求于末,非圣人之学也。何谓求其末?考详略,採同异是也。二者弗益于德,君子弗之学也。"②

---

① 程颢,程颐:《二程集》,中华书局,1981年,第13页。
② 程颢,程颐:《二程集》,中华书局,1981年,第1198～1199页。

理想的中国哲学当兼具经验描述、理性思辨和智慧的悟解三个方面，这就需要对中国"哲""学"二字进行一定的构建工作。《中庸》提到的"哲"字有丰富的思想内涵。"是故居上不骄，为下不倍。国有道，其言足以兴；国无道，其默足以容。诗曰：'既明且哲，以保其身。'其此之谓与？"（《中庸》）为何要"哲"？"哲"之要害何在？中国本意的"哲"的意蕴为何？"哲"的前提是"明"，要结合"明"来理解"哲"。依《中庸》，人有禀赋于天的诚明明德，然此诚明进入人身而被部分的遮蔽，人需要从透出的明德来回到明德的源头。对于明德来说，人生在世本身就是明德之伤，需要一种智慧来处世。这个智慧就是"居上不骄，为下不倍。国有道，其言足以兴；国无道，其默足以容"。"哲"字在这里就有从明德的视角看待人生，并合理处世的意味。"明哲保身"是保护"明"不受到伤害，以超越的心情处世，其中包含了一种以出世的精神入世的要求。从这一意义上来说，中国本有的"哲""学"即圣学。

1. 释"哲"

中国原本的"哲"具有用一定的手段超越某种界限的含义。"哲"可以涵盖中国哲学超越论的倾向，也可以涵盖中国哲学从人的中心体验世界的倾向。

哲学是一个译名，其西文原字出于希腊，本是爱智的意思。后来西洋哲学家所立的哲学界说甚多，几乎一家一说。其实都只是一家哲学之界说，而没有一般的哲学界说。中国古来并没有与今天所谓哲学意义完全相同的名称。"哲"和"学"两个字原本是分开的。因此我们不能直接从先秦那里知道中国人对什么是哲学的理解和所认知的哲学的范围包括哪些内容。我们只能从现代的哲学学科和哲学的立场上来理解、阐释和建构先秦哲学和中国哲学，包括建构"哲""学"两个字，给予这两个字以更多的规定性。

《尚书·皋陶谟》说"知人则哲"。哲字是一个会意兼形声字。金文（铸在青铜器上的文字）的"哲"字，左上部是一个梯子的象形线描，右上部是一个"斤"，乃斧子的象形；下部是一个心的象形。三形会意表示在心灵的基础上，用心斧加工心梯逃离困境的人。借以表达具有非凡智能者或颇有心计的人。

小篆（秦统一中国后通行的标准字体）的"哲"字有两款，一款承接金文，只是把梯子和斧子合并，改为"折"，意谓心明有所决断。另一款有将下部的"心"形，改为"口"，从而成为一个"从口折声"的形声字。当然其中也含有以语言折服他人的意思。这可能反映了战国的社会状况。战国时代说客盛行，更有苏秦、张仪的合纵连横。东汉许慎编写的《说文解字》中说："知也"。段玉裁注曰:"释言曰:哲,智也,方言曰哲也,古智知通用。""知"和"智"通用,一个是方言,一个是雅言。

由于没有明显的身心分化的理解,中国古代的"心"和"中心",不单指人的"心灵"。"中心"而可以指一切中心。《诗经·黍离》中说:"彼黍离离,彼黍之苗。行迈靡靡,中心摇摇。"①这里的"中心"具有从形体的中心来说明心灵中心的现象论、经验论色彩。

其一,现状的超越。如果"中心"是价值的心,价值的中心,那么"哲"学就是要树立一种价值观,通过一种价值方法,超越现有的价值观念和意义生活。哲学是帮助人走出人生困境的学问,忧患意识是中国哲学的根本的意识;没有了忧患意识就意味着在根本上背离了中国哲学。

从超越性角度看哲学,有两种哲学。一种是提升现实生活的,改造人世的;一种则是以论证现实生活的合理性为目的。在论证现实的哲学中,世界是异隔的、不融贯的世界;超越哲学的世界是同融的。中国哲学兼顾了这两个方面。"哲"就是帮助人逃离现实生活的困境的学问,它也表现出一种技术性的取向,"哲"字就意味着要用心斧加工心梯逃离困境。"哲"是某种方法、道路,在这一方法和道路中人的生命积极地持存在宇宙中,从当下的持有积极地过渡到高等的存有,获得更大的自由和自在。

其二,从人的中心体验宇宙。"哲"显示出中国哲学中人的身心的中心性和宇宙宏大的宇宙感与宏大的生机主义的时空感的有机统一。"哲"字具有人本主义的色彩,可以走出一种身体的修炼技术,也可以走出心灵修炼的技术。古代的"心"没有明确的身心的分别。如《诗经》中所说的"中心摇摇",既可以指心灵也可以指身体。这说明中国哲学依凭的基本手段没有脱离人本身。人是中国哲学的手段、方法和实验室。

中国哲学的基本实验室和基本的实验手段是人的肉体和精神。对肉体的重视是东方人文学科的最显著的特点。其最突出的表现是印度哲学和中国佛教和道教。道教和道家哲学为了使肉体发生改变,能够长寿或成仙发明了一整套的方法。比如辟谷、食气、武术、静坐等。道家的内丹术是一整套的系统,炼精化气、炼气化神、炼神还虚,以肚脐下的下丹田或两眉间的上丹田为炉,通过心肾相交,水火既济,最终打通经脉,从而达到元神出窍、幻化无穷的成仙的目的。离开这一基本的实验手段,道家思想尤其是道教思想则犹如天书,虚而不实,无法理解其

---

① 周阵甫译注:《诗经译注》,中华书局,2002年,第95页。

中包含的真理性颗粒。藏传佛教把人体分成六个能量中心：六轮。从海底轮，直到顶轮，进行明点开发，力图打开这些能量中心。中国佛教主张禅观，也有着一整套的系统。西方基督教也有祈祷、唱颂等不同的身体仪式。中国哲学中身体的屈伸、阴阳和五行都有方法论的意义。数字、符号同样被赋予较高的哲学意义。

以肉体锻炼为根基，对精神手段的不同运用是哲学最基本的手段。由于受时代条件的限制以及科学思维和文化习惯改变的影响，人们对历史上的哲学家对精神手段的运用并没有进行过全面客观的揭示。古今中外的人文学科对精神手段的运用可以从不同的角度来进行说明。从人的感官功能的依凭、运用和发挥来说不外乎两个方面：一个是听闻；一个是看和观。听闻是被动地接受，要有音方可听。现代人认为听只是耳朵的功能，而古代人则认为听还是大脑和心灵的功能，即闻。佛教把"闻"看作是人的本性。《楞严经》对此做了非常详细的说明。现代西方哲学对此也有所认识，古代西方哲学也可以找到它的印记。如《道德经》中的"大音希声"和禅宗的禅不用语言、以心传心，儒家的明心见性、尽性知天等等。"闻"和"观"也就成了东方人文学科和人文学说的终极真理。内在的音和光的体验也就被叫做"道"。"道""天理""心""本心""光明本体""良知"也就是"性"、"人性"、"佛性""元性"。其他的心灵活动是这两种功能的延伸，如象思维，乐思维；另外归纳、推理都离不开这两个基础。

2. 释"学"

中国古代哲学范畴往往都有很多的意义，这几乎成了制约现代人面对中国哲学经典时候最为困惑的问题。以"学"例，就有学习、学问、学说、学派、练习、模仿、觉悟、教授等诸种含义。

在现代语境中，一说到"学"，总是要问学什么，谁在学，也就是说总是要被纳入到主客体语境中来领会。"学"往往被理解成连接主体和客体的谓语。如果这样来理解"学"，"学"和"道"之间就无法协调。本书理解的中国哲学之"学"兼容了"为学"和"为道"两个方面。"为学"的方面强调学可以有对象，"为道"的方面强调"学"为"觉"，"道"不是"学"的对象，而是道的自我觉悟。

在中国哲学的语境中，"学"往往是独立使用的，后面没有直接连接着一个学的对象。另外，即便后面连接着一个字，但那个字是否就是"学"的"对象"也是有待于分析的。基于这个基本的事实，可以把"学"分成不同的层面，认为"学"包括字的象形层面：教授小孩子的具体形象；抽象层面：意义的觉悟，包括自觉和觉他；对象联结的时候延展出的意义层面：模仿、练习、读书、学说、学派等等。具体的觉悟活动很多，包括读书性的学习、道德的活动等等。因此，"学"作为一个独立的意义体的时候，其核心的抽象意义是稳定的。而在不同的语境中，它可以和读书、道德实践、意义领悟等不同的范畴结合。但每一种结合中都有抽象的意义旨归。

在中国先秦时期，"学"的含义在儒家那里有一个变迁的过程。比如同为儒家经典文献的《论语》和《孟子》两书，如果从范畴使用的情况来看，"学"在《孟子》中虽然也使用了很多次，但相当一部分是引用孔子、子贡、曾子的说法的时候出现了"学"这个字。《孟子》中出现了"学者"、"学问"、"学校""学射"，也有"向……学"之类的表述。另外，还使用了"先觉"和"后觉"的字样。《孟子》认为最重要的"学问"是"求其放心"。"学问之道无他，求其放心而已矣。"（《孟子·告子章句上》）《荀子》比较重视"学"，并以《劝学》开篇，但他强调的"学"和《论语》中的"学"的含义存在一定从差别。从《孟子》和《荀子》使用"学"的情况来看，"学"的模仿、练习、读书、学说、学派等意义基本上都被使用过。要想把握《论语》中"学"的内涵，需要采取建构的态度，从后起的意义中回溯到《论语》文本，并需要进行仔细的鉴别。

1）作为"觉"的"学"

"学"字的核心意义是"觉"。以"觉"训"学"具有比较充分的逻辑的合理性。如果从时代或者历史的角度去考察以"觉"训"学"的合理性，还有很多的工作要做。在《论语》中有一处使用了"觉"字。"子曰：'不逆诈，不亿不信。抑亦先觉者，是贤乎！'"（《论语·宪问》）从现代的语言环境来看，这段话在某种意义上说是令人费解的。"亿，未见而意之也。""人有诈不信，吾之明足以知之，是谓先觉。彼未必诈而逆以诈待之，彼未必不信而先億度其不信，此则不可。"① "亿"就是用先入之见来看待事物。《论语》中的"学"也要求"毋意，毋必，毋固，毋我。"（《论语·子罕》）

《说文解字》在教部解释"学"说："觉悟也。"② 《白虎通》《辟雍篇》说："学之为言觉也，以觉悟所未知也。"③ "觉"和现代哲学语言环境中的什么范畴对应呢？是"直觉"还是什么？显然进行简单的拉郎配似的对应是不行的。安乐哲等在《孔子哲学思微》中说：学"是指直接知晓的过程，而不是以概念作中介的对

---

① 程树德：《论语集释》，中华书局1990年，第1014页。
② 藏克和，王平校订：《说文解字新订》，中华书局，2002年，第206页。
③ （清）刘宝楠：《论语正义》，中华书局，1982年，第2页。

客观事实的知识。……'学'的第二个涵义是传递一个人的文化遗产。"① 他还说："学习就是获得和占有前人赋予文化传统中的意义。这样，'学'就能为社会的个人提供一个共同的世界，在此基础上，人们就能够相互交流和接触。而要进入这个共同的世界，就必须有个人修养的条件。"② 安乐哲和罗思文在《〈论语〉的哲学诠释》中进一步说："需要强调的一点是，我们对'学'的理解已经发生了重要的变化。以前的讨论认为，'学'是用所谓真实的语言描述，并通过概念传播的关于客观世界的知识；而现在'学'字被解释为'觉'的一个不可传递的环节（事实上，'学'与'觉'是同源词，'学'也据此被训为'觉'）。"③

海德格尔给学习下的定义有助于说明孔子的"学"概念。在海德格尔看来，学习的意思是，让我们的一切所作所为与任何从根本上向我们吐露的东西遥相呼应。"什么叫学习？当人们着手他所从事的每一事情，以便使自己与从本质上向他吐露的东西相一致时，那么人们是在学习。"④"学"包含了着手于他所从事的每一事情，但根本上是从这些具体的事情中领悟生命存在的意义和价值。海德格尔还说："最困难的学是现实地直抵根基地取得对我们总是已经知道的东西的认识。这样一种学是我们这里唯一关心的；它需要持续地滞留于仿佛最为切近的东西那里，譬如在何谓物这样的问题上。"⑤

把"学"的核心意义定位为"觉"，为使"学"思想获得意义的统一性并进行相对清晰的逻辑说明提供了可能，并在很大程度上能够从现代人的生活经验中得到确认。"默而识之，学而不厌，诲人不倦，何有于我哉？"（《论语·述而》）如何才能做到"学而不厌"呢？从现代人的生活经验来看，简单的练习、模仿活动或者机械的读书活动显然不能做到持续的"不厌"，而如果在练习中提升了自己的智能，心灵生活更为丰富，就会激发学习对象的兴趣，并可以从中获得乐趣，从而"不厌"。换句话说觉才能不厌，否则没有觉的默识肯定是令人生厌的。不用说，在当今的社会背景下，我们很难想象一般性的模仿和练习能给人带来什么持久的内在乐趣，就是读书学习如果和把握人身的价值与意义没有关联又能有什么持久的乐趣呢？"子曰：'德之不修，学之不讲，闻义不能徙，不善不能改，是吾忧也。'"（《论语·述而》）一个人如何才能改过呢？如何才能走在"义"的道路上

---

① [美]安乐哲，郝大维：《孔子哲学思微》，蒋弋为，李志林译，江苏人民出版社，1996年，第29页。
② [美]安乐哲，郝大维：《孔子哲学思微》，蒋弋为，李志林译：江苏人民出版社，1996年，第30页。
③ [美]安乐哲，罗思文：《〈论语〉的哲学诠释》，余谨译，中国社会科学出版社，2003年，第61页。
④ 孙周兴：《海德格尔选集》（下），上海三联书店，1996年，第1206页。
⑤ 孙周兴：《海德格尔选集》（下），上海三联书店，1996年，第854页。

呢？如何才能修德呢？虽然对道德模仿的模仿可以帮助自己改过，但模仿之所以会取得成就根本还在于自己智能的提高，改过需要意志的自律，需要自我智能对是非的有效的鉴别。一个人只要具备了某一种比较清晰的对意义的领悟，就会具有一种内在的动力保证他持续地走在这条意义的道路之上。显然孔子这里所"忧"的"学之不讲"不仅仅是读书、练习、模仿等活动。把握人的世界的真实内容，形成一种事实的认识，也要靠主体认识的觉悟。练习、记忆、感觉和理性分析是学，但没有主体认识能力的提高和保证就不能直接知晓一种客观事实。人生存的现实世界的意义构建和领悟更要靠觉悟了，道德价值的练习和模仿活动只是达到领悟意义的一种手段。

2）作为模仿、读书的"学"

关于"学"，很多人都解释成了模仿、练习的方法。如朱熹理解为"后觉"对"先觉"的仿效。朱熹在《四书章句》中说："学之为言效也。人性皆善，而觉有先后，后觉者必效先觉之所为，乃可以名善而复其初也。习，鸟数飞也。学之不已，如鸟数飞也。"[①]

"学"是否有仿效的意思呢？应该说是有的，正如朱熹所说的那样，一个人如果成了"先觉者"，自然成了"后觉者"的典范，吸引"后觉者"去模仿；而"后觉者"也需要通过对"先觉者"仿效而逐步成为"先觉者"。"子曰：'君子食无求饱，居无求安，敏于事而慎于言，就有道而正焉，可谓好学也已。'"（《论语·学而》）有道来正的结果就是我就有道而得以"正"。这里强调的是"学"的模仿性、外在性、获得性，学具有被动的性质。"子曰：'若圣与仁，则吾岂敢？抑为之不厌，诲人不倦，则可谓云尔已矣！'公西华曰：'正唯弟子不能学也！'"（《论语·述而》）公西华所用之"学"，翻译为模仿和学习可以大致反映公西华之意。在中国哲学中，对相关肯定人性价值的阐发，对相关哲学理念的阐发是与各种人格典范分不开的。"子曰：'君子喻于义，小人喻于利。'"（《论语·里仁》）何谓"喻于义"呢？一般人们翻译为君子追求义，小人追求利益。这样的翻译应该说不算错，但对于"喻"的深层次意义揭示的不够充分。"君子所性，仁义礼智根于心。其生色也，睟然见于面、盎于背。施于四体，四体不言而喻。"（《孟子·尽心章句上》）从孟子所使用的"喻"的含义来看，"四体不言而喻"就是说"四体"充满了仁义礼智，成了仁义礼智的"比喻"、"譬喻"、"化身"。君子是"义"的化身，小人是"利"的化身。"君子"和"义"二者互相规定。这样一来，要想了解"义"

[①] 朱熹：《四书章句集注》，齐鲁书社，1992年，第1页。

概念的内涵就要从君子典范上面去寻找。

要想了解《论语》所代表的儒家哲学思想需要仔细体会君子、圣人等典范所表达的哲学理念，同样一个人要知道如何行动和如何做人、做事也要仿效君子或者圣人典范。这种模仿和仿效就是学习。一般由个别组成，个别体现了一般，每一个个人都具有典范的意义。关键在于这种典范是否发挥了正面的作用和发挥了正面的价值。学习典范就是要认识到每一个人其实都是一个典范，要发挥正面的作用。

"我们说某些事情或某些人是一个完美实现的典范，并不排除也许在某些方面它也是一个工具性的典范，通过榜样或示范告诉人们如何做好父母，如何打好棒球。"①"在'典范'的这种意义上，对于学习者来说，典范并不具有内在的价值和意义，而只是在工具的意义上发挥作用。"②仿效只能达到典范的工具性的层面，而不能达到完美人性的层面，自己成为典范需要自我的觉悟。"子曰：'君子不器'。"（《论语·为政》）"器"只是一种工具，君子不把自己降到工具性的器具的地位上。因为，个人怎样表现自己的生活，他们自己也就怎样。个人是什么样的，这同个人生产什么、生产自己的生活一致。一个人如果仅仅把"学"定位在读书或者对他人的效上面，就会把自己限定为一个被动的仿效者，而不是意义的提供者，从而失去其生存意义的丰富性。从这个意义上来说，《论语》中的"学"就不会仅仅是模仿或者仿效。因为模仿永远无法使得自己成为君子或者圣人。读书性的学习可以掌握典范表达的哲学理念，对君子的模仿可以成就君子的人格。读书性的学习不能与对典范的模仿分开，更为重要的是一切都要归结为意义的觉悟。

海德格尔对作为"习"的"学"作了一段精彩的论述。在他看来，就本质而论，哲学并不属于哲学学科。练习是"学"的一种，在练习中掌握与物打交道的方式，其中包含使用和认识。学是一种取得和占有，不能"学"一物，只能"学"对物的使用。"学是在人们学会使用的情况下的一种取得和占有"③。这样一种占有只有通过使用本身才发生，我们称之为练习。而练习无非是一种"学"。"我们在练习中学的东西只是物身上可学的东西的有限片断"④。没有觉悟的"练习"只能关涉事物的表面和局部，不能深入整体。模仿、练习都是学会使用，在学会使用的

---

① ［美］赫伯特·芬格莱特：《孔子——即凡而圣》，彭国翔，张华译，江苏人民出版社，2002年，第151页。
② ［美］赫伯特·芬格莱特：《孔子——即凡而圣》，彭国翔，张华译，江苏人民出版社，2002年，第147页。
③ 孙周兴：《海德格尔选集》（下），上海三联书店，1996年，第852页。
④ 孙周兴：《海德格尔选集》（下），上海三联书店，1996年，第853页。

情况下的一种占有。但这种情况总是陷在主客体的对立之中，现在工具性的片面选择和理解之中，无法发生整体性的领会和"觉"。尽管如此，练习和模仿也是有帮助的。模仿和练习只是为了觉悟的发生。而真正的"习"则必须在"觉"之后，"习"是觉后"精进"的事业。

胡适也把"学"看成是现在人们所说的学习，认为"学"是读书那种学习。胡适说："所以我说孔子论知识注重'一以贯之'，注重推论，本来很好，只可惜他把'学'字看作读书的学问。后来中国几千年的教育，都受这种学说的影响，造成一国的'书生'废物，这便是他的流弊了。"①

"学"不能直接等同于读书活动呢？《先进》记载"子路使子羔为费宰。子曰：'贼夫人之子。'子路曰：'有民人焉，有社稷焉，何必读书，然后为学？'子曰：'是故恶夫佞者。'"（《论语·先进》）子路既然把孔子的"学"理解为"读书"，说明孔子在平时对弟子的教育中是很重视读书的，所以把《论语》中的"学"理解为"读书"有一定的合理性。但是也要看到，在孔子心目中，读书只不过是实现"觉"的一个途径罢了。

细细追问，孔子为什么骂子路呢？是因为孔子认为读书就是"学"，而子路反对这一点吗？恰恰相反，是因为子路在思维前提上不符合孔子的心思。子路把"学"等同于具体的读书或者政治等具体事物，没有注意挖掘其价值归宿，在具体的事物中兜圈子，所以才引起了孔子的痛骂。缺乏意义支撑的事实世界，是一件次要的事情。问题不在于读书、或者种庄稼这件事，而在于没有把提高人生的修养，觉悟人为什么活着等事情当作重点。这自然也就很难提高人生境界，也就不会成为孔子所感兴趣的事。"学"可以指读书，在这段话中，子路所说的"学"的核心意义就是读书。孔子骂他，说明孔子反对把"学"局限于读书。通过对《论语》语境的分析，可以看出，《论语》中的"学"具有深层的义理层面。这个义理层面就是意义的觉悟。

3）"教"与"学"的一体性

哲学包含"学"和"教"两个方面。中国哲学讨论的问题往往是"学"什么和"教"什么的问题，什么是"学"和什么是"教"的问题。胡适在《中国哲学史大纲》中认为人生切要的问题不止一个，所以哲学的门类也有许多种。而怎样才可使人有知识，能思想，行善去恶的问题归结为教育哲学的问题。在中国哲学中独辟一个教育哲学的门类，应该说是很有见地的。但胡适理解的教育哲学还太

---

① 胡适：《中国哲学史大纲》（卷上），东方出版社，2004年，第83页。

窄，在中国哲学当中，"学"不仅仅是一个有知识和有道德的问题。

"学"作为觉，不意味着是纯粹的自觉。学之"觉"有教授和获得性的一面，即"他力"和自觉努力拥有的"自力"的一面，二者是一致的。有人认为这是一个会意字，是在屋中教人演算的意思。"学"是一个会意字，甲骨文的"学"字从爻（四根算筹交错），从𦥑（双手之形，表示用手演算）。爻、𦥑、屋室的象形。三形会意表示在屋中教人演算。金文的"学"字在屋室下面增添了一个"子"字，明确这是少儿接受教育的场所。小篆和楷书的"学"与金文一脉相承。"学"表明了教授的外在性。

"在孔子时代，'觉'涵衍了这样一种强烈的意识：当一个人力求成为博学者的时候，他要同时致力于学习与教授两个方面。随着时间的推移，'学'字的意义渐趋向向'学习'一意偏移。在汉语中，'学习'包含有承继、在诠释和发扬自身文化传统的意蕴，而不是消极地接受客观事实。"①

"学"与"教"密不可分。"一个衣柜匠学徒在学习时是否会达到与材料和木器相呼应，应明显地取决于一个能教诲该学徒如何进事的师傅的在场。"②"学"需要一个师父在场，师父把"学"获得的体验带给学生，从而在学生自身那里发生了"学"。

正如海德格尔所说："教比学难是因为，教意味着让人去学。真正的老师让人学习的东西只是学习。所以，这种老师往往给人造成这样一种印象，学生在他那里什么也没有学到。因为人们把获取知识才看作'学习'。真正的教师以身作则，向学生们表明，他应学的东西远比学生多，这就是让人去学。"③海德格尔也曾经指出："教无非是让别人学，也即带向相互间的学。学比教更为困难；因为只有真正能学的人——而且只要他能学——才真正能教。名副其实地教师唯有一点区别于学生，这就是他能更好地学，愿意更本真地学。在所有教，教师学得最多"。④"因此，这一真正的学是一种最引人注目的取，在这种取中，取者取得只是他根本上已经拥有的东西。教也与这一学相符合。教是给予、提供；但在教中提供出来的不是可学的东西，给出的只是对学生的指引，指引学生自己去取他已有的东西。如果学生只接受某种提供出来的东西，他就没学。只有当他感受到他所取的东西是他根本上已经拥有的东西时，他才达到了学。真正的学只在那种地方，在那里，

---

① ［美］安乐哲，罗思文：《〈论语〉的哲学诠释》，余谨译，中国社会科学出版社，2003年，第61页。
② 孙周兴：《海德格尔选集》（下），上海三联书店，1996年，第1217页。
③ 孙周兴：《海德格尔选集》（下），上海三联书店，1996年，第1217页。
④ 孙周兴：《海德格尔选集》（下），上海三联书店，1996年，第854页。

对人们已有的东西的取是一种自身赋予并且被真正经验到了。"[1]当一个人力求成为博学者的时候，他要同时致力于学习与教授两个方面。

4)"学"之体用

"学"的多种含义之间是什么关系呢？熊十力体用关系的理解可以采用。他说："一，学者，觉义。见《白虎通》'蔽觉谓之惑，去蔽谓之觉'。……十五志学，志于觉也。觉即是仁。觉受蔽而不显，即麻木不仁。上蔡以觉言仁，深得古义，朱子非之，则朱子之误也。……二，学者，效义。效者，取像之谓。取像事物的轨则，而无任意见以虚造是谓效。觉者，学之本。效者，学之术也。术本繁密，难以片言包举，要之以效为本。朱子注《论语·学而》首章虽以效言学，而曰'后觉者必效先觉之所为'，未免于拘。"[2]

"觉"构成了"学"的体，其他意义是"学"的用。二者之间有根本的不同。正如海德格尔所说："从科学到思没有桥梁，只有跳越。这一跳越把我们带向的地方并不只是对岸，而且是一个全然不同的境地。"[3]海德格尔在看到技艺性活动和"思"的不同而外，也说明了二者的一致性关系。比如他说："手所具有的本质是一会言说、会思的本质，并能在活动中把它体现在手的劳作上。"[4]

《论语》认为君子在形而下的器和形而上的道之间要有所选择，二者之间有不同的"道"，有着一条鸿沟。"道不同，不相为谋"(《论语·卫灵公》)。但作为"觉"的"学"却可以直接通达"道"。学为下，但可以达上。在"学"那里，下与上之间没有内在的鸿沟，自然也不存在需要沟通的桥梁。"学"与"道"的关联是"体用合一"的关联。自然的，君子在"学"的道路上前进，就是走在形而上的"道"上，形而下的生活、凡俗生活从此具有了自觉的圣人的意义，入世的生活也同时具有了出世的意味。本体和致用，形而上和形而下之间达到了一致。

在孔子看来，只有在意义觉悟的基础上，其他的具体的活动才有了形而上的意义，才是值得肯定的。君子是在具体的器艺性活动中能够领悟"一贯之道"的人。君子不局限于学习礼仪道德规范本身，而是要领悟其中的意义，能够导向自我人格的完善，并把此作为"一贯之道"贯穿在其他事务中。达巷党人说："大哉孔子！博学而无所成名。""子闻之，谓门弟子曰：'吾何执？执御乎？执射乎？吾执御矣。'"(《论语·子罕》)孔子自比"执御"是说他以人生意义的领悟来统领具

---

[1] 孙周兴：《海德格尔选集》(下)，上海三联书店，1996年，第853～854页。
[2] 熊十力：《熊十力卷》，王守常编校，河北教育出版社，1996年，第388～389页。
[3] 孙周兴：《海德格尔选集》(下)，上海三联书店，1996年，第1210页。
[4] 孙周兴：《海德格尔选集》(下)，上海三联书店，1996年，第1218页。

体的、知识性的、工具手段性的技能的掌握。"学"的体用关系使得孔子的"学"具有了不同的方法论和认识论功能,一个就是由多样的练习活动中获得觉悟;一个就是以觉悟来统领不同的活动。

5)"学"的整体性和诸种学说与哲学的贯通性和分离性

当我为这一认识寻求哲学证明的时候,偶尔阅读到海德格尔的相关论述。海德格尔希望给分化了的各学科找出一个整体性根据,在科学技术的代开辟出一条"思"的道路。在海德格尔那里,"学"既可以和各个个别学科兼容,更具有学科的根据的意义。通过"学"可以从各个事物的片断达到和事物的直接的整体性的把握。海德格尔的思考有助于展开对《论语》中显示出来的孔子的"学"的哲学思想的分析。

海德格尔指出:"学(luogia)始终是论证关系的整体,在其中,诸科学的对象在它们的根据方面被表象和理解。"①哲学和神学直接面对存在者之为存在者和论证存在者整体。海德格尔还做了更多的论述,这些论述是非常有启迪意义的。

中国汉字"学"的整体性体现在两个方面:其一是"学"本身是一个多元的意义体。可以包容现在的实践、理论分析论证、感性经验等多方面的内容。在"学"的名义下,有较大的自我发展和分化整合的空间。

其二,"学"在其具有独立性价值的基础上,可以和很多事物相联结。如在《论语》中"学"具有一定的独立性。学本身具有独立的思想价值。这使"学"构成为《论语》思想体系的基础性范畴成为可能。但就《论语》中"学"所联结的对象性范畴来看,包括了"礼"、"文"等,但最高的范畴是"道"。学就可内在地自然达到天命和道。其根本的依据就在于"知我者,其天乎!"学的自我努力包含着本体性的前提。

"学"字能表明中国哲学所具有的内涵和特征。但也要看到,中国之"学"在后来的发展中,在学科分化和整体奠基等方面还没有达到西方学术发展的那种样式和程度。在今天学科大分化和大综合的时代,把握"学"的多种含义具有十分重要的意义。

3. 生灭与真如如如为道

闻道可以成哲学,也可以成宗教,可以成世俗之知识,中国哲学为闻道学即是说中国哲学兼容了这两者。牟宗三对此体认甚深,真如界的挺立为无执的存有论,生灭界知识之挺立为有执的存有论。中国哲学不否认知识,反倒认为真如界

---

① 孙周兴:《海德格尔选集》(下),上海三联书店,1996年,第832页。

之挺立才能更好地追求知识。陆九渊对此说得很好。"后生全无所知底,似全无知,一与说却透得。为他中虚无事。彼有这般意思底,一切被这些子隔了,全透不得,此虚妄最害人。过、不及,有两种人。胸中无他、只一味懒怠沉埋的人,一向昏俗去。若起得他却好,只是难起,此属不及。若好妄作人,一切隔了,此校不好,此属过。人凝重阔大的好,轻薄小相的不好。"①所知之无和所知之有都有好有坏,要认识根源。人们常常痛恨别人或自己所知甚少,或者安于自己所知甚少,或者仇视别人所知甚多,所知的多,所知的少,都有病处。学者要识得病之根原处。所知之无有两种情况,一种情况是"全无所知底,似全无知,一与说却透得。为他中虚无事。"这种情况"所知之无",却是"真心之有","真心之有"可以简单地达到"所知之有"。一种情况是:"胸中无他、只一味懒怠沉埋的人,一向昏俗去。若起得他却好,只是难起,此属不及。"这种"所知之无"却是"真心之无",却是难起。如果是在真心的基础上,而"所知之有","一与说却透得"那是好的。真心之有是凝重阔大的根本,至于是否是"所知之有",则是应机而变。无真心则轻薄小相,"所知之有"也是局限于小相,"真心"则轻薄。若"真心"则无,所知却有,也是小相。如所知也无,其小相更甚,真心和所知一起"轻薄小相"了。此最应警惕。两层存有都要挺立,构成了中国哲学的核心。围绕这个核心中国哲学的基本逻辑结构均围绕内外和无内外展开。尽管《论语》未明显形成此思想构造,但其中已经蕴含了这种可能。到《中庸》、《大学》、《孟子》这一思想构造基本成型。

在中国哲学的基本思想构造中,最高的层次当然是无内外的本体或者整体。"夫理无内外,性无内外,故学无内外"(《传习录》)。这个超越内外的整体或全体、本体或者被称之为道,或者被称之为天命,或者被称为天理,或者被称为元气,或者被称为一真法界,或者被称为元性,或者被称为易和太极,不一而足。就中国哲学的主导倾向而言,这一本体当兼具生成、至善和智慧三义。

从整全的角度看,一切均在其中,整全不是人的外在对象。如果整全是人的认识对象,人也无法通过内外的逻辑认识整全。个体如何能够把握整全?前提是人之本性被看成是整全的,一滴水就包含大千世界,也可以通过一滴水映射出大千世界。于道家学说而言就是人之水镜能够照出世界的本来面目。于佛教而言既是般若智慧,这个智慧本身是圆性,眼、耳、鼻、舌的功能是圆融互摄的,进入这个智慧,能够照见五蕴皆空。从生成或者生起的角度来看,本体之仁即人之安

---

① 陆九渊:《象山语录》,山东友谊出版社,2001年,第286页。

宅，是人最可靠和最恒定的家园。从至善角度来看，这个无内外的本体即是玄德，即是至善，即是性善，即是本净之性。

本体如何变成内外的世界，为何变成内外的世界，中国哲学对此论述较少。但却较多地着墨于本体内蕴于主客体世界之中。这个内蕴或者被理解成诚，或者被理解成性善，或者被理解成元亨利贞等等，说法很多。在分成内外的世界以后，从内外的世界回到本体的世界则成了中国哲学提出的主要任务。"此岂有内外彼此之分哉？理一而已：以其理之凝聚而言则谓之'性'，以其凝聚之主宰而言则谓之'心'，以其主宰之动而言则谓之'意'，以其动之明觉而言则谓之'知'，以其明觉之感应而言则谓之'物'。"（《传习录》）意和物对应而成内外的世界。

欲从内外的世界回到本体不分内外的世界，必然提出两大根本性的人生任务：其一是破除我执，其二为破除法执。构成内外逻辑中的内我，首先由肉体而成立，然后是依据肉体而产生的感性欲望，感性认识和理性认知，感性、知性和理性均可能成为"我执"的表现。针对"我"的部分，《论语》要求"绝四"，做到克服必、固、意和我。孟子要求克服内外的逻辑，求根本的内在真我的表现四端之心。孟子要求寡欲，要求养小体，要求化小体为大体的工具，要求"践形"。《道德经》要求外其身，这样才能身存，主张不藏生命于身，而藏于道。《庄子》要求无己、无我、无功。佛教要求去我执。

外在的现象本身的执着也是要克服的对象。在儒家为正心，要求视之不见；在六家七宗则是色本身是因缘空，还是色就是空的问题。不管是道器说，还是本末论、体用论、有无论、动静论均涉及破除对现象界的执着，不过不同时代的哲学思想破解的路数和层次有差异。

对内外的执着往往被儒家表述成有私，外在的执着往往被儒家表述成有外。有私、傲、骄等等恰好是突出自我表现出来的品性，自然也成了中国哲学需要克服的恶。而相反的美德则是无为、谦、损和俭。成己之学本身要超越内外，但是当本体功夫穷尽处，则是成己成物了。这一点往往被儒家表述成至善。内外的世界是有执的世界，在诸多的执着中可分成三个根本的层次。第一个根本的层次为身体。针对这个层次道家要求堕肢体，儒家要求寡欲或者养欲或者无欲。第二个层次是七情。对自我和外在世界的执着表现为情，儒家称之为喜怒哀乐爱恶欲，佛教则称呼为眼、耳、鼻、舌、身、意六识或者有情众生。情中的对象世界为六尘。这个层次相当于西方哲学的感性认识部分。第三个层次则是知识性的执着。这个执着中国哲学并不是全然进入抽象的概念世界的讨论，而是具体化为为学问题的讨论，具体化为读书和闻见问题的讨论。学、知、思等概念范畴在有的情况下涉及理性的执着的思考。理性思考执着的对象世界为一理的世界，自然需要讨论这个理是在心内还是在心外，理是理性对象的世界还是无执的存有世界的理。内外的世界是人与人关系的世界，也是人与物关系的世界，也是人把天当成外在对象构成的天人关系的世界。有执的世界当被中国哲人解析为这三个部分以后，如何处理人与物、人与人的关系以及人与天的关系也就成了中国哲学一贯的问题意识。从内外的有执世界进入无执的世界即闻道、行道。

1）以人走道说道

在这里首先说明的是"道"字本身对解释"道"的意义的作用。在唐力权看来，"道"是核心语言，是泰古语言。"道"是中国语言里最具有涵盖性和代表性的和含义最丰富的核心语言。"道"最早出现在《尚书》（Book of Documents），其语境是：开出一条隧道导引河流以免河水泛滥堤岸。"道"应该由两个部分组成：首和脚。手和脚代表了人的整体。道就像一个完整的人一样。所以，"道"就是人，人就是道。人就是走在一定道路上的人，道通过人的求道来显现。但道的真正显现是"善为道者"这样的人。"道"本来指的乃是我们的身心合一的完整的人，这是"道"的泰古原意，这个意义上的"道"又叫做"道体"。

如果按照两个部分来分析"道"。其一是首（头）（head）。意指整个头部（to lead through）。其可能的意指对象可以做如下分析。①其暗指"道"与人的头部有对应关系，道与人的关联的本质部分在头部，把握"道"也要通过头部。②首先（foremost），根本的价值归宿。③方向、导向。"头"的这一成分暗含的"引领"（to lead）的意思就是"给出方向"（to give a heading）。导（to lead forth）这个词原初就带有动名词性、过程性和能动性：一个导向（a leading forth）。④教导（teachings）、言说（to put into words）、解释（to explain）。"首"暗示人走路依赖于视觉和听觉，依赖于思考。道有言说的意思。

其二是足、脚（foot）。因而有"经过"、"道"（road）、路（path）。道就是行进于此世界（moving ahead in the word）、勉力前行（forging a way forward）、开创新路（road building）。道就是（way-making）。引申为方法（method）、方式（way）、道义（doctrines）和技艺（art）。

在日常经验之中，我们走路靠脚，有眼睛看方向。人生的道路靠的是整个身体，靠的是价值追求，靠的是理性思考指引方向。儒家之道，着眼于整个人生，人们常说儒家关注人道即是此意。

人道的含义之一即人从小孩到成人的过程，如古人分成八岁前、十五、三十、四十、五十、六十、七十等人生的关键环节，人生意义丰富的过程也就是成人的过程，是从小人到君子、圣人的过程。

而要完成对人生意义的领悟，首先就是要学习先人之道。依据个人出生在人世而言，先前的人际关系是确定的，人首先面对的是如何对待先人，所以儒家比较重视"先王之道"。先王之道首选是尧舜文武之道。"子贡曰：'文、武之道，未坠于地，在人。贤者识其大者，不贤者识其小者，莫不有文、武之道焉。夫子焉不学？而亦何常师之有？'"（《论语·子张》）其次是先王之道的参照。古代历史及其人物之道是人和社会了解道的内涵的重要榜样。上代、上古的历史时期，过去的历史人物是道的代表。"先王之道斯为美，小大由之"（《论语·学而》）。先王之道确认在先人那里，好政府占统治地位，好方法盛行，古代的某些统治者，尤其是周朝的统治者实践了一个屡试不爽的统治方法，政治家的任务在于发现这种方法。

成年人之道对于幼年人有很大的参考作用，儒家很重视"父之道"。父有父之道："三年无改于父之道，可谓孝矣。"（《论语·学而》）教人有教人之道。"子张问善人之道。子曰：'不践迹，亦不入于室。'"（《论语·先进》）

社会之道对于个人的成长也很重要。《论语·公冶长》谈到个人需要根据"邦有道"，还是"无道"来决定个人的进退取舍，"邦有道则知，邦无道则愚"（《论语·公冶长》）。当然，孔子也看到个人的道的操守对整体性的道的内涵的引导性。孔子似乎看到了"人之道"和"邦之道"之间的冲突矛盾关系。当一个人无法通过参政来推进"道"的时候，可以在私人领域内行道。

人要行道，当然要有一些参照，"天道"本身就是最好的参照。每个人只要在起到了积极的典范作用，其实就构成了自己的道。体现出来的道，还存在于现代的人的身上，只不过需要一定的自觉认识才能发现。"二三子何患于丧乎？天下之无道也久矣，天将以夫子为木铎。"（《论语·八佾》）孔子自己就是道的体现者。

儒家也追求天道，但是落脚点在现实的人生，并依凭人身。通过人生意义的完成证成天道。人是否有行走在宇宙的脚、眼睛和口呢？显然《道德经》是承认人有这部分的存在的。"是以圣人后其身而身先，外其身而身存。非以其无私邪！故能成其私"（《道德经》7章）。

这个行走宇宙的脚和口、眼能够成功很多事情。"不出户知天下，不窥牖见天道。其出弥远、其知弥少，是以圣人不行而知、不见而明、不为而成"（《道德经》47章）。这个功能具有它的优点。"善行无辙迹，善言无瑕谪，善数不用筹策，善闭无关楗而不可开，善结无绳约而不可解，是以圣人常善救人，故无弃人；常善救物，故无弃物，是谓袭明"（《道德经》7章）。这个就是"无为而不无为"。行走宇宙的身做的事情是无不为的，肉体的我无为，内在的自我却可以无不为。这就是得道者的基本特征。

《道德经》强调无身则无患，显然强调另一种身体的意义。要想启动另一部分的功能，有的时候需要限制日常经验中的手脚、口和眼睛的功能，以及理性思考的功能。也就是"塞其兑、闭其门"（《道德经》56章），不推崇"为学"。

2）以概念范畴体系说"道"

"道生一，一生二，二生三，三生万物。万物负阴而抱阳，冲气以为和"（《道德经》42章）。"天下万物生于有，有生于无"（《道德经》40章）。"无，名天地之始；有，名万物之母。……此二者，同出而异名，同谓之玄。玄之又玄，众妙之门"（《道德经》1章）。"谷神不死，是谓玄牝，玄牝之门，是谓天地根"（《道德经》6章）。"故失道而后德，失德而后仁，失仁而后义，失义而后礼"（《道德经》38章）。

尽管对《道德经》进行概念式的说明有局限，但是这也是阅读这个文本所需要的。《道德经》的基本范畴及其逻辑构造就是：道——一（众妙之门，谷神，天地根，德）——二（无，天地之始，仁；有，万物之母，义）——三（有，万物之母，义）——万物（礼）。如果我们把这一逻辑构造看作是一种解释假设，就可以确信，"道"字的运用是在直接的讲"道"，而一、二、三、万物则是间接地讲"道"。《道德经》的每一篇章，往往都会选取其中的某一个或两到三个环节来说明"道"，表现出了一种高度的表达的合理性。这种合理性，有如帝网天珠，有如月印万川，层层无尽，无逻辑的机械，反有逻辑的严谨，富有生机与活力，具有无穷之奥秘。因此说，"道"可以知道道不是规律、物质、绝对精神、上帝、有、无，或者有和无的统一等概念，但是又和这些概念范畴相关。

3）以道路说道

如果从海德格尔思想对解读道家思想的阐释学价值角度来考虑，恰好是大道、道路、道说、切近、居有、成道等概念的细微差别为理解"道"开辟了一条可表达的道路。

《道德经》当中一部分内容是用"道"字描述"道"本身的特征的。这可以称之为"大道"。大道如何透射？从人和万物的关系中透射出大道，尤其是从成道者那里透射出大道。海德格尔理解道，始终保持着一个人类的视域。海德格尔认为，大道是一个与我们相关而伸向我们的东西，是与我们相关或传唤我们的东西。人和万物逗留于其中的那个与我们相关的东西，就是我们在其范围之中的东西。"大道是不显眼的东西中最不显眼的，是遥远的东西中最遥远的，我们终有一死的人终身栖留于其中。"①

"大道"就是开辟道路本身,不脱离开辟道路。大道之所以成其大,就是因为它是万物的归属。这种归属得以完成,依赖于万物与大道之间道路的畅通性,依赖于大道让我们通达它自身。"道路就是让我们通达的东西,而且,它让我们通向那个由于与我们相关(be-langen)而伸向我们的东西。"②海德格尔指出:"也许'道路'(Weg)一词是语言的原始词语,它向沉思的人道出自身。老子的诗意运思的引导词语就是'道'(Tao),根本上意味着道路。"③大道作为道路,让所有的存有的万物通达,这种道路就不是既定的、单一的、机械的,而是它能够让所有的现实的或者可能的道路发生。"但'道'或许就是产生一切道路的道路。我们由之而来才能去思理性、精神、意义、逻各斯等根本上也即凭它们的本质所要道说的东西。也许在'道路'(Weg)即道(Tao)这个词中隐藏着运思之道说的一切神秘的神秘,如果我们让这一名称回复到它的未被说出状态之中而且能够这样做的话。"④万物的创生也就是道路的开辟,大道包含了万物产生的无限的可能性,大道就成了开辟道路本身:"这种开辟道路本身可以被叫做寂静之大道(das Ereignis der Stille)吗?"⑤

大道开辟道路是通过道说来进行和完成的。"大道(Ereignis)乃作为那种道说(Sage)而运作,在此种道说中语言向我们允诺它的本质。"⑥道说如果没有贯穿于万物之道的环节,万物之道路就无法成立,万物按照自己的自由意志开辟道路必然会违背道说,这种违背是道说的自我抑制。"无"是道说的澄明,"有"是道说的自我抑制和遮蔽。"作为为世界开辟道路的道说,语言乃是一切关系的关系。语言表现、维护、端呈和充实世界诸地带的'相互面对',保持和庇护世界诸地带,因为语言本身,即道说,是自行抑制的。"⑦

大道在生成万物中运作,大道就与成道密切关联。"对于这个在道说中运作的大道,我们只能这样来命名:大道——成其本身(Es-Ereignis-eignet)。"⑧大道是道说着的,大道在道说的道路上运作,在道说中运作的大道,成其本身,因

---

① 孙周兴:《海德格尔选集》(下),上海三联书店,1996年,第1139页。
② 孙周兴:《海德格尔选集》(下),上海三联书店,1996年,第1100页。
③ 孙周兴:《海德格尔选集》(下),上海三联书店,1996年,第1101页。
④ 孙周兴:《海德格尔选集》(下),上海三联书店,1996年,第1101页。
⑤ 孙周兴:《海德格尔选集》(下),上海三联书店,1996年,第1118页。
⑥ 孙周兴:《海德格尔选集》(下),上海三联书店,1996年,第1099页。
⑦ 孙周兴:《海德格尔选集》(下),上海三联书店,1996年,第1119页。
⑧ 孙周兴:《海德格尔选集》(下),上海三联书店,1996年,第1139页。

而道说就是根本的成道方式。"作为显示,基于大道的道说乃是最本己的成道（Ereignen）方式。"① 道路的本质内涵就是成道,成道与道路密不可分。"大道在需用着的归本中让道说达乎说。通向语言的道路归属于那出自大道而获得规定的道说。在这条归属于语言本质的道路中隐蔽着语言的固有特性。道路乃是成道着的（ereignend）。"②

在场者因为能够入于澄明而持存,因而就成为大道居有的人。大道居有的人,使人进入为大道需用的状况之中。人与大道的关系决定了人与语言的关系。"正因此,我们的道说作为回答（antworten）始终在具有关系性质的东西中。……我们与语言的关系取决于我们作为被使用者如何归属于大道。"③

海德格尔把大道理解为：大道是万物存在的根本的依据和法则。但这一法则不具有强迫性,"如果我们把法则理解为对那种让一切在其本己中在场并且归于其范围的东西的聚集,那么,大道便是一切法则中最质朴、最温柔的法则……"④ 这也比较好地诠释了"天法道,道法自然"的思想。既是法则,又是无为、自然的法则。在《存在与时间》之中,此在说之后的海德格尔思想向形而上学根源的回归,意象性语言的使用都使其思想具有了东方哲学的色彩。但《道德经》本身是否需要向形而上学的方向来解释,本身又是有疑问的。但大道运思的海德格尔方式具有重要的解释学的意义是不容置疑的。他提供了一种可以使得中国哲学不可表达的东西表达出来的现成的道路,对这一道路进行深入的研究,对于中国哲学进入世界哲学语境具有不可估量的意义。

4. 本体功夫与功夫本体

出生灭门入真如门需要功夫,从有执的世界入于无执的世界需要功夫。关于这种功夫,王阳明所论最详。"利根之人一悟本体即是功夫,人己内外一齐俱透了。其次不免有习心在,本体受蔽,故且教在意念上实落为善、去恶,功夫熟后,渣滓去得尽时,本体亦明尽了"（《传习录》）。此处分本体功夫和功夫本体。本体功夫就是悟本体,悟本体就是功夫。上根人修本体功夫,汝中解释王阳明的话说："有心俱是实,无心俱是幻,是本体上说功夫。"（《传习录》）上根人修本体功夫,本体的心展现本体的用,身心无处不通透,自然全善。这个"透"是把有执的世界化为无执的世界,自然成全善。"若说心体是无善、无恶,意亦是无善、无恶的

---

① 孙周兴：《海德格尔选集》（下），上海三联书店，1996年，第1147页。
② 孙周兴：《海德格尔选集》（下），上海三联书店，1996年，第1141页。
③ 孙周兴：《海德格尔选集》（下），上海三联书店，1996年，第1148页。
④ 孙周兴：《海德格尔选集》（下），上海三联书店，1996年，第1140页。

意,知亦是无善、无恶的知,物亦是无善、无恶的物矣。若说意有善、恶,毕竟心体还有善、恶在"(《传习录》)。

下根人修功夫本体。"无心俱是实,有心俱是幻,是功夫上说本体"(《传习录》)。从已经分了内外、人我的经验生活来做功夫,显然要"无心",就是要限制心灵在人我的框架下思考。"心体是'天命之性',原是无善、无恶的:但人有习心,意念上见有善恶在,格、致、诚、正、修,此正是复那性体功夫,若原无善恶,功夫亦不消说矣"(《传习录》)。下根人修功夫本体,去除非本体之用,就是本体之用。一为加法,一为减法。加得一分本体,用就纯粹一分。本心多一分主宰的能力,身体和后天经验性的心灵生活就多一分善;减掉一分人欲,就增加一分本心的主宰之善。

本体功夫要求在不睹不闻上用功。见良知不意味着良知有形象,但说没有形象也不可。王阳明即以"美大圣神"来描绘良知。但总体上看,良知是超越感官的"睹"和"闻"的。"手指有见有不见,尔之见性常在。人之心神只在有睹有闻上驰骋,不在不睹不闻上用功。盖不睹不闻是良知的本体,戒慎恐惧是致良知的功夫"(《传习录》)。感官认识本来即是见性的功能,感官唯有认识自身才能把握见性,所以见性对于感官而言是"不睹不闻"的良知本体。良知的功夫要常记得见性,在虚处用功,在无处用功。在实处用功不难,在虚处用功才难。因为在虚处的良知的成就感官看不见,而人心总是需要有点什么才会满足。不睹不闻不是说良知本身无"睹"和"闻"的功能,而是说良知的"睹"和"闻"的功能超出人的知觉和理性思考的限制,要停止感官的认识功能才能让良知发挥作用,发挥本体的"睹"和"闻"的功能。

王阳明认为良知和万物之间在本质上是有通达关系的。良知原是知昼知夜的,但良知本身也表现为收敛凝聚和顺应无滞两种功能状态。"不知无不知,本体原来如此。譬如日未尝有心照物,而自无物不照。无照无不照,原是日的本体。良知本无知,今却要有知,本无不知,今却疑有不知。只是信不及耳。"(《传习录》)良知之知不是感官的知,感官的知不是良知的知,感官之知对良知的怀疑不影响良知本身,而且这种怀疑是"信不及"。良知的信息无法通达感官为感官所捕捉,自然基于感官的认知就会对良知失去信念和信心,显现出怀疑良知的态度。当感官之知是本体良知的发用流行的时候,人对良知有信仰和信心,自然就表现出一种戒慎恐惧。当被问到:"'不睹不闻'是说本体,'戒慎恐惧'是说功夫否?"(《传习录》)王阳明回答说:"此处须信得本体原是不睹不闻的,亦原是戒慎恐惧的,戒慎恐惧不曾在不睹不闻上加得些子。见得真时,便谓戒慎恐惧是本体,不睹不闻是功夫亦得。"(《传习录》)因为良知无不睹无不闻，所以戒慎恐惧的心就成了良知的表现，因为这个心表示对良知的觉醒和敬畏，表示知道良知。无良知的人没有戒慎恐惧。有恃无恐是良知的退场，是本体的隐身，是天地的遗忘。因为戒慎恐惧本身就是良知的呈现，可以把戒慎恐惧看成是良知本体本身。这个时候无需再去探寻良知，所以说"不睹不闻是功夫"。

中国哲学最重功夫，功夫为一方法论的体系。修身功夫法的逐步发展是和内外的区分以及身心的区分密切联系在一起的。"思孟学派"中修身方法思想丰富是和内外区分和身心、天人的思考密不可分的。围绕着内外和身心的区分，修身方法可以概括为若干个理论层次。个人对待他人的美德以及个人处理和共同体的习俗、礼仪的关系层面，形成了方法论的第一个系列。其中包括学礼、择善、改过、不动心、正心的方法，"好善忘势法"、"规矩法"、"推法"，等等。这个部分的关键是择善，另外就是要抵制来自他人和外在的不良影响。第二个层次是如何处理身体及其感性欲求的问题。其中包括孔子的耻法，孟子提出的践形法、寡欲法、养小体的方法，以及宋明理学家的"灭人欲"法，知言法等等。第三个层次是如何处理喜怒哀乐等情感的方法。这个层次最典型的修身方法是中和法。第四个层次是意念层次的相关方法，包括正念法。第五个层次是如何趋近本心和善心的相关方法。主要是内省、求放心、致良知等方法。第六个层次是获得善心后如何存养、扩充的相关方法。比较典型的是存养、扩充、集义、养浩然之气等。第七个层次是直面本性，持有善性的相关方法。这个方面在先秦主要集中在性善的讨论，到宋明理学则提出了定性的方法。第八个层次是不分内外法。以上方法为由外入内的层次，到定性则强调不分内外，定性以后则需要由内到外，其中核心的方法是达、推的方法。第九个层次是由不分内外到由内达外，最后落实到事上磨炼，到力行，最后落实到人伦之中。需要说明的是很多方法主要强调心灵的指向，如向内或向外，如内省和事上琢磨、推、达。而一些方法，如学、思均具有内向和外向两个层次的意义，不同的思想家强调不同。学思可以是内向的，如《中庸》和竹简《五行》篇，可以是外向的，如《荀子》。兼爱和仁爱的区别曾经受到学者的重视，"推"和"达"自然面临着如何理解人与人组成的社群的问题。从角色的角度来看，由内心外推面临的是有远近、高低差序的人伦格局，则形成了修身、齐家、治国、平天下的格局；如果把自己看成是个体的"己"，而把他人看成是作为人类的一员的"他人"，则是道德黄金律的格局。而后者更能兼容不同的人伦传统。从这一意义上说，儒家修身方法论具有较强的现代适用性。第十个层次是天人层次的相关方法，如知天、体悟天理、积德等方法。

第二节　中国哲学是出生灭门入真如门的学问

1. 观世界何以可能

本书以四句话概括中国哲学，此处先谈出生灭门入真如门的问题。生灭门就是佛学所谓的"三界"之内，庄子所谓的"六合"之内。真如门是佛学用语，这里也指道家学说中的"无何有之乡"、"广莫之野"。如庄子说藐姑射之山之神人"乘云气，御飞龙，而游乎四海之外"（《庄子·逍遥游》）。庄子劝导惠施"今子有大树，患其无用，何不树之于无何有之乡，广莫之野，彷徨乎无为其侧，逍遥乎寝卧其下"（《庄子·逍遥游》）。从这里可以看出，逍遥的地点是"无何有之乡"、"广莫之野"。至于儒家就是所谓的"独善其身"和"兼善天下"的问题。儒家的"出世"出了多远，是否有超越的世界问题，则需要另有专篇来论述，此处只是约略说明。"世界"这一概念虽然不是中国哲学中广泛使用的概念，但其内容所指也为中国哲人所思考。依据今日的特定学说的哲学习惯，可以用"世界"等词语来讨论中国哲学的定义问题。

通常的马克思主义哲学原理教科书说，哲学是世界观的学问，是理论化的和系统化的世界观。中国哲学显然是中国人关于世界的思考。哲学是一种理论的体系，是某种学说，这种观念体系把握的对象是"世界"。关于这一话题，宋志明老师有说明。他说："这里所说的'观'，并不是对象性观察意义上的'观'，因为世界作为总体，不可能成为人观察的对象。'世界观'不能等同于'观世界'。"[①] 这种说法提出了一个很好的问题：有限的个体生命如何能观无限的整体？要想显示中国哲学的特质，还要说明"观世界"的问题。哲学作为一种学说，每个民族的差异性是在"观世界"方面不同。所以要结合"观世界"来理解"世界观"。宋老师否认了人在世界中观世界整体的可能。殊途同归，唐力权也否认场外观的合理性。唐力权先生以场内观和场外观区分中西哲学，并说明西方哲学的缺点。"从场有哲学的立场来说，我们只能从'场内'的观点来看人生，看宇宙，而不能从'场外'的观点来看。因为一切存有都是场有，而场有是'无外'的。"[②] 一切存有都是场有，这个看法是确切的。但场有有不同的层次，有"有"，有"无"，有"阴"有"阳"。具体事物的相依关系是"阳"的层面的场有，但这个层面的场有，不一定是真正的场

[①] 宋志明：《薪尽火传：宋志明中国古代哲学讲稿》，北京师范大学出版社，2010年，第4页。
[②] [美] 唐力权：《周易与怀德海——场有哲学序论》，辽宁大学出版社，1997年，第8页。

有。肉体上在一起的人，会因为心灵的不同方向而不在一个场中，不在一个世界之中。同样的道理，同心同德的人可以互相不认识。在唐力权看来，"西方哲学家总是要站在宇宙之外来看宇宙，好像他自己就是上帝似的；总爱把他自己从他所在的世界和自然环境抽离出来，好像他不属于这个世界或自然似的。"① 哲学家所谓站在宇宙之外并不是站在宇宙之外，而是进入不同的场态之中，从不同的场态看世界，从而有不同的形而上学立场，所谓的场外依然是场内，不过这个场有不同的情况。

其实，恰好是人在场内要跳出场外，才诞生了哲学。不管东方哲学还是西方哲学都要有场外观，好像一个旁观者。就像演戏一样，自己当演员的时候，自己知道是在当演员，所以对于戏中的喜怒哀乐能够超越，不受其左右。戏中的故事是场内，演员在场内，但他本身不是戏中那个角色。哲学恰好就是要告诉人、提醒人自己是"剧作者"，而不是"剧中人"。当然提醒的方式有不同，有放弃演戏的选择，有边演戏边认识自己是剧作者的选择。

2. "场内观"和"场外观"

中国哲学的灵魂恰好就是让人在场内，同时已经活在了场外，这个场外是一个新的场，是另一个场内，权且称之为场外。活在场内是梦，觉悟是醒来，从而让人超越了场内。这种精神在儒家那里就是"兼善"和"独善"的问题，这里不举例说明。

这种在场内同时在场外的精神在中国佛学那里就是通过开悟解决在家和出家的问题。中国哲学不能不谈论开悟，不谈论开悟无法逼近中国哲学的灵魂和本质。在中国古代哲人看来，开悟是在场内跳出场外的根本途径。"开佛知见，即出世"（《坛经》）。"佛犹觉也，分为四门：开佛知见，示觉知见，悟觉知见，入觉知见。开、示、悟、入，上一处入，即觉知见，见自本性，即得出世"（《坛经》）。

在道家那里就是梦醒的关系问题。庄子用梦醒来表达哲学思想，具有高超的哲学艺术性。因为梦醒可以包含很多逻辑关系。从庄子涉及的方面来看，包含如下内容。在《齐物论》比较靠前的部分，文本指出："其寐也魂交，其觉也形开。"（《庄子·齐物论》）这里寐（梦）中"魂交"，也就是把醒来关心的事物引入梦中；"觉"（醒）来"形开"，又把梦中的感受引入醒来的生活。在梦中和醒来互相颠倒，使得人失去了对事物的真实感受。紧接着庄子便指出人的这种状况是"芒"。"梦饮酒者，旦而哭泣；梦哭泣者，旦而田猎"（《庄子·齐物论》）。在这里，梦和醒

---

① ［美］唐力权：《周易与怀德海——场有哲学序论》，辽宁大学出版社，1997年，第7页。

之间正好是相反的关系：梦（饮酒、哭泣）——旦（哭泣、田猎）。二元对立性和颠倒性恰好说明这种梦醒的关系本质上是"芒"的。但为什么是"芒"的呢？庄子运用了日常人的梦醒经验包含的逻辑关系进行了论证。"方其梦也，不知其梦也"（《庄子·齐物论》）。这说明在梦和醒之间具有差别性和互相隔绝的性质，存在着遮蔽的关系，尤其是梦中的状态遮蔽了醒。"梦之中又占其梦焉"（《庄子·齐物论》）。正因为梦遮蔽了醒，梦自身就被主体当作醒来经验，来感受，来认识和行动。就梦中主体来看，梦的主体会把梦当作醒，并在这种是梦中之醒的基础上又发生梦醒的转化关系。但梦终究会醒来，醒来以后发现原来当真的不过是梦。现实的人是否会从大梦中醒来呢？如果醒来了，又是一种什么样的状况呢？这个就是活在梦中，同时醒来了，成为一个觉悟者。"丘也与女皆梦也，予谓女梦亦梦也。是其言也，其名为吊诡。万世之后而一遇大圣知其解者，是旦暮遇之也"（《庄子·齐物论》）。从存在论的地位来看，觉悟者"丘"和梦者"汝"都是具有"芒"和"梦"的地位的。所以一个觉悟者说一个梦者都是在梦中，本身也是梦。大醒的人可以依然做常人醒的状态（梦中）的事情，但这个本质上是梦的醒不再遮蔽他的本真的"醒"；大醒的人可以像常人一样"做梦"，但"梦"不影响他的觉醒，梦反倒具有觉悟的意义。"太虚幻境"下配对联说："假作真时真亦假，无为有处有还无。"（《红楼梦》第五回）哲学就是要把自己弄成"真"的东西重新还原成假的本质，把自己弄成"有"的东西还原到"无"。此即在世界而出世界，从假到真，从谬误到真理，从俗谛到真谛。从颠倒的影子世界中再颠倒过来，就是颠倒颠。用唐君毅的话说就是立人极，求真实知，行真实行。

人在场内，同时不在场内，形成一种观察，这种观察带有反思的性质，能够反思自己在场内的一切，同时又可以采取场内的行动，按照场内的规矩办事。在场又不在场，正是因为不在场，所以才能更好地在场。就像一个纯粹盲目的人和一个拿着剧本底稿演戏的人的区别。有投入的激情，又有冷静的旁观，在梦中，又是觉悟者。这一点显示了中国哲学的本质精神。因为不在场中，所以可以和宇宙合一，发生无限心的作用，进入澄明之境，活在大宇宙中，与宇宙大全不相限隔；因为在场中，还在遮蔽之中，在小宇宙中，在被限隔的世界中生活。这是出生灭门入真如门，也就是人们常说的内在超越。

第三节　中国哲学是转识成智的学问

人们常常把哲学说成是爱智慧的学问，这一说法常常成为民众口中带有一定嘲笑意味的语言，成为专业人士的自我安慰，因为在人们看来，学哲学的人没有看出高人一等的智慧。这说明，哲学未能在成圣上做出成绩。哲学为何在当代未能在成人上有较大的成绩，原因很多，但就中国古代哲学而言，哲学这门学问是要成人的，自然以能否提高人的智慧为依归。哲学的智慧有安于现世的部分，也有超越现世的部分，不能把中国哲学纯粹看成是帮人在现实生活中安身立命的，中国哲学也是帮助人在自然力目前，在宇宙本体界层面安身立命的。而完成在这两个层面安身里面，就像牟宗三想要建立双层的存有论一样，无执的存有层面也要挺立起来，有执的存在方面也要成功。

1. 中国哲人如何"爱智慧"

问题是：如何在场内观场外呢？如何能够观世界的整体呢？这就要转识成智。这是当代从事哲学研究的人一大难题。这一点牟宗三先生说得很好。"广义地说，不管是感性也好，知性也好，理性也好，在佛教言都是属于识。"①在希腊语中，哲学是"爱智慧"的意思。人们一般都把"爱"理解成动词，把"智慧"理解成名词。"爱智慧"的重点是智慧。而且西方语境下的智慧的内核是理性知识。本定义中的转识成智中的智，不是感性、知性、理性，而是悟性。转识成智是由迷到开悟，由梦到醒。而且"爱智慧"应该是"爱"加上"智慧"。爱是慈悲恻隐的事情，公正是是非的事情。德国哲学家叔本华认为"公正"和"仁爱"是两个"元德"。"一是公正，另一是仁爱；并且我称它们为元德。"②是非之心是智。"由是观之，无恻隐之心非人也，无羞恶之心非人也，无辞让之心非人也，无是非之心非人也。恻隐之心，仁之端也；羞恶之心，义之端也；辞让之心，礼之端也；是非之心，智之端也。人之有是四端也，犹其有四体也"（《孟子·公孙丑章句上》）。博纳梵图拉说："上帝赋予我们以双重的正直：一个是良心的正直，用以正确地判断；一个是道德本能的正直，用以正确地想望，它的职能是警惕邪恶，促使向善。"③良心的正直，用以正确地判断，这是孟子所讲的"是非之心，智也"。警惕邪恶，相当于"羞恶之心"，人对恶天然地具有一种警惕，这个就是羞恶之心。就是孟子讲的"义"。是非就是区分 A 和 B，肯定一个就要同时否定了另一个，在二者之间区分出对错和优劣，区分出胜负，这就要找到区分对错的尺度，这一思维方式发展出了西方哲学的认识论系统，发展出了西方的科学精神，发展出了西方

---

① 牟宗三：《中西哲学之会通十四讲》，上海古籍出版社，1997年，第5页。
② [德]叔本华：《伦理学的两个基本问题》，任立、孟庆时译，商务印书馆，1996年，第239页。
③ [美]弗兰克·梯利：《伦理学导论》，何意译，广西师范大学出版社，2002年，第20页。

尊重个体自由，保护权利，追求平等和公正的精神。有是非是西方爱智慧的主要精神。叔本华曾经指出，西方一直都追求正义，西方文化更关注公正，关注公理，只是到了基督教诞生之后，仁爱才获得了自己应有的地位。从《工作与时日》这个文本来看，其中提到爱的地方，是和公正联系在一起的，其内容是由公正规定的。比如说黑铁种族的人不爱信守诺言者、主持正义者和行善者，而是赞美和崇拜作恶者以及他的蛮横行为。显然，《工作与时日》强调对正义者的爱，而不应该爱不正义者。叔本华认为没有仁爱，公理和正义就没有根基，没有保障。讲公理，追求正义没有错，但不要因为公理忘记爱心，要是非，更要恻隐。就像"爱智慧"这样的说法进入西方思维样式的哲学视野，我们宁可理解成爱那个智慧，而不是爱加上智慧一样，显然是把是非相关的公正问题放在了首位。另外，自由、平等、博爱这个说法中博爱显然被放在了自由、平等之后，而平等恰好就是公正的追求。儒家的孟子强调"仁者无不爱也"（《孟子·尽心上》）。无不爱当然包括好和恶。"唯仁者能好人，能恶人"（《论语·里仁》）。孔孟都把仁爱放在了是非之前，表明儒家更为关注仁爱，当然这并不说明儒家不关注公正。

2. 中国哲人如何由感性上升到理性

转识成智之第一步用西方哲学的语言来说当然是由感性上升到理性。这在佛教中是由受蕴到想蕴，由感触的世界进入知性和理性的世界。这种过程和这一精神对于西方哲学来说是不成问题的。黑格尔认为，哲学难懂"他们的困难，一部分由于他们不能够，实即不惯于作抽象的思维，亦即不能够或不惯于紧抓住纯粹的思想，并运动于纯粹思想之中。"[①]为什么会如此呢？因为在平常的意识里，思想穿上了一个外衣，这个外衣就是当时流行的感觉上和精神上的材料，思想混合在这些材料里面，而难于分辨；而在后思、反思和推理里面，思想也往往是掺杂在情绪、直观和表象里面。这一点妨碍了人们把思想本身作为一个单纯不杂的思考的对象来处理。比如"这片树叶是绿的"这句话就是一个描述人的感觉材料的命题。对于这个命题，如何才算是进入了哲学的思考领域呢？就是要看到其中包含的范畴。那么这句话其中包含了什么范畴呢？显然是个体性范畴和存在范畴。而个体性范畴又是和质量范畴密切相关的。一片绿色的树叶这是个体性，这个树叶存在着，是存在范畴。树叶和绿色都是表示质的范畴，而这片是一个量的范畴。学哲学，弄懂哲学的一个初级的功夫就是要学会用概念进行思考，并且能够从感性的表述中抽象出概念及其逻辑关系来。这一点对于学习中西哲学都是需要的一

---

① [德] 黑格尔：《小逻辑》，贺麟译，商务印书馆，2004年，第40页。

个基本的功夫,这也是一个人是否进入哲学之门的一个重要标志。一般人的情况是具有表象,但是却不能理解表象所表现的思想和概念。那么什么叫做表象呢?"我们所意识到的情绪、直观、欲望、意志等规定,一般被称为表象。所以大体上我们可以说,哲学是以思想、范畴,或更确切地说,是以概念去代替表象。像这样的表象,一般地讲来可看成思想和概念的譬喻。"①黑格尔指出:"至于哲学难懂的另一部分困难,是由于求知者没有耐心,亟欲将意识中的思想和概念用表象的方式表达出来。"②在黑格尔看来,一般人的困难就在于对一个意思不能用概念去把握,不知道如何用概念去思维,往往总是竭力寻求一个熟习的流行的观念或者表象来表达。人们往往依赖已经熟悉的流行观念。就像人们喜欢作家、传教师和演说家所说的话,因为这些话是人们已经知道的烂熟的东西,是自身明白用不着解释的东西。哲学教学可以把概念转换成流行的观念或者表象,但是从哲学的学习者角度来说,却要尽量让思考停留在概念的层面上,而不是把概念的说明急迫地转换成表象的譬喻。在黑格尔看来,"概括讲来,哲学可以定义为对于事物的思维着的考察。"③ 在黑格尔看来,首先就要区别情感、直觉或表象等形式和"作为形式"的思维的区别。思维可以化身为情绪,信仰或者表象,思维的活动和成果就是表现或者包含在表象里面的。哲学上的反思以思想的本身为内容,力求思想自觉其为思想。但不应该把这类的反思当作达到永恒或真理的主要或者唯一条件。

在中国哲学中是否也有或者也需要类似的过程呢?当然需要。中国古代哲学善于运用表象,善于运用历史事件和典故,善于运用譬喻来进行哲学思考。是否其中就没有了理性思维的过程呢?显然是有的。学习和研究中国哲学同样需要发展理性思辨的能力。以以下对话为例子可以看出来。"子夏问孝。子曰:'色难'有事,弟子服其劳,有酒食,先生馔,曾是以为孝乎?"(《论语·为政》)什么是孝呢?孔子没有直接给出一定定义或者答案。而是举出了一个例子来说明。当有事情的时候,弟子干活,但是干活得到的成果却是被老师享有,孔子说这恐怕不是孝吧。要弄懂什么是"孝",需要进行如下几步工作。第一,这里讲的是学生和老师的关系,显然"孝"是谈论所有类似师生关系这种上下级关系的。其二,弟子干活,老师享受酒食。酒食是一种功利性的、物质性的东西。这个劳动成果不是老师创造的,也不是两个人合伙创造的,而是学生劳动出来的。显然是学生付出劳动,老师单纯享受的工具利用关系。其三,孔子说如上关系不是孝,就否定

---

① [德]黑格尔:《小逻辑》,贺麟译,商务印书馆,2004年,第40页。
② [德]黑格尔:《小逻辑》,贺麟译,商务印书馆,2004年,第41页。
③ [德]黑格尔:《小逻辑》,贺麟译,商务印书馆,2004年,第38页。

了这种"异化劳动"的关系。"孝"不能等同于弟子劳动,老师享受这样一种行动格局。孔子的理想不是把弟子、儿子培养成一种工具(因为"君子不器"),不在于长辈以一种物质性的功利性的方式来处理"老"与"子"的关系。老师专门享受弟子的供养就是一种单向性的、功利性的、强迫性的规范。其四,可以说在孔子看来,"孝"的行动选择确实从表面上看来让人感到迷惑,但其实是有价值准则的。这个价值准则就是相互在精神生活上的帮助,互相都能达到理想的人格的完善。其五,那么如果双方是人性的关系,在现实生活中有几种可以选择的行动方案呢?大约有如下几种:两者都不看重物质关系,尽量超越物质关系,维持在精神层面上;在物质关系方面二者共同劳动、共同享有;老师劳动,弟子享受;学生劳动,老师享受。如果双方没有彼此利用的关系,而是从彼此人格健康的角度来考虑问题,以上行动方式都是可以接受的。从以上例子可以看出,《论语》中记载的孔子的思想过程运用了具体的事例,使得感性和理性相得益彰,具有高度的思想启发式性和开放性。以上仅仅举一个例子来说明,感性和理性在孟子那里为耳目之官和心之官的关系问题,后来很多哲学家都有有所讨论,在此不一一说明。

3. 亦科学亦哲学

罗素认为哲学的论域介于宗教和科学之间。中国古代的学问比如儒学是科学还是宗教?梁启超认为"哲学是从智的方面研究宇宙最高原理及人类精神作用,求出个至善的道德标准。宗教是从情的意的两方面,给人类一个'超世界'的信仰,那现世的道德自然也跟着得个标准。"[①]他认为"有系统之真智识,叫做科学;可以教人求得有系统之真智识的方法,叫做科学精神。"[②]他认为:"儒家与科学,不特两不相背,而且异常接近。因为儒家以人作本位,以自己环境作出发点,比较接近于科学精神,至少可以说不违反科学精神。"[③]儒教和儒学的问题是现代中国学术史上一个争论不休的话题。宋志明老师说:"中国固有的学术思想,不具有典型的科学形态,也不具有典型的宗教形态,称其为'哲学'似乎更合适。"[④]

在知识的层面来看,中国哲学有科学性,应该以"科学"的态度来对待中国哲学。中国哲学也要经过学习和研究才能懂得。"常有人将哲学这一门学问看得太轻易,他们虽未致力于哲学,然而他们可以高谈哲学,好像非常内行的样子。他

---

① 梁启超:《欧游心影录》,《国性与民德——梁启超文选》,上海远东出版社,1995年,第196页。
② 梁启超:《科学精神与东西文化》,《国性与民德——梁启超文选》,上海远东出版社,1995年,第238页。
③ 梁启超:《儒家哲学》,《梁启超论著选粹》,广东人民出版社,1996年,第376页。
④ 宋志明:《薪尽火传:宋志明中国古代哲学讲稿》,北京师范大学出版社,2010年,第6页。

们对于哲学的常识还无充分准备，然而他们可以毫不迟疑地，特别当他们为宗教的情绪所鼓动时，走出来讨论哲学，批评哲学。他们承认要知道别的科学，必须先加以专门的研究，而且必须先对该科有专门的知识，方有资格去下判断。人人承认要制成一双鞋子，必须有鞋匠的技术，虽每人都有他自己的脚做模型，而且也都有学习制鞋的天赋能力，然而他未经学习，就不敢妄事制作。唯有对于哲学，大家都觉得似乎没有研究、学习和费力从事的必要。"①中国哲学的建设也要要满足哲学的可教授性和可学习性。"人们无法学习哲学的原因在于，在这里还没有那种得到客观领悟和论证的明察，而这也就意味着，在这里还缺乏那些在概念上得到明确界定、在意义方面得到完全澄清的问题、方法和理论。"②倘若哲学不能教授，不能学习，显然哲学学科的合法性，哲学专业和哲学教师的合法性都会遇到根本的挑战。从这个意义上说，胡塞尔追求一种严格科学意义上的哲学对哲学的专业和学科发展是有着重要的意义的。中国哲学也可以满足完善性和完备性的条件。完善性要求在要证明的系统秩序和理论方面达到清晰和完善。完备性要求是说科学的哲学应当是一个学说系统，而不是个人性的观念系统。在其中没有私人的"意见"、"观点"、"立场"。"哲学不仅不具有一个不完备的和仅仅是在个别方面不完善的学说系统，而是根本就不具备任何学说系统。这里的一切都是有争议的，任何一个表态都是个人信念的事情，都是学派见解的事情，都是'立场'的事情。"③因而要建立一个哲学的学说系统。"它在经过几代人的充分准备之后，以一个确定无疑的基础开始，像任何一个出色的建筑物一样，自下而上地耸入高空，因为一块块的砖石乃是依据引导性的明察、作为确定的构形而被砌入到这个稳固的建筑之中。"④

中国哲学界于科学和宗教之间，前文已经有所论述。从对无执的世界的追求来看，有宗教的情怀，从对有执世界的关怀来看，有世俗的坚守。从技术性手段的运用来看，中国哲学既是道，更是术，与科学精神不相矛盾。

4. 从"是非"到"恻隐"

从科学的角度来看，中国哲学不应该回避严格的科学的取向，但是这种取向不应该否认或者拒绝对形而上学的追求，而是要以实证的精神讲形而上学。内心的体悟也是一种实证，这种实证性是由内心经验来确认的，也是由相应的"通见"

---

① ［德］黑格尔：《小逻辑》，贺麟译，商务印书馆，2004年，第42页。
② ［德］胡塞尔：《哲学作为严格的科学》，倪梁康译，商务印书馆，2002年，第2页。
③ ［德］胡塞尔：《哲学作为严格的科学》，倪梁康译，商务印书馆，2002年，第3页。
④ ［德］胡塞尔：《哲学作为严格的科学》，倪梁康译，商务印书馆，2002年，第4页。

来确证的。对内心体悟的实证性研究就成了悟性的科学。悟性的科学是严格的科学,同时又不同于自然科学和其他人文科学。

在胡塞尔看来,世界观哲学致力于对于他们那个时代的生活经验、教化、智慧的提升,注重实践。"根据这个观念,每一个追求着的人都必然是在原初词义上的'哲学家'。"① 中国哲学符合世界观哲学的特征。"世界观哲学的传授就像智慧的传授:人格性求助于人格性。因此,在传授的过程中,唯有那些通过一种特别重要的特性和特有智慧而带有使命的人,或者更高的实践兴趣的仆人——宗教的、伦理的、法律等等兴趣的仆人,他们才能在这种哲学的风格中求助于更宽泛的公众圈。但科学是非人格的。它的合作者不需要智慧,而是需要理论才华。"② 中国哲学比较高的层次属于世界观哲学的范畴。

从知识到智慧,在中国哲学中一个重要的表现是要超越是非,达成恻隐。从中国佛学方面来看,要求超越是非自不待言。《坛经》强调要求不关心是非。就儒学而言,孔子要求综合是非两端。"吾有知乎哉?无知也。有鄙夫问于我,空空如也;我叩其两端而竭焉"(《论语·子罕》)。孟子则把是非之心摆在了恻隐之心之后。庄子则劝告"欲是其所非而非其所是,则莫若以明"(《庄子·齐物论》)。

《西游记》当中有两个很重要的人物形象,一个是唐僧,一个是孙悟空。孙悟空有一个特征,就是火眼金睛。火眼金睛是什么意思呢?就是能够看出一般人看不出来的是非。从常人的眼睛看到的是美女,在孙悟空眼睛里面看到可能是个妖精,是白骨精。另外一个人就是唐僧,这是一个有慈悲心的人,他看见孙悟空好端端地把老奶奶打死了这怎么可以,显然他有恻隐之心才会这么做。但是如果没有是非,唐僧取不成经了,早就被妖精欺骗了。但唐僧始终是师傅。恻隐就是不管是和非都去爱他,都包容,都照顾,就像唐僧,管他是妖魔鬼怪,管他是恶人还是善人,都一个慈悲的心,但就他可以成就最高果位的佛。是非心没有伴随恻隐之心,那是个无明的是非心。就像我们骂人,如果没有慈爱的心,人家会感到很难受,不愿意接受。

5. 悟性与无限心的作用

哲学也用感官,不过哲学倾向于上升到理性。理性之上是什么呢?就是能够认识无限的心,就是悟性的功能。悟性的强调是中国哲学的一个神秘处,一个高远处。悟性可以认识无限,在场内认识场外。

---

① [德]胡塞尔:《哲学作为严格的科学》,倪梁康译,商务印书馆,2002年,第57页。
② [德]胡塞尔:《哲学作为严格的科学》,倪梁康译,商务印书馆,2002年,第67页。

道家肯定人具有认识无限的能力。《道德经》说："不出户，知天下；不窥牖，见天道。"(《道德经》47章）鸟儿飞行需要翅膀，人行走需要腿脚，而无执的领域的飞行使用的工具不是翅膀。"闻以有翼飞者矣，未闻以无翼飞者也；闻以有知知者矣，未闻以无知知者也"(《庄子·人间世》)。常识经验中，有翼才能飞，有知才能知；但在道的通见之中，还存在无翼能飞的情况，存在无知之知的情况。无翼之飞是坐驰。"夫且不止，是之谓坐驰"(《庄子·人间世》)。静中含动，动静合一，在坐忘的境界中实现坐驰。"坐"是静止，"驰"是运动，坐驰本身就是动静合一。"夫徇耳目内通而外于心知"(《庄子·人间世》)。达到坐忘境界的人借助耳目内通超越心智层次。

　　《中庸》也肯定人具有认识无限的能力。"道也者，不可须臾离也，可离非道也。是故君子戒慎乎其所不睹，恐惧乎其所不闻。莫见乎隐，莫显乎微。故君子慎其独也"(《中庸》)。在"道"的世界，一切都是敞开的，都是不被遮蔽的。人本身有这个部分，所以人与人之间在根本上是敞开的。那个就是"所不睹"、"所不闻"的隐微处，而这个能力为人所具有，所以要慎独。

　　儒家对人的认识无限的能力的强调有很多的样态，在孟子那里就可以上达于天的"四端"之心，在王阳明那里为真己。"真己何曾离著躯壳？"(《传习录》)"这视听言动，皆是汝心。汝心之动发窍于目。汝心之听发窍于耳。汝心之言发窍于口。汝心之动发窍于四肢。若无汝心，便无耳目口鼻"(《传习录》)。在王阳明心目中，感官本身并不是认识的主体，真正的主体是心，这个"心"是超越一切对立性的。"问：'通乎昼夜之道而知？'先生曰：'良知原是知昼知夜的'。又问：'人睡熟时，良知亦不知了。'曰：'不知何以一叫便应？'"(《传习录》)良知无昼夜，昼夜只是良知的发用和收敛，自然良知和无限是同体的。

　　佛学肯定人有超越时空的心。"尔所国土中所有众生若干种心如来悉知。何以故？如来说诸心皆为非心是名为心。所以者何？须菩提。过去心不可得，现在心不可得，未来心不可得"(《金刚般若波罗蜜经》)。在僧肇的《般若无知论》那里为无知而无不知这个问题。无限心的作用和感官以及理性思考的有限心之间是什么关系呢？在佛学中是梦觉一体的问题。有限心本身不是心，是无限心的对象和功能，有限心需要借助无限心的才能发挥自身的功能。"迷时祇迷这个。""悟时祇悟这个。"最终做到"迷悟双忘"(《五灯会元》卷第二十《天童咸杰禅师》)①。明暗元不二，就像手电筒，电源是人性，开关是由人自己掌握的，开关打开的时候，

---

① （宋）普济：《五灯会元》，苏渊雷点校，中华书局，1984年，第1393页。

就有光明，相反就没有光明。"这个"就相当于人生的本性，顿悟就是要做到迷悟双忘。"如佛经所示，当灵悟的火炬点燃时，洞中的黑暗就转变为光明了。并不是先去掉一个叫做黑暗的东西然后再带来另一个叫做光明的东西，而是说光明与黑暗在本质上自始就是一个东西；从黑暗转变为光明的这个转变只发生在我们心里或主观的意识里。"①

对于悟性的作用，世人多有怀疑，认为人没有能力认识感官以外的事情。可以在日常生活中学习体会所谓的无限心的作用。比如一个人头脑中出现了自己亲人、朋友的样子，一般情况下人们会认为自己想对方了。但是从另外一个角度看是对方想到了你，因为这种思想的脉动使得人的大脑浮现出相关的形象。如果这个时候给对方打电话，对方常常会说：我刚刚想到你，你就打电话来了。比如你说了一个人坏话，对方可能并没有真正听到这些话，也没有人告诉他。但是见面的时候，对方可能会对你表现出不好的态度，自己也会有对方知道有人说过他坏话的感觉。这都是心灵无限性的证明。

海德格尔认为西方哲学存在着神学—逻辑学—存在论机制，那么中国哲学是否存在相应的机制呢？或者说中国哲学发生的逻辑进程和西方哲学的发展进程是否具有一定的互补性呢？海德格尔晚年曾经给予西方哲学的存在—神—逻辑学的语言方式以一个更高的"道说"视野，把它看作是"道说"的一种现身方式。这样就给"道说""存在"概念进行了新的定位。并且把"存在—神—逻辑学"看作是一种道路。这就使得其思维方式出现了整体性的变化。"是否西方的语言本身仅仅是形而上学的，并且因此之故最终为存在—神—逻辑学所烙印了，或者，是否这些语言允诺出道说的另一些可能性，同时也即道说着的不道说（das sage de Nichtsagen）的另一些可能性。"②在中国，神话的历史化、神仙化和政治化、文学化过程导致神话没有完成学术化和逻辑化的过程。

从西方近代科学技术的立场上来看，在中国哲学中，技术性的平台没有一个全面的理论建构。中国哲学中包含着不同的技术路向和技术性冲突，不像西方那样系统和一贯。在中国哲学这里，哲学向技术性展开也没有很好地向科学迈进，中国发展了管理国家的技术，科学技术和改造自身的技术极大地向管理国家和社会地技术方向迈进，并且在技术迈进过程中，虽然很多哲学家希望建立一个基本的理论平台，但这一努力一直都不成功。在中国哲学中，改造人自身和心灵的技

---

① ［日］铃木大拙：《禅与生活》，刘大悲译，国泰出版社，1988年，第40页。
② 孙周兴：《海德格尔选集》（下），上海三联书店，1996年，第842页。

术按照自己的方向向不同的方向发展开来。全面把握世界的技术手段在先秦的典籍中记载的很不系统，需要极大的精力才能窥见一二。

中国哲学也有明显的"技术"特征。这里所谓的"技术"特征是从海德格尔的技术观念角度来审查的。哲学本身就是一种生存的技术，技术进程本身就是活着的哲学。技术是一种设置，技术是把世界从遮蔽状态到无蔽状态的带出的过渡。"一切生产制作过程的可能性都基于解蔽之中。""技术乃是一种解蔽方式"。"此乃解蔽之领域，亦即真理之领域"①。技术是一种解弊的方式，而解蔽的领域就是真理的领域。从这一意义来说，哲学也是一种技术。"通过产出，无论是自然中生长的东西，还是手工业和艺术制作的东西，一概达乎其显露了。"②"产出从遮蔽状态而来进入无弊状态中而带出。唯就遮蔽者入于无弊领域到来而言的产出才发生。"③ 人是解蔽者和摆置者。通过促逼着的摆置，人们所谓的现实便被解蔽为持存。谁来实行这种摆置呢？显然是人。"但是，恰恰由于人比自然能量更原始地受到促逼，也即被促逼入定造中，因而人才从未成为一个纯粹的持存物。人通过从事技术而参与作为一种解蔽方式的订造。不过，订造得以在其中展开自己的那种无蔽状态从来不是人的制品，同样也不是作为主体的人与某个客体发生关系时随时穿行于其中的那个领域。"④ 人占有解蔽的本质是解蔽对人的占有。这种东西总是已经占用了人，并且人只有作为如此被占用的东西才能是人。

哲学的手段、方法和实验室就是心灵。人不是对象意识能够完全把握的。人因文化观念的念念相续和身体的需求所决定是一个逻辑的、可分析的、预定的存在；人是按照后天习得的知识和经验去思考和生活的，但不不意味着这种生活就是人生的全部，不能说这就是人生的实相和本质。而实质恰恰相反，人并没有在逻辑化思考以及在此基础上建立起来的生活世界中获得满足。因为人还可以构建更多的生活形态，人是自主的存在，自由的存在。逻辑化的人生不能摆脱虚无主义的影响，并受到神秘主义的诱惑。衣食住行等条件是必要的，但不能保证人一定会生存，人还要有充分的存在理由。这就是人的无限的本质。逻辑是人不永久的拐杖。分析的、逻辑的方法不能像开悟那样触动生命的本质。

智与慧是中西哲学都关注的，不过在不同哲学那里，用以确立其哲学的侧重点和根基有差别罢了！古今中外的一切人文学科对精神手段的运用可以从不同的

---

① 孙周兴：《海德格尔选集》（下），上海三联书店，1996年，第931页。
② 孙周兴：《海德格尔选集》（下），上海三联书店，1996年，第930页。
③ 孙周兴：《海德格尔选集》（下），上海三联书店，1996年，第930页。
④ 孙周兴：《海德格尔选集》（下），上海三联书店，1996年，第936页。

角度来进行说明。前文已述，从人的感官的功能的依凭、运用和发挥来说不外乎两个方面：一个是听闻；一个是看和观。光和音是人文学科和人文学说的终极真理。内在的音和光的体验也就被叫做"道"。"道"、"天理"、"心"、"本心"、"光明本体"、"良知"、"性"、"人性"、"佛性"、"元性"的内容都和这两个方面有关系。

  关于"闻"，西方哲学对此也有所认识。古希腊哲学家赫拉克利特说："如果你们不是听了我的话，而是听了我的道，那么，承认'一切是一'就是智能的。"① 赫拉克利特说："这道虽然万古长存，可是人们在听到它之前，以及刚刚听到它的时候，却对它理解不了。一切都遵循着这个道，然而人们试图像我告诉他们的那样，对某些言语和行为按本性——加以分析，说出他们与道的关系时，都立刻显得毫无经验。另外还有些人则完全不知道自己醒时所做的事情，就像忘了梦中所做的事情一样。"② 赫拉克利特要求遵从那个共同的东西，而必要自以为是的活着，好像有自己的见解似的。对于大多数而言，他们没有和道保持在场的状态，"他们即便听到了它，也不理解它，就像聋子似的。常言道：'在场如不在'，正是他们的写照。"③ 听是一种觉悟，是不能用概念和语言进行说明的道。外在的音乐是内在音乐的体现，内在的音乐是"无声之乐"（《礼记·孔子闲居》）。巴门尼德则说："要用你的心灵牢牢注视那遥远的东西，一如近在目前。因为它不会把存在者从存在者的联系中割裂，以致分崩瓦解，或者聚集会合。"④ 看和观有禅观、直观、止观、静观等等。巴门尼德以后的哲学也重视"声"或"光"重视听和看，但最终没有依此开出哲学的体系来，而迅速走向抽象化的道路。

第四节　中国哲学是即凡而圣的学问

  什么是哲学？海德格尔于 1955 年 8 月在法国诺曼底做的演讲中指出，"什么是哲学"这个提问方式本身已经表示提问者是站在哲学之上或者哲学之外了。因为这个提问方式表明提问者和哲学是处在对象性关系之中的。但是这个提问或者问题的目标是可以引入到哲学中的，逗留于哲学中，以哲学的方式来活动。

  要给予这个问题一个哲学化的答案，一个作为应答而在自身中哲学化的答案。问题本身就是一条道路。希腊词语中的"哲学"的意思就是"一条道路"。哲学是

---

① 北京大学哲学系外国哲学史教研室：《西方哲学选读》上卷，商务印书馆，1981 年，第 22 页。
② 北京大学哲学系外国哲学史教研室：《西方哲学选读》上卷，商务印书馆，1981 年，第 22 页。
③ 北京大学哲学系外国哲学史教研室：《西方哲学选读》上卷，商务印书馆，1981 年，第 22 页。
④ 北京大学哲学系外国哲学史教研室：《西方哲学选读》上卷，商务印书馆，1981 年，第 31 页。

一条既在我们之前又在我们之后的道路,最切近的一条道路。这条道路在我们前面,也在我们后面。在海德格尔开来,哲学所探讨的东西是与我们本身相关涉的从我们本质深处触动我们的东西。

"哲学就存在者存在,去探索存在者是什么。哲学行进在通向存在者之存在的途中,也即着眼于存在而通达存在者。"① 就中国哲学来说,哲学存在于存在者,也就是人到存在,也就是成为圣人的途中,也存在于道通向人的途中。二者是一个问题的两个方面。

中国哲学最为深刻的实践基础是"修道"实践,在道家为"善为道",在儒家为"闻道",在佛学为"悟道"。修道实践就是一条由凡入圣的道路。《道德经》讲"圣人",《庄子》讲"真人",佛教讲成佛,成菩萨。《论语》虽然没有明确肯定谁是圣人,但也讲圣人,其次是"君子"、"士人"等。《孟子》明确把尧舜当做圣人的典型代表,并且论证了人人都可以成为圣人,同时还说明了君子、大丈夫、贤人等理想人格。《孟子》把圣人奠定在"四端"之心的基础上,认为圣人能够做到人伦的极限。荀子也讲圣人,并强调圣人能够天生做到天人合一,性伪合。追求成圣是中国文化的核心。佛道两家都有自己的人生成就的目标设定,这里不一一叙述,这里重点说明儒家关于人格的说明。

1. 乡愿

"万子曰:'一乡皆称原人焉,无所往而不为原人,孔子以为德之贼,何哉?'"(《孟子·尽心下》)从万章的说法来看,"乡原"可以拆开来理解,乡原是合乎乡里道德习俗和道德规则的"原人"。

孔子反对"乡原"。"子曰:'乡原,德之贼也!'"(《论语·阳货》)但现有资料缺乏,无法清晰了解孔子对"乡原"的详细说明。《孟子》中记载得稍微详细一点。"孔子曰:'过我门而不入我室,我不憾焉者,其惟乡原乎!乡原,德之贼也。'"(《孟子·尽心下》)

孟子心目中的"乡原"的本质特征大致可以概括为如下几个方面。其一,反对口气太大,强调言行一致,为现世服务,反对言必称古人。"曰:何如斯可谓之乡原矣?"曰:"何以是嘐嘐也?言不顾行,行不顾言,则曰:'古之人,古之人'。"(《孟子·尽心下》)在孟子看来,乡原常常指责狂者志向、口气大,言行不能相顾。

其二,反对不为当世服务,主张与世俗为善。"行何为踽踽凉凉?生斯世也,

---

① 孙周兴:《海德格尔选集》(上),上海三联书店,1996年,第596页。

为斯世也，善斯可矣"（《孟子·尽心下》）。乡原常常批评狷者特立独行，应该为这个社会做事，只要大家认为好就行了。

其三，"阉然媚于世也者，是乡原也"（《孟子·尽心下》）。乡原，就是媚于世，而对世俗的善缺乏批判反思意识，对世俗的善恶缺乏辩证态度的人。"曰：非之无举也，刺之无刺也，同乎流俗，合乎污世，居之似忠信，行之似廉洁，众皆悦之，自以为是，而不可与入尧舜之道，故曰'德之贼'也"（《孟子·尽心下》）。乡愿往往被社会认为是忠厚的人，所到之处也表现出是个忠厚人。正因为乡愿符合社会的价值观体系，符合常识和习惯，要批评他，却举不出他具体做错了什么事；要指责他，却又觉得没什么能指责的；和颓靡的习俗、污浊的社会同流合污，平时似乎忠厚老实，行为似乎很廉洁，大家都喜欢他，他也自认为不错。但是却不能同乡愿一起学习尧舜之道。

其四，乡原的负面道德作用是混淆什么是真善。"孔子曰，恶似而非者：恶莠，恐其乱苗也；恶佞，恐其乱义也；恶利口，恐其乱信也；恶郑声，恐其乱乐也；恶紫，恐其乱朱也；恶乡原，恐其乱德也"（《孟子·尽心下》）。乡原最容易淆乱道德。

其五，如何才能防止"乡原"呢？"君子反经而已矣。经正，则庶民兴；庶民兴，斯无邪慝矣"（《孟子·尽心下》）。因为"假善"是和"真善"对立的，这就要去考察什么是"真善"，以及衡量真善的标准是什么？孟子以是否发现和发展"四端"，也就是恻隐之心、羞恶之心、辞让之心和是非之心来衡量。

"乡原"的价值取向是常人的取向。"君子"是对"常人"的拒绝。什么是常人呢？就是"大家"，就是"别人"都这样说，都这样做，那么我也就这样说、这样做，活在别人的号令之中，力求过一种类型化的生活。"别人"就是他人。海德格尔在《存在与时间》中指出，这些他人不是确定的他人。"这个谁不是这个人，不是那个人，不是人本身，不是一些人，不是一切人的总数。这个'谁'是个中性的东西：常人。"①"常人把自己暴露为日常生活中'最实在的主体'。"②"庸庸碌碌，平均状态，平整作用，都是常人的存在方式，这几种方式组建着我们认之为'公众意见'的东西。"③"公众意见对水平高低与货色真假的一切差别毫无敏

---

① ［德］海德格尔：《存在与时间》，陈嘉映，王庆节译，生活·读书·新知三联书店，2006年，第147页。
② ［德］海德格尔：《存在与时间》，陈嘉映，王庆节译，生活·读书·新知三联书店，2006年，第149页。
③ ［德］海德格尔：《存在与时间》，陈嘉映，王庆节译，生活·读书·新知三联书店，2006年，第147页。

感。"① "常人"对人的生活具有较高的统治力。"然而因为常人预订了一切判断与决定,他就从每一个此在身上把责任拿走了。常人仿佛能够成功地使得'人们'不断地求援于它。常人能够最容易地负一切责任,因为他绝不是需要对事情担保的人。"②常人不但承担了责任,成为责任的主体,还对人的心灵生活有重大的影响。"公众讲法的统治甚至已经决定了情绪的可能性。"③如果说入圣是一个过程的话,乡愿只是"过门"的状态,不可把乡愿等同儒家的理想人格追求。

2. 庸人

关于庸人,"子曰"文献有几处提及,表述略有差异。

孔子曰:"人有五仪:有庸人,有士,有君子,有贤人,有大圣。"

哀公曰:"敢问何如斯可谓庸人矣?"

孔子对曰:"所谓庸人者,口不能道善言,心不知邑邑;不知选贤人善士托其身焉,以为己忧;动行不知所务,止交不知所定;日选择于物,不知所贵;从物如流,不知所归;五凿为正,心从而坏。如此,则可谓庸人矣。"(《荀子·哀公》)

孔子曰:"所谓庸人者,心不存慎终之规,口不吐训格之言,不择贤以托其身,不力行以自定;见小暗大,而不知所务;从物如流,不知其所执;此则庸人也。"(《孔子家语·五仪解》)

孔子对曰:"所谓庸人者,口不能道善言,而志不邑邑;不能选贤人善士而托其身焉,以为己忧;动行不知所务,止立不知所定;日选于物,不知所贵,从物如流,不知所归;五凿为正,心从而壞。若此,则可谓庸人矣。"(《大戴礼记·哀公问五义》)

结合上述表述,庸人的特征大致包括如下几个方面的内容:

其一,语言和"口"的修养方面,"口不能道善言","口不吐训格之言"。"善"即"好",善言即好话。这是抽象地讲,具体什么样的言算是善言呢?《论语》有透彻的说明。总的来说,善言可以说是肯定的语言,积极的语言,能够鼓舞人生向上的语言都可以说成是善言。"训格之言",符合法度或者可以作为法度的话。

---

① [德]海德格尔:《存在与时间》,陈嘉映、王庆节译,生活·读书·新知三联书店,2006年,第147页。
② [德]海德格尔:《存在与时间》,陈嘉映、王庆节合译,生活·读书·新知三联书店,2006年,第147页。
③ [德]海德格尔:《存在与时间》,陈嘉映、王庆节合译,生活·读书·新知三联书店,2006年,第197页。

其二，心灵方面的表现，"心不知邑邑"，"心不存慎终之规"，"五凿为正，心从而壞"。邑邑，忧愁抑郁的样子。五凿，双眼，双耳和口。庸人的心灵被万物所吸引，追求外物，对人的生死大事不关心，对生命的问题采取回避的态度，对解决生死问题的方法不探究。这样也会导致一种快乐的生活，但因为回避了问题的解决，所以是庸人。

其三，不尊重贤人，不把贤人当作自己人生意义的向导，不认为自己不进步是值得忧愁的事情，不努力向贤人看齐。"不知选贤人善士托其身焉，以为己忧"。"不择贤以托其身，不力行以自定"。

其四，眼界狭小，在行动的时候不知道为什么要这么做，而不做事的时候显得惶惶然，不知道心灵的归属在哪里。"动行不知所务，止立不知所定"；"见小暗大，而不知所务"。

其五，在选择过程中，不知道对自己人生最有价值的事物是什么。"日选择于物，不知所贵"；"日选于物，不知所贵"。

其六，完全沉浸在对外物的追求之中，"从物如流，不知所归"。综合起来看，庸人是完全陷入世俗中的人，还没有从世俗中抽离出来。

乡愿和庸人总的特点是超越性不够，安于世俗，到君子则有了较大的超越性。

3. 小人

《论语》多次论及"小人"，而在《孔子家语》、《大戴礼记》中庸人和君子相对，显然有明显的不同。"未有小人而仁者也"《论语·宪问》。小人是没有仁德的。具体表现在哪些方面呢？

其一，小人自大，"小人骄而不泰"(《论语·子路》)。"小人不可大受，而可小知也。小人不可大受，而可小知也"(《论语·卫灵公》)。

其二，小人是否定力量的代表，是消极力量的代表，使得世界陷入否定，拉后腿，不让世界进步。小人情感是消极的、否定的，"小人长戚戚"(《论语·述而》)。另外，小人常常对积极的、正面的、超越的、高贵的事物进行否定，"小人不知天命而不畏也，狎大人，侮圣人之言"(《论语·季氏》)。概括起来就是，"小人下达"(《论语·宪问》)。"仁学用上下，而不用善恶、好坏，来表示最高阶层价值选择标准，是为了最广泛、最鲜明地涵括君子学中的人生实践方向二分法，即以上下高低的空间形象表达伦理价值的正负等级性。"①小人在人际交往方面往往给人以不好的影响，启迪他人的负面力量，"君子成人之美，不成人之恶；小人反是"

---

① [美]李幼蒸：《仁学解释学——孔孟伦理学结构分析》，中国人民大学出版社，2004年，第80页。

(《论语·颜渊》)。"小人之德，草；草上之风，必偃"(《论语·颜渊》)。小人不是没有内在积极的德性，只不过这种德性不能够坚持，容易受到外在的负面力量的影响，而失去自身的功能和作用。"子夏曰：'小人之过也必文。'"(《论语·子张》)小人即便有善的话，也是表面的。

其三，在人际关系方面，小人没有自己的个性，总是依靠别人，"小人求诸人"(《论语·卫灵公》)。"小人比而不周"(《论语·为政》)。小人在人际交往方面"比"，人与人之间有较强的隔阂感。"小人同而不和"(《论语·子路》)。求同，就是类型化的对待他人和对待自己。很多个体都是以类型化的方式与他人发生关联的。个体不仅把他人看作类型化的，而且他人也以相似的方式对待自己。"比"的结果往往是求全责备，"及其使人也，求备焉"(《论语·子路》)。

其四，"小人喻于利"(《论语·里仁》)，是利益的化身。"小人穷斯滥矣"(《论语·卫灵公》)。"小人怀土"；"小人怀惠"(《论语·里仁》)。"言必信，行必果，硁硁然小人哉！"(《论语·子路》)小人的行为总是追求有一个可见的结果，总是想到有用和没用；语言总是希望有回应，得到赞扬。"小人有勇而无义为盗"(《论语·阳货》)。

《论语》以外的其他"子曰"文献也记载有以孔子的名义论小人的话。其中包含的思想与《论语》相比略有差异。主要表现在如下几个方面：

其一，《论语》说小人不仁，但没有说小人为恶。而在其他"子曰"文献中，直接把小人定位为恶。仁与不仁，更着眼于人能够达成的生命高度来评论人，有相对性和动态感，而善恶有静态感，且有明显的二元对立的意味，善恶之对立范畴的使用，多为孔子以后的事情。"孔子曰：'小人何以寿为？一日之不能善矣，久恶，恶之甚也。'"(《中论·修本》)不过从《论语》用"美"和"恶"来说小人来看，用善恶来说，也是可以的，不过思维方法略有不同。

《荀子》等文本中提到的"五仪"不包括"小人"，不过《荀子》中的"子曰"在其他地方提到过"小人"。孔子诛少正卯的故事中就把少正卯说成是小人，这个小人是用"恶"来定义的。

> 孔子为鲁摄相，朝七日，而诛少正卯。门人进问曰："夫少正卯，鲁之闻人也。夫子为政，而始诛之，得无失乎？"孔子曰："居！吾语汝其故。人有恶者五，而盗窃不与焉。一曰心达而险，二曰行辟而坚，三曰言伪而辩，四曰记丑而博，五曰顺非而泽。此五者，有一于人，则不得免于君子之诛，而少正卯兼有之。故居处，足以聚徒成群，言谈足以饰邪营众，强足以反是独立。此小人之桀雄也，不可不诛也。是以汤诛尹

谐，文王诛潘止，周公诛管叔，太公诛华仕，管仲诛付里乙，子产诛邓析、史付。此七子者，皆异世同心，不可不诛也。《诗》曰：'忧心悄悄，愠于群小。'小人成群，斯足忧矣！"（《荀子·宥坐》）

这里提到的"恶"总特征是：心、行、言、记本身偏离了善的轨道，但却有一定的影响力和感染力。显然这样的"恶"是一种有力量的恶。不过这里孔子反对的是"小人成群"，担忧的是"聚徒成群，言谈足以饰邪营众，强足以反是独立"。君子有的时候会表现得不够"成熟"，因为他们太过认真率性，直面是非。而小人往往不问是非，只问利益，因而可以做到心灵"开阔"，为了利益暂时包容别人，但这一切都是暂时的。小人的"心达"不是真诚的，而是不真诚的，其中可能包含着害人之心，所以是"险"。就世俗生活的智慧而言，小人往往比君子"聪明"，他们懂得所谓的"人心"，懂得所谓的"人情世故"，懂得"潜规则"，所以行为不是按照正道来，而是邪僻之道，而且对于这一套坚信不疑。小人往往更善言辞，但是真话较少。小人往往看起来更多闻，但是却缺乏思想深度。小人往往也很有吸引力，有很多人喜欢和追随，但却是负面价值的代表。

其二，对小人的否定意义有直接的定义。"子曰：'唯君子能好其正，小人毒其正。故君子之朋友有乡，其恶有方；是故迩者不惑，而远者不疑也。'"（《礼记·缁衣》）君子和他的朋友们都有一种方向感，这就是求善，而在判断一件事情为恶的时候，也都有明确的理由和根据，让和君子亲近或者不亲近的人都知道君子的善恶取向，从而不对君子的人格追求感到疑惑。小人则不是这样，不知道追求善，人们也不知道他们追求的善是什么。

其三，小人有些外表的表现和君子差别不大，但是却缺乏道德内涵。"小人皆能养其亲，君子不敬，何以辨"（《礼记·坊记》）。小人也能养亲，但却缺乏敬意。"子曰：'君子不以色亲人。情疏而貌亲，在小人则穿窬之盗也。'"（《礼记·表记》）"故君子之接如水，小人之接如醴。君子淡以成，小人甘以坏"（《礼记·表记》）。小人在外表上看和人也很亲近，但实际上却是缺乏内在的感情。"孔子曰：'惟君子，然后能贵其言，贵其色，小人能乎哉？'"（《中论·贵言》）正因为如此，小人的外在表现就是非常不可靠的。"孔子曰：'小人毁訾以为辩，绞急以为智，不逊以为勇。'"（《中论·覈论》）

孔子曰："由志之！吾语女。奋于言者，华；奋于行者，伐。色知而有能者，小人也。"（《荀子·子道》）

小人在外表上看也是有才华，有能力，有智慧。小人在语言和行为方面都比较用心，比较用力，但是语言华而不实。

其四，小人需要用外力约束才能使得他们有道德。"小人不耻不仁，不畏不义，不见利不劝，不威不惩，小人惩而大诫，此小人之福也"（《易·系辞上》）。一旦外在环境不好或者好，都会使得他们丧失自己的道德准则。"子云：'小人贫斯约，富斯骄，约斯盗，骄斯乱。'"（《礼记·坊记》）正因为小人的心思都集中在外部世界，所以难以有持续的快乐。"小人者，其未得也，则忧不得；既已得之，又恐失之。是以有终身之忧，无一日之乐"（《荀子·子道篇》）。

4. 士

《论语》中讲"士"，大概是"从政者"，但又不直接等同于现实的从政者，因为现实的从政者被定位为"斗筲之人"，是气量短小，见识浅的人。在《论语》中孔子讲了三个层次的士人。

> 子贡问曰："何如斯可谓之士矣？"子曰：'行己有耻，使于四方，不辱君命，可谓士矣。"曰："敢问其次。"曰："宗族称孝焉，乡党称弟焉。"曰："敢问其次。"曰："言必信，行必果，硁硁然小人哉！抑亦可以为次矣。"曰："今之从政者何如？"子曰："噫！斗筲之人，何足算也。"（《论语·子路》）

第一个层次是言必信、行必果的层次，这个层次重点是管理个人的言行；第二个层次是在家庭邻里的层次，孝敬父母，得到邻里的称赞。"子路问曰：'何如斯可谓之士矣？'子曰：'切切、偲偲、怡怡如也，可谓士矣。朋友切切、偲偲，兄弟怡怡。'"（《论语·子路》）第三个层次是个人责任感，成为一个能够完成国家和民族使命的公民。"子张问：'士何如斯可谓之达矣？'子曰：'何哉，尔所谓达者？'子张对曰：'在邦必闻，在家必闻。'子曰：'是闻也，非达也。夫达也者，质直而好义，察言而观色，虑以下人。在邦必达，在家必达。夫闻也者，色取仁而行违，居之不疑。在邦必闻，在家必闻。'"（《论语·颜渊》）

《论语》更为强调士人对道、仁的价值追求，而对于物质利益则保持一定的警醒。"子曰：'士志于道，而耻恶衣恶食者，未足与议也。'"（《论语·里仁》）这里把道和衣食相对应，说明士人的价值追求。"子曰：'志士仁人，无求生以害仁，有杀身以成仁。'"（《论语·卫灵公》）这里强调当身、生和仁发生冲突的时候，士人以仁义价值为指归。"子曰：'士而怀居，不足以为士矣！'"（《论语·宪问》）"士"这个概念更强调对世界的使命感和责任感。

> 哀公曰："善。敢问何如斯可谓士矣？"孔子对曰："所谓士者，虽不能尽道术，必有率也；虽不能遍美善，必有处也。是故知不务多，务

审其所知；言不务多，务审其所谓；行不务多，务审其所由。故知既已知之矣，言既已谓之矣，行既已由之矣，则若性命、肌肤之不可易也。故富贵不足以益也，卑贱不足以损也。如此，则可谓士矣。"（《荀子·哀公》）

这里的"士"的概念更多的是从意义上来说的。士人所坚守的价值与君子无异，也就是"尽道术"、"遍美善"。但士人是在政治中实现这一价值的，这必然要降低要求，要符合政治现实并考虑实现的可能性。这就是"必有处也"。知、言、行都要有较强的针对性，士人能够理性地审视自己的所知，能够理性地审视自己说话的内容和对象，能够准确地把握行动的理由。当"已知、已谓、已由"之后就要把这些当成生命一样来守护。显然这里士人所坚守的道不是一般的道，而是政治之道，符合政治现实之道。这则材料能更好地帮助把握《论语》关于"士"的论说。

《荀子》中的"子曰"有几处提到"士"。"子路入。子曰：'由！知者若何？仁者若何？'子路对曰：'知者使人知己，仁者使人爱己。'子曰：'可谓士矣。'"（《荀子·子道篇》）士人显然具有适合从政的品质，能够让别人付出爱，让别人去了解和认可自己，形成政治认同。

鲁哀公问于孔子曰："吾欲论吾国之士，与之治国，敢问何如之邪？"

孔子对曰："生今之世，志古之道；居今之俗，服古之服；舍此而为非者，不亦鲜乎？"

哀公曰："然则夫章甫、絇屦、绅而搢笏者，此贤乎？"

孔子对曰："不必然。夫端衣、玄裳、絻而乘路者，志不在于食荤；斩衰、菅屦、杖而啜粥者，志不在于酒肉。生今之世，志古之道；居今之俗，服古之服；舍此而为非者，虽有，不亦鲜乎？"哀公曰："善！"（《荀子·哀公》）

从孔子的论述来看，孔子更为看重"志向"，"酒肉"和"食荤"是功利性的，士人应该有更为单纯的理想，如果这理想再配以外表的表现就是非常完美的事情了。服饰具有保护宣示和保护理想追求的意义。

鲁哀公问于孔子曰："请问取人。"孔子对曰："无取健，无取钳，无取口谗。健，贪也；钳，乱也；口谗，诞也。故弓调，而后求劲焉；马服，而后求良焉；士信悫，而后求知能焉。士不信悫而有多知能，譬之其豺狼也，不可以身尔也。语曰：'桓公用其贼，文公用其盗。'故

明主任计不信怒,暗主信怒不任计。计胜怒则强,怒胜计则亡。"(《荀子·哀公》)

此处之"计"显然有理性的含义,不管是策略的含义也好,还是算计的含义也好,都在理性的内涵之内。"计"和"怒"的区别就是理性和感性的区别。这方面典型的例子是齐桓公和晋文公。桓公重用曾经射中自己衣钩的管仲,晋文公重用勃须。勃须原是给文公看守财货的小臣,文公流亡后,他把财货窃出,但全部用在帮助文公返国的事上。

取士的问题,孔子以"信悫"和"知能"对举,强调"信悫"的重要性。有"知能"而无"信悫"就像豺狼一样,让人无法接近,接近则有祸端。"信悫"和"知能"的关系就像"弓调"和"求劲"的关系,就像是"马服"和"求良"的关系。

选什么样的人,用什么样的人是政治活动的一个重要的内容。如何"取人"?健,是表现出比较积极、勤奋的样子。人们常常喜欢选择这样的人进入领导岗位。但这样的人当领导也有缺点。这样的人的积极和勤奋往往有"能装"的成分,内心是否认同政治体系的价值是值得怀疑的,他们之所以能"健",是因为政治有利益,是利益的吸引让他们表现出积极的样子。钳,强迫,钳制。有的人喜欢把自己的意见强加给人,喜欢强迫人。从一般的用人的角度看,用这样的人比较可靠,因为这样的人可以顺利地执行政策,强迫人顺从自己的主张。人们迫于权威,也会表现得比较有秩序。但这不代表人们内心没有意见,不代表人们真心真意的接受,表面的秩序缺乏可靠的基础。所以是"乱也"。

孔子曰:"士有五。有执尊贵者,有家富厚者,有资勇悍者,有心智惠者,有貌美好者。执尊贵者,不以爱民行义理,而反以暴敖凌物。家富厚者,不以振穷救不足,而反以侈靡无度。资勇悍者,不以卫上攻战,而反以侵陵私斗。心知惠者,不以端计数,而反以事奸饰诈。貌美好者,不以统朝莅民,而反以蛊女从欲。此五者,所谓士失其美质者也。"(《韩诗外传·卷二》)

这里的"士"有两个层次的含义:事实性与意义性内涵。"执尊贵者,有家富厚者,有资勇悍者,有心智惠者,有貌美好者"显然是事实性的。"美质"可以说是意义上的。士人的美质应该是"爱民行义理"、"振穷救不足"、"卫上攻战"、"端计数"、"统朝莅民"。而且,士人的意义内涵的解读明显地表现出对士人公共性的要求,士人更应该关心公共利益。

孔子与子贡、子路、颜渊游于戎山之上。孔子喟然叹曰:"二三子!

各言尔志，予将览焉。由，尔何如？"曰："得白羽如月，赤羽如朱，击钟鼓者，上闻于天，旌旗翩飞，下蟠于地。使将而攻之，惟由为能。"孔子曰："勇士哉！赐，尔何如？"对曰："得素衣缟冠，使於两国之间，不持尺寸之兵，升斗之粮，使两国相亲如兄弟。"孔子曰："辩士哉！回，尔何如？"对曰："鲍鱼不与兰茝同笥而藏，桀、纣不与尧、舜同时而治。二子已言，回何言哉？"孔子曰："回有鄙之心。"颜渊曰："愿得明王圣主为之相，使城郭不治，沟池不凿，阴阳和调，家给人足，铸库兵以为农器。"孔子曰："大士哉！由来，区区汝何攻？赐来，便便汝何使？愿得衣冠为子宰焉。"（《韩诗外传·卷九》）

士人在这些文献中被分为三类：辩士、勇士和圣士。勇士主要靠武力来帮助国家；辩士靠语言辩论来化解国家与国家之间的矛盾；君主无为，奉行中道，符合礼仪，制定符合道义的制度，用道德教化大臣、百姓和处理国与国的关系，注重协调人与自然的关系，选用贤能的人任官做事，这是圣士。

5. 贤人

子贡问大臣。子曰："齐有鲍叔，郑有子皮。"子贡曰："否。齐有管仲，郑有东里子产。"孔子曰："产荐也。"子贡曰："然则荐贤紧于贤。"曰："知贤，智也。推贤，仁也。引贤，义也。有此三者，又何加焉？"（《韩诗外传·卷七》）

昔子贡问于孔子曰："谁为大贤？"子曰："齐有鲍叔，郑有子皮。"子贡曰："齐无管仲，郑无子产乎？"子曰："吾闻进贤为贤，排贤为不肖。鲍叔荐管仲，子皮荐子产。未闻二子有所举也。"（《刘子·荐贤》）

这两个文本内容基本一致，不过《韩诗外传》的内容更丰富一些。贤人本身全面地体现了政治伦理。

哀公曰："善。敢问何如斯可谓贤人矣？"孔子对曰："所谓贤人者，行中规绳，而不伤于本；言足法于天下，而不伤于身；富有天下，而无怨财；布施天下，而不病贫。如此，则可谓贤人矣。"哀公曰："善！敢问何如斯可谓大圣矣？"（《荀子·哀公》）

在这里对贤人的定位的特点是：能够很好地调和社会规范与个人的关系。从规矩来讲，贤人的行为符合社会规范并保持了个人的个性；从言行来讲，贤人的言行能够做天下人的典范，但是不会伤害自己；从财富来讲，贤人依靠自我的努力获得财富，因而是无怨财。

6. 君子

关于君子人格的超越性,《论语》中有明确的句子表达了这一思想。"君子上达,小人下达"(《论语·宪问》)。

"子曰:'君子怀德,小人怀土;君子怀刑,小人怀惠。'"(《论语·里仁》)

"子曰:'君子之于天下也,无适也,无莫也,义与之比。'"(《论语·里仁》)"适者,厚也,亲也。莫者,薄也,漠然也。"①

习俗是由公众意见统治的世界。实现超越的前提是对公众意见的合理鉴别。"子曰:'君子病无能焉,不病人之不己知也。'"(《论语·卫灵公》)

习俗的世界是一个超心衣食住行这些利益的世界。小人陷入对物质利益的操劳之中,君子为了道德目标所以要割舍富贵。"子曰:'君子喻于义,小人喻于利。'"(《论语·里仁》)"子曰:'君子谋道不谋食。耕也,馁在其中矣;学也,禄在其中矣。君子忧道不忧贫。'"(《论语·卫灵公》)

君子在社群领域与小人表现不同。"君子周急不继富"(《论语·雍也》)。"继富"的人重视现实的等级关系,包括财富、地位、名声的等级等等,对于高等级的人会给予尊重,对于低等级的人则会轻视。"君子周急"不单纯是表示关注穷人,而是不受等级的限制。君子对社会关系保持一定的超越态度。

社会关系中除了有等级关系构成界限和限制以外,另外的限制则是小团体主义。"子曰:'君子周而不比,小人比而不周。'"(《论语·为政》)君子不是与一般人保持距离,而是不会以自我的爱好为根据区分人,从而不能和一般人保持合理的关系。"子曰:'君子和而不同,小人同而不和。'"(《论语·子路》)君子拒绝小团体主义,对人保持一种最大的包容性和宽容性。"子曰:'君子矜而不争,群而不党。'"(《论语·卫灵公》)

在对待他人方面,君子也表现出某种超越性来。"子曰:'君子成人之美,不成人之恶;小人反是。'"(《论语·颜渊》)

君子的情感表现比较中和。"君子坦荡荡,小人长戚戚"(《论语·述而》)。"君子不忧不惧"(《论语·颜渊》)。

《荀子》有两种君子的提法。"子贡入。子曰:'赐!知者若何?仁者若何。'子贡对曰:'知者知人,仁者爱人。'子曰:'可谓士君子矣'。"(《荀子·子道篇》)"士君子"爱他人,更能了解他人。

《荀子》还提到了"明君子"。"颜渊入。子曰:'回!知者若何?仁者若何?'

---

① 程树德:《论语集释》,中华书局,1990年,第248页。

颜渊对曰：'知者自知，仁者自爱。'子曰：'可谓明君子矣。'"（《荀子·子道篇》）

《荀子》还提到了君子之"乐"的问题。"子路问于孔子曰：'君子亦有忧乎？'孔子曰：'君子，其未得也，则乐其意；既已得之，又乐其治。是以有终身之乐，无一日之忧。'"（《荀子·子道篇》）这里提到了乐"意"和乐"治"的问题。这里的"意"是对得失结果的"意"，也就是对结果的意象，对结果的主观表象，因而成为动机和目的。如果如此，此"乐"就是建立在一般实践理性基础上的"乐"，即动机的快乐和幸福。而"治"显然是"结果"，对结果之乐，显然是功利主义的快乐，是结果主义的快乐和幸福。

孔子观于东流之水。子贡问于孔子曰："君子之所以见大水必观焉者，是何？"孔子曰："夫水大，遍与诸生，而无为也，似德；其流也卑下，裾拘，必循其理，似义；其洸洸乎不淈尽，似道；若有决行之，其应佚若声响，其赴百仞之谷，不惧，似勇；主量必平，似法；盈不求概，似正；淖约微达，似察；以出以入，以就鲜絜，似善化；其万折也必东，似志。是故君子见大水必观焉。"（《荀子·宥坐》）

"子曰"文献中有几处"水喻"。在这里，君子拥有水德，具体表现就是：无为而普遍地对众生有利益，这是德，这一说法很接近《道德经》的观念；从高处向低处流，其中有一定的理则，这是义；取之不尽，总能源源不断地流出来，这是道；反应敏锐，流向任何目标，这是勇；水能够浮起不同重量的事物并能衡量物体的重量，这是法；装满容器后很平，这是正；很清，这是察；可以洗净东西这是善化；一定向东流，这是志。

7. 圣人

如何排列《论语》中的理想人格系列呢？大致就是圣人、仁者、君子和小人。"'圣人'的概念排在最上，因为它描绘了综合的全过程；而其他概念和'圣人'概念不同，是就它们所代表的这个过程某个方面和重点而言的。同时，这些概念又是相互联系的，它们都有助于达到'圣人'的成就，都以达到这种成就为鹄的。由于它们不仅是互相联系的，而且往往是共同扩充的，相互之间的区分并不分明，因而，我们就不能把它们视为分离的范畴。"①

君，具有"尊"的意思，高位，敬的意思。君，和群有关，好的秩序需要靠君子来实现。君有"尹"，有"口"，包含发布命令的意思。君就是能够对他人有

---

① ［美］郝大维，安乐哲：《孔子哲学思微》，蒋弋为，李志林译，江苏人民出版社，1996年，第143页。

影响力，从而约束和矫正其他人的人。不管这种命令是由于社会地位、金钱或者名声、学识引起的，还是个人品德引起的。前者，"君子"可以是一个政治概念，后者"君子"则是一个个人成就的概念。前者是政治意义上的君子，后者是品德意义上的君子。

圣人是大道居有的人。大道与成道密切关联，大道就是成道着的。"道路乃是成道着的（Ereignend）。"① 成道乃大道本身，此外无他。"有所带来的居有（Eignen）使作为道示（Zeige）的道说（Sage）在其显示中活动，此种居有可谓成道（Ereignen）。它给出澄明的敞开之境。在场者能够入于澄明而持存，不在场者能够出于澄明而逃逸并在隐匿中保持其存留。"② 圣，通也，有很好的听力的人；呈现，表明和展现；通就是能够在一切事物之间进行沟通，也就是听和说。君子则是努力向道的人。君子通过学达到道，知晓天命，"畏天命，畏大人，畏圣人之言。"（《论语·季氏》）君子忧道，谋道。君子是上达的，是肯定力量的代表，是积极价值的化身。君子会就有道而正，自觉地接受道的讯息，不是让自己成为器价值的化身，而是努力让自己称为道价值的化身。

  孔子对曰："所谓大圣者，知通乎大道，应变而不穷，辨乎万物之情性者也。大道者，所以变化，遂成万物也；情性者，所以理然不、取舍也。是故，其事大辨乎天地，明察乎日月，总要万物于风雨。缪缪肫肫，其事不可循，若天之嗣；其事不可识，百姓浅然不识其邻。若此，则可谓大圣矣。"哀公曰："善！"（《荀子·哀公》）

《论语》没有具体说明圣人的情况，在这里把圣人和道联系在一起。圣人就是通达大道的人。"《诗》曰：'瞻彼日月，悠悠我思。道之云远，曷云能来。'子曰：'伊稽首不？其有来乎？'"（《荀子·宥坐》）孔子对《诗经》的解释富有深厚的意味。"道"是道路还是大道？诗人写道："抬头仰望日月，引起了我无限的思念。大道何其遥远，如何才能来到我身边。"孔子的回答是：如果你敬畏大道，大道就已经来到了你身边。

如何才能成君子成圣人？前提是承认人有一个永远不会被污染的本性。如果我们人还有希望，还能够相信什么人，相信什么理论，就要承认人有一种不被污染的本性，用儒家的话说是性善，用佛家的话说是清净本性。为什么要这样子呢？原因很简单。如果不承认人有一个不受染污的地方，有一种不受染污的能力，

---

① 孙周兴：《海德格尔选集》（下），上海三联书店，1996年，第1141页。
② 孙周兴：《海德格尔选集》（下），上海三联书店，1996年，第1138页。

那么人就不能自我完善了,不能自己救自己了,甚至也没有什么人可以救人。为什么呢？可以设想,就像水被污染了,用污染的水去洗东西,显然洗不干净。同样的道理,一个被彻底污染了的人,如何能救自己呢？如何能让自己干净呢？如果所有的人都是性恶的,都被彻底污染了,那么这个世界上就没有一个可靠的人,没有一个可靠的理论。只有承认人有一个不被恶破坏的善的本性,这样才有自我完善的可能,才有可靠的老师,才能相信别人。从这一意义上说,儒家的性善论是对人的信心最足的理论,是最能给人以希望的理论。

在儒家看来,每个人都能成君子,至于是否每个人都能成为圣人,儒家内部的看法并不一致。孔子比较现实,认为人能成为君子。"子曰：'圣人,吾不得而见之矣;得见君子者,斯可矣。'"(《论语·述而》)孔子还很谦虚地表示自己不是圣人,"若圣与仁,则吾岂敢？抑为之不厌,诲人不倦,则可谓云尔已矣！"(《论语·述而》)在孔子心目中,圣人为什么这样难成呢？因为圣人能够自动地帮助所有的人,对所有人有利益,给予的东西也是广泛的,甚至是超出人的想象之外的,圣人和众人的关系是高高在上的。

《孟子·告子章句下》记载曹交问孟子人人是否都能成为尧、舜。人人都可以为尧舜是什么意思？曹交从人的身体方面来提出论据,指出文王和汤和自己的身高并不相同,自然体力不一样,饭量也不一样,怎么人人都可以学习尧舜,并成为尧舜呢？孟子在回答这个问题的时候表达了自己关于它的一系列观点。其一,所谓的"人皆可以为尧舜"中"可以为"指的是根据自己能力去为。并不是要一个能举一百斤重的人去举一千斤。其二,在每个人能力范畴之内最主要的事情是孝悌之道。就像一个人要走在长者的后面,这没有什么困难的。这是在每个人的能力范围之内的事情。其三,人要对善有一个自我承担的精神,认识自己的伟大之处,不要总想着自己是渺小的。如果认识到了自己本性的高贵,再在有形的方面,在言行中表现出来,那不就是成为尧舜了吗！人本性都是一样的,成为尧或桀就像自己选择要演戏中的哪一个角色似的,全在自己的主宰和选择。其四,道是大路,不是被哪一个单独的人单独享有的东西,成了每个人都能做到以外,每个人只要去求索,就不难领会。只要求了,或许自己的内心就是自己的老师,并且可以从别人那里学习到道的讯息。

成君子成圣贤需要具备三个关键的要素：一个是天,一个是人性,一个是人伦。成圣贤就是齐天,可以说是"齐天大圣"。人是天生的,所以是"生民"。"天之生此民也,使先知觉后知,使先觉觉后觉也"(《孟子·万章句上》)。人相对于"天"而言,就是天生出来的一个生命,所以是"生民"。天和宇宙构成了人生存的"场"、"域",是人的一个根本的生存背景,人是天生的较为完美的生命,与天类似,所以要向天学习做人的道理,寻求人活着的意义,要像天一样承担责任。现代人都习惯向其他人看齐,看看其他人干什么,想什么,想要在他人面前出人头地。却很少想到在天面前出人头地。孟子提出了一个概念叫做"天爵",认为人通过乐善布施就能够获得相对于天的地位。孟子子说君子要"上下与天地同流"(《孟子·尽心章句上》)。

天内置在人之中,人其实就是天,内置在人中的天就是人的善性。有的人把天性中好的东西抛弃了,丢失了,偏离了天的正面价值。没有从天命中体会到好的东西,反倒是体会到了一些负面的东西。比如很多人说自然界就是生存竞争、弱肉强食物,所以人也应该学习欺负弱小的,行霸权,信奉胜者王侯败者贼的逻辑。现代人还要体认天命,不是一定如早期儒家一样肯定天都是善的,但是我们却需要从中学习善的方面,而不能学习恶的方面。人为什么会对同样一个天有不同的看法呢?原因就在于人心和人欲?在于自己的固执,自己的意见,自己认为人能够知道什么是必然的,什么是一定的,太有"我"。孔子认为要去掉"我"、"固"、"必"、"意"这些东西,就能够认识天的意义了。宋明的理学家说要纯天理。成为圣贤就是要通过人力把内在于人性中的天的善良的一面体现出来,发挥出来,实现出来。

自己可以做到这一点,其他人自然也可以,自己里面有天性,他人也有天性。所以对待其他人也要像尊重天一样去尊重。因为其他人也有天和人两面,有好和坏两面。那么对待他人基本的道理就是要学习别人善的一面,而去掉不善的一面。择其善者而学之,择其不善者而改之。这就是孔子所说的"君子成人之美,不成人之恶;小人反是"(《论语·颜渊》)。君子关注他人优点,学习他人的优点,并且帮助他人完善自己,而不会看别人的缺点,或者让人更加消极,走向负面的生活。孟子认为圣人是"人伦之至",在不同的角色上都能够尽善性。

三个方面合起来就是尽心、尽性、尽伦、参天地。"能尽人之性,则能尽物之性;能尽物之性,则可以赞天地之化育;可以赞天地之化育,则可以与天地参矣"(《中庸》)。天、自我和他人三个方面是一个统一的整体,其核心是表现善良的一面。这样就看到了天的本质意义,也发挥了自己的本性,也算是真正地对他人的尊重,完成了人的人伦任务。

第二章 生灭和真如

第一节 生灭为式，真如为能

金岳霖把生灭看成是"式"，要从式和能两个角度来理解道。式是析取的无所不包的可能，生灭是一可能。能可以出入生灭之可能，从而生灭之可能，就成为现实的可能。能总是出入于生灭之可能，生灭则成总是现实的可能。依据这一道理，对于现实世界而言，生灭为不可避免之事实。然拘泥于生灭来了解世界，亦有不足，因生命之为现实，实际上有能之出入的前提。能没有生灭，能不生不灭，能可以说是真如，如如不动。

生灭使得这个世界有限制，不自由，真如则来去自如。生灭中有真如，生灭离不开真如，真如在生灭中。可以说生灭即真如，要在生灭中发现真如。

生灭是可见之事实，为显性的事物，为中国古人所说之"阳"的世界。生灭是概念，可以为理性所把握，是不可回避的经验世界。真如不可见，为"阴"的世界。出生灭门入真如门在中国哲学中不是否定生灭另求真如，而是由阳入阴，由有悟无。有无同出于一，同出于"玄之又玄"的"众妙之门"，从"有"悟"无"即入玄，这是中国的玄学，也就是中国本有之形而上学。"有"为形而下的世界，"无"是形而上的世界，兼容有无才是道。出生灭入真如不离开生灭，又不拘泥于生灭，入真如又未如真如，此即现实的圣人的境界。如离开了生灭，如一真法界之真如即离开了人道，而成绝对的超越，这种道理中国哲学不完全拒绝，但非中国哲学的重点所在。

生灭不离真如，真如在生灭中。在生灭中的真如在《道德经》是"一"，是"谷神"，因为"谷神"不死，所以是真如。在生灭中的真如在儒家是善性，在佛教是人的佛性。孔子有那种人有一个不被污染的本性的思想吗？有！尽管孔子只是简单地说了一句话："性相近也，习相远也。"（《论语·阳货》）他没有详细的解释"性相近"中的"性"是善还是恶。不过孔子表示过人有一个不会被损害的"坚"和"白"的地方。"佛肸召，子欲往。子路曰：'昔者由也闻诸夫子曰：亲于其身为不善者，君子不入也。佛肸以中牟畔，子之往也，如之何？'子曰：'然。有是言也。不曰坚乎，磨而不磷；不曰白乎，涅而不缁。吾岂匏瓜也哉？焉能系而不食？'"（《论语·阳货》）孔子没有明确说过人性本来清静，本来不能够被污染，但有类似的思想。神秀和慧能表示自己智慧修养的两段话可以帮助我们来理解孔子的思想。这就是"身是菩提树，心如明镜台；时时勤拂拭，勿使惹尘埃"（慧能，《坛经》）。"菩提本无树，明镜亦非台，佛性常清静（本来无一物），何处染（惹）尘埃"（慧能，《坛经》）。人的菩提智慧本性，人的佛性是"坚"，如金刚一样，坚不可摧，因为它无形无象，自然不可能像一个具体事物一样，被磨坏了。人的智慧是常明的，明镜本性无形无象，是绝对的、无形无象的白。

不生不灭的真如之性善不同于生灭中的善恶，人有善有恶说，或者善恶混说是生灭门中的善恶。宋明理学家区分了天地之性和气质之性，就是区分真如和生灭。

真如之性就是"天命之谓性"，自动合于天命之真如之性的人是圣人，"不勉而中，不思而得，从容中道，圣人也"（《中庸》）。诚意不过是合于此真如。

真如之性进入生灭门，则需要让真如之性统领人生，这就是"率性之谓道"（《中庸》）。靠着人力的方式实现这种统领的过程则是教育的本质，"修道之谓教"（《中庸》）。真如之性是个圆性和圆善，其表现形式多样，可以是无照无不照的照心，是诚明，也可以表现为原始的恻隐之心和是非的良知，也可以变为天籁之音和不灭的闻性。"自诚明，谓之性；自明诚，谓之教。诚则明矣，明则诚矣"（《中庸》）。教育和教化的本质即是利用真如之明性来指引人生。当一个人完成了这种指引的时候就尽了自己的性，也尽了人之性和物之性，从而完成了人的使命。人的肉体和经验生活本来是生灭门内的生活，人与人的人伦关系本来也是生灭门内的事情，但是因为这个生活本来为诚明之真如之性所涵盖，所统摄和领导，从而变成了超越的生活，成为真如的生活。人成圣人，并帮助他人成圣人，人与人的经验生活获得了意义内涵，从而成为"伦"。

第二节 儒门亦"隐"

儒家是"入世"的学问，这是一个基本的常识。但儒家是否"出世"呢？是否也有"出世"的思想呢？如果有，又是什么种类的"出世"呢？是内在超越还是外在超越呢？这些都是有待于进一步进行研究的问题。

"礼废乐崩"成为解释儒家诞生和发展背景的话语体系，大致反映了战国末期和秦汉儒家的思维习惯。但这不代表其中的记载一定是杜撰的。最为典型的是《史记》把早期儒学诞生和发展的背景看成是礼崩乐坏。也就是说原来社会遵守的规则现在不被遵守了,甚至创造了新的规则,包括"潜规则"破坏了原来的社会秩序。潜规则的盛行使得原来的规则变成了空洞不能落实的东西。从"礼废乐崩"的角度来解释儒学的诞生是历史上一个传统的套路。比如《史记》就说:"周世既衰,诸侯恣行。仲尼悼礼废乐崩,追修经术,以达王道,匡乱世反之于正,见其文辞,为天下制仪法,垂《六艺》之统纪于后世。"(《太史公自序》)

《史记》的描述多少和"子曰"文献是有冲突的。关于礼乐崩丧,孔子是什么态度呢?《孔丛子》中的孔子当然是很气愤,不过不像想象的那样,孔子真的那么担心礼乐的崩坏,孔子并没有抱着很功利的、很短视的态度面对这一问题。《孔丛子》中记载说孔子到东周拜访精通音律的周敬王的大夫苌弘。苌弘对周卿士刘文公说,我看孔子长得像个圣人,眼眶像河一样平直,额头高高的,像黄帝的长相。背部像乌龟,胳膊很长,个人高高的,长得又像商朝的开国君主商汤。他对过去的事情了解得很透彻,有很谦让,有礼貌,记忆力超好,喜欢研究新事物,好像有无穷的精力似的。大概圣人要兴盛起来了吧。"苌弘曰:'尧舜文武之道或驰或坠,礼乐崩丧,亦正其统纪而已矣。'既而夫子闻之,曰:'吾岂敢哉,亦好礼乐者也!'"①

此处的孔子并不把"正统纪"当做自己的主观目的来追求,而是保持了一种类似审美的态度,也就是"好"。此处之"好"活灵活现地表现出孔子不是抱着太强烈的干预世界的心态,矫正世界缺陷的心态对待世界的事物,也不是有那么强烈的功利思想,他对世界的缺陷的感觉不是紧张的,而是松缓的。另外,一个"好"字也隐约透露出孔子一种学术的态度,不是一种狭隘的政治算计的心态来对待"礼乐"的问题,礼乐就是生活的目的,而不是被当做一种工具来看待。这是这个文本透出的一些信息。

1. 君子求仁

孔子说:"君子去仁,恶乎成名?君子无终食之间违仁,造次必于是,颠沛必于是。"(《论语·里仁》)从这句话来看,孔子关心的是"仁","仁"超越了对处于对立状态的情境的关注,自然也包括所谓的出世与入世。君子专一于"仁"的世界,"仁"对于"现世"来说是超越的。"仁"成为新的光芒的中心,道德理想和价值中心,从而可以赋予这个世界以意义。

"子曰:'君子怀德,小人怀土;君子怀刑,小人怀惠。'"(《论语·里仁》)君子和天下的关系是什么样的呢?君子以德为家,世俗的人以土为家。而"德"本

---

① 王钧林,周海生译注:《孔丛子》,中华书局,2010年,第2页。

身就具有一种超越性，超越了已有的界限。"德不孤，必有邻。"（《论语·里仁》）不孤，说明没有界限，超越了限制。

"子曰：'君子之于天下也，无适也，无莫也，义与之比。'"（《论语·里仁》）"适者，厚也，亲也。莫者，薄也，漠然也。"① 君子对于天下不亲、不疏的前提是什么呢？是关心"义"的问题，是因为另有超越的追求。道的超越追求超越了"入世"和"出世"的二元对立。如果说追求"道"是"出世"的话，那么"入世"和"出世"都是"入世"。在追求"有道"的心态下，君子可以为行道而"入世"，也可以为维护道的纯洁而"出世"。《论语》中在涉及和世界的关系这一问题的时候，孔子常常给予了两种可能性的答案。"天下有道则见，无道则隐"（《论语·泰伯》）。"见"和"隐"也就是"入世"和"出世"对于孔子来说是第二位的问题，第一位的问题是"道"。孔子常常称赞可以做到这一点的人。比如南容"邦有道，不废；邦无道，免于刑戮"（《论语·公冶长》）。比如宁武子"邦有道，则知；邦无道，则愚"（《论语·公冶长》）。比如颜渊"用之则行，舍之则藏"（《论语·述而》）。比如蘧伯玉"邦有道，则仕；邦无道，则可卷而怀之"（《论语·卫灵公》）。孔子并且说只有自己和颜渊"有是乎"（《论语·述而》）。孔子和颜渊拥有的是"道"，"有道"使得他们成为现实世界的超越者，并且根据情况选择行道的方式，或者避世，或者入世。比如尧就具有超越的特征，"巍巍乎"，"荡荡乎，民无能名焉。""常名"是无法来把握尧的功绩好人文成就，"巍巍乎其有成功也，焕乎其有文章！"（《论语·泰伯》）在保持超越的向度的同时，孔子并不拒绝和世俗价值相交换，"我待贾者也"（《论语·子罕》），"焉能系而不食"（《论语·阳货》）。

在两者之中，孔子把隐居看做是更重要的。比如说宁武子"其愚不可及也"（《论语·公冶长》）。在"道不行"的情况下，避世是一种选择，不如此就无法保持道的纯洁性和超越性、高尚性。"道不行，乘桴浮于海"（《论语·公冶长》）。在孔子看来，那些"危邦"、"乱邦"君子是不能政治参与的，"但是由于整个世界均处于水深火热之中，例外反而变成常态，因此在早期的儒家学说中，特别是在《论语》里面，我们发现一种境内或境外流亡的趋势，儒家与道家在此并无二致。"② 在罗哲海看来，在一个争夺权利的时代里面，有志之士只会徒劳无功，所以许多孔门弟子便采取了避世的态度，宁愿在穷困的环境中过着布衣生活，也不愿意做官。

---

① 程树德：《论语集释》，中华书局，1990年，第248页。
② ［德］罗哲海：《轴心时期的儒家伦理》，陈咏明，瞿德瑜译，大象出版社，2009年，第104页。

孔子也主张避世。"子曰：'贤者辟世，其次辟地，其次辟色，其次辟言。'"（《论语·宪问》）"避，去也。"① 不过，孔子和一般的避世之士是不同的，关于这种不同，过去的很多注释都理解成了有选择性的避，也就是"无道"的时候就避，"有道"的时候则不避。有选择性的理解讲究"时"，根据情境和时间的不同，选择不同的对待世界的方式。这种理解适用于两种方式之间的选择，却不适用于和"道"的关系。"道"是君子的家园，自然"世界"就成了客旅，君子和世界的关系是恒常的"避"的关系，是没有"时"的"两可"关系的。孔子的确和一般的避世之士不同，孔子说自己是"无可无不可"（《论语·微子》）。为什么可以"无可无不可"呢？就是因为一心对道的关注，使得孔子有了超越的心态，对待世界的问题反倒可以采取积极的和消极的两种方式。桀溺对子路说孔子是"辟人之士"，说自己是"辟世之士"（《论语·微子》）。其实孔子也是"辟世之士"，不过是"大隐"，因为他是"隐于市"，而非"隐于山林"。所以孔子回答说"鸟兽不可与同群，吾非斯人之徒与而谁与"（《论语·微子》）。既然生而为人，自然要和人在一起。况且，和谁在一起并不是超越问题的根本。与道的切近由于抓住了人性的根本问题，"出世"反倒成了真正的"入世"。海德格尔在《物》中说："不过，这种对一切距离的匆忙消除并不带来任何切近（Nähe）；因为切近并不在于距离的微小。在路程上离我们最近的东西，通过电影的图像、通过收音机的声响，也可能离我们最远。在路程上十分遥远的东西，也可能离我们最近。小的距离并不是切近。大的距离也还不是远。如果我们把最长的路程缩短为最短的间距，这时候，切近也还付诸阙如，那么，到底什么事切近呢？如果我们对距离的不断消除甚至拒绝了切近的出现，那么究竟什么是切近呢？如果与切近的缺失一道，连远也杳无影踪，那么到底什么是切近呢？"②

罗哲海比较详细地说明了孔子和《论语》是如何超越了"习俗"的。"现世"是一个有着既定的文化习俗的世界，是一个在既定的观念和习惯中生活的人们组成的"生活世界"。对"现世"的超越首先要超越既定的习俗。在罗哲海的心目中，孔子不是那种离开了共同的礼仪、习俗和传统就会陷入伦理、心理、社会和灵性的空虚的人。因为孔子的心灵生活有另外的支点，这些支点的根据并不是习俗。对于孔子来说，对陈规和传统也有着重新进行审查的必要，而不是仅仅服从于深受既定习俗制约的环境。因为如果仅仅是要求"适应""环境"，就会忽略个

---

① 程树德：《论语集释》，中华书局，1990年，第1026页。
② 孙周兴：《海德格尔选集》（下），上海三联书店，1996年，第1165～1166页。

体的自律以及人类的尊严等问题的思考，忽略了个体独立性的重要性，从而也就失去了对社会尊卑位阶进行反思的能力，并且也会在根本上不会走出自然思维一步，不会从自然界的表面规律中走出来去思考问题。

在罗哲海看来，孔子的思维是西周、春秋以来政治和社会变化的回应。对现实的回应的解读方式是有效的，不过，由于孔子对道的关注，对现实的回应打上了"道"的印迹，而不仅仅是"道"打上了现实的印记。这种回应由于既定的环境已经变化了，自然就不会仅仅是一个对"现实"的论证和顺从。正是因为变动了环境给孔子提供了哲学反思的环境，使得他可以完成反思的工作，使得原来惯用的一些概念和范畴从社会习常是用的含义中走出来，得到了升华。

在罗哲海看来，现实世界的动荡也促使哲学家去回答什么才是人的本来家园的问题，从而促使孔子不再把本来就如洪水滔滔的不稳定、不安全的世界当做生命和理论的根基。在寻找新的生命根基和家园归宿的努力中，诞生了君子、圣人这样的概念。君子等概念与"小人"和"乡愿"最根本的区别是"有道"还是"无道"；是拘泥于现实的习俗理解的社会角色之中，还是通过自己的努力去完善角色；是仅仅局限于大多数的意见违背礼节或者刻板地遵守礼节，还是在人格的完善的角度来处理这些问题；是因袭陈规，还是自觉反思形成新的系统的价值观的问题。"家"的意识总是和哲学密不可分。我们眼前的感性世界是否是我们永恒的家园？如果不是，我们永恒的家园是否是在一个超越的世界呢？那个超越的世界的情况又是怎样？哲学需要反思，而反思往往来自对现世的动荡不安引起的忧患感。世界就像洪水一样，带给人不安全感。这就是要认识世界的非家园性和不安全性，并与现实的世界保持距离，去寻找自己的精神的家园。"滔滔者，天下皆是也，而谁以易之？"（《论语·微子》）无道是暂时的，还是永恒的？对于关心"道"的人来说，不管是永恒的，还是暂时的都不会改变对"道"的坚守。

"现世"的世界作为一种文化的世界，是由一系列约定俗成的观念，以及这些观念引导下的行为构成的。"现世"的动荡意味着意见的纷争，以及人们无法有统一的见解，而在寻找新的方向和人生依据的时候没有明确的价值方向和系统的方法。在罗哲海看来，正是在意见纷争的环境下，孔子把"学"和"思"的因素加入到了对待这些意见和对待传统的思考之中，从而形成了自己系统的方法论。"启"、"发"等方法的运用形成了一种新的思维。

正是对自己的方法论和价值观的坚持使得孔子能够不随流俗起舞，对传统保持敬畏的同时又开出了新的境界；也使得孔子不会因为公众的舆论而改变自己的道德操守和学术方向，更不会因为在"现世"遭受失败而气馁。因为"现世"的价值本来就不是他心里的最高价值标准,"现世"价值标准本身就是要反思和超越的对象,自然就需要用新的成功与失败的尺度来衡量自己。这样一来,在超越"现世"的基本前提下,则可以有"入世"和"出世"两种选择,而不管"入世"还是"出世",都是为了让世界"有道","有道"还是"无道"才是真正应该关心的问题。对"现世"的超越凝结成一系列理论成果。这些理论成果就表现在运用"义"、"中庸"、"仁"、"罪"、"耻"这些范畴的时候,拉开了与习俗理解的差异。

2. 君子对善恶政治的伦理抉择

陈灵公和大臣孔宁、仪行父都私通于陈国美妇人夏姬,三人把夏姬的汗衣穿在里面,在朝廷上互相取笑,这引起了泄冶的反感,泄冶积极进谏,结果被杀。

> 陈灵公与孔宁、仪行父通于夏姬,皆衷其衵服以戏于朝。泄冶谏曰:"公卿宣淫,民无效焉,且闻不令,君其纳之。"(《左传·宣公九年》)

不过事情的演变完全超出了泄冶的预料。"公曰:'吾能改矣。'公告二子,二子请杀之,公弗禁,遂杀泄冶。孔子曰:'《诗》云:民之多辟,无自立辟。'其泄冶之谓乎。"(《左传·宣公九年》)

陈灵公和大臣孔宁、仪行父都是政治人物,而且是"戏于朝",从实践发生的地点和主体来看,"公卿宣淫"可以归入到政治伦理的范畴,属于政治恶的一种表现。而泄冶积极进谏可以看成是对政治恶进行斗争的一种形式。对政治人物的政治伦理行为进行道德评判,是中国传统政治伦理一个很重要的内容。对评判者来说,如何评判政治人物的政治伦理行为涉及自身的伦理道德观念。支持某种政治伦理行为同时意味着自己在同样的情境下有可能会做出同样的政治伦理抉择。"公卿宣淫"是政治恶,泄冶希望停止类似的政治恶,应该是值得肯定的。但是在这则材料中,孔子却没有肯定"泄冶"。这构成了一定的矛盾性。从孔子引用《诗经·大雅》的诗句来看,孔子肯定了泄冶谏争的内容,但没有肯定泄冶谏诤行为。"民之多辟,邪也;立辟之辟,法也。意谓民多邪辟矣,国频危乱矣,勿自立法度以危身也。"①有争议的地方是要不要"民自立辟",也就是在一个政治陷入普遍恶的环境下,自己要不要自立道德法度的问题。显然,孔子认为是"无自立辟"。

吴荣增在《〈左传〉与孔子》中认为这则材料是没有说服力的。吴荣增认为,"《左传》贬低泄冶所起的效果,将是鼓励人们去明哲保身,这是左氏崇尚功利的一种表现,和儒家提倡的为义而牺牲个人利益的精神有点格格不入。"②清顾栋高认

---

① 杨伯峻:《春秋左传译注》(修订本)(二),中华书局,2009年,第702页。
② 吴荣增:《〈左传〉与孔子》,《国学研究》第五卷,北京大学出版社,1998年,第116页。

为，否认泄冶的行为是颠倒是非，会引起不良的结果，导致没有人勇敢地去矫正政治之恶。"有伤名教，如是是以缄默苟容者为贤，以捐躯犯难者为不肖也，则乱世何赖有君子哉！"① 按照这种观点，孔子是不会说出这样的话的。因为，如果孔子真的对这件事进行评论，对政治中的恶进行了积极进行谏争的泄冶也应该得到肯定。

另外一种观点认为这里孔子的说辞应该是真实的，因为泄冶的行为从政治角度审查并不明智。孔颖达引《释例》说："陈灵公宣淫，悖德乱伦，志同禽兽，非尽言所救，泄冶进无匡济远策，退不危行言孙，安昏乱之朝，慕匹夫之直，忘蘧氏可卷之德，死而无益。"② 这里没有肯定泄冶的理由表达得很充分，主要是：陈灵公恶的程度太深，不是语言劝导所能解决的；劝诫要讲究策略；要谨言慎行，要保护自己的道德；要死得其所。《孔子家语》中记载了孔子向子贡解释了为什么无法肯定泄冶。

> 子贡曰："陈灵公宣淫于朝，泄冶正谏，而杀之，是与比干谏而死同，可谓仁乎？"子曰："比干于纣，亲则诸父，官则少师，忠报之心，在于宗庙而已。固必以死争之，冀身死之后，纣将悔寤，其本志情在于仁者也。泄冶之于灵公，位在大夫，无骨肉之亲，怀宠不去，仕于乱朝，以区区之一身，欲正一国之淫昏，死而无益，可谓损矣。《诗》云：'民之多辟，无自立辟。'其泄冶之谓乎？"（《孔子家语·子路初见第十九》）

《孔子家语》的这则材料比《左传》中孔子所说的话更多，而且还列举出了理由：对待政治的恶是否谏争，要考虑自己和谏争对象的远近关系；要考虑个人能力的大小；要珍惜生命，死亡要有价值。政治环境是恶的，当民众都邪辟的时候，君子是无法自己一个人去改变这种情况的。如泄冶一般，因为灵公、孔宁、仪行父沉瀣一气，他却向灵公进谏，等于是自取其辱，丧失了身命，君子道也就失去了实现的依托，从政治智慧和人生智慧来说，都是不明智的。

《左传》中的"子曰"一个很重要的政治伦理主题是：如何对待政治中的恶。从这一主题来看，其中表达的思想和《论语》相关思想具有互补性。

其一，《左传》中的"子曰"对积极向政治恶"开战"表现出审慎的态度。谏争含着伦理冲突，谏争的君子占据了道德的或者政见的制高点，而谏争的对象则拥有权力的优势，其中包含着道德与权力的张力关系，包含着士人与君主的分工、

---

① （清）抉经心室主人：《皇朝五经汇解》卷218引，清光绪（1893年），鸿文堂石印本。
② （唐）孔颖达疏，李学勤：《春秋左传正义》，北京大学出版社，2000年，第715页。

合作关系。君子谏争的伦理价值的实现与权力现实有密切的关联,二者之间过度紧张的关系最终会使得君子的伦理追求陷入困境,而无法发挥任何现实的价值。政治领导本身就是纵向的关系,有效的政治系统要求对更高一级领导的服从,这样一来,导致下级很难反对上级非法的、不适当的行为,以及对权力的滥用。再者,政治操纵的存在使得其与正式的决策制度相违背,这种操纵使得体制制造了怀疑、嫉妒、争斗、焦虑,秘密的、私下的交易代替了公开、诚实的交往,为个人利益的你争我斗代替了合作。政治系统本身会要求其中的人员服从等级规章,让个人服从特定的任务,在组织的高层才有基础主义的理性,在下层则推行工具主义理性,把其中的下属看成是执行命令的工具。在这种情况下,如果组织和领导本身偏离了伦理要求,就会导致体制的整体伦理偏差。在政治系统中,领导者可以借助组织对个人价值观和行为的控制。这种控制妨碍了个人的独立思考和独立行为。这导致了政治系统像一个"道德迷宫",有的时候官僚制度会侵蚀内部和外部的道德标准。《孔子家语》把比干和泄冶进行了对比,其中涉及谏争中道德和权力的关系问题。"比干于纣,亲则诸父,官则少师",这加强了比干谏纣的合理性。"官则少师",比干本身在和纣王的权力关系上,虽为臣子,但却是君国辅弼之官,处理具有谏争的伦理责任以外,也具有谏争的权力。从亲情关系来看,"亲则诸父",比干更具有谏争的合理性。除此而外,比干谏争还有目的和结果的合理性。而泄冶则不同,泄冶的道德感没有现实的权力关系来保障其获得现实的结果。

除了泄冶,类似的情况还有子路,《左传·哀公十五年》比较详细地描述了子路被杀前的情景。子路的伦理抉择从小范围来看是不容指责的,保护自己的上级和领导,是下属当然的义务。但是当从父子争国的角度来看,当自己所服务的政治系统和领导本身陷入伦理冲突的情境中的时候,对某一政治系统的忠诚的伦理意义就变成相对的了。政治系统的恶,单纯地靠君子个人的力量往往是很难被改变的。之所以会发生这一情况的原因很复杂,一个方面是组织本身不是一个单一的个人一样的人格,这导致了组织分散了个人的道德责任。大家都可以说这是体制的事,而忘记了体制的事情其实也是其中的人的人格的事情,从而导致体制失去了道德的良好基础。政治系统的"恶"的成因除了人性中恶的因素以外,其中包含了"代理转换"。也就是从为了自己的目的而行动转换到为了代理人的愿望而行动,从自治功能向有组织功能的转换。这个时候,一个人就会感觉应该对权威负责,而不是对权威所规定的内容负责,道德行为的界定蜕变为对权威的服从。个人会因为完成上级的要求而获得荣誉,甚至能够升迁。这加强了个人完成组织不道德行为的动力,而对于组织对人的损害无动于衷。政治系统由此变成了"恶"

的流行场所，而不是"善"的发扬地，从而变成"无道"的政治。在这种情况下，离开政治就成了道德保全的方式。在"无道"的力量比较强大，而个人的政治地位又比较低的时候，个人的伦理往往会遭遇失败的命运。这个时候，个人就应当选择一定的避让。因为，政治性并不是人的全部属性，政治的境遇对于人生并不是全部的人生意义所在。对政治大道的坚持总是要让位于个人君子道的实现。如果二者可以一致，当然是最美妙的，如果不一致，选择后者，放弃前者，就是顺理成章的了。

其二，在政治偏离了君子的伦理理想的时候，《左传》中的孔子拒绝向拜访者表达伦理诉求。上述几则材料的情境都涉及下级是否要积极主动地向上级恶的行为进行斗争的问题。《左传》中的"子曰"还出现了另外一种情境：当上级进行了某种偏离君子伦理价值理想的政治行为的时候，却采取了一种向君子求教的态度，这个时候君子是否要采取一种合作的态度，从而加以伦理劝诫呢？

  季孙欲以田赋，使冉有访诸仲尼。仲尼曰："丘不识也。"三发，卒曰："子为国老，待子而行，若之何子之不言也？"仲尼不对。(《左传·哀公十一年》)

这里孔子明显表现出一种和恶者不合作的态度。孔子并没有当面把自己的伦理诉求讲给季孙听，这是建立在对政治现实的深刻理解的基础上的。因为"若不度于礼，而贪冒无厌，则虽以田赋，将又不足。且子季孙若欲行而法，则周公之典在。若欲苟而行，又何访焉？'"(《左传·哀公十一年》)孔子不愿意为某种恶的政策"背书"，充当政治"花瓶"。

卫国大夫大叔疾原先娶了宋子朝的女儿，并爱上了小姨子。后来宋子朝犯罪出奔，孔圉（孔文子）让他休了妻子，把自己的女儿嫁给他。大叔疾把小姨子诱来，为她造了一所房子，就像有两个妻子，孔文子大怒，要攻击他。为了这事，孔文子也去拜访孔子。孔子也以"甲兵之事，未之闻也"拒绝了(《左传·哀公十一年》)。孔文子尽管自辩为"访卫国之难"，实存"度其私"的可能，依此来"攻大叔"，实际上就是以恶易恶。

其三，《左传》中的"子曰"也表现了勇武地对待恶。"仲尼曰：'叔向，古之遗直也。治国制刑，不隐于亲，三数叔鱼之恶，不为末减。曰义也夫？可谓直矣。'"(《左传·昭公十四年》)叔鱼，叔向的兄弟。平丘之会的时候叔鱼向卫国索贿，叔向给卫国人出主意对付叔鱼。鲁国执政大夫季孙意如被晋国扣留，鲁国大夫子服惠伯提出要举行正式盟会，季孙意如才能回去。叔鱼用欺骗的手段吓唬季孙意如先回到了鲁国。邢侯之狱，晋国大夫刑侯与雍子争田，雍子把女儿献给叔鱼，叔鱼改判刑侯有罪。刑侯在朝廷上杀死雍子和叔鱼。为了制止恶，叔向大义灭亲，孔子肯定了叔向。

《左传·定公十年》也记载了夹谷之会的情景。《左传》中对孔子在夹谷之会中的表现也产生了争议。其中涉及的问题是：当时的孔子身份与可能发挥的作用问题。当时孔子为相，是否是卿呢？孔子为中都宰相。"相"只是国君的随从，还是起到卿的作用？不同认识会得到不同的结论。从文本来看，孔子是相礼的"相"。"相会仪也"。① 关键就在于相礼的"相"能发挥多大的作用的问题。"春秋时，所重莫如相，凡相其君而行者，非卿不出。……而是时以阳虎诸人之乱，孔丘遂由庶姓俨然得充其使，是破格而用之者也。"② 另外涉及的一个问题是孔子的形象问题，这里的孔子形象是否是偏向纵横家呢？总体上看，孔子是坚持礼制，针对不同的政治处境，君子也有勇武果敢和儒雅等不同的形象。勇武的孔子形象无法成为这段话为假的理由。

鲁昭公二十年，郑子产生病了，告诫子大叔有关治国方略，提到治国以"宽"或"猛"的问题。"及子产卒，仲尼闻之，出涕曰：'古之遗爱也。'"（《左传·昭公二十年》）孔子这里肯定宽猛相济是从"爱"的角度出发的。从爱的角度出发，没有刑罚是最高的理想，但从现实的角度来看，在特定条件下"猛"也是救人的良药。

当遇到自爱、使人爱己、爱他人的矛盾的时候，自爱优先，其次是爱他人，最后是使人爱己。孔子对待政治善恶的伦理态度最终落脚点都是爱人，"隐"是无奈情况下的自爱之举，"见"则是爱人之举。借助不同文献中的"子曰"的综合研究，有助于丰富孔子思想的内涵，具有重要的理论和实践意义。

中国传统的政治伦理往往着眼于回答政治人物在面对政治善恶的时候如何进行道德抉择的问题。讨论孔子对泄冶的评价的真伪需要结合《论语》来进行，并假定《论语》中的孔子言论为真。从逻辑上说，如果《论语》中有当政治陷入普遍恶的情况下，君子可以不积极抗争而选择逃避的思路的话，孔子对泄冶的评价就有了较大的真实性。这就要考察《论语》中孔子是如何回答君子面对政治善恶的伦理抉择问题的。

《论语》中有很多材料都涉及个人和政治现实间的伦理关系问题。不过《论语》讨论个人和政治现实之间的伦理关系是有伦理前提的，这个前提就是人首先

---

① 杨伯峻：《春秋左传注》（四），修订本，中华书局，2009年，第1577页。
② 杨伯峻：《春秋左传注》（四），修订本，中华书局，2009年，第1577页。

应该追求道德的完善，力争成为"君子"。① 当身处政治环境中的人力争成为"君子"的时候，"君子"的伦理表现必然会发生改变，从而具有了政治伦理的特征。一个追求自我完善的"君子"，面对现实的政治生活，有如下几种伦理抉择：政治"有道"，那么就会积极参与政治生活，就会"出仕"；政治"有道"，也可以选择让贤；政治"无道"，可以选择积极进谏；政治"无道"，选择退隐。这四种伦理抉择都见于《论语》等典籍之中。

其一，在政治"有道"的情况下积极"出仕"。"天下有道则见"（《论语·泰伯》）。比如南容"邦有道，不废"（《论语·公冶长》）。比如宁武子"邦有道，则知"（《论语·公冶长》）。比如颜渊"用之则行"（《论语·述而》）。比如蘧伯玉"邦有道，则仕"（《论语·卫灵公》）。

其二，在政治"有道"的情况下选择让贤。"子曰：'能以礼让为国乎？何有？不能以礼让为国，如礼何？'"（《论语·里仁》）"礼让"不一定是不管如何都把政治职务让给别人，而是如果有能人，有道德更高尚的人，能够给人民带来更大利益的人的时候，就要把自己的位置让给别人。如果相反则不让。"当仁不让"就是说，如果自己"仁"，别人不如自己"仁"，当然不能"让"。孔子主张"让"不是无原则的"让"。子贡和孔子曾经讨论鲍叔、子皮、管仲、子产谁是贤人，结果孔子推崇鲍叔、子皮。孔子所理解的贤者是能够让贤的人。

其三，在政治"无道"的情况下，可以选择积极进谏。"微子去之，箕子为之奴，比干谏而死。孔子曰：殷有三仁焉！"（《论语·微子》）在这里孔子肯定了"比干谏而死"。积极地和政治中的某种恶进行斗争是很受肯定的政治伦理。在《论语》中，孔子也曾对不道德的政治人物的邀请动心。

> 公山弗扰以费畔，召，子欲往。子路不说，曰："末之也已，何必公山氏之之也？"子曰："夫召我者而岂徒哉？如有用我者，吾其为东周乎？"（《论语·阳货》）

显然，子路对政治的"恶"采取了一种不合作的态度。对待政治中的恶，如果过于亲近则会有被污染的可能，君子的道德名声也有可能被利用。对于君子来说，对待政治中的恶是应该谨慎。子路的态度应该也符合孔子惯常的态度。但是不能由此否认孔子有其他的选择。

> 佛肸召，子欲往。子路曰："昔者由也闻诸夫子曰：'亲于其身为不

---

① 这里用"君子"代表儒家积极倡导的人格，包括贤人、大丈夫等。另外，君子有伦理内涵，也有政治地位的内涵，《论语》中君子的伦理内涵是很突出的。

善者，君子不入也。'佛肸以中牟畔，子之往也，如之何？"子曰："然。有是言也。不曰坚乎，磨而不磷，不曰白乎，涅而不缁。吾岂匏瓜也哉？焉能系而不食？"（《论语·阳货》）

佛肸是一个人名，晋国大夫范中行的家臣，中牟（春秋时晋邑，地址当在今日河北邢台和邯郸之间）领地的长官。晋国的大夫赵简子和大夫范中行互相争夺权力，赵简子劫持国王，并以国王的名义逮捕范中行，佛肸以范中行的名义宣布独立。当时孔子正在周游列国，并正在计划访问晋国，这时候晋国发生了政治变化，并得到佛肸的邀请。在这两次，孔子都对自己的选择进行了辩护，自比匏瓜和坚白石，强调要实现复兴周文化的理想，要发挥自身的才华，并且对自我在恶劣的道德环境保持清白表现出较高的信心。对于政治恶的抗争不能僵化地理解。到了柳下惠这里，孔子的评价就不一样了。

柳下惠为士师，三黜。人曰：子未可以去乎？曰："直道而事人，焉往而不三黜？枉道而事人，何必去父母之邦。"（《论语·微子》）

孔子"谓柳下惠、少连，降志辱身矣"（《论语·微子》）。一个直道而侍奉人的人，怎么又得到了一个"降志辱身"的评价呢？关键就在于"直"不是外表的"直"，不是盲目地、硬性地推行自己的主张，而不管客观情况。"直"是相对于目标而言的。比如从一个房间到门口，如果眼前有个桌子。绕过桌子到门口叫做"直"，还是从桌子上跳过去叫做"直"呢？显然绕过去反倒是"直"。真正的"直"是包含"曲"的。

其四，政治"无道"，选择退隐。"无道则隐"（《论语·泰伯》）。比如南容"邦无道，免于刑戮"（《论语·公冶长》）。比如宁武子"邦无道，则愚"（《论语·公冶长》）。比如颜渊"舍之则藏"（《论语·述而》）。比如蘧伯玉"邦无道，则可卷而怀之"（《论语·卫灵公》）。关于退隐在孔子思想中地位，罗哲海提出的思路是很值得讨论的。他说："让人拒绝政治参与的对象，首先在于那些不宜入内久待的动乱之邦。但是由于整个世界均处于水深火热之中，例外反而变成常态，因此在早期的儒家学说中，特别是在《论语》里面，我们发现一种境内或者境外流亡的趋势，儒家和道家在此并无二致。"①

以上四种伦理抉择都是为了实现某种善。在政治"无道"的时候，逃避不是明哲保身，退隐则是自我道德保全的一种方式。政治虽然"无道"，但如果还有改善的希望的话，积极进谏，与现实政治保持合作的关系，则是"君子"的伦理责

---

① ［德］罗哲海：《轴心时期的儒家伦理》，陈咏明，瞿德瑜译，大象出版社，2009年，第104页。

任,"君子"对政治进行改善的努力是政治保持伦理内涵的曙光。在政治"有道"情况下的"让贤"既保持了政治伦理的延续性,"君子"同时也给自己预留了潜心修身的时间和空间。在政治"有道"的情况下积极"出仕",既是"君子"修身的要求,也是政治光明所需要的。

  逸民:伯夷、叔齐、虞仲、夷逸、朱张、柳下惠、少连。子曰:"不降其志,不辱其身,伯夷、叔齐与!"谓:"柳下惠、少连,降志辱身矣。言中伦,行中虑,其斯而已矣。"谓:"虞仲、夷逸,隐居放言。身中清,废中权。我则异于是,无可无不可。"(《论语·微子》)

从这段话来看,孔子对隐居还是有较高的要求的。孔子并不赞成"隐居放言",也不赞成"降志辱身",不赞成"废中权"。孔子自己的主张是"无可无不可"。"无可无不可"既说明"修身"和"治国"之间的张力,也说明了孔子主张君子应该根据具体政治情景采取合适的伦理抉择来决定如何面对的立场。从《论语》的上述思路来看,《左传》中孔子对泄冶的评价和《论语》对相关问题的回答有一致性。

第三节 道家求真如界之逍遥

  《逍遥游》透射出了本篇主题:逍遥游。人们在解释"逍"的时候指出,"逍"是消散于水,徘徊、忘记时间,强调时间中的旅程、时间历程。"遥"是遥远,摇动于空间之中,强调空间中的旅行、空间历程。"游"是旗在风中飘摇、游戏、游历、交游。

  关键在于确定"游"的主体和范围,如此才能确定本篇的主题。"游"字在《庄子》中占有很大的比重,当专门研究之后才能对其进行恰当的说明。在此仅就本篇提供的信息进行说明。从文中的逍遥游涉及的主体来看,主要是人。游的主体主要是人,包括肉体和精神。在《逍遥游》的三个逻辑环节中都有描述逍遥游。在一个地方是说,至人、神人、圣人"若夫乘天地之正,而御六气之辩,以游无穷者,彼且恶乎待哉!"(《庄子·逍遥游》)一个地方是说藐姑射之山之神人"乘云气,御飞龙,而游乎四海之外"(《庄子·逍遥游》)。一个是庄子劝导惠施"今子有大树,患其无用,何不树之于无何有之乡,广莫之野,彷徨乎无为其侧,逍遥乎寝卧其下"(《庄子·逍遥游》)。从这里可以看出,逍遥的地点不是形而下的世界,而是形而上的世界。逍遥就是生活在那里。游就是到达那个逍遥的地方。

  《庄子》要超越的是什么呢?显然是"我"。

故夫知效一官，行比一乡，德合一君而徵一国者，其自视也亦若此矣。而宋荣子犹然笑之。且举世而誉之而不加劝，举世而非之而不加沮，定乎内外之分，辩乎荣辱之境，斯已矣。彼其于世，未数数然也。虽然，犹有未树也。

夫列子御风而行，泠然善也，旬有五日而后反。彼于致福者，未数数然也。此虽免乎行，犹有所待者也。若夫乘天地之正，而御六气之辩，以游无穷者，彼且恶乎待哉！故曰：至人无己，神人无功，圣人无名。（《庄子·逍遥游》）

最后，《逍遥游》肯定了一种绝对的本体、价值归宿和认识目标："至人"、"神人"、"圣人"。什么是大，什么是小？《逍遥游》通过一系列的价值选择的比较，层层递进指出最高等的价值是无我、无己和无功。

"知效一官"的"知者"的才智可以担任一种官职。行比一乡的"德者"的行为可以顺着一乡的俗情。忠诚能干的政府官则因于社会供奉的价值之内。这三类人物在价值观上完全顺从社会一般的价值取向，并努力和他人的价值取向保持一致，缺乏独立的价值反思。

一般的超凡脱俗的人物如宋荣子（稷下早期人物，约公元前400～320年，不受社会舆论和道德习俗左右，能区分内外差别的人）能够做到整个世界都夸赞他却不感到奋勉；整个世界都非议他却不感到沮丧。他能认定内我和外物的分际。辨别光荣和耻辱的界限。就这样罢了。他对于世俗的声誉并没有热衷去追求。虽然这样，但他还是有不行的地方。宋荣子对世俗的价值有所超越，有所反思，表现了价值观上的独立性，但还是有"我"的超越，难免会走极端。

一般的仙人列子乘风游行，轻巧极了。过了十五天而后回来。他对于求福的事，并没有大力去追求。这样虽然可以免于步行，但毕竟有所依赖。这是一种远离世俗价值观的态度，但还不能做到和光同尘，不能恰当的认识世俗价值的合理性。

绝对价值的体现是至人、圣人、神人。至人无我，就可以游于一切处境；神人无功则可以摆脱束缚；圣人无名，不被名望牵制。非凡与平凡一并都超越了。

《齐物论》的开端和结尾用隐喻性的故事和文学描述的手法给出了"吾丧我"具体的说明：

南郭子綦隐机而坐，仰天而嘘，荅焉似丧其耦。颜成子游立侍乎前，曰："何居乎？形固可使如槁木，而心固可使如死灰乎？今之隐机者，非昔之隐机者也。"子綦曰："偃，不亦善乎，而问之也！今者吾丧我，汝

知之乎？女闻人籁而未闻地籁；女闻地籁而不闻天籁夫！"（《庄子·齐物论》）

有了"吾丧我"就使得一个人（南郭子綦）发生了变化，"今之隐机者，非昔之隐机者也"（《庄子·齐物论》）。从这里可以看出，在《齐物论》的入手处，庄子的立脚点还是一个具体的人，一个现实的、活生生的人，回答的是一个现实的、活生生的人如何能做到无我的问题。这就是通过"吾丧我"来达到。"吾"和"我"都为一个"南郭子綦"所拥有，而"吾"是无对的全体，而"我"是有身心等对偶关系（耦，二）的部分。

"吾丧我"之所以可能，就是因为"我"闻天籁。这就给出了"吾丧我"的方法论提示，给出了一种哲学方法论。而这种方法论又带有强烈的语言哲学色彩。"吾丧我"就在于掌握了可以作为一切语言的"语言"，不可称之为声音的"声音"。而这种语言根本上就是本体、本原或者造化的根据。这样一来就借助"三籁"把"吾"和"我"推向了一个存在论的境域。

在庄子看来，"吾"和"我"的关系是"芒"的关系。我（身和心）是"芒"。"人之生也，固若是芒乎？其我独芒，而人亦有不芒者乎？"（《庄子·齐物论》）

此"芒"的状态如何呢？"我"是人的身心与世界的对偶性关系，在这一对偶性关系中，身体的对偶性决定了心灵的对偶性。"芒"的状态的"我"表现为现象意义上的"我"和逻辑意义上的"我"。现象意义上的"我"是形体的"我"，是由身体及其与"物"的对偶关系构成的"我"：

> 一受其成形，不化以待尽。与物相刃相靡，其行进如驰，而莫之能止，不亦悲乎！终身役役而不见其成功，苶然疲役而不知其所归，可不哀邪！人谓之不死，奚益！（《庄子·齐物论》）

"我"有形体，是"形态的我"。这个"我"处于和"外物"的纠缠状态之中，就像刀一样，互相磨砺，互相伤害。这个"我"是被动和无奈的。"形态的我"陷入到无休无止的活动之中，而不能安宁，不能安静下来，不能领会生命的宁静。"我"作为形态的方面，是物性的存在状态，身体的"我"也只有物性的价值，不能说有什么"成功"，在价值上是比较低等的。人付出很多，但很难说有什么成功。人的深层次的心灵是没有疲惫的，有疲惫的是身体；人陷入"形态的我"之中，找不到人生的归宿。人往往执着在身体以及相关的价值方面，力求其永恒，如身体的长生不老，如子子孙孙的代代相续，如名声、功业的历史永存等。但这一切并不能对道性的价值有什么帮助和增益。

"我"还表现为一些心理现象和认知现象，表现为"情态的我"和"逻辑思维的我"。①

> 其形化,其心与之然,可不谓大哀乎?(《庄子·齐物论》)

> 大知闲闲,小知间间。大言炎炎,小言詹詹。其寐也魂交,其觉也形开。与接为构,日以心斗。缦者、窖者、密者。小恐惴惴,大恐缦缦。其发若机栝,其司是非之谓也;其留如诅盟,其守胜之谓也;其杀若秋冬,以言其日消也;其溺之所为之,不可使复之也;其厌也如缄,以言其老洫也;近死之心,莫使复阳也。喜怒哀乐,虑叹变慹,姚佚启态——乐出虚,蒸成菌。日夜相代乎前而莫知其所萌。已乎,已乎!旦暮得此,其所由以生乎!(《庄子·齐物论》)

"我""心"随"形"化,使得心灵也像身体一样陷入到忙碌、疲惫的状态中。其中包括知解(大知和小知)、言谈(大言和小言)、梦醒(寐觉)、恐惧(小恐和大恐)、喜怒哀乐、理性计算(是非)等精神内容。这些精神内容"与接为构,日以心斗",和对象构成对偶性关系,并有种种表现状态(缦者、窖者、密者)。

"我"是吾(蝴蝶)的"芒"的结果。"芒"意味着某种非连续性,某种遮蔽。一个人只要"不知""吾"或"蝴蝶",都是某种"芒"。在"蝴蝶梦"中,"周"未梦"蝴蝶"以前是"芒",梦了"蝴蝶"以后,是"觉"。显然"蝴蝶梦"中的"周"已经不是这个"芒"的周了,有某种对"吾"和"蝴蝶"的体认。但是,梦了"蝴蝶"以后的"周",依然要离开"蝴蝶梦",从存在论上看,"周"依然必须回到"芒"的状态,这是由存在论因素决定的。

佛教思想丰富,难以一概并论,然以中国佛教精神而言,红尘即净土则为主要的思想导向。在家和出家只有一步之遥。"大师言:善知识,若欲修行,在家亦得,不由在寺。在寺不修,如西方心恶之人;在家若修行,如东方人修善。但愿自家修清静,即是西方"(《坛经》)。见性即是回家,不见性即是出家。人本在出家,何故在寻出家。"凡愚不了自性。不识身中净土。愿东愿西。悟人在处一般。所以佛言。随所住处恒安乐"(《坛经》)。见性即是回家,不见性即是出家。人本在出家,何故在寻出家?在慧能的心目中,不论在寺庙还是在家中,都可能是"在家",都可能是"出家"。如果了解自己的本性,开悟是"回家"(出世,出家)了的话,没有开悟的人不管在寺庙还是在家中都是"出家"(在家,入世)旅行了;开悟的人则可以在家庭生活中,也可以在寺庙,都是"出家"了,因为他们找到了自己的本来家园——自性的觉醒。

---

① 此处参照陈清春:《庄子"吾丧我"的现代诠释》,《中国哲学史》,2005年第4期,第55～62页;陈静:《"吾丧我"——庄子·齐物论解读》,《哲学研究》,2001年第5期,第49～53页。

第三章　顿悟和修心

成圣贤有两个维度，一个是自己，一个是他人。自己的维度是要使用自己的清净心和和善性；他人的维度是要学习他人的善，弘扬他人的善，避免他人的恶。这两个维度是密不可分的。成为圣贤重点要内求，但不否定外修，也可以说是内外兼修。《论语·里仁》记载这样一段话："见贤思齐焉，见不贤而内自省也。"这就是一个内外兼顾的说法。贤人是外，内省是内，落脚点是内修。外表的人和事都是自修的条件，是帮助自我反省和自我提升的，外修是尽人伦之道。

成圣成贤是合生灭门与真入门之道。合真如门为圣人，不需要学而成，可以说是天生的，合生灭门是君子之道，需要学而成。儒家的人性概念本身就有天和人两个层面。人天生有善性，却也需要人去发挥出来，而人发挥出来善的一面，则更容易看出他人和天地的善良本性。这两个方面都很重要。

第一节　儒门修心法

儒门修心法为一渐进的体系，此体系的主旨为限制感官的作用，发挥无限心的作用。此精神《大学》表达最清楚。"所谓修身在正其心者：身有所忿懥，则不得其正；有所恐惧，则不得其正；有所好乐，则不得其正；有所忧患，则不得其正。心不在焉，视而不见，听而不闻，食而不知其味。此谓修身在正其心。"（《大学》）限制感官之作用不是否定感官之作用。

1. 践形法

践形之法由忘势法、寡欲法和忧患觉法等组成。孟子说："形色，天性也。惟圣人然后可以践形。"（《孟子·尽心章句上》）

"践形"虽为孟子的主张，但基本精神可以涵盖儒门修心方法。"灭人欲"不过是让天理主宰人之肉体需要动力的扩张。正如朱熹所主张，天理和人欲不是两个事物，而是交界。当理与气合以后，天理必然有被气左右的态势，这是滑向人欲的开始。当天理为主的时候，人欲也就不是人欲，而成天理完成自身的环节。此精神来自《孟子》。"先立乎其大者，则其小者不能夺也。此为大人而已矣"（《孟子·告子章句上》）。

不让小夺大，当然需要对与肉体利益相关的一切有一定的警觉和警醒。这种警醒儒门也以"忘"来表达。修心需要和现实的生活拉开距离，其中包括财富、名声和势力。这一方法可以概括为"忘法"，即"好善忘势法"。"孟子曰：'说大人，则藐之，勿视其巍巍然。'"（《孟子·尽心章句下》）孟子所主之大丈夫人格就是这一方法的成果，大丈夫不怕"威武"，不怕"富贵"，在这些流行的世俗价值方面保持一定的警觉。

如果说忘势是外在的话，如果不连根拔掉自己的欲望根源和外在势力的牵连，忘法不会成为转识成智的起点。所以还要有一减法，即寡欲法。"孟子曰：'养心莫善于寡欲。其为人也寡欲，虽有不存焉者，寡矣。其为人也多欲，虽有存焉者，寡矣。'"（《孟子·尽心章句下》）儒门用了两种含义的欲，高级的欲是欲善，低级的欲是欲求势力。后者要寡，前者需要发扬光大，所以可以说寡欲是减法，欲仁则是加法，在一加一减中成就了转识成智的过程。

寡欲并不简单，不历经千辛万苦不能让对势力的欲求平息。所以对于欲求势力之挫折，儒门持有欢迎的态度。这种欢迎态度表现在儒门对忧患的哲学思考之中。忧患的人生价值就在于平息感性欲求，从而焕发自性求善和向善的力量，把自己从流俗中超拔出来，全力求仁，而成对现实生活的积极态度。这一方法可以概括为"忧患觉法"。"所以动心忍性，曾益其所不能。人恒过，然后能改。困于心，衡于虑，而后作。征于色，发于声，而后喻。入则无法家拂士、出则无敌国外患者，国恒亡。然后知生于忧患，而死于安乐也"（《孟子·告子章句下》）。世俗生活的挫折和不如意让人的心性感动，从而唤醒沉睡的灵性力量。被唤醒的灵性的力量焕发出的动能让人增加了自身的能力，尤其是形成了一种新的形而上的观察自己世界的态势，从而发现过去生活的过错，并拥有改过的能力。

践形之法还包括观法和喻法的运用，这一方法即察言观色法。这里所说察言观色是通过外表的言行脸色观察内心觉醒的程度，观察他人和自我善的发展程度和纯洁程度。"孟子曰：'存乎人者，莫良于眸子，眸子不能掩其恶。胸中正，则眸子瞭焉；胸中不正，则眸子眊焉。听其言也，观其眸子，人焉廋哉？'"（《孟子·离娄章句上》）当内心纯洁到一定程度以后，会表现为外表。"君子所性，仁义礼智根于心。其生色也，睟然见于面、盎于背。施于四体，四体不言而喻"（《孟子·尽心章句上》）。

2. 观法

观法约略相当于西方哲学的理性法。这一方法的对象依然针对感性欲求。感性欲求不具有普遍必然性，一个事物总是有两面，而人心却总是求完美。对完美的追求让心灵备受煎熬，所以需要一定的辩证观。"孟子曰：'有不虞之誉，有求全之毁。'"（《孟子·离娄章句上》）

另外，社会利益和感性欲望的运行有自己的流俗的规则和规矩，需要遵守这种规矩。这是"规矩法"。"孟子曰：'羿之教人射，必志于彀；学者亦必志于彀。大匠诲人必以规矩，学者亦必以规矩。'"（《孟子·告子章句上》）

理性的发展依赖一般与个别观念的发展，这一观念的发展使得人可以推己及人。儒家比较重视"推扩之法"，可以看成是理性发展的成果。孟子很注重推扩之法，在孟子那里，大致看来，推扩之法有几种运用方式。其中一种是看到别人做了不好的事情，要提醒自己不要再做同样的不好的事情。如上段话就包含着这样的推扩之法的运用。再一种推扩之法就是自己在追求小体的利益的时候，要想到别人也是需要这些利益的，这个时候，自己就不会因为自己的利益追求而去损害别人的利益。第三种推扩就是既然每个人有相同的小体需求，那么每个人也应该同样具有大体的需求，可以从小体中体味大体的需求。

3. 内省

正是肯定人有洁净自己的能力，人才可以使用这面明镜对自己心灵内部出现的问题保持警醒，发起内讼和自我审查，自我警告和自我谴责。《孔子——即凡而圣》认为孔子没有预设一种"内在"生活的概念，在推知孔子也谈及良知和罪感的时候要倍加小心。关于孔子思想中有关"内疚"、内在的罪及其审判的观念方面，《孔子——即凡而圣》认为相关的"内自省"、"内自讼"只是在孔子的思想中占有不是很重要的地位。他认为尽管孔子的自责、自省等概念适合用责任、罪感和忏悔等相关的概念来解释，可能有丰富的含义，但他从孔子使用次数和意象的孤零性得出一个结论：关于内疚和类似原罪的观念是一种特例，是一种未加以详细阐述的比喻，是为了特别目的而使用流行于当时的热门话题，带有关乎时局的意义。这样一来就忽略了"内自省"、"内自讼"的实质性的伦理意义。其实不然，"内自省"、"内自讼"是《论语》思想不可缺少的环节。当然，《论语》并不像西方思想那样看重"内自讼"的地位，而是把"内自讼"看成是一种次要的境界，最高的境界当然是成为君子、圣人，而君子、圣人则是"不疚"的。"司马牛问君子，子曰：'君子不忧不惧。'曰：'不忧不惧，斯谓之君子已乎？'子曰：'内省不疚，夫何忧何惧？'"（《论语·颜渊》）君子对自我没有谴责性的关系就是因为自我对道的承当。"不疚"、"不忧"、"不惧"的根本是君子人格的成就，如果没有去求自我人格的完善，自然就有根本的人生之"疚"、"忧"、"惧"。当自我完善的能力不能得到运用的时候，"内自讼"就是一件值得肯定的事情了。自我和道的关系发生了背离，就是"过"，有了过，自我能够进行观察就是"内自讼"。"子曰：'已矣乎！吾未见能见其过而内自讼者也。'"（《论语·公冶长》）芬格莱特认为"内自讼"也类似于西方的"不审判"，也是一个道德比喻。只有正面肯定人具有自我清洁的能力才能肯定人能够鉴别好坏，从而选择好的一面，抛弃不好的一面。"见贤思齐焉，见不贤而内自省也"（《论语·里仁》）。人是在不断进行自我生命意义的领悟中生存的。而自我生命的意义的领悟往往需要从他人那里取得意义的发现。尤其是君子和圣人等显示了道的方向和人生的某种积极的意义。

尽管人生对自我生命的价值和意义的领悟和选择总是自我的。他力和自力在自我生命价值的领悟中都具有重要的作用。孟子强调要守身，"守身，守之本也"（《孟子·离娄章句上》）。这里的"身"不单纯指身体，而主要指心灵，理性反思能力和道德感。要守护心灵的道德自我。守身意味着人生用力方向性的改变，"反求诸己"（《孟子·离娄章句上》）。孟子曰："万物皆备于我矣，反身而诚，乐莫大焉。强恕而行，求仁莫近焉。"（《孟子·尽心章句上》）找到自我的真实感受，非常重要。哪怕这个"真实"的感受只是一种感受而已，也是非常有意义的。如果没有内心的真情实感，勉强去做好事，就会远离了仁的要求。孟子曰："君子深造之以道，欲其自得之也。自得之则居之安，居之安则资之深，资之深则取之左右逢其原。故君子欲其自得之也。"（《孟子·离娄章句下》）君子的主要特征是什么呢？君子是有深度的，比较好地显示了造化的力量。而之所以君子显得有深度，有创造力，就是因为君子有道，依据道，追求道，根据道的规律和变化，得失都依凭道，内心不随着得失而浮动。正因为如此，君子给人的感觉就是心安理得，比较平静和平和。因为把心灵集中在道上面，超越了得失；也因为把精力集中在自己能够做的事情上面。正因为把精力集中在仁义之道上面，就会越来越深入到就像努力修水渠一样，和地下水沟通了，跟河道沟通了。这样一来，不管如何，不管怎样做，都能不背离道，都能够获得仁义之道的源头的滋养。

4. 慎独诚意法

《中庸》论慎独的理由是人都在道的关照之中。"道也者，不可须臾离也，可离非道也。是故君子戒慎乎其所不睹，恐惧乎其所不闻。莫见乎隐，莫显乎微。故君子慎其独也"（《中庸》）。从经验的角度来看人的言行可以不被他人所知，但从道的角度来看，人的一切都是不能被隐瞒的，所以需要慎独。人如果经常想到自己的言行是在被观察的状态，就会起到一定的约束作用，从而避免自己犯错。

慎独的另外一个理由是自己的内心知晓自己的一切，所以不能欺心。"大学之道，在明明德，在亲民，在止于至善。所谓诚其意者，毋自欺也，如恶恶臭，如好好色，此之谓自谦，故君子必慎其独也！"（《大学》）

5. 思辨笃行法

慎独的前提承认人有明觉的心，有一无限心可以观察世界。《中庸》称之为"诚明"。《孟子》称之为良知和良能。孟子说："人之所不学而能者，其良能也。所不虑而知者，其良知也。"（《孟子·尽心章句上》）在孟子看来，人不需要学习就会的能力是"良能"；不需要通过大脑思虑就能够知晓的能力是"良知"。人应该依赖的不是大脑的认知能力，也不是习得的道德，而是深层次的智慧。那么，这个能力在那里去寻找呢？从哪里可以发现自己的"良知"、"良能"呢？从亲情关系中就可以发现。小孩爱自己的父母，尊敬自己的兄弟，就是良知良能的运用，其中有"仁心"和"义心"。人只要把"仁心"和"义心"实践出来，表现出来，体现在人的生活的方方面面，应用于社会之中，就可以了。然这一无限心是表现在有限的生活之中。这就面临一个问题，人需要从有限的明觉回到无限的澄明本身。如何才能做到这一点呢？

孟子的方法是求放心。"孟子曰：'仁，人心也；义，人路也。舍其路而弗由，放其心而不知求，哀哉！人有鸡犬放，则知求之；有放心而不知求。学问之道无他，求其放心而已矣。'"（《孟子·告子章句上》）《中庸》是学问思辨法。"诚之者，择善而固执之者也。博学之，审问之，慎思之，明辨之，笃行之"（《中庸》）。一般我们理解的认识论，都是一种对象性的认识论，说认识某种事物就是有一种事物，这种事物为我们的主体所认识，但在中国传统哲学那里，认识既含有对象性认识的含义，也有自我认识和自我长成的含义。前文所述思之、辨之、行之、问之中的"之"既是指本体这一对象，又是自我的本体本智周万物。因为在中国古人那里，本体（形上）和形下之间没有阻隔，人的本体和宇宙的本体是一个本体。宇宙本体的自我认识也是人的自我认识，人认识宇宙本体的原貌或者宇宙本体的道德或者美学的内容。虽然是一种对象意识，但如果从内在去寻求就不是对象意识了，而是一种反思的认识。博学、慎思、明辨、审问之，其实是一种内在的觉，内在的思，内在的辨，内在的问。对总体自我的觉、思、辨和行，这样一来，形上认识论或者形上道德认识论，美学认识论其实就是内在明觉本性，认识能力的自我成长和定向的活动。而不仅仅是对外物的二种认识。知是一种认识的能力，知之和不知之都是一种认识的能力，是一种对象性的认识，生的认识是知的能力本身的功能和活动。对象性的认识认识到的"德"要悟到非对象性认识的"德"上面，并受之统御，才能得以善。博学是否就等于广博地学习外在的事物的知识呢？慎思是否就是谨慎地思考、审问、明辨是否就是清楚地分辨呢？意思其实不仅仅是这些。博学是说学之博，也就是觉悟之大，之厚，觉悟的大当然道体显现的也大；觉悟大了，慎，在中庸那里主要是"慎独"。因为即使有觉悟还是有不知的地方，靠外在的对象不能认识的地方；对象性的认识能力是有限的。明辨是内在精神和道体自我认识能力的明，在明的前提下分辨，辨别以后决定精神的行动方向，向前走。得之于道的"性"是道，本自就有认识能力。

6. 存养扩充法

良知良能是本来圆熟的，然入于有限化为有限的之后，就如种子，需要人力来成就。人力的成就就是防止其受到伤害并进而成长起来。"孟子曰：'饥者甘食，渴者甘饮，是未得饮食之正也，饥渴害之也。岂惟口腹有饥渴之害？人心亦皆有害。人能无以饥渴之害为心害，则不及人不为忧矣。'"（《孟子·尽心章句上》）饥恶的人吃什么都觉得好吃，渴了的人喝什么都觉得好喝，这是因为没有得到正常的饮食保证。不止是口腹如此，人心也是如此。其一，人心如果得不到满足，也会出现饥渴症状，所以需要关照心灵的满足。其二，尤其是人不能因为要解决口腹之满足而忽略或者伤害到心灵的满足。其三，做到了上面的二点才算是比较完全地取得了人的资格。如果只是关心小体之养，而不关注大体之养，那么自己就还没有达到人的本质，没有成为全面的人，还是一个不如别人的人。相反一个人如果关心心灵，努力求得心灵的满足，那么，这个人一定会取得人的全面的本质，并超过他人，成为君子或者圣人。

孟子把是否能存养良知良能看成是人禽之别的标志。孟子说："人之所以异于禽兽者几希，庶民去之，君子存之。舜明于庶物，察于人伦；由仁义行，非行仁义也"（《孟子·离娄章句下》）。在孟子看来，人和禽兽的不同之处，就在于人有仁义之心，人的行为是在仁义之心的指导下完成的。因而要求人主动地、自觉地把仁义之心体现在自己的生活之中。

存养之后是扩充。"人能充无欲害人之心，而仁不可胜用也。人能充无穿窬之心，而义不可胜用也。人能充无受尔、汝之实，无所往而不为义也"（《孟子·尽心章句下》）。孟子说："人人都有不忍心干的事，在心灵的基础上，把这个心灵推及到他所忍心去干的事上，就是仁；人人都有不肯去干的事，把这个心灵推及到他所要干的事上，就是义。一个人能把不想害人的心理扩展开去，仁就用不尽了；一个人能把不愿扒洞翻墙行窃的心理扩展开去，义就用不尽了；一个人能把不愿受人轻蔑的心理扩展开去，那么无论到哪里，言行都是符合义的了。士人，不可以交谈而去交谈，这是用言语试探对方来取利；可以交谈却不去交谈，这是用沉默试探对方来取利，这些都是扒洞翻墙一类的行径。"要把仁心扩展出去。

养仁义的结果是形成浩然之气。"'敢问何谓浩然之气？'曰：'难言也。其为气也至大至刚，以直养而无害，则塞于天地之间。其为气也配义与道，无是馁也。是集义所生者，非义袭而取之也。行有不慊于心则馁矣。我故曰：告子未尝知义。以其外之也。必有事焉而勿正，心勿忘，勿助长也。无若宋人然。宋人有闵其苗之不长而揠之者，芒芒然归，谓其人曰：'今日病矣，予助苗长矣。'其子趋而往视之，苗则槁矣。天下之不助苗长者寡矣。以为无益而舍之者，不耘苗者也。助之长者，揠苗者也，非徒无益，而又害之。'"（《孟子·公孙丑章句上》）什么叫做"浩然之气"呢？孟子说：难说清楚啊。它作为一种气，最为盛大，最为刚强，只要顺着它，养护它，使其发挥积极的作用，就会充塞天地之间。它作为一种气，要和义与道配合；没有这些，它就会萎缩。它是不断积累义而产生的，不是偶然地有过正义的举动就取得的。如果行为有愧于心，气就萎缩了。因此我说，告子不曾懂得义，因为他把义看作是外在的东西。对浩然之气，一定要培养它，不能停止下来；心里不能忘记它，也不妄自助长它。不要像宋国人那样：宋国有个担心他的禾苗不长而去拔高它的人，昏昏沉沉地回到家中，对家里人说：今天累极了，我帮助禾苗长高啦！他的儿子赶忙跑到田里去看，禾苗已经枯死了。天下不助苗生长的人实在很少啊。以为培养浩然之气没有用处而放弃的人，就像是不给禾苗锄草的懒汉；妄自帮助它生长的，就像拔苗助长的人，非但没有好处，反而危害了它。"五谷者，种之美者也，苟为不熟，不如荑稗。夫仁，亦在乎熟之而已矣"（《孟子·告子章句上》）。孟子说：五谷是庄稼中的好品种，但如果不成熟，那还不如稗子之类野草。仁在人这里，还处于种子的状态，也需要使它成熟。

第二节　道家修真法

《庄子·内篇》包含着丰富的修真思想，包括把握修真环境，包括要"无己"等。《庄子·内篇》修真方法的核心是"葆光"和闻"天籁"，庄子对这一方法有较为详细的披露，并对应用这一修真方法达成的境界进行了说明。《庄子·内篇》的修真方法对于修道而言意义重大，下面就尝试勾勒《庄子·内篇》修真方法的相关方面。

先秦道家的修道方法是什么？如何才能成为真人？从《逍遥游》篇来看，有三个基本要素：

其一是修真的环境。关于修真的环境，《逍遥游》大概告诉我们如下一些信息。在鲲化为鹏的故事中，提到了"海运"。"海"是"鲲"的生存环境，显然成为真人需要合宜的外在的时间条件，合适的宇宙环境，需要自然的时机，大道的变化，需要因天地开合而动。生命进化、生命进步最根本的要素是什么呢？在《逍遥游》看来是"海运"。"海运"的意境与天地开，贤人出，天地闭，贤人隐相同。生命是随着道的运动而运动并完善着自我的。修真的要诀之一就是要体认大道的运动，并根据大道的运动而进退有节。

其二，是修真要超越的对象。从修真的角度来看，成为真人的基本条件是无己、无功、无名。"至人无己，神人无功，圣人无名"（《庄子·逍遥游》）。与"有我"相关的要素显然是肉体、感觉和知识、以及相关的习俗性的道德，包括人与人、人与物之间的"相刃相靡"的关系（《庄子·齐物论》）。这构成了修真要克服的方面，要超越的障碍，在此不一一详细叙述。

其三，是修真要使用生命自身的创造力和保护力，这是修真的内在根据。《逍遥游》提到了"水"、"风"、"粮"，这些显然是大鹏鸟高飞的推动力和内在根据。从修真的角度来看，修真之法就是找到生命飞扬的"水"、"风"和"粮"，这些"水"、"风"和"粮"可以让生命与宇宙同体同用。在《逍遥游》中，庄子提到了如何对待"大瓠"的问题，其中提到"大瓠之种"。"大瓠"显然是真人的隐喻，而"大瓠之种"是成就真人的"种子"。修真就是要保护好这个成就真人的创造力，而且需要从"江湖"（道的隐喻）的角度来看待生命的价值，这样才能发现真人的价值。否则如果用"蓬之心"来看，就会"剖"、"掊"掉"大瓠"（《庄子·逍遥游》）。修真的障碍就是从自我的角度来看是否有用，就是用分析、解剖的方法来看待生命。修真要保护好生命的创造力。"大瓠之种"与"不龟手之药"是对同一对象的不同隐喻。道性和本性就是最高的免疫系统，这是一种生理膏药，也是一种心理膏药、道德膏药、生存的膏药。它具有巨大的价值，能够保证人基本的生存和发展，是人本有的生命力量和生命的保护力量。它是每个人都有的自家宝贝，是我们能够生存发展的前提。

在《逍遥游》中，庄子用隐喻的手法指出了修真的重点，但是并没有详细地说明修真的具体方法和途径，没有具体指出修真的境界和境界的层次。在而后的《齐物论》等篇章中，庄子的修真方法逐渐露出了真面目。庄子的修真法的核心是生命的"光"和"音"的系统。修真的要害是"无我"。如何才能做到"无我"呢？《齐物论》一开篇就毫无保留地给出了答案，这就是"闻天籁"。"今者吾丧我，汝知之乎？女闻人籁而未闻地籁；女闻地籁而不闻天籁夫！"（《庄子·齐物论》）显然"闻天籁"让南郭子綦可以在醒的状态下就能做到"吾丧我"，就是在醒的状态下就做到"无我"了。这样一来就统一了"无我"和修真内在根据的把握两个方面。所以，挖掘《庄子·内篇》的修真方法只要寻找如何能够积累修真的"真水"、"真风"、"真粮食"就可以了，只要保护好"大瓠之种"与"不龟手之药"就可以了。

如何才能积累成为真人的"粮食"呢？生命的真正的创造力和保护力又用什么方法才能够发现并使用它们呢？"禹、舜之所纽也，伏戏、几蘧之所行终，而况散焉者乎！"（《庄子·人间世》）庄子强调真人同修一个方法，禹、舜终身所追求的就是这个方法，伏戏、几蘧一辈子练习这个方法。这个方法可以说是"缘督"的方法。"缘督以为经，可以保身，可以全生，可以养亲，可以尽年"（《庄子·养生主》）。但《庄子·内篇》没有非常明确说明"缘督"。从《庄子·养生主》整篇的整体来看，"缘督"应该是"养神"、"神遇"。"方今之时，臣以神遇而不以目视，官知止而神欲行"（《庄子·养生主》）。"神遇"是和用眼睛往外看的感性认识和"官知"的分析、综合的理性认识相对立的。需要限制甚至停止感官向外的功能和思想的思考功能才能让"神"活起来，才达成养生修真的目的。修真的方法也用到"耳"和"目"，不过是向内，而不是向外来使用。"夫徇耳目内通而外于心知"（《庄子·人间世》）。达到坐忘境界的人借助耳目内通超越了耳目向外形成的感性认识和理性认识。

"神遇"中的"神"是否具有物理的属性呢？显然庄子是把"神"理解成一种物质功能的过程。在《庄子·内篇》中，其中"心"显然是围绕着"光"和"语言"（语言和声音有关，也可以说是"音"）展开的。"指穷于为薪，火传也，不知其尽也"（《庄子·养生主》）。"薪"是身体及其感性和理性认识的功能，"火"则是与此不同的"神"的功能。养神，养火，这是养生之主。

首先来看看"光"的问题。"薪火之喻"已经明确显示了修真的方法是养生命的真火。"注焉而不满，酌焉而不竭，而不知其所由来，此之谓葆光"（《庄子·齐物论》）。此处提到了"葆光"，但没有具体说明。只是描绘了这个"光"用也用不完，或者说越用越光明。"瞻彼阕者，虚室生白，吉祥止止"（《庄子·人间世》）。达到坐忘境界的人自我和外物在光中化为一，这就是吉祥。阕，有空间、空隙的意思。瞻，涉及用"目"看。"瞻彼阕"，就是道教修真方法中的内守"性光"，守的久了，生命之光变得很强，因为光太强，物质化空间就不再成为光的限制，不能遮蔽光，从而"虚室生白"，这对于生命来说，是真正的"大吉大利"。

其次来看看"言"和"音"的问题。在《庄子·内篇》中，从修真的方法来看，比较值得一提的是关于"天籁"的问题。什么是"天籁"呢？庄子并没有明示，不过他花了很大的工夫讲地籁和人籁。天籁应该是和地籁、人籁类似，不过一个是来源于生命外部，一个是生命本身的韵律。二者肯定有质的不同。在"天府"的概念中，庄子就明确表示了这种不同。"孰知不言之辩，不道之道？若有能知，此之谓天府"(《庄子·齐物论》)。"天府"应该也是一种语言，有声音，可以听闻，但是又不同于我们日常使用的语言。

关于"言"和"音"的问题，是《庄子·内篇》在修真方法上的一个特殊的贡献。在谈论"心斋"的时候，《人间世》中说："若一志，无听之以耳而听之以心，无听之以心而听之以气！耳止于听，心止于符。气也者，虚而待物者也。唯道集虚。虚者，心斋也。"(《庄子·人间世》)在这里，要求专心于"气"和"符"，一种生命内在的韵律、语言和声音。"无听之以耳"，显然是停止耳向外听的功能，而向内听；内听还要超越内心的意见和思想的韵律，否则就是"听之以心"。耳朵内听专一于"气"，不再向外听，心灵感觉和思考因为专一于生命的音符而停止了，就入道了。

"符"是生命的根本韵律和天籁的音符，大道之言，大道的音符。能够内求、内听这个天籁的音符就进入道的领域，"入游其樊"(《庄子·人间世》)。对于这个道的音符，需要内求才能进入其中的境界，否则就无法听闻，"入则鸣，不入则止"(《庄子·人间世》)。这里的"入游其樊"，完全是另外的"心斋"的世界。"入则鸣，不入则止"，进入心斋，道的声音就响起，离开就停止了。

通过这一修真方法就可以超越"我"，让自己成为"天"和"道"的"使者"。"颜回曰：'回之未始得使，实有回也；得使之也，未始有回也，可谓虚乎？'"(《庄子·人间世》)颜回在没有使用心斋的修真方法的时候，实在不能忘我，在使用这一方法以后顿然忘却了自己，从而让自己成为真人。"为人使易以伪，为天使难以伪"(《庄子·人间世》)。天来主宰了颜回的生命，从而成真，"难以伪"，真人就这样诞生了(《庄子·人间世》)。

1. 守气

《管子·内业》作者认为物体背后有个本体或者本原性的根据是"精""气"，"精"是对"气"的细微属性的描述。故而可以代替"气"。"气"是五谷、列星、鬼神、圣人的内在根据。作者对这个"气"的感受是，首先是属于自己所拥有的，并且有了这个"气"就有"卒乎"，有高大感，崇高感，感觉自己内心有满足，有自信，有归属感；其次是就像一个人融入了大海一样，感到柔润自由；气有光明，也有幽暗，有的时候让人感觉敞亮，有时候又让人感觉幽暗，有时候能把握，有的时候有不好把握。"是故此气也，不可止以力，而可安以德；不可呼以声，而可迎以音。敬守勿失，是谓成德。德成而智出，万物果得"（《管子·内业》）。对于这样的"气"，该如何把握呢？把握这样一个"气"有什么利益呢？要靠德、音来把握，如果敬守就会成德，从而有智慧的产生。在这里详细说明了气是如何生思、知的，并强调了气和知之间的矛盾关系。形正，心静，让心思全部集中在精气上面，让念头宁静下来，心不想其他的，不多用耳目，心全于中，形全于外，就会带来内在和外在的利益。

2. 闻天籁

"吾丧我"之所以可能，就是因为"我"闻天籁。这就给出了"吾丧我"的方法论提示，给出了一种哲学方法论。而这种方法论又带有强烈的语言哲学色彩。"吾丧我"就在于掌握了可以作为一切语言的"语言"，不可称之为声音的"声音"。而这种语言根本上就是本体、本原或者造化的根据。这样一来就借助"三籁"把"吾"和"我"推向了一个存在论的境域。先看一看"三籁"的文本：子游曰："敢问其方。"子綦曰："夫大块噫气，其名为风。是唯无作，作则万窍怒呺。而独不闻之翏翏乎？山林之畏佳，大木百围之窍穴，似鼻，似口，似耳，似枅，似圈，似臼，似洼者，似污者。激者、謞者、叱者、吸者、叫者、嚎者、宎者、咬者，前者唱于而随者唱喁，泠风则小和，飘风则大和，厉风济则众窍为虚。而独不见之调调之刁刁乎？……"（《庄子·齐物论》）子游曰："地籁则众窍是已，人籁则比竹是已，敢问天籁。"子綦曰："夫吹万不同，而使其自己也。咸其自取，怒者其谁邪？"（《庄子·齐物论》）

天籁到底是什么？就是一种得道的体验。这个体验的内容庄子是巧妙地通过地籁来揭示的？子游把三籁分开了，故意引起人们的误解。天籁有哪些规定性呢？从概念说明的角度来看，就是由自己导出（使其自己）了各种声音（吹万）；由自己自取，这里的自己自取，主要是自己的"吾"和"道"自取，当然每个人都有"吾"和"道"，也可以理解为每个人找到本性以后，自己就可以得到这个天籁。莫拉维·贾拉鲁丁·鲁米于1207年生于巴尔赫（位于今阿富汗境内），著名的诗人。他在《一切皆音乐的所在》的诗中说道："即使全世界的琴瑟焚毁了，隐形的乐器仍在弹奏"。这也是一种天籁体验，天籁不依赖任何工具。天籁需要静心来聆听，来体验。"现在停止说话吧！打开你心中的窗户，让精灵飞进飞出"（《一切皆音乐的所在》）。天籁之音是什么样的呢？人的本性最为敦厚，最为宽容，最为广大，就像大地一样。从人的本性那里发出的声音就是天籁。这个声音像是从"口"（门）发出，也像是从"意"（内心）发出，所以用"噫"，声音像风一样。这个声音有"作"和"无作"两种状态。"无作"就是更根本的声音，"厉风济则众窍为虚"。"作"就是出现很多声音，长声的旋律从形象上看，像山峦的高下盘旋，出现像鼻、口、耳、枅、圈、臼、洼、污等形状；从声音本身来看，有水声、箭声、呼吸声、叱责声、感叹声、叫喊声、哭声；从强弱则逐步加强，声音小的时候，声音嘈杂但很和谐、柔和，声音大的时候就都进了一步，到了最大的声音出现，其他的声音就没有了。天籁还有像人间的音乐一样的声音。

3. 神会

"始臣之解牛之时，所见无非全牛者。三年之后，未尝见全牛也。方今之时，臣以神遇而不以目视，官知止而神欲行。依乎天理，批大郤，导大窾，因其固然，技经肯綮之未尝微礙，而况大軱乎！"（《庄子·养生主》）认识世界有不同的工具。其中一个工具就是目，也就是通过感官来认知，这是目解；另一个是理性分析的"知解"，即分析把握。"牛"不是整体和部分的哲学思维逻辑所能把握的，不是感官认知和理性分析所能说明和全部认知的；牛的整体和部分的客观认知需要"神"解。神解对牛的整体和部分的整体性认知注重解构部分与部分之间的界限、间隙、关节、纹理，而不是整体和部分的实体部分。神解是通过对无形部分的把握来达到对整体和部分的统一性认知的。神解世界具有包容性和主宰性、自由性和无伤性、无限性、整体性。

解牛有不同的境界，第一境界是：见全牛的境界。这个阶段是通过"目视"，也就是感官来把握世界，这个时候，世界是一个外在的对象，所以见到的是全牛。就道而言，只是对道有一个大概的了解。

第二个境界是：不见全牛。通过"官知"来把握世界，分析世界，分析道，已经深入其中，但是得到的是"人理"，是世界和道的人为的条理，而不是"天理"。

第三个境界是："神遇"的境界。"神遇"境界的发生需要一定的条件。这个条件就是感性认识和理性认识功能的停止（官知止），而让"神"自己运行，其结果就是"神"可以自然而然地把握道和世界的规则，可以"因"，也就是依循世界的规律。

4. 心斋

"回曰：'敢问心斋。'仲尼曰：'若一志，无听之以耳而听之以心，无听之以心而听之以气！耳止于听，心止于符。气也者，虚而待物者也。唯道集虚。虚者，心斋也。'"（《庄子·人间世》）

志：专心于一个目标，超越世界。耳：外耳，还是内耳，人耳还是天耳？显然二者都是。无听之以耳，显然是停止外耳的功能；听之以心，也可以说是听之于内耳。心：无心之心，智慧之心。"心止于符"，符，可以说止在那里，或者天籁的音符，大道之言，大道的音符。气和虚：等待大道信息的到来。

"颜回曰：'回之未始得使，实有回也；得使之也，未始有回也，可谓虚乎？'"（《庄子·人间世》）颜回说，我在没有听到心斋道理的时候，实在不能忘我，听到心斋的道理之后，顿然忘却自己，这样可算达到空明的心境了吗？

颜回在没有心斋的时候，"使"指的是"心斋"，让"心斋"这条道路支配自己的生活。在没有让心斋支配自己的生活的时候，"实有回也"，有一个真实的"回"存在，一切从这个有心的"回"出发。这是一个中心有主的，你可以清楚地意识到有一个"自己"存在，这个自己驱使着你自己去做一些事情，而不做另一些事情。一个是宅心于无的，没有自己，也没有外物。前者是实的，后者则是虚的。

"夫子曰：'尽矣。吾语若！若能入游其樊而无感其名，入则鸣，不入则止。'"（《庄子·人间世》）入是入于世界吗？不是？一种解释是，在虚心的状态下，你生活在这个世界，却可以不为这个世界的声名所动。对你来说，没有所谓的功，没有所谓的名。能鸣的时候则鸣，不能鸣的时候则止。没有所谓固定的应付世界的之门，也没有任何要执着的救世之方，有的只是与时俱化的不得已。

孔子说，对了，我告诉你？如能悠游于藩篱之内而不为名位所动，能够接纳你的意见就说，不能接纳你的意见就不说。不走路营求，心灵凝聚而处理事情寄托于不得已，这样就差不多了。

这里的"入游其樊"，完全是另外的"心斋"的世界，入到那个世界之中，很自然，没有有心的感动和感觉（无感），不一定要给他命名，但它是那样的真实存在。"入则鸣，不入则止"，进入心斋，道的声音就响起，离开就停止了。

"无门无毒，一宅而寓于不得已则几矣"（《庄子·人间世》）。这个道的世界是没有门，是没有界限的，是敞开的，耳听道言也没有固定的门。无毒就是说道是不伤害的，是保持无伤害原则的。"一宅"，把心灵放在这个住宅之中，这是人最根本的归宿，是人的宿命，因而要停留在其中，而不得不如此。"寓于不得已"，达到这一点就不动心，就差不多了。"不得已"，自己本有的东西，高贵的地位，不得不要的地位，这样就达到最高的境界了。

"绝迹易，无行地难"（《庄子·人间世》）。一般做反面地解释，意思是不走路还容易，走路而不留行迹就困难了。对于这句话可以进行正面的解释，这是一种无心的生活，无心则虽有迹而无迹。达到"坐忘"境界的人，没有行走没有痕迹，因为是无为而无不为，行走的地方是普遍的，行走到了一切地方，影响力是普遍的，没有限制的。不过尽管如此，却不留痕迹。庄子前面说过"不择地而安之"，这话是有所指的。譬如有些为了绝迹而避世的人，他们是择地而安之。但正如庄子所指出的，"无适而非君也，无所逃于天地之间"。果真如此的话，逃避是没有意义的。关键的不在于择地，而在于用心，从而可以行一切地。庄子并不主张避世绝迹。人总是要在地上行走。形体的逃避是有限制的，关键在于心灵。人终究要在地上走，人终究要回到道的国度。"无行地"，人要活在世界，但人又不能完全活在世界。但在心斋中做到了，没有什么地方不可以去，这不是"如来"吗？可以行在世界任何地方，又没有任何痕迹，没有有形地、痕迹地走在世界上。这不是没有翅膀的飞吗？这不是无知之知吗？

"为人使易以伪，为天使难以伪"（《庄子·人间世》）。为情欲所驱使容易造伪，顺其自然而行便难以造伪。心灵的逃避就是心斋，就是在这个世界面前不动心。这种不动心并不是伪装的，因为它的基础是无心，庄子把它称为"天使"，以与有心的作为即"人使"相对。"人使"是可以伪装的，甚至还可以伪装成不动心，但"天使"是无伪的。这种不动心让你可以不受这个世界的限制，不为这个世界所累，从中超越出来。从人的这个角度，你说这件事很容易肯定是撒谎；从"天使"这个角度，从心斋的角度来看，如果你说这件事很难，那也是在撒谎。人道的力量往往把简单容易的事情弄成复杂的事情，天道才使得艰难的事情成为复杂的事情。

"闻以有翼飞者矣，未闻以无翼飞者也；闻以有知知者矣，未闻以无知知者也"（《庄子·人间世》）。常识经验中，有翼才能飞，有知才能知；但在道的通见之中，还存在无翼能飞的情况，存在无知之知的情况。"瞻彼阕者，虚室生白，吉祥止止"（《庄子·人间世》）。达到坐忘境界的人自我和外物在光中化为一，这就是吉祥。"夫且不止，是之谓坐驰"（《庄子·人间世》）。静中含动，动静合一，在坐忘的境界中实现坐驰。"坐"是静止，"驰"是运动，坐驰本身就是动静合一。"夫徇耳目内通而外于心知"（《庄子·人间世》）。达到坐忘境界的人借助耳目内通超越心智层次。心智不能飞,人心外向会更成为世界的奴隶。"鬼神将来舍,而况人乎!是万物之化也"(《庄子·人间世》)。人从此具有超越于常人的能力,同于造化。"禹、舜之所纽也,伏戏、几蘧之所行终,而况散焉者乎!"(《庄子·人间世》)圣人同修一个方法,禹、舜终身所追求的就是这个方法,伏戏、几蘧一辈子练习这个方法。

5. 坐忘

"颜回曰:'回益矣。'仲尼曰:'回益矣。'曰:'何谓也?'曰:'回忘礼乐矣!'曰:'可矣,犹未也。'他日复见,曰:'回益矣!'曰:'何谓也?'曰:'回坐忘矣。'仲尼蹴然曰:'何谓坐忘?'颜回曰:'堕肢体,黜聪明,离形去知,同于大通,此谓坐忘。'仲尼曰:'同则无好也,化则无常也。而果其贤乎!丘也请从而后也。'"(《庄子·大宗师》)

"忘"的过程是由外入内的。先忘掉社会性的东西,社会经验和伦理习俗组织成的文化系统,然后是自身的忘。忘形体,忘掉与形体有关的思考和精神活动(聪明、知),同于道,进而和万物相通。因为和"道"相通,也就和万物相通,自然没有好坏之分,没有永恒不变。

《庄子·内篇》不仅披露了修真的核心方法,还对修真步骤、次第和境界进行了刻画。把讲到"撄宁"和"坐忘"的两段文本合起来看修真的过程包含如下基本的环节和阶段。

首先,是对人身以外的世界的超越。其中包括对人生存的外在文化观念世界的超越。"回忘仁义矣"(《庄子·大宗师》)。"回忘礼乐矣!"(《庄子·大宗师》)在讲"撄宁"的文本中,则说:"吾犹告而守之,三日而后能外天下;已外天下矣,吾又守之,七日而后能外物。"(《庄子·大宗师》)闻道的境界是什么样子的呢?"外天下"。"天下"指的什么呢?指属于人的世界。这个世界是有我的世界,是由各种人生的经验和概念组成的世界。第一个阶段是能外天下,就是说,三日就超越了自己的头脑概念系统和感官的经验系统的制约,超越了文化习俗的制约,心灵可以从社会生活中抽身而去。七日而后能外物。如果说天下的经验系统是一个观念系统的话,外物则是具体的自然物,人工物品以及自然变化。这个阶段就可以不受到自然物和人工物品的影响。

其次,是对自身肉体"我"的超越,也就是"堕肢体"(《庄子·大宗师》)。"忘"的过程是由外入内的。先忘掉社会性的东西,社会经验和伦理习俗组织成的文化系统,然后是自身肉体及其感觉的忘。"已外物矣,吾又守之,九日而后能外生"(《庄子·大宗师》)。生，自己的肉体及其生命。达到这一境界以后可以超越自己肉体生命的制约，获得独立的精神自由。

再次，是超越了内心的文化观念和思想系统，"黜聪明，离形去知"(《庄子·大宗师》)。"已外生矣，而后能朝彻；朝彻而后能见独"(《庄子·大宗师》)。"朝彻"是从内外构成的对偶关系中超越出来，是超越了感官及其相关的文化经验，超越了头脑和相关的理论概念系统之后获得心灵光明境界，就像早晨升起的太阳一样。"见"被独立出来，获得的自己的独立性，精神拥有了独立性的自由。

最后，是与道相合的境界，"同于大通"(《庄子·大宗师》)。修真的最高境界是忘形体，忘掉与形体有关的思考和精神活动，同于道，进而和万物相通。"见独而后能无古今；无古今而后能入于不死不生"(《庄子·大宗师》)。"我"的世界是一个三维时空的世界，"见"被独立出来以后，生命的三维时间感觉就消失了，进入了生死大定的状态。

人与道合一以后，会产生一些新的能力，如"坐驰"。"夫且不止，是之谓坐驰"(《庄子·人间世》)。静中含动，动静合一，在坐忘的境界中实现坐驰。"坐"是静止，"驰"是运动，坐驰本身就是动静合一。"闻以有翼飞者矣，未闻以无翼飞者也"(《庄子·人间世》)。没有翅膀的飞翔，是生命的自由境界。比如还会产生一种新的认识能力，"无知之知"。"闻以有知知者矣，未闻以无知知者也"(《庄子·人间世》)。

《庄子·内篇》的修真方法次第分明，境界描述较为详细，构成了一个有机的整体。庄子把修真的方法通过直接的或者间接的方式展示给世人，值得修道之士认真研读参考。

第三节 禅 悟 法

禅悟不同于禅定。禅悟把见本性看成是转识成智的前提。"要入得门，见自本性"；"识自本心，是见本性"；"不识本心，学法无益；识心见性，即悟大意"(《坛经》)。麻天祥这样说禅："普遍认为，禅是对传入之佛教中梵文 Dhyāna 之翻译。禅，读作 shàn，chán 之读音是后来的，其意为祭天、传代。Dhyāna 应读作 Dān Nā，意思是静虑。无论从读音上说，还是从字义上讲，禅和 Dhyāna，均不相对应。也就是说，禅的选用既非音译，也非意译。"[①] 假设这个说法是成立的话，为

[①] 麻天祥：《中国禅宗思想发展史》，武汉大学出版社，2007年，第3页。

什么要用汉语的"禅"字去翻译佛教中的梵文 Dhyāna 呢？当佛教还没有传入中国的时候，"禅"字在中国语境中有什么含义呢？《庄子》中提到过"禅"字。"万物皆种也，以不同形相禅，始卒相环，莫得其伦，是为天均。天均者，天倪也"（《庄子·寓言》）。从这段话来看，"禅"有不同事物之间互相替代转化的意思。"禅"意味着改变变，意味着转折，意味着改革和创新。"禅则是精神拯救的道路"。① 禅要救我们免于疯狂与残废，把秉具在我心中的创造性与自由展示出来，从而展现出快乐与互爱。如何才能实现人生的超越和改变呢？"当他们开始吸收佛教的觉悟说时，那种倾向具体实践精神所走的唯一道路是产生禅。"② 人生超越和革新的可能就在于觉悟。禅的本质就是悟性。什么是禅？禅是干什么的？禅是说明觉悟之道的。"总之，没有悟就没有禅，悟确是禅学的根本。"③ 开悟开启人自身的心灵力量，有助于人格的完善。"开悟的意思是'整个人格对于真实的充分觉醒'"④ 帮助人开悟正是禅师工作的核心内容，是禅学经典的创作目的所在。

当代人生和社会最大的问题是什么呢？就是追求物质利益，忽略了爱，忽略了精神的利益；被现代文明成果吸引了眼球，心灵变得平面化、功利化了，感情不再丰富，显得麻木。有两个军人对牛头山智严禅师说："朗将狂邪，何为住此？"意思是说，你是不是疯了，为什么要住在山里面呢？智严禅师回答说："我狂欲醒，君狂正发。夫嗜色淫声，贪荣冒宠，流转生死，何由自出？"（《五灯会元》卷第二《牛头山智严禅师》）⑤ 在智严禅师看来，两个将军希望得到上司的宠爱，希望得到较高的军阶，贪恋美色，喜爱低等级的音乐，是"狂"，这个"狂"病会让人失去自由，不能用自己的智慧去主宰自己的生命，从而"流转生死"。

人为什么不能顿悟？就是因为爱、欲望和感情太重，爱、欲望和感情太重使得人忽略了觉悟的机会，陷入滚滚红尘中而不能自拔。"无量劫来，爱欲情重。生死路长，背觉合尘，自生疑惑"（《五灯会元》卷十六《白兆圭禅师》）⑥。

是非让人迷失。"才有是非，纷然失心"（《五灯会元》卷十三《洞山良价禅

---

① [日]铃木大拙，弗洛姆：《禅与心理分析》，孟祥森译，中国民间文艺出版社，1988年，第128页。
② [日]铃木大拙：《禅与生活》，刘大悲译，国泰出版社，1988年，第71页。
③ [日]铃木大拙：《禅与生活》，刘大悲译，国泰出版社，1988年，第101页。
④ [日]铃木大拙，[美]弗洛姆：《禅与心理分析》，孟祥森译，中国民间文艺出版社，1988年，第177页。
⑤ （宋）普济：《五灯会元》，苏渊雷点校，中华书局，1984年，第63页。
⑥ （宋）普济：《五灯会元》，苏渊雷点校，中华书局，1984年，第1067页。

师》)①。当心里想着是非的时候,心就放在了是非上面,其他的方面就忘了,尤其是忘记了慈悲,忘记了爱,忘记了道,忘记了开悟,遗忘了悟性。是非也可以说是"妄情"。"境缘无好丑,好丑起于心。心若不强名,妄情从何起?妄情既不起,真心任遍知。汝但随心自在,无复对治,即名常住法身,无有变异"(《五灯会元》卷二《牛头山法融禅师》)②。

人会掉到陷阱中,这往往是自己选择的。就像另一个人掉在水中,一个人也许会进去救人,这是这个人自己选择的。但问题是,有的时候人们也许会觉得在水中好舒服,就说:我不出来了。情感、知识等等就像井中水。这个时候,人就需要运用自我的"本来"的觉性,认识到人应该回到岸上,需要从水中出来。

顿悟是真的,还是假的?有顿悟吗?还是没有?顿悟会不会是一种让人迷惑的理论,会不是一种误导?这样的想法是障碍人去探讨人生意义的一个很重要的障碍。那么顿悟是真的还是假的呢?可以说既不是真的,也不是假的,可以说明明无悟法,悟法却迷人,无伪亦无真。如果人开悟了,开悟的方法也就不重要了。但是如果还没有开悟,是需要顿悟的理论来指导的。

人生在世,在选择人生道路的时候,很困难的一件事情就是如何辨别别人的看法,如何聆听别人的指点,同时又要拿出自己的看法。很多人可能都有这样的经验,当自己的心情不稳定的时候,当自己不能正确地作出决定的时候,往往会去问别人。而别人告诉答案往往都符合别人的想法和情况,并不太对自己的心思。而且问的人越多,会越发感到糊涂。为什么会这样呢?就是因为大家往往会从常识的看法出发来给出人生答案。常人的生活在海德格尔看来是非本真的生活,是庸庸碌碌的生活。要想走好人生的道路,需要有自己的看法,结合自己的情况进行选择。

有一个年轻学僧恭敬地向性空禅师问道:"什么是祖西来意?"性空禅师回答道:"假如有人落在千尺之深的井中,你能不假寸绳把他救出来,我就告诉你。"学僧以为性空禅师在敷衍他,有些不高兴地说:"近日湖南的畅禅师去世,也是像你一样,讲的话不合乎常识。"性空禅师就叫仰山慧寂禅师把年轻的学僧赶了出去。后来慧寂又问沩山禅师道:"老师,依你看,怎样才能救出井中之人?"沩山出其不意地大声叫道:"慧寂!"仰山回答说"在这里"。沩山禅师说:"从井里出来了也。"

---

① (宋)普济:《五灯会元》,苏渊雷点校,中华书局,1984年,第777页。
② (宋)普济:《五灯会元》,苏渊雷点校,中华书局,1984年,第60页。

按照常识的看法，有人落在千尺之深的井中，不用绳子是救不出来的。但是如果用禅悟的理论来看，能不能不用绳子救呢？是可以的。人堕落在尘世之中，人的心灵陷在欲望，陷在观念的陷阱之中，其实是不能用绳子来救的。不恰当的想法，难以最终得到满足的欲望，这个井是深不见底的井，一个人如果陷在里面了，需要靠自己的悟性来救自己。当慧寂又问沩山禅师道："怎样才能救出井中之人"的时候，其实还是陷入到了常识认识之中，陷入了观念系统里面，想要找到答案。这个时候沩山喊了他的名字，他从问题中走了出来，就像从井中出来了一样。人要从"井"中走出，很不容易。人们常常需要主动跳进去。比如为了读书写作，要跳入书海，跳到观念的"井"中遨游。感情、金钱、地位、名誉等都构成了千奇百怪的"井"。人需要随时走出，才能保持观念的警醒，积极地面对生活，保持人生的活力。

正因为迷悟是一体的，悟性本身可以迷，也可以悟，所以人才可以自己帮助自己。禅学的智慧归结一句话就是：人有自己救自己的能力，人有自己帮助自己的能力，人要自己帮自己。自己帮助自己，首先就要看出了人生的困惑，看出人生的危险。就是要诊断自己的生活，自己当医生，当心理医生、道德医生。自己当自己的老师。诊断自己的生活是第一步的工作。

第二步骤的工作是运用悟性的力量祛除心灵上的阴影，祛除心中那些不健康的情绪。悲观、愤怒、贪婪等凡是否定的情绪，凡是有可能伤害人的观念、想法都要想办法祛除，想办法制服这些"野马"，驯服它们，让他们听从悟性的教导，这是由迷转悟的必经之途。当悟性增长以后，安然度过挣扎的阶段，经过心灵的斗争，稳定下来以后，人就可以享受开悟带来的快乐了。心锁由自己开，不要忘记了自己生命的钥匙，用钥匙打开生命智慧的宝藏。心灵世界是广阔无垠的，是美妙无比的，是爱厚情浓的。人生自己就有自己的"保护伞"，不必另求保护伞，自求烦恼。人的一念心心自能解缚，随处解脱。

当代人生有什么问题呢？就是生活太物质化了，在物质化中没有了心灵的归宿。不是说人没有了心灵的生活，心灵生活当然有。科技、道德习俗、文学艺术、影视作品、观光旅游等等都表示当代人有着丰富的精神生活空间。不过在精神生活方面总是觉得还缺点什么？缺什么呢？缺少悟性的觉醒。物质化生活派生出的精神生活可以说是表象性的精神生活，是缺乏深度的精神生活，里面缺少爱，缺少慈悲恻隐之心，缺少情感的丰富性，缺少人性的关怀，缺少生命力和活力。只有顿悟才能触及心灵的实相，心理学不能，科学技术不能，哲学不能，伦理道德学说不能。

明心见性有种种表现。每个人都能够悟，生活本身处处有开悟，为什么人们常常觉得开悟那么难呢？在当代人的日常生活中有哪些积极的因素显示了人性的基本渴望呢？这里说明人性已经达成的积极因素就是悟的表现。主要是内心的依靠感，内心的正义感，生命力健康的释放感，找到家的感觉，宁静感，超越感和爱心的发展，心灵深处的快乐感等。只不过这些顿悟的因素，人没有很好地保持和保护，没有很好地发展这些积极的心灵生活，才使得人感觉到迷失在变化无常的世界之中。

如何才能知道人具有顿悟的能力，或者说人经常有顿悟的经验呢？有开悟的人也吃饭，没有开悟的人也吃饭，怎么验证两个人的差别呢？在天宁梵思看来，这是很重要的事情。如何来验证呢？其中一个是可以从追求什么这个方面看出来。人的追求大致可以分成两个方面：一个方面是身体以及与身体相关的方面，包括身体的健康，精神的健康，外在的金钱和物质条件；一个方面是所谓的"道"、"本性"等这些概念表示的东西。当人想要了解人生的意义，想要问"道"是什么，想要问顿悟是什么的时候，这是顿悟或者将要顿悟的征候。

如何才能用语言指示悟性？对于悟性的答案只能是"冷笑两声"，而"问凡答凡，问圣答圣"和"问凡不答凡，问圣不答圣"是过渡阶段。

什么是"道"？在海德格尔看来，这种提问本身就是一个值得哲学反思的问题。从提问的反思开始，反思到对象存在的先在性和提问的被动性。就能够启发人把握对象本身。"任何发问都是一种寻求。任何寻求都有从它所寻求的东西方面而来的事先引导。"[①] 提问源于领会。在海德格尔看来，我们总已经活动在对"道"的某种领会中了。明确提问"道"的意义，力求获得"道"的概念，都是从对"道"的某种领会中生发出来的。当我们在问"道"是什么的时候，我们已经栖身在对"道"的某种领会中了。"问"只是说明我们还不能我们还不能从概念上确定这个"道"意味着什么。反问不管是问问而已，还是明确地提出问题，反问都具有对象或者问题自我呈现的性质和特征。"什么是道"这一问题的提出本身，包含着为什么提出这一问题这一问题和目的。问题的提出本身已经包含了问的真正目的。那就是"道"对人生的自我引导。回答就是力图用一定的方法使发问者反思问的对象的对自己生活经验的引导。并在这种反思中澄清所问的对象。

未跨船舷时，是还没有起心动念之时。在此之时即毫不容情地予以棒击，意在粉碎其迷情，扼断其意识的萌芽。若对此机锋加以臆测，纵使说得头头是道，

---

① ［德］海德格尔：《存在与时间》，生活·读书·新知三联书店，2006年，第6页。

也仍落在半途，未为彻悟。如果用语言来指示悟性，大致可以说出如下一些内容。

求开悟是悟的初阶，在一念追问的时候，就是真性中缘起。心月常明，心日普照是见性的证明。人们可能会有这样的经验，当心情不好的时候，心中感到憋闷，好像没有光明，看不到人生的出路。这个时候面色也往往无光。当找到努力方向的时候，就好像看见光指引出一条道路一样，面色也会有光泽。心中很是敞亮。那种敞亮的感觉，那种看到人生道路和方向的感觉正是顿悟本性的特征。眼睛之所以能够看见东西，有两个条件：其中一个条件是外面东西发出光芒，另一个条件是眼睛有光芒射出。人有两个"见"的能力：一个是眼睛看外边的东西；一个是能够看见外边的东西的那个"见性"，见的能力本身。"见见之时，见非是见"是说前一个"见"不是后一个见。后面的"见"可以表现为用眼睛看外边的东西，也可以不表现为用眼睛看外边的东西。后面的那个"见"就是让心敞亮的力量。

这个"见性"能够让没有光亮的人生变得光亮了，可以破无明暗，截生死流，度三有城，泛无为海。在禅师看来，能够把握住这个见性，就可以"无明暗"的人生，在"无为"的海洋中遨游。人活着就是要追求这个让人心情敞亮的"见性"。

禅师把这种光明的体验称呼为"心月"、"心日"、"明珠"。顿悟的体验就像得到一颗明珠放光动地。这个明珠是无形无象的，是用手把握不着的，净裸裸，赤洒洒，没可把，不过可以体悟到它。

禅师经常把心灵的光亮、光明的心灵生活叫做"月"。半夜白云消散后，等于是去掉了人生的乌云，去掉了心头的乌云。等到乌云过后，就见到了人性的"光明月"。

保持开明的心情，让心灵充满光明，有一个很重要的好处，就是能够像镜子一样照出事物的本来面貌来。人们都会用镜子，人心中有没有镜子，心灵能否像镜子一样照东西呢？显然是能够的。我心灵能够反映外边的东西，能够记住看见的东西。所以要常常记得自己的"心镜"。心灵的古镜自然会发光，并指引人生的方向。

人的眼睛看东西是有局限的，耳朵听声音也是有局限的。假设一个人不透明的屋子里面说话，在屋子外边很远的地方，是看不到屋子中的人的，也听不到屋子中的人所说的话。假设这个人在房间中做了错事情，外边的人是看不见的。外边的人自然也无法对其进行道德谴责，无法对其进行法律制裁。可以说，屋子中的人可以欺骗屋子外边的人，因为信息不透明，因为信息不对称。可以说通身是口,通身是眼。

人都有一种使命感,当做一件事情有使命感的时候,就会努力去做,就会感到高兴,感到光荣,人把那件事情当做自己该尽的责任。有使命感的时候,好像听到某种命令,当完成使命感的时候,会感到很快乐,仿佛人生有了归宿。人们常常说人都有奴隶性,不过自己是自己的主人,自己是自己的奴隶。自己的内心支配身体去做事情,本性是人生的真主人,感官和理性思考都是听命于本性的奴仆。顿悟的重点还是要把握智慧的主人"。智慧的主人不等于将帅,他统领将帅,但是将帅本身做的事情不管好还是坏,都要由将帅承担责任,而不是由"君王"承担责任。主人公的衣食住行不同于将帅的衣食住行。智主人的是行不见行、坐不见坐,着衣时不见着衣,吃饭时不见吃饭。或许,禅悟本身并不需要明确的答案,需要的只是一个思维的方向,一个心灵的关注的方向和地方。

人尽管会心灵脆弱,不过人在任何时候都会表现出内心的某种坚定,某种坚强,就像涧底松,大雪压不垮;就像天边月,当乌云散去,依然光亮皎洁。就如雪压难摧涧底松,风吹不动天边月。

内心的声音是一种什么样的声音呢?耳朵听到的外部的声音都是有一个客体,有一个主体,两个东西碰撞才会发声音。内心的声音是什么和什么碰撞发出的呢?是自己发出的,所以要寻找"一只手鼓掌的声音"。顿悟就是找到内心这个"一只手鼓掌的声音"。禅师往往花费很大的力气指点这个声音。比如用雷声来说明,雷声浩大,雨点全无。有的时候,把这个声音说成是鸡叫和狗叫,是春鸡鸣,是中秋犬吠。这里的"春鸡鸣"和"中秋犬吠"并不是现实的鸡叫和狗叫,而是指代内心的鸡叫和狗叫,鸡啼晓月,狗吠枯桩。这个只可默会,难入思量。

人生在世,身体总是会生病。而且很多身体的疾病都与心灵生活相关。如何从负面的情绪中解放出来,快乐的生活呢?除了用药厂生产的药外,"心药"更为重要。心病总要心药医。人可以自己假设自己有治疗百病的良药。这个良药就是本性,自己可以呼唤这个本性,求助于这个"包治百病"的本性,这个永远不会生病的本性。常常问问自己:"如何是一丸疗万病底药?"(《五灯会元》卷第十三《云居怀岳禅师》)[①]可以不必去问,这个药是真有,还是假有。只要相信它有,这就是一种健康的、积极的、乐观的情绪。这个情绪就会带来好处。当然,需要有理性,不能偏执。这只是"心药",现实的病痛,当然要用物质的药来治疗。

本性的时候,本性就成了家园,就获得了回家的感觉,心灵就安静下来,就

---

① (宋)普济:《五灯会元》,苏渊雷点校,中华书局,1984年,第826页。

安心了，放心了。"千般说，万般喻，只要教君早回去"(《五灯会元》卷十七《黄龙慧南禅师》)①，禅悟伴随着回家的感觉。"跟着而来的感觉是一种完全解放或完全安静的感觉。'回家和安息'是学禅者常用的一句话。"②

有人问一位禅师佛是什么构成的，禅师回答说："桶底穿了。"桶底穿了，意味着需要彻底的改变。人生是有漏洞的，开悟就是要让人生无漏，需要重新修补肉体和精神这个"桶"。"禅则是精神拯救的道路"。③当修补好这个桶以后，人的精神就获得了拯救。"因为悟使人看清存在的基本事实，所以悟的获得便表示一个人生命中的转折点。"④就像"桶底穿"一样，开悟帮助人认识人生有漏的方面。因为认识到漏洞，才会积极地去修补漏洞，从而导致人生的彻底改变。从而再造生命，"但开悟却是生命本身的再造。"⑤

---

① (宋)普济：《五灯会元》，苏渊雷点校，中华书局，1984年，第1107页。
② [日]铃木大拙：《禅与生活》，刘大悲译，国泰出版社，1988年，第123页。
③ [日]铃木大拙，[美]弗洛姆：《禅与心理分析》，孟祥森译，中国民间文艺出版社，1988年，第128页。
④ [日]铃木大拙：《禅与生活》，刘大悲译，国泰出版社，1988年，第115页。
⑤ [日]铃木大拙：《禅与生活》，刘大悲译，国泰出版社，1988年，第103页。

第四章 德性与伦常

第一节 天人情怀

中国哲人常常把穷究"天人之际"当成哲学的任务。贺麟在给人下定义的时候也说:"欲知人不可以不知物,欲知人不可以不知天。"[①] 现代人不能说不知天,物质生产要利用自然对象,科学艺术也要以自然为对象,所以马克思在《1844年经济学哲学手稿》中把自然界说成是人的无机的身体和精神的无机界。这说明离开自然界无法说明人本身。联系自然界说人,可以有实证的科学性界说,可以有超越的哲学性界说。依中国哲学的精神,与人相对的天,可以说是一个有执世界的里面的天。知道这个天,关注这个天,对人有意义,不过这个意义终究被限制在形而下的世界。穷究天人之际尚要进入无执的是天人世界。进入无执的天人世界,天和人构成一个整体,一个本体的世界。这个二者之间的逻辑过渡可以从不同的层面进行解说。在马克思的视野中,共产主义本身就包含物的本性回复的过程。一个桌子,单纯研究其数量关系尚不能显示其本质,还需研究桌子的社会关系属性,市场价值和所有制的问题。自然界因被纳入社会关系来考量,自然史本身也就成了一部人类史。当人与人的私有制关系消亡以后,物才能很好地展现它自身的本性。就像土地并不等同地租,但是在地租视野下使用土地的历史和按照土地本性使用土地的历史并不等同。人能够巧取豪夺自然界,能够遮蔽或者改变自然界的面貌,生态主义者提出自然的固有价值,及其自然界的道德主体地位有助于人敞开心扉面对自然界。如果把人和自然界是相互面对的关系,在一个平台上共存、生发,抽象的哲学思考不会止步于这种相对性的世界。中国古代哲人的思考虽然模糊,也有一定的线索可寻。

1. 知天命

1) 归根曰命

一提起"命",就让人想起这是个不那么好的名词,一切都定好了,人活着就

[①] 贺麟:《论人的使命》,《儒家思想的新开展——贺麟新儒学论著辑要》,宋志明编,中国广播电视出版社,1995年,第440页。

像执行某种机械的命令，让人感到悲观失望。但是儒者为什么对"命"情有独钟呢？儒者因为对天命的体认升华出一种使命感，这种使命感又使得他们拥有了面对现实生活"有道"和"无道"的境遇的勇气。也因着对天命的体悟而生起一种对人生和人世的忧患意识。命没有导致虚无，没有导致消极，反倒成就了乾乾不息的精神。其根由何在？

命本身有命令的意思，有"使"的意思，对命令的承接自然成为一种使命，这种使命虽然限制了人的自由的限度但也因自觉地担当而感觉自由。熊十力曾经把"生"解释成恒创恒新，把命解释成自本自根，如此生命即恒转。命的意识，即成为归根的意识，家园的意识。人从哪里来，人到哪里去？可以把所从来之处说成道，说成存在，也可以说成天。人与自然构成的相对待的世界均由天来，也最终归于天，这是自本自根的命。

无执的世界是万物和人的本体或者根本，是生命万有的家园，可以说无执的世界是有执的世界的命。中国古代哲人确认天是生人的。"天之生此民也，使先知觉后知，使先觉觉后觉也。予，天民之先觉者也。予将以斯道觉斯民也，非予觉之而谁也？"（《孟子·万章章句上》）人相对于"天"而言，就是天生出来的一个生命，所以是"生民"。既然如此，人的生命不能脱离开的一个视野就是天。人不仅有相对人的地位，也有相对于天的地位，这个地位为"天爵"。人不仅有相对于人的利益，而且有相对于天的利益，即"天禄"。荀子也说："天地者，生之本也。"（《荀子·礼论》）在董仲舒的心目中，天是群物之祖，"天亦人之曾祖父也"（《春秋繁露·为人者天》）。如从经验的角度看，这些说法多少有些荒唐，生人的是父母，怎么成了天。认天为父，自然要尊天、敬天和畏天。

人为天所生，自然天具有生杀予夺的大权。如"天之未丧斯文也，匡人其如予何？"（《论语·子罕》）天决定了文化的兴废。"天生德于予，桓魋其如予何？"（《论语·述而》）天人之间有一个中介和桥梁，这就是"德"，这个"德"是人生命延续的根据。在说这个话的时候，孔子是有感叹的色彩，但从中国古人的语言表达习惯来看，感叹中说的话往往更是内心的真实认识。"曰：'二三子何患于丧乎？天下之无道也久矣，天将以夫子为木铎。'"（《论语·八佾》）木铎，木舌铜铃。是施政时所用，有宣告法度的意思。知天命的人是天的木铎，天借助人来发布号令。人的使命则是行天命。古人不完全把一切都推到天，经常由天、地和人共同分担生成的重担。"天生之，地养之，人成之"（《春秋繁露·立元神》）。天生、地养、人成，给人以一定创造者的地位。这就形成了新的理论难题，即如何更好地说明三者作用的关系。

天生观念的存在，对于中国哲学来说，意义重大。有了天生观念，人有了使命感，人的家园感有了寄托。可以从人寻找永恒家园的冲动中寻找天命，可以说人类有一种冲动，想寻找永恒的生命，想寻找自己最终的安全的家园。这个家园被说成是天或者道。"仁"也就成了人的安宅，自觉成君子和圣人被理解成是完成天的使命，是人相对于天的生命的真正的完成。天对现代人的生活之所以是必要的，可以从这一点进行说明。毕竟现实的生活和家园是短暂的，不永恒的。如若这个不永恒的身体和家本身并非人的本质，只是寄旅，自然能够让人感到释怀！

天生的观念也为克服对"我"的执着而生。《秋水》篇提出人在天地之间，就像小石、小木和大山的关系。这样的观念指向人的自大的活动，包括贪功和执着于有为的生活。《庄子·外篇·知北游》提出委形、委和、委顺、委蜕的观念，来说明人的身、生、性命是天生的。

2）人的语言中的天命

天命和语言的关联从前文道和听闻的关系的讨论中已经知晓。大音对应无执的世界，小音对应有执的世界。问题是小音是否是大音的显现，又如何从人类的语言中发现天命呢？与西方哲学相比，中国哲学在诉诸语言来理解天命的线索有些隐晦。不过孔子依然把天命和圣人之言联系在一起，如此圣人之言即成天命的体现，敬畏圣人之言即敬畏天命。孟子否认了天命"谆谆然命之"，并强调天不言。不过董仲舒再度把人类语言和天命联系起来。董仲舒说："名则圣人所发天意，不可不深观也。"(《董仲舒·深察名号》)

3）内在心性通往天命

内在心性的道路，体现在《大学》、《中庸》、《五行》、《孟子》等典籍中。《五行》别内外，仁、义、礼、智、圣有"行"和"德之行"之别。二者的区别就是"形于内"和"形于外"的差别。如何叫做"形于内"呢？"形成"于内，而"形成"最好按照"成形"来理解，要让仁、义、礼、智、圣在人的内部"形成"、"成形"。作为"德之行"的仁、义、礼、智、圣有天人之分，圣德贯通天人，圣是最高的道德，圣的行事，无处不符合道德的要求。作为"德之行"的仁、义、礼、智之和，是善，达成人道；在人道的基础上，外加作为"德之行"的"圣"，成就天道。《五行》则重点论述了形上道德的认识论：也就是如何认识形上道德这一问题。《五行》所使用的概念是：志、为、思、清、长、安、悦、戚、玉色、玉音、形、智、乐、直、肆、果、简、见、知、行、敬等范畴。《大学》、《中庸》、《孟子》的思想自不必言，通过内求内在的"诚明"，通过"正心"，"诚意"，通过"羞恶"这一"人之路"，就可以通达人的"安宅"，于"恻隐之心"处领会天命。

4）五行

如何从经验世界中通过认识天命转识成智？其中一个方法就是把现实事物还原成五行。"我闻在昔，鲧陻洪水，汩陈其五行。帝乃震怒，不畀洪范九畴，彝伦攸斁。鲧则殛死，禹乃嗣兴，天乃锡禹洪范九畴，彝伦攸叙。初一曰五行，次二曰敬用五事，次三曰农用八政，次四曰协用五纪，次五曰建用皇极，次六曰乂用三德，次七曰明用稽疑，次八曰念用庶征，次九曰向用五福，威用六极"（《尚书·洪范》）。五行范畴处在第一位，显然是逻辑起点。五行、五事、八政、五纪等之间是否构成了五行的思想体系呢？也就是说，后面内容是否都可以归结到五行之中呢？关于这一问题，学者有不同的看法。五行顺序在不同文本中并不相同，五行概念内涵也不相同，要注意鉴别。如郭店楚墓竹简中的五行是仁、义、礼、智、圣。在这里，五行关系既不是相生的顺序，也不是相克的顺序。后来形成的五行生克关系为：金生水，水生木，木生火，火生土，土生金；金克木，木克土，土克水，水克火，火克金。把现实事物还原为五行，就超越了对现象的认识，而体会天命。

5）得失

经验的世界是计较得失的世界，公元484年吴齐在齐艾陵作战，吴国外交官奚斯说："天若不知有罪，则何以使下国胜。"（《吴语·奚斯释言于齐夫差伐齐不听申胥之谏》）在这里奚斯直接把胜利和天命连接起来了，认为吴国的胜利证明了天命在吴国这一边，而被征服的国家是有罪过的，胜利证明了天是知道哪个诸侯国有罪过的。天的认知功能完全是有胜利的结果直接可以证明的。"吴王还自伐齐，乃讯申胥曰：'昔吾先王体德明圣，达于上帝，譬如农夫作耦，以刈杀四方之蓬蒿，以立名于荆，此则大夫之力也。今大夫老，而又不自安恬逸，而处以念恶，出则罪吾众，挠乱百度，以妖孽吴国。今天降衷于吴，齐师受服。孤岂敢自多，先王之锺鼓，寔式灵之。敢告于大夫。'"（《吴语·申胥自杀》）吴王夫差从胜利这里直接认知天命。在伍子胥看来，不能从胜利这个结果直接和天命联系起来，要结合人事来分析天道，并且要看到天道本身具有一定的辩证的运动规律。"夫天命有反"（《吴语·夫差伐齐不听申胥之谏》）。伍子胥则认为："夫天之所弃，必骤近其小喜，而远其大忧。"（《吴语·夫差伐齐不听申胥之谏》）天道自身的运动规律是"天命有反"，具体的表现就是如果天命要离开，要抛弃某个人、某个民族或者某个国家，往往是快速地满足人的需求，而给予长远的忧患。基于这样的情况，重点还在于对自己的人事状况的省察，看看自己的人事是否具备得到天命的根据，这样才能在天命给予的时候得到天命，在天命离开的时候应付各种危机。

6）行与事

孟子除了探索了内在道路以外，也给出了如何在万物的表现中观察天命。比如在谈到政治继承的问题的时候。"万章曰：'尧以天下与舜，有诸？'孟子曰：'否，天子不能以天下与人。''然则舜有天下也，孰与之？'曰：'天与之。'"（《孟子·万章章句上》）天授予是如何授予的呢？"'天与之者，谆谆然命之乎？'"（《孟子·万章章句上》）万章又问道：天授予的，是反复叮咛地告诫他的吗？天作为给予者，显示者，不是像人一样，用语言来命令，而是通过了人这个中介来授予的。

关于人的主体性问题，海德格尔给出了一个很好的理解，对于解读儒家的所谓的"天人合一"也是很有意义的。人是一个被摆置者，是一个所谓的"客体"和对象，天是摆置者；同时，人也是一个摆置者，是作为摆置者参与到被摆置过程中的。"天与之"就是说，天是最后的给予者，是摆置者；但天的摆置者地位是隐藏在人的行为和事件中的，而不是直接以一个摆置者的面貌出现，不会直接说话，"不言"，天的语言，就在人的活动之中了。"曰：'否，天不言，以行与事示之而已矣。'"（《孟子·万章章句上》）孟子回答道：不是，天不说话，天的语言、天的命令就在人的行为和事件中表现出来。

人的摆置活动本身就有天的语言，就有道的语言存在于其中。社会中的人的活动很多，天的语言体现在哪些人的摆置活动中呢？首先就体现在天子的推荐活动当中。天子的摆置活动不能取代天的摆置活动，天的摆置活动要通过天子的摆置活动表现出来。既然这样，人们自然就有一个疑问，既然天子是摆置者，他的摆置活动本身就有天的语言的显现，如何区分天子哪些活动是显现了天的语言，哪些是背离了天的语言的呢？万章马上就产生了这样一个问题。

根据孟子的论述，大概包括如下几个方面：其一，主持祭天等大事是否顺利。判断摆置活动在多大意义上是天的摆置活动的一个重要的标准，就是看两件事情。其中的一件事情就是祭祀活动。"曰：'使之主祭而百神享之，是天受之。'"（《孟子·万章章句上》）

其二，就是民众的接受和信任程度。"'使之主事而事治，百姓安之，是民受之也。天与之，人与之，故曰：天子不能以天下与人。'"（《孟子·万章章句上》）天子不是天下的给予者，天下的给予者是天。

其三，天的摆置活动除了从这两个事情中体现在天子那里以外，还体现在天子的自我身上，主要是天子的自我约束能力方面。一个人自己能够放弃自己的私欲的追求，全心全意服务于人，这个人的摆置活动很大程度上就体现了天的摆置活动。"舜相尧二十有八载，非人之所能为也，天也"（《孟子·万章章句上》）。

其四，天的摆置活动体现在人的身心素质方面。从"天与之"角度来看，儿子不贤，不能得到民众认可，自然无法管理国家，要其他有贤能的人来管理。这是天命。贤能的人看来出身不好，没有机会管理国家，却管理起来国家来，这是"天"。自己的儿子不贤，这是命运。二者结合起来就是天命。"莫之为而为者，天也；莫之致而至者，命也"（《孟子·万章章句上》）。孟子说，没有人能做到的却做到了，这是天意；没有人招致它来却来到了，这是命运。尧的儿子丹朱不成器，舜的儿子也不成器，继承不了帝位。舜辅佐尧、禹辅佐舜，经历了很多年，施给百姓恩泽的时间也长，自然就获得了天命。启很贤明，能恭敬地继承禹的做法。益辅佐禹的年数少，施给百姓恩泽的时间不长。所以尽管被推荐给天，但是命却不佳，有更为贤能的人在世，自己没有得到了老百姓广泛的认可。舜、禹、益之间相距的时间有长有短，他们的儿子有好有差，这都出自天意，不是人的意愿所能决定的。天的摆置活动要综合地加以领会，包括人的贤能状况，包括民众的接受情况，包括君主的推荐情况，包括民众的接受情况，而民众的接受情况最为根本。

其五，制度有利无利本身涉及天命。天的摆置活动既体现在制度上，也体现在人的德性方面。天子的推荐，或者儿子的继承是制度的摆置；而自己的德性是天通过人的本质来摆置。制度的认可是条件之一，还要有个人的德性条件。继承上代而得到了天下，天意却要废弃的，必然是像桀、纣那样的君主。制度上规定是王，因为缺乏德性，背离了天，也背离了民，所以位置也是坐不稳的。没有德性条件，就像益一样也不行。仅仅有德性条件也不行，还要有体制和制度条件。他的德性必然像舜和禹那样，而且还要有天子推荐他，所以仲尼虽然圣贤，没有天子推荐不能够得到天下。孔子就是如此。

根据这一逻辑，孟子指出，益、伊尹、周公虽然圣贤，但他们所辅佐的君主也不是太糟糕，而且在制度上又是合法的。所以不能够得到天下。伊尹辅佐汤称王天下，汤死后，大丁没有继位就死了，外丙在位两年，仲壬在位四年，大甲继位后破坏了汤的典章法度，伊尹把他流放到桐邑。三年后，大甲悔过，怨恨自己，改正自己，在桐邑做到心不离仁，行合乎义，三年后，已能听从伊尹的训导了，才又回到亳都做天子。周公不能得天下，原因正像益处在夏朝、伊尹处在殷朝没有可能得天下一样。从万象中领悟天命不止一途，而是"条条大路通罗马"，打开心之眼，便可领悟万象之道的统一性。

2. 德福平衡

目前能够看见的讨论经济不平等与社会公正的思想大多出自西方的经验，较少看到从中国古代道德原理出发来加以讨论的。经济不平等是一个广泛存在的现象，现代社会会碰到，在古代社会也不会缺席。哪里有不平等，哪里就有公正的呼唤，就有正义的诉求。但在中国古代这里，好像公正的呼声很弱，为什么呢？是不是有某种价值观念把社会公正的呼唤给默默地化解了，以至于人们形成了一套观察经济乃至其他形式的不平等的视角，还是人们对这一不平等的问题缺乏一种反思和自觉呢？这两种情况都有可能。不过这里假定，中国人有自觉，而化解了问题得益于德福平衡的价值观。

这里讨论的话题具有探索的意义，具有假设性，是一种构建的尝试，自然不可以拘泥于思想史的真实来加以评论。中国古代经济学原理看起来不是很发达，淹没在伦理思考之中。不过也可以看成是一种伦理经济学的思考。"现代经济学不自然的'无伦理'（non-ethical）特征与现代经济学是作为伦理学的一个分支而发展起来的事实之间存在着矛盾。"①现代经济学也是作为伦理学的一个分支发展起来的，这给中国古代经济学和现代经济学的连接提供了理论上的可能。把经济学看成是伦理学的一个分支有助于张扬中国古代经济思想的价值，并获得一种新的视角，把被学科分类支离破碎的中国传统文化还原为一个具有原理性的整体。

以伦理学方法思考经济学问题显然不同于"工程学"的方法，因为伦理经济学关心经济行为的最终目的、价值尤其是对人的美德的影响等问题。"'工程学'方法的特点是，只关心最基本的逻辑问题，而不关心人类的最终目的是什么，以及什么东西能够培养'人的美德'或者'一个人应该怎样活着'等这类问题。"②以伦理学的视野看待经济问题，并不意味着会缺乏基本的逻辑，只是相关的问题需要完善和深入，以中国伦理学视野看待中国的经济思想，尤其有很多的工作要做。

1）德福平衡是中国古人的核心价值观

价值在不同民族的语言中，含义并不一致，大约有如下含义：力量、健康、有效的、充足的、最好、至优、尊贵、高贵、价格，有地位或勇敢的人。在诸多的价值含义中，比较适合用于谈论德福关系的概念是：价值即"比值"。

"一般说来，当我们在日常言谈中提及'价值'时，指的是交换价值，或价值上的等价物。"③价值涉及对比，如果两个事物之间存在交换的关系，就在谈论价值上的等价，而价值上的等价预设着等价的价值。比如中国文化中的"厚德载物"，"德"和"物"之间就存在一定的等价关系，在谈论这种等价关系的时候，也就涉

---

① ［印度］阿马蒂亚·森：《伦理学与经济学》，王宇，王文玉译，商务印书馆，2014年，第8页。
② ［印度］阿马蒂亚·森：《伦理学与经济学》，王宇，王文玉译，商务印书馆，2014年，第10～11页。
③ 冯平：《现代西方价值哲学经典·语言分析路向》（上册），北京师范大学出版社，2009年，第205页。

及"德"的价值和"物"的价值的一种估价。事物与事物之间的对比不全是价值关系,当涉及比值的时候则成为一种价值关系了。中国传统价值观的生发,往往就是在这种比值中完成的。

什么是价值观?价值观就是价值观念的简称。那么什么是价值观念,什么不是价值观念呢?价值观念是主体对客体对自身有价值和无价值、正价值和负价值、价值大小的观念。这个观念不涉及客体自身的客观事实和客观价值,不涉及客体对主体事实上具有怎样的价值关系。

这里所说的观念可以是观念的各种形式。可以是感觉,如道德感。休谟说:"我们并非因为一个品格令人愉快,才推断那个品格是善良的;而是在感觉到它在某种特殊方式下令人愉快时,我们实际上就感到它是善良的。"① 价值感可以称之为"适意"。"适意"是对事实的价值感受。"适意"不同于一般的感觉,对糖的"适意"不同于舌头上的感性舒适感受。"'对某物'的意欲都已经预设了对这个'某物'的(肯定的或否定的)价值的感受。"②

可以是直觉,比如一个人对某人的价值观念可以是直觉他或她对自己有价值,而不一定感觉那个人带给自己快乐,更无充分的理由说明他对自己有价值。

可以是理性的判断,从而形成价值规范和价值标准,价值评价。在评价的过程中"人成为价值之源,而被评价的对象就成为价值之物。与评价的三种结果相应,被称'好'的对象属'正价值之物',被称'坏'的对象属'负价值之物',无所谓'好坏'的对象则属'中性价值之物'或'无价值之物'。"③

价值观虽然可以以感觉、直觉、判断、评价等形式表现出来,这些形式都是被主体自我意识意识着的才成为价值体系中的观念系统。"欲望一般是指人对它的冲动有了自觉而言,所以欲望可以界说为我们意识着的冲动。"④ 价值观中比较根本的部分是价值追求,意识着的冲动化为对价值事物的追求。其中核心的部分是意愿目的。目的性首先是一个主观的概念,是理性的概念。马克斯·舍勒说:"'目的'与那个在追求本身中、在它的方向中被给予的单纯'目标'的区别就在于,某个这样的目标内容(即一个已经作为一个追求的目标而被给予的内容)在一个特殊的行为中被表象。只有在从追求意识中'回退'出来的现象中,并且在对那

---

① [英]休谟:《人性论》(下),商务印书馆,1997年,第511页。
② [德]马克斯·舍勒:《伦理学中的形式主义与质料的价值伦理学》(上册),倪梁康译,生活·读书·新知三联书店,2004年,第162页。
③ 王玉樑等:《中日价值哲学新探》,陕西人民出版社,2004年,第76页。
④ [荷兰]斯宾诺莎:《伦理学》,贺麟译,商务印书馆,1983年,第171页。

个在追求中被给予目标内容的表象把握中,目的意识才实现自身。因此,所有叫做意愿目的的东西,都已经预设了对一个目标的表象!没有什么东西能够在不先已是目标的情况下就成为一个目的。目的是奠基在目标上的!目标可以在没有目的的情况下被给予,但目的却永远不能在没有先行目标的情况下被给予。"①

进入价值观系统的客体是"善业",是价值事物。"善业就其本质而言是价值事物(wertdinge)"②善业或者价值事物可以是具体的现实的事物,也可以不是现实的事物,某个具体的事物可以被人认为是有价值的,就构成了"善业",如果不被认为是有价值的,就不成为"善业"。价值事物和某一具体的事物事实上对主体价值大小可以不一致,某一具体事物事实上对某个主体价值大,但这一主体可以认为其价值小。善业可以是具体的事实,也可以不是事实,而是某种信念和理想。

家庭、社团、国家、民族、文化都可以是价值事物。在价值事物中,不同的价值观都会有优先意欲的价值事物。如人本身的价值与人的德行的价值优先于物质和科学文化的价值。在个体的价值和全体的价值中也会有先后轻重的选择。在志向、行动和结果中也可以有不同的价值考量。因为价值观中的观念系统的运作状况的不同以及对价值事物的追求不同,自然就形成了不同的价值观。

依据张东荪的看法,中国传统之本末、阴阳等为范畴而非概念。范畴起到规范和统筹之功用,所以范畴是关系式的,而非单一的。范畴本身有比值的意味在里面。谈对比可以是价值的也可以是事实的。比如天高地低,这是事实,然后说天贵地贱就是价值了。在中国人的语言习惯中,事实陈述往往有价值的意味,价值的表达常常以事实陈述的形式表现出来,价值表达也可以是讲事实,价值往往是事实陈述的潜台词和内心的语言。比如提醒别人一个人年长,其实就包含了要敬长的价值诉求。中国人常言"厚德载物","厚"和"载"具有范畴的意味,而"德"和"物"是概念。"厚"和"载"说明了德和物的比值关系,也说明了何者为更为重要的价值。比值式的价值观对理解中国传统之至善至关重要。中国哲学的至善不是单一的,而是比值式的。如《大学》的至善不是明德也不是亲民或者新民,而是把二者兼容起来,让本末、先后都兼顾。

中国传统文化中的"德"概念内涵丰富,想全面把握其意义并不容易。"德"的一种使用方法具有相对性,德在相对价值中体现自身的至上性和意义。"德"涉

---

① [德]马克斯·舍勒:《伦理学中的形式主义与质料的价值伦理学》(上册),倪梁康译,生活·读书·新知三联书店,2004年,第46页。
② [德]马克斯·舍勒:《伦理学中的形式主义与质料的价值伦理学》(上册),倪梁康译,生活·读书·新知三联书店,2004年,第8页。

及一种平衡的力量。甲骨文中的"德"还有这样一种意思:"在这个仪式中,国王作为居间的占卜者帮助另一个人康复;国王的自我献出,理想地说,具有这样的结果:不仅病人好了,而且国王也没有使自己得病,并且,因为他为了别人而自愿把自己置于危险之中,他的德是值得赞美的。"①德具有平衡力,所平衡的世俗利益就是福。

2) 德福平衡思想史

德福平衡的思想源头久远,不过明确提出这一命题,并有较完整的思想内涵的人应该是范文子。《国语·晋语》中有两人提出了德福平衡的思想,一个人是范文子,一个是赵襄子,其中楚文子的论述较为系统。

晋国攻打郑国,楚国来救郑国,在这个过程中,范文子多次论及德福关系问题。晋国攻打郑国,楚国来救郑国,栾武子主张大力进攻打败敌人,范文子认为取胜没有什么好处。范文子不赞同争胜的理由是德福平衡的原理,他是从德福平衡的角度来考虑问题的。"吾闻之,唯厚德者能受多福,无德而服者众,必自伤也"(《国语·晋语六·范文子论胜楚必有内忧》)②。在范文子看来,"称晋之德,诸侯皆叛,国可以少安"(《国语·晋语六·范文子论胜楚必有内忧》)③。"诸侯皆叛"是福,显然这个福从质量上来看,属于负价值。但这个负价值和晋国的德性是相配的,这个负价值反倒有利于晋国的德,这个德就是"国可以少安"。从德的角度来看,不胜才是福,胜利反倒有祸端。"战若不胜,则晋国之福也;战若胜,乱地之秩者也,其产害将大,盍姑无战乎?"(《国语·晋语六·范文子论胜楚必有内忧》)④国德的内容都包括哪些呢?从范文子的叙述来看,包括国内人际关系的和谐,"诸臣之内相与,必将辑睦"(《国语·晋语六·范文子论胜楚必有内忧》)⑤。范文子认为,如果晋国战胜了,君主就会"大其私昵而益妇人田",从而制造了大夫和君主。大夫和妇人之见的矛盾(《国语·晋语六·范文子论胜楚必有内忧》)⑥。包括不伐智,范文子担心晋国如果战胜了,"吾君将伐智",自认自己智慧高人一等从而丧失功德。包括不多力求功,范文子担心晋国如果战胜了,君主将"多力",这样反倒为晋国带来祸端(《国语·晋语六·范文子论胜楚必有内忧》)⑦。另外一个因素是要

---

① [美] 倪德卫:《儒家之道:中国哲学之探讨》,周炽成译,江苏人民出版社,2006年,第26页。
② 韦昭注:《国语》,上海古籍出版社,2008年,第195页。
③ 韦昭注:《国语》,上海古籍出版社,2008年,第195页。
④ 韦昭注:《国语》,上海古籍出版社,2008年,第195页。
⑤ 韦昭注:《国语》,上海古籍出版社,2008年,第195页。
⑥ 韦昭注:《国语》,上海古籍出版社,2008年,第195页。
⑦ 韦昭注:《国语》,上海古籍出版社,2008年,第195页。

重视德教，还要轻敛。范文子担心晋国如果战胜了，君主将"怠教而重敛"(《国语·晋语六·范文子论胜楚必有内忧》)①。

返回鄢以后，范文子又对自己的宗族说："昭私，难必作。"(《国语·晋语六·范文子论私难必作》)②骄泰也是失德的，"君泰而有烈，夫以德胜者尤惧失之，而况骄泰乎？"(《国语·晋语六·范文子论私难必作》)③

楚国的军队取得了一定的胜利，范文子的儿子主张逃跑，范文子斥责了自己的儿子。当晋国军队打败楚国军队以后，范文子战胜理解成"福"，"吾何福以及此"(《国语·晋语六·范文子论德为福之基》)④。晋国缺乏必要的"德"来享受此福。国家有德无德还要看大臣是否贤能，范文子担忧晋国无德受福的缘由之一是"君幼弱，诸臣不佞"(《国语·晋语六·范文子论德为福之基》)⑤。

《晋语》提出德福平衡的思想不是偶然的，而是周文化的典型特征，是周文化的一种高度浓缩和概括，相关思想还见于《国语》的其他篇章。《国语》中的"德"观念的一个重要特点是德和个人的结合，德逐渐演变成个人品格性的概念。并且，德成为与财富、军事等社会力量相平衡的一种力量。从相关篇章可以看出，德所平衡的对象是很宽泛的，这些对象都可以纳入到"福"这一范畴之中。

至于佛教传入以后，这种思想如何影响中国人对因果报应概念的理解还有待考察。另外，佛教如何更明晰地把功德和超生死联系起来也有待深入叙述。弘忍即把自性觉悟和超越生死之功德结合起来，而自性迷只能获得福田，福田不能救人脱离苦海。

3）德福平衡原理

中国的德福平衡原理内涵丰富，并不等同于西方的德性与幸福关系，关于中国的德福平衡与西方的德性与幸福关系的思考之间的区别本文不进行讨论。为什么用平衡而不用一致呢？德字本身对指向的对象进行平衡之意味。平衡即可，二者不一定一致，有德者未必就有世俗之福，二者可以有表面的不一致。所以这里不取"一致"一词。中国传统的德福平衡原理约略包括如下要点：

"孔德之容，惟道是从"(《道德经》21章)。得道的重要性在于积累功德，这是宇宙中永不磨灭的光，是全宇宙通用的钞票。得道后获得的德性资源可以生养

---

① 韦昭注：《国语》，上海古籍出版社，2008年，第195页。
② 韦昭注：《国语》，上海古籍出版社，2008年，第197页。
③ 韦昭注：《国语》，上海古籍出版社，2008年，第197页。
④ 韦昭注：《国语》，上海古籍出版社，2008年，第197页。
⑤ 韦昭注：《国语》，上海古籍出版社，2008年，第197页。

万物，却让万物感到自由和自在。"生之、畜之，生而不有，为而不恃，长而不宰，是谓玄德"（《道德经》10章）。"古之善为道者，非以明民，将以愚之。民之难治，以其智多，故以智治国，国之贼；不以智治国，国之福。知此两者亦稽式。常知稽式是谓玄德。玄德深矣、远矣！与物反矣，然后乃至大顺"（《道德经》65章）。

这种德性是至善的德性，对好坏双方都好。"善者吾善之，不善者吾亦善之，德善。信者吾信之，不信者吾亦信之，德信"（《道德经》49章）。

这种德性有两个功能，其一是帮助我们克服在这个世界生活的种种障碍；另外就是让我们回归生命的本来家园。"治人事天莫若啬。夫唯啬是谓早服，早服谓之重积德，重积德则无不克，无不克则莫知其极，莫知其极可以有国，有国之母可以长久，是谓深根固柢，长生久视之道"（《道德经》59章）。

这种德性是一种完美的德性。"和大怨必有余怨，安可以为善？是以圣人执左契，而不责于人。有德司契，无德司彻。天道无亲，常与善人"（《道德经》79章）。这段话的含义相当含混，就形式来看，"彻"是讲三者借助德中介实现的贯通，"契"是讲万物与道的契合，合起来就是普遍的、必然的连接。这当然是对"契"包含的可能的意蕴的一种引申。"左契"相当于现在别人贷借了款物之后留下的借据。自己拿着别人的借据，而不向人讨债，当然就不会与人构成矛盾和怨恨。"契"具有和谐的意义。德对万物而言，万物得之于德，德有所舍才有万物，万物相当于借了德的债务。德对道而言，道的"舍"为"德"，"契"是"道"的"得"和"舍"的凭证。《庄子》认为"外生"以后能够"朝彻"。"契"和"彻"对用都是为了说明道德及其与万物的普遍的关系的。

先秦时代关于"德"的哲学思考，非常复杂。先秦的"德"经过长时期的发展形成了一个义理结构。现略以如下几个逻辑关系解析之。

（1）行走的德性思考。

"德"乃是行走、出行的意思。商代的卜辞中的"德"多用如"循"，视行走、出行的意思。如"王德某方""王德于止（此）若"。（《甲骨文合集》中华书局1982年，第16152、7421、7231片）巡行方国。有点论者强调既然是行走，就没有道德含义。问题可能并非如此，一般现代人都把某个重要的领导人或者干部到某个地方去叫做"视察"，"视察"是一种美化了的表述。"德"也是对一些重要的领导人物，包括有某种影响力的人的行为的一种描述。其中当然包括一般的视察，包括军事视察活动，也可以包括军事攻击。如"是春，王将德土方"。当然这里翻译为"得"也勉强说得过去，那就成了预测将要在某方有所得。一般的行走活动有没有道德意义呢？在古人看来是有的。因为一个有着心灵的或者品格的影响力的人，一个拥有智慧、道德和外在权势或者物质财富的人，他的行走本身就牵涉到"得"和"舍"，自然就有道德含义。

（2）"得"和"舍"。

"德者，得也"（《礼记·乐记》）。"德，得也，得事宜也"（《释名·释名》）。一般解释"德"为"得"。其实"德"是"得"与"舍"共存的一个概念。德是一个得舍平衡的原理，一种个体平衡的状态。

其一，"道"的"得"和"舍"。"德"是"天命"、"天道"的别称。德保有一种强烈的宇宙感。《左传·庄公八年》记载："《夏书》曰：'皋陶迈种德，德乃降'。"古人最为强调的得舍关系是"道"的得和舍。这以《道德经》中的"德"字的哲学含义最为典型。《管子》的解释把《道德经》的这层含义说清楚了。《管子》认为："德者，道之舍。物得以生生，知得以职道之精。故德者，得也。得也者，其谓所得以然也以"。（《管子·心术上》）"德"本身是"道"之舍，而又是"物"之得，物因为得"道"而表现出来的样子就是"德"。"德"是"天命"、"天道"的别称。《左传·庄公八年》记载："《夏书》曰：'皋陶迈种德，德乃降'。"得天命，或者表示神意指点迷津而获得。具备德的人就意味着知道天命的人。

其二，物质财富的得和舍。因为得到的物质财富的施舍，表示出一个人具有"德"。当然"得"和"舍"的对象可以是神灵、天命、祖先，也可以是现实的活着的人。将得到的东西舍出去，就是有德。如"王将德牲于祖先，如此这般"。结果就可能"王德之芬被神灵赞许"。前面的"德"字意思是得到的东西，后面则是透过这个"得"的施舍活动表示一个人的品质和心灵能量。而且这个品质通过这一互动被另外一个生命（神）所发现和赞美。在这种逻辑关系中，往往更多的是强调物质财富的"舍"。所以"圣人不积，既以为人己愈有，既以与人己愈多"（《道德经》81章）。"德"表现馈赠和收获，德总是和慈善感激有关。

其三，心灵、身体的得和舍。"德者，内也。得者，外也。'上德不德'，言其神不淫于外也"（《韩非子·解老》）。"德"就成为精神不淫于外的一种精神的原理。内得于心，不受外在的得诱惑就是得。这个例子比较强调心灵的"得"，当然也可以包括心灵的施舍。舍身体及其相关的东西才能得，才能获得永恒的利益："是以圣人后其身而身先，外其身而身存。非以其无私耶？故能成其私"（《道德经》7章）。

其四，得和舍的制度架构。"德"指的是公平正义的制度体系，"武王克商，成王定之。建选明德，以藩屏周"（《左传·隐公八年》）。外交上偃武修文，内政关爱民众，德以施惠。古人为什么可以在"德"字下面讨论政治制度问题呢？因为在古人看来，制度主要是干什么的呢？主要是每个人都有所得，能够安居乐业，物质上满足，心灵能够满足，精神上有进步。而财富是有限的，要想每个人都有所得，自然就要有个制度进行调节，有的人可能就要舍一些。多舍一些。对于有知识和有道德的人来讲，没有什么财富、权位可以施舍的，但有知识，有智慧，有好的品德，自然应该启迪大家追求道德完美。如果大家都追求精神的完善，心灵满足了，自然物质条件的要求也就不会很高。所以一个好的管理制度就是要保证大家能够导向精神的完善的制度，能够比较好地调节得和舍的制度，而且这种调节，让大家都满意，都心安。在政治领域，"德"表述了统治者与其臣民之间最恰当适合的关系。"德"的一系列意义反映了情境对机构的优先权。"德"表示统治手段及其效果，社会体制的品格和精神特质。

（3）平衡力、凝聚力和影响力。

德涉及一种平衡的力量。甲骨文中的"德"还有这样一种意思："在这个仪式中，国王作为居间的占卜者帮助另一个人康复；国王的自我献出，理想地说，具有这样的结果：不仅病人好了，而且国王也没有使自己得病，并且，因为他为了别人而自愿把自己置于危险之中，他的德是值得赞美的。"①

有的时候"德"没有积极的道德意义。可以表示有无限的吸引力，使得别人干坏事，或者贪得无厌，给他多少也不能满足。"德"在周朝逐步主体化并变成和军事、政治、财务，支配别人之间的平衡关系的基础。道德力量（存在和事物的自然力量）。道德发生的力量。神恩赐的力量。精神的力量。德，产生效益的固有美德和力量。

（4）一般、个别和特殊。

"德"自然是"一"的另一种表述，道德化的表述。"德"和"一"在一个层面上说明德是道的凝聚。德是道这个整体的一个方面，可以用厚、广、孔、盛、普、深等量或者质的概念来描述。"德"对"道"而言是"殊相"。在整体被看作或者表现为特殊性时它就是德。德对个体的人和物而言就是一个共相的概念，是普遍性，是万物根本的相似性，因而也可以说就是万物共同的本性。道、德、仁、义、礼这一顺序在不同时期的中国哲学家那里是不断拓展的。《管子》中除对此作了新的解释外，还引入了理、法范畴。《韩非子》把德理解成"道之功"，仁是"德之光"，义是"仁之事"，礼是"义之文"（《韩非子·解老》）。贾谊的《道德说》作了进一步的拓展，认为"德"有"道、德、性、神、明、命"六理（《新书·道

---

① ［美］倪德卫：《儒家之道：中国哲学之探讨》，周炽成译，江苏人民出版社，2006年，第26页。

德说》)。这些拓展对"德"的基本地位有了进一步的说明。

德是全息式的。德意味着总体事物中的每一个成分都以隐约显示的方式含有事物的总体。一个成分特定的焦点构建了它的当前世界，而总体作为所有可能状态非一致的总和总会有所显露，不管它是多么微弱地体现在每一成分上。"德"具有继承性和累积性，比如子孙的德可以来自于祖先。

"德"是存在的发展过程中潜在的中心。作为场中的个别存在，它的各个凝点叫做德。德指的是整体的性质。德也应用于大量的特殊现象。像百姓、马、王朝、邻居和帝国。德作为整个的一个方面，可以理解为个体的原则。在整体被看作独特的特殊的时候，它被成为德。德既是区分整体的中介，也是综合和统一的原则。德的修养和累积可达到部分同整体的完全融合。"德"可以引申出对得舍的规律性的思考。

（5）个体之品质。

"德"一般意指事物，又常指人类。为何得，因何得都涉及主体资格。如何保持这种得也涉及主体资格。德包含着对得的条件性、时间性和历史性问题的考虑。不管最初"德"是否是描述个体的，个体始终都是所有思考的最终的逻辑归宿。"德"可以是凉德、薄德、秽德、败德、衰德。"德"可以指引起坏的价值的行为和心灵的品质。

其一，外在的行为和品格。"德"是一个会意字。甲骨文的"德"字中左半部分是一个表示道路的符号。右边一个表示眼睛的符号，表示用眼直视前望。两形会意表示目不斜视，双脚不偏离道路直达目标。金文的"德"字再"直"（眼睛象形）下又填了一个"心"的象形图案，强调不仅要目光直视，按照大路的准则去"行"，而且必须这样去想，或者说，只有内心想才能指引行的方向。《说文解字》说："德，升也"。

其二，内在的品格和心灵的力量。"德"更多地指的是心灵和人格，加上了心的偏旁。"行于内谓之德之行"（《五行》）。《说文解字》讲德是"升"。并解释为外得于人，内得于己。德由行、眼睛、心组成，心是主体，眼睛是方向盘，是展开的门户，行是运动和展开的过程。

从得来看，道德的行为要得之于道和德。得要求无为、守静、毋矜、不骄、不强、去甚、去奢、去泰、不为、不争、不怒、不武。德是存在的取向，眼睛和心表示"德"的展开过程，具有方向性。心上有直，意志。笔直地生长的潜在力量。种植——种德。德行也是在事物内在和特性的意义上使用的。

德是一种力量，不诉诸强力而能使得人为之所动的力量。德是自我行为所遵循与使得他人遵循道的能力。一个人的德是他遵循道的潜在性。一个人人格中焕发德就具有普遍的教化的作用。个体之间内在的相关性，个体经验域里潜能或成效的中心。德产生了认知、道德、审美和精神的意义。

德这一品质更接近于优秀和能为。个体在塑造自我的种种角色和关系中获得的美德使他成为其他人敬仰的客体。个体从自己的活动范围中"知"之最多，那么就足以知道自己真正可以成为什么，可以去做什么。德的这一品质更接近于优秀和能力。

其一，德和福都包含丰富的内容，具有一定的普遍性。中国古代文化之所以对很多美德那么推崇，原因之一就是那些美德能够增长功德，违背这些德性就会减损功德。关于增长和减损功德的方面，道家学说和佛学都提出了很多丰富的思想，具有较高的道德实践意义。福的内容也是很丰富的。人际关系上的帮助等是福报。"众以美物归女，而何德以堪之，王犹不堪，况尔小丑乎？小丑备物，终必亡"(《国语·周语上·密康公母论小丑备物终必亡》)①。在这里，能否享受美人的服务要看自己是否有德来平衡。就国际关系来说，他国的尊重和服从是福报。社会地位和职务是福的范畴，要靠德来平衡。"吾闻之，不厚其栋，不能任重。重莫如国，栋莫如德"(《国语·鲁语上·子叔声伯辞邑》)②。"故圣人之施舍也议之，其喜怒取与与亦议之。是以不主宽惠，亦不主猛毅，主德义而已"(《国语·周语中·王孙说请勿赐叔孙侨如》)③。财富的分配的基础是德。能否做好事情也与德有密切的关系。"夫敬，德之恪也。恪于德以临事，其何不济！"(《国语·晋语五·臼季举冀缺》)④在中国文化传统中，个人健康、智慧、能力等方面，家庭关系和社会地位，社会财富和社会名声等等都属于福的范畴。这些幸福的获得需要德来支撑，来平衡。

其二，福依存于德，德是福的基础，德可以带来福，德可以转换成福，二者之间具有一定的对应性关系。"夫德，福之基也，无德而福隆，犹无基而厚墉也，其坏也无日矣"(《国语·晋语六·范文子论德为福之基》)⑤。德不但是福的基础，德还能带来福。孟子认为，求"天爵"，而"人爵"也会随之而来，就是属于这类思想。中国价值观中的"义利之辨"也包含这一思想，求义因为是"德"方面的

---

① 韦昭注：《国语》，上海古籍出版社，2008年，第4页。
② 韦昭注：《国语》，上海古籍出版社，2008年，第81页。
③ 韦昭注：《国语》，上海古籍出版社，2008年，第36页。
④ 韦昭注：《国语》，上海古籍出版社，2008年，第182页。
⑤ 韦昭注：《国语》，上海古籍出版社，2008年，第235页。

事情，虽然没有直接去求利，但是却可以获得利益。而直接去求利属于"福"方面的事情，如果因为求利而丧失了德，求义也不会得到理想的结果。"义以导利，利以阜姓"《国语·晋语四·重耳婚媵怀嬴》)①。在范文子看来，"称晋之德，诸侯皆叛，国可以少安"(《国语·晋语六·范文子论胜楚必有内忧》)②。"诸侯皆叛"是福，显然这个"福"从质量上来看，属于负价值。但这个负价值和晋国的德性是相配的，这个负价值反倒有利于晋国的德，这个德就是"国可以少安"。从德的角度来看，不胜才是福，胜利反倒有祸端。"战若不胜，则晋国之福也；战若胜，乱地之秩者也，其产害将大，盍姑无战乎？"(《国语·晋语六·范文子论胜楚必有内忧》)③德可以转成福很重要，否则天道无法贯通人道，天理无法统摄人欲，照心不能关照妄心，自诚明无法统合自明诚，天之恩典无法达于人世。福可以转换为德也很重要，否则则成天人永隔的图景，牛郎没有会织女的日子，天河也没有桥，就如康德一般，人的努力永远无法成永福，人也不能成圣人。

其三，德福在总量确定的前提下，二者之间可以互相转换。福德总量的确定性可以从"朝三暮四"的故事中得到启发。可以认定功德加上福的总数是"七"，当福是"四"的时候功德就是"三"。当然"七"这个总数可以增长。这个原理假设总数是固定的。固定是说人存在一个要三和要四的问题，存在先要什么后要什么的问题以及在要何种类型的福报的问题。

其四，总数平衡下的平衡和不平衡状态的存在样式很复杂，约略有如下几种：

（1）福禄的过分获取为一不平衡。总数一致性以及福报和功德的对应性，不意味着福不能出现过度或者不及的情形，恰好相反。如福为"二"，功德则为"五"，福为"六"，功德则为"一"。后者是不平衡的情形，假设功德为"四"，福为"三"为最平衡的状态，福如果是"八"，则功德为"负一"，这个"八"就是"幸"而"非福"。赵襄子命新稚穆子讨伐狄人并获得胜利，但是他却快乐不起来。他自己的解释是："吾闻之，德不纯而福禄并至，谓之幸。夫幸非福，非德不当雍，雍不为幸，吾是以惧。"(《国语·晋语九·赵襄子使新稚穆子伐狄》)④ "雍，和也"⑤楚国的军队取得了一定的胜利，范文子的儿子主张逃跑，范文子斥责了自己的儿子。当晋国军队打败楚国军队以后，范文子把战胜理解成"福"，"吾何福以

---

① 韦昭注：《国语》，上海古籍出版社，2008年，第164页。
② 韦昭注：《国语》，上海古籍出版社，2008年，第195页。
③ 韦昭注：《国语》，上海古籍出版社，2008年，第195页。
④ 韦昭注：《国语》，上海古籍出版社，2008年，第235页。
⑤ 韦昭注：《国语》，上海古籍出版社，2008年，第235页。

及此"(《国语·晋语六·范文子论德为福之基》)①。晋国缺乏必要的"德"来享受此福。如果功德为"八",而福为"负一",则出现了功德的溢出,总量上多出一个"一"。前者是福的过度使用,后者是福使用的不足。这一观点让世俗生活之繁荣提供了一种戒慎的心态。伍子胥强调天命有反,人的获得有可能是失的前兆,是天欲取走人的利益的前兆。范蠡的赢缩转化也表达了类似的思想。

(2)如福太少也为一不平衡。如功德为八,福报为负一的情形。苦行不为中国主流文化所认可。虽然弃绝福专注于功德很伟大,然而对功德专注对福的弃绝入于天道而成对人世弃绝的状态。

(3)搭便车成君子受苦,贤人无奈而隐,小人当道的样态。一部分人福的过分获得成功德之亏欠,这种亏欠要求君子让渡功德福报,贤人无奈而隐,甚至离世而遁。如果有两个人恰好是上述情形,那么二者之间的总数依然是平衡的,功德为"八"溢出的功德量足以平衡福报"八"功德的不足,而福报上的"负一"也能平衡福报"八",总体上保持总量的平衡。这就构成了功德和福的搭便车行为。范文子认为晋国取得胜利获得较多的福,恰好是警示楚国修德。"授晋且以劝楚乎,吾与二三臣其戒之!"(《国语·晋语六·范文子论德为福之基》)②晋国较多的福来源于楚国较少的享有福从而支出较多的功德来支撑世界的功德福的整体平衡。但是如果其中的一方或者双方整体总体的福支出超过了整体功德的平衡,福和功德总量的等级就必须下降,相反,如果其中一方或者整体的总体福支出减少,同时努力修德,则整体的福和功德的质量等级就会提高,世界就会变得更加有道德,更加文明与和谐。

(4)繁荣昙花一现,德之延续无法支撑持续的繁荣为一不平衡的状态。搭便车的情况不仅仅在同代人之间进行,在中国文化传统看来,还发生在代际关系中。祭公谋父认为周先王"时序其德","奕世载德",经常叙说先王的德行,世世代代继承先人的美德,不辱没前人(《国语·周语上·祭公谏穆王征犬戎》)③。"非德不及世"(《国语·晋语一·献公卜伐骊戎胜而不吉》)④。没有德惠施于人,就传不到下一代,就不能历世久远。世世代代繁荣是很多人和国家追求的理想,如何才能有这样的福呢?就是要积累功德,这个功德可以给下一代带来福的影响。

其五,福德总量的增长和二者比值的调节与人力的努力有关,也从中可以体

---

① 韦昭注:《国语》,上海古籍出版社,2008年,第197页。
② 韦昭注:《国语》,上海古籍出版社,2008年,第197页。
③ 韦昭注:《国语》,上海古籍出版社,2008年,第1页。
④ 韦昭注:《国语》,上海古籍出版社,2008年,第118页。

认天命。德福的平衡是天来调节的，也是人来调节的，体现了天人相因。"吾闻之，'天道无亲，唯德是授'"(《国语·晋语六·范文子论德为福之基》)[1]。天可以让人失德，进而剥夺了人的福报。"自幽王而天夺之明，使迷乱弃德，而即慆淫，以亡其百姓，其坏之也久矣"(《国语·周语下·刘文公与苌弘欲城周》)[2]。在这里把幽王的失败理解成是上天剥夺了智慧，从而失去了功德，进而无法很好地管理国家，从而给老百姓也带来祸端。但这不意味着功德和福报的增长与人力无关，恰好相反，天的调整的依据是人力，并随着人力的调整而调整。"天因人，圣人因天；人自生之，天地形之，圣人因而成之"(《国语·越语下·范蠡劝勾践持盈定倾节事》)[3]。天道受到人事的影响，人能够创造事物，天地能够顺着人的力量把事情变成现实，圣人根据天道，进而根据天人两个方面成就大事。在中国文化传统看来，诸种美德的意义就在于它能够增长功德进而带来福报的增长。人力的努力最关键的就是觉悟德之玄之又玄，从福中管窥德的运动，借助诚明所化之感觉和理性返回诚明的觉性。然如没有这等的明觉，理性了解德福平衡原理也有一定的帮助。

其六，一行收获多果，无心为善有功德，有心为善有福报。"僧问：'如何是佛？'师曰：'有钱使钱。'"(《五灯会元》卷十二《石霜楚圆》)前面一个"钱"字是功德，后一个"钱"字是福报，现实的金钱是福报，要想富有需要有功德，有了功德才能更富有。

达摩，南天竺人，逝于约公元536年，约为北魏末年，东魏初年。约公元527年，梁大通元年，菩提达摩乘船来到中国。9月21日从广州上岸，这时候中国的梁武帝是个非常喜欢佛教的皇帝。10月1日达摩受梁武帝之邀请来到首都南京。梁武帝问："我自即位以来，供养佛僧，建造寺庙，抄写佛经，这究竟有多大的功德？"达摩说："这根本没有功德可言。你所做的只能得到世俗的小果报而已，谈不上功德。"10月19日达摩自知与梁武帝法缘不合，就渡江到北魏去了(《景德传灯录》卷三)。

什么叫功德，什么叫福报呢？"祖一日唤诸门人总来。吾向汝说。世人生死事大。汝等终日只求福田。不求出离生死苦海。自性若迷福何可救"(《坛经·行由品》)。"五祖更欲与语。且见徒众总在左右。乃令随众作务。惠能曰。惠能启和尚。弟子自心常生智慧。不离自性即是福田。未审和尚教作何务。祖云。这獦獠根性大利。汝更勿言。着槽厂去"(《坛经·行由品》)。

---

[1] 韦昭注：《国语》，上海古籍出版社，2008年，第197页。
[2] 韦昭注：《国语》，上海古籍出版社，2008年，第64页。
[3] 韦昭注：《国语》，上海古籍出版社，2008年，第298页。

从弘忍的说法来看，功德就是能够获得出离生死苦海的思想和行为。获得功德的前提条件是"自性悟"。福田就是不能够获得出离生死苦海的思想和行为。自性迷的话获得的结果往往是福田而不是功德。

从慧能的说法来看，福田的获得有两种情况，一种是自性迷惑，然后做很多事情，这些事情获得的是福田的结果；自性开悟，不做很多事情，也可以获得福田的结果。"弟子自心常生智慧。不离自性即是福田。未审和尚教作何务"（《坛经·行由品》）。

比如有两个私塾先生，一个是A，一个是B，A先生是开悟的，B先生是不开悟的。两个先生同样给C班学生上了一个小时的课程，两个得到什么样的结果呢？A先生由于开悟了，他就解脱了。假设C班学生是没有开悟的，那就意味着C班学生还有可能在地球上当人，还在未解脱的世界之中，而A则不会再解脱世界中了，自然二者将来也就不会发生什么关系了，也就没有将来C班学生给A先生回报的问题。A先生得到的是公德，可以因为授课过程中无私奉献，从而解决了生死问题，获得解脱。或许会因为A先生有教育人的精力而有可能成为宇宙明师的人选。对于B先生而言，他则会拥有福报。因为他教过C班学生，他的智慧会提高，或许将来会得到C的回报。开悟是拥有功德的前提。而且慧能强调要想获得福报，除了做事以外，更重要的是以本心做事。

佛教告诉人们要选择正确的工作和职业，这是"八正道"中的"正命"的要求。"正命"要求从事善良的工作，远离不正当的职业。那么什么样的工作是好工作呢？大致说来就是：越是有利于他人的工作，那些服务性高的工作就是好的工作；越是远离伤害生命的工作越是好工作。我们工作能赚到钱，除此而外，工作还有什么意义呢？按照佛教的理论来说，还有"功德"的收获。在我们从事任何事情的时候要想到可能收获的结果。

其七，节俭是具有道德完备性的德行，而骄奢是不完备的品行。节俭是中国文化比较推崇的美德，《道德经》比较推崇的美德是节俭、慈爱和不争。三者之间具有相关性，总的精神是不过分追求福报，而是把福报送给他人享用。儒家和墨家也推崇节俭，在此不一一论述。根据德福平衡的原理，如果一个人以慈爱之心较少消费，奉行节俭、谦卑、不争的美德，是最为保险的生活方式。假设自己恰好没有很多的功德来支持福报，较少的福支出，依然可以获得足够的功德支撑；假设自己有较好的功德支撑，节俭则带来了福的剩余或者功德的增长，这可以有利于他人，方便他人搭便车或者功德福总量的增长，或者是给自己带来持续的福享受。从各种情形来看，节俭是完备的美德。而相反，追求财富的增长或者浪费则具有不完备的善性。财富的增长可以用财富利益他人，这样可以增长功德，并增加世界的福总量，具有善性；但是财富的增长可以使功德减少，从而无法保持福的持续性，并危及自身，这是负价值。因而追求财富的增长从德与福平衡的原理看来，是不完备的。过度消费本身则更加不完备，消费当然有利于生产，能够增加福的量，但是毕竟会较多地消耗功德，从而危及自身的功德。另外福的使用会带来福总量的减少，或者他人福消费的减少，从而带来不公正，具有较高的负面价值。

德福平衡原理是否是真实的，其实很难考论，但它是中国哲人提出的价值观是真实的，影响了中国人的价值选择也是真实的。可以把这个原理当成一种理论的假设，只要这种假设对人类生活的完善是有积极意义的，就有系统化阐释的必要。

4）德福平衡与自利最大化

阿马蒂亚·森批评了"自利理性观"，认为它"意味着对'伦理相关'动机观的断然拒绝。"[1]他指出，"把所有人都自私看成是现实的可能是一个错误；但把所有人都自私看成是理性的要求则非常愚蠢。"[2]依然可以肯定自私或者自利的理性观，不过自利的内涵需要调整。自利包括"福利"（福报意义上的福利）的自利和功德的自利。《道德经》强调不自私反倒能成其私，这一辩证关系的完成恰好说明了自利本身的辩证性质。自私之私属于"福"的领域，不自私成就的"私"属于功德的领域。二者的经常性的互换以及互相包含使得自利需要从功德和福两个角度来考虑。对福报性自利的贪着，反映了对功德的某种焦虑不安，是追求功德的另一种表现和形式。

阿马蒂亚·森提出了动机的多元性的问题，"真正的问题应该在于，是否存在着动机的多元性，或者说，自利是否能成为人类行为的唯一动机。"[3]恰如唐君毅先生所言："非人文的经济社会，乃从未存在，不自人文之动机，以改造经济社会之行为，亦从未存在者。"[4]经济行为的动机或者追求的价值大概可以分成如下两个大的层次：功德层次和福利层次。

这里所说的福利层次不同于西方经济学心目中的福利，西方经济学心目中的

---

[1]［印度］阿马蒂亚·森：《伦理学与经济学》，王宇，王文玉译，商务印书馆，2014年，第21页。
[2]［印度］阿马蒂亚·森：《伦理学与经济学》，王宇，王文玉译，商务印书馆，2014年，第21页。
[3]［印度］阿马蒂亚·森：《伦理学与经济学》，王宇，王文玉译，商务印书馆，2014年，第24～25页。
[4]唐君毅：《文化意识与道德理性》，中国社会科学出版社，2005年，第94页。

福利主要是指外在的物质财富。

  福利的第一内容是西方经济学所说的"福利",即实物财富和货币财富。这一层次是感性欲望层次。人追求实物货币财富是为了满足衣食住行的需要,为了保证人的基本的生存需要。"吾人在日常之经济生活中,恒觉吾人周遭之世界,唯是一财物之世界。吾人生产财物,交换分配财物,消费财物。而财物之用,主要在满足吾人衣食住等本能欲望,以使吾人得生存。"[①] 获利的欲望、对最大可能数额的金钱的追求,一直存在于所有的人身上,从侍者、车夫、艺术家到贪官、士兵,即便是赌徒、乞丐也不例外。可以说,尘世中一切国家、一切时代的所有的人,不管其实现这种欲望的客观可能性如何,全都具有这种欲望。

  第二个内容是阿马蒂亚·森所说的"主观能动性",即对上述财富的认知、价值评价、幸福感。"效用虽然通常被解释为福利,但是,把它看成是一个人主观能动的反映或许会更确切一些。"[②] 对财富的追求有很多层次的主观能动性,或者是不自觉的,或者是理性的,或者是利他的动机,或者是超越的动机等等。在这里主要强调的是"理性",上述二者构成了西方经济学所说的理性自利性。

  第三个内容是人伦情怀,也就是为了小家庭、朋友、团体、国家、民族而进行经济活动。自私本身的范围是很难划界的,可以把外在财富排他性的占有叫做自私,也可以把对自我感性利益的执着叫做自私。单纯为了个人的自私在中国文化传统中并不流行,流行的自私是包括小家庭、小团体的范围在内的,也就是人伦情怀的动机。比如赚钱是为了要养活父母,是为了让家人高兴,是为了适应社会习俗,是为了利益别人,是为了担当社会责任,是为了守护诚信等等。有饭同吃,有衣同穿等等都属于此类。这方面的动因以中国古代经济活动最为典型。

  第四个层次是为了个人的自由、权利、独立和个性。在齐美尔看来,因为货币根本不与任何特别的目的发生关系,所以它就获得了一种与目的整体性之间的关系。有钱就意味着,它可以在未来发挥用途;有钱就意味着,它可以购买不同的想要的东西。一定数量货币的价值就相当于它所要进行交换的对象的价值再加上货币可以在无数其他对象上进行自由选择的价值。货币的价值背后还潜藏着劳动的价值,生命和个性的价值。货币是冰冷无情之物,它又是最有个性之物。它的个性就是人的个性,它的价值就是劳动的价值,就是时间的价值,就是身体的价值,就是心灵的价值。财富总是需要人的身心与之相应。财富虽然不说话,它

---

  ① 唐君毅:《文化意识与道德理性》,中国社会科学出版社,2005 年,第 58 页。
  ② [印度] 阿马蒂亚·森:《伦理学与经济学》,王宇、王文玉译,商务印书馆,2014 年,第 47 页。

确是大众情人，需要拿出全面的人的品质去追求，花费一生的精力去呵护。货币虽然不算美，但它却风情万种。货币不说话，表示它是无情的，不会长久地守护在固定的人那里。货币有利于让人独立，有利于让人表现个性，所以它才那样让人动心，那样触及人心。"可以说，我们应该用一个人所拥有的自由来代表他的利益，而不应该用（至少不能完全用）一个人从这些自由中所得到的东西（福利的或主观能动的）来代表他的利益。"①

福利的多样化理解是公正的条件之一。可以假定每个人都有自己的公正性的权衡，并在现实社会生活体系中寻求对自己最优的公正状态。单一的价值观对公正性是不利的。平等与不平等总是在一个特定的尺度上来进行衡量的，如财富占有的平等和不平等。如果从不同的尺度来看，福利是一个多元的系统，财富占有上的弱势可以在其他尺度上的优势地位得到补偿。比如有的人没有工作，但是他们却获得了很多可以自己支配的时间，尽管这些时间的应用会受到财富的限制不那么自由，但毕竟可以做财富许可范围内的事情，比如健身、闲谈、看电视、打麻将，而这些对于忙于工作的中国人来说是奢侈的"消费"。当然能否利用好这种优势，会随着每个人的价值观不同而有不同的价值层次。如对于一个僧人来说，意味他们有时间专注于禅修和佛经古卷，他们较少地占有社会财富是公正的。当代中国社会人们痛恨的不公正现象很多属于"通吃"的范畴，也即在某个尺度上占据了福利的优势，但不满足于此，还要在其他尺度上占据优势，而后者缺乏实际的付出，缺乏功德的基础。

公正不仅仅存在于福利多样性之间，还存在于福利和功德之间。那些专注于功德的人能够也乐于接受社会财富方面的损失，而且往往把财富施舍给他人看成为美德。如佛教文化即把施舍当成了"六度"之一。在清教伦理看来，财富本是极大的危险。财富的诱惑与上帝之国的无上重要性相比是微不足道的。因而得出的结论是：对财富的追逐毫无意义，而且，它在道德上也是颇成问题的。追逐财富总是给人一种道德上的疑虑，要想回归上帝之国，就要适当的约束自己的欲望，当然财富本身也在需要约束的望之列。唐君毅把福利的追逐看成是人追求道德自我的一个表现形式。唐君毅认为有两个原因造成了人生的颠倒。"所谓人生之颠倒相，如人之立于池畔，还望其自身在池中之影。此时人自己看见自己倒立于池中，如一外在客观的物象，而脚在上头在下，此例所喻有二义：一是主体的自己之客观化，或内在的自我之外在物象化，而此外在之物象，则只是一虚影。二是价值

---

① ［印度］阿马蒂亚·森：《伦理学与经济学》，王宇、王文玉译，商务印书馆，2014年，第50页。

高下之易位。此二者，即喻一切人生颠倒相之基本意义。然此基本意义之所涵摄，与表现此意义之人生事相，则几可说无穷无尽。"① 颠倒的主体和原因是什么呢？"此颠倒者，即我们上述之主体之自己，或内在的我，或我们之心灵生命存在之自体。"② 颠倒的原因就是因为自体是无限的，"如果人们不能就其自体本身，以认识其为一超越的无限者。人们亦可直自人生之一切颠倒相中，认识其深不可测之颠倒性，以反照出其原为一超越的无限者。"③ 好利有颠倒相。"夫此一区区之一鸡蛋，自其现实而观，固不足以富比王公而甲天下，而自其可能孳生之财富而观，则亦实未尝不可相引而无穷无限量，而人即可以此无限量之可能，为其贪求爱恋之对象，而此无限量之可能，则固唯因人之心灵原具无限性，而后能思维之构想之，以使之宛然呈于此心灵之前者也。然此无限量之可能，又实非真实之可能，而实唯是此心灵之无限性之倒影。"④ 当人关注心灵的无限性自身的时候，也就是中国传统文化所说的觉悟的时候，对福利的渴望下降了，福利的不平等形成的动机因素也减弱了，这一点是中国文化传统避免社会不公带来社会动荡的重要的经验。

5）德福一致：原初状态的正义共识与社会公正

德福平衡和正义如何关联？因其涉及得到福利多少的问题，以及得到的根据和缘由，自然成立公正、平等和正义的话题。付出与所得中以得功德为要，此为玄德、虚德。以德福平衡来探讨正义的可能的路径有如下几个：

其一，优秀性正义的路径。麦金太尔区分了优秀性正义和优胜性正义，根据上述思路，优秀性的善更为公正。优秀性正义所获得的福利是建立在优秀的付出基础上的。优秀性的正义观也会进一步考虑优秀的功绩与应得的关系。每一个人的实践之善（优秀），也会使得人拥有一些优胜必要的品质，尽管二者有区别，且有时候会互相对立，而优胜必要的品质会让人获得功绩，进而获得优秀的外部奖励的善（应得）。优秀性的正义承认自我完善的追求不同于能够得到相应的外部奖赏。如善考试和努力学习之间的区别。优秀性的正义，以优秀为出发点考虑问题，并努力追求自身的优秀。这种正义观具有一定的宽容性。比如优秀的差异性，有人会唱歌，有人会跳舞，这就要求以不同的尺度和方式来判断。正义就在于对一个人是否是优秀的判断要和其本人优秀的方面相当，以优秀的方面为尺度进行衡量。优秀性的正义从个人角度来看，具有道德的完备性，如 A 为优秀的个体的功

---

① 唐君毅：《人生三书》，中国社会科学出版社，2005年，第91页。
② 唐君毅：《人生三书》中国社会科学出版社，2005年，第93页。
③ 唐君毅：《人生三书》，中国社会科学出版社，2005年，第93页。
④ 唐君毅：《人生三书》，中国社会科学出版社，2005年，第95～96页。

德量，如果 A 的量对应的福的量 B，那么 B 可有如下几种获得方式：B1 为当得的；B2 为可得的；B3 为实际得到的。如果 B1 是最高值，当得的和 A 相配合，而 B2 和 B3 则留有余地，可以溢出给他人使用，或者转换成功德。

优秀性的善和有效性的成就是不同的，优胜性的正义着眼点在成功，着眼点在获得善物。优胜的正义要求公平规则保证优秀者会成为优胜者。优胜的正义伴随着奖赏，公开的荣耀、权力、财富、地位、声誉奖赏。优胜也有自己的优秀观，但优胜视野下的优秀是有局限的。追求善物获得优胜所要求的品质未必就是优秀的品质。优秀主要是追求这些善物所要求的品质。比如一个人具有赚钱的品质，这个品质可以说优秀。但这个优秀是和钱这种善物相联系的。

如 A 为优胜的个体的功德量，如果 A 的量对应的福的量 B，那么 B 可有如下几种获得方式：B1 为实得的；B2 为当得的；B3 为可得的。当得的和 A 相配合，而 B1 则是福的多占，B3 则留有余地，可以溢出给他人使用，或者转换成功德。优胜性的正义是不完备的正义。马克思在《1844 年经济学哲学手稿》中曾提到货币占有的优胜者能够掩盖自身的不足，包括道德上的不足，丑的可以被说成是美的，缺德的可以被美化成有美德的。货币创造了一个颠倒的世界，一切自然的品质和人的品质的混淆和替换的颠倒的世界。从货币占有者的观点看来，货币能把任何特性和任何对象同其他任何即使与它相矛盾的特性和对象相交换。"货币的特性就是我的——货币占有者的——特性和本质力量……我是丑的，但我能给我买到最美的女人……我是一个邪恶的、不诚实的、没有良心的、没有头脑的人，可是货币是受尊敬的，因此，它的占有者也受尊敬。货币是最高的善，因此，它的占有者也是善的。"① 从德福平衡的原理来看，这些不足就是功德的缺陷。而货币占有的优胜则是福占有过多。

"让我们把这些身体的、精神的和品格的品质叫做有效性的品质；而把那些给这些品质提供其目标和正当性证明的善物叫做有效性的善物。"② 对于优秀性的正义而言，存在着一个潜在的风险，就是有效性的品质可能始终无法获得有效性的善物，也就是所谓的"英雄无用武之地"，"潜龙"不能飞天，没有"伯乐"来认识"千里马"。这种情况要么是功德之不足，同时福之不足，如果是这种情况，优秀就是一种自我精神上的或者社会氛围形成的幻相，在这基础上形成的不公平感，受挫折感没有实际意义，不公平不应当被弄成公平的，不公感反映的是自我对功

---

① 《马克思恩格斯全集》第 3 卷，人民出版社，2002 年，第 361～362 页。
② [美] 阿拉斯戴尔·麦金太尔：《谁之正义？何种合理性？》，万俊人等译，当代中国出版社，1996 年，第 47 页。

德和福的亏欠的某种焦虑。如果是功德充足福不足，无法获得福的原因在于社会机制的运作，而溢出的功德对于自我的提升和社会功德的平衡也是有利益的。从这一意义上说，优秀性的正义总是值得肯定的。

现代生活中（这里指的是中国）经常看到不那么优秀的人获得优胜的情况，这造成了社会较为强烈的不公平感。对此也需要详细分析才行。总的来说，优胜也是有功德支撑的，不过这个功德有可能是来自他人的溢出，或者是他人福的溢出。优胜之所以在现代生活中具有强势的地位，就在于它体现了社会整体的功德和福报的运作，尤其是福报的运作。社会机制更多地体现了福报的运作，而个人追求优秀的过程更多地体现了功德的运作。

其二，五伦的的角度。中国古代的五伦所代表的伦常有三个机制调整不平等的关系。一个是朋友、兄弟等伦常调整了父子、君臣中的不对等关系。另外一个是儒家有化伦常为师生教育学习关系的倾向。最后是人己的忠恕关系把人伦拉到个体和人类的关系路径。

其三，罗尔斯以最初状态作为阐发正义的逻辑前提。不过他所规定的最初状态的原则属于福利分配领域的事情，而不涉及到功德的分配的考量。从经验的角度来看，在形而上学兴趣缺然的文化背景下，这一考虑更为现实合理。不过，就中国文化传统而言，现世的福利分配，是上时代功德、福利运作的结果。抛开"承负"或者世代"因果报应"这些被神秘化、迷信化的词语，可以把功德和福利的运作看成是基本的原初状态。这一理解的原初状态承认的基本原则与罗尔斯的理解有很大的差别。罗尔斯说："作为替代，我要坚持认为，处在原初状态中的人们将选择两个相当不同的原则：第一个原则要求平等地分配基本的权利和义务；第二个原则认为社会和经济的不平等（例如，财富和权力的不平等）只有在其结果能给每一个人，尤其是那些最少受惠的社会成员带来补偿利益时，它们才是正义的。"①德福平衡原理下的原初状态承认人出生所自然带来的不平等是正义的，这个不平等是个体功德和福报平衡的结果和体现，是正义原则调整的必然结果，也是新的社会正义的现实的逻辑起点。人一出生就受到了自己所处的社会关系的限制，这个社会关系已经处在不平等的条件下，初始条件的不平等是每个人进行一生奋斗的背景和基本要素。罗尔斯所说的第一原则在德福平衡原理下可以理解成两点：第一点就自我无限性的功德追求而言，平等地要求分配权利和义务是每个

---

① ［美］约翰·罗尔斯：《正义论》，何怀宏，何包钢，廖申白译，中国社会科学出版社，2009年，第12页。

生命基于功德的一种具有创造力的要求；第二基于这一生功德的量可以支配的福报的量而言，可以支配的量需要自己努力奋斗来真正的获得，就像银行虽然有存款，但是却需要取出来才能够使用一样，每个人对权利和义务的要求是其预定的福利。因而是公正的。第二个原则则表示一个人在履行新的义务过程中，创造了新的功德和福利或者过度消耗了功德和福利，这个时候，只有新增加了功德和福利并且这些新增加的部分溢出给他人的时候，这个社会才是正义的。罗尔斯所谈论的补偿有特定的对象，也就是"最少受惠的社会成员"，而且内容局限于福利的范围。正义社会的补偿涉及功德和福报的补偿两个方面，其中的原理还有待进一步探讨。

罗尔斯所说的第二个原则基本上就是帕累托最优的原则。这个原则认为，如果某一种变化有利于每一个人，那么对于这个社会来说它必定是一个好的变化。在这个原则下可以实现不使他人境况变坏的同时可以使自己的情况变得更好。儒家的道德金律与此原则的精神大致相当。关于道德金律笔者曾经给出如下阐释："一个人在参照别人的行为这一事实足以告诫我们，我们自己就是别人的一个可能的价值参照系，一个可能的引导者，我们不得不去考虑这种导引包含着的可能的价值意义和价值事实。倘若每个人都放弃了正面价值的追求，那么社会整体的道德和价值水平自然会下降。所以自己一方面要有所约束，又要有所建设。不对别人施加负面的价值影响，而要给予积极的影响。普适性在于'仁'解释了人生在世的互相影响的现实性，告诉人们在相互影响的过程中如何保持健康向上。普适性在于'己'和'人'"的依存性；自己'立'了自然就立了别人；自己不立自然给别人带来麻烦。每个人都追求自己的'立'，自然彼此轻松。普适性不在于其规范性，而在于这一表述包含的人生的基本现实。"[①]在狭隘的福利观念的影响下，常常会遮蔽一些生活原则的价值。比如健康的价值远远要大于所谓"事业"的价值。健康的价值平常难以显示出来，当生病的时候才会显露。健康的价值等于疾病耗费、药物开发、工作成就的价值的总和。道德的价值起码与防范犯罪所花费的努力相当。"无为而治"在当代文化背景下往往被忽视。功德的价值可以参照以上解释来理解，其价值是"百姓日用而不知"的。

罗尔斯的第二个原则可以看成是对狭隘的福利自利观遇到的难以克服的矛盾的一种理论上的克服。如何增进自己和社会的最大的利益？中西方文化提供了两种基本的思路。一种是自利的最大化追求会诞生利他的效用，并增加社会的效用

[①] 周海春：《〈论语〉哲学》，中国社会科学出版社，2013年，第194页。

总量，所以是值得肯定的。但在在市场交换的社会体系下，其结果必然是带来福利的不平等占有。正因为如此需要有一个正义原则来加以调节。另一种理解是：德福平衡是自利最大化的状态，而这一状态是理想的公正状态。上文已经论述了节俭是完备的德行，而物质财富的创造是不完备的德行有助于理解这一点。

　　平等的分配未必正义，应当允许差异。要求平等只相当于去银行自己的账户中取钱。占有福报较多的人行慈善能实现自我功德的补偿。假设君子觉悟功德福报的运作，这样就没有了无知之幕，君子对福报少会寻求了解德的原因而不怨恨他人，接受原初的或者后起的不平等而不会斥之不公。假设人不知道德福的运作，人和德福的运作之间存在一无知之幕，了解德福平衡的原理，并从理性上认可，德福平衡原理也可以成为心理调整的方法。

　　其四，无为更有利于正义，有为只能在"时"的层面上进行。现代经济生活一直无法克服市场和计划的难题。市场机制和计划机制哪个更公平？因为本文是以中国传统道德思路回答正义问题的初步的尝试，对于这一问题还没有详细的答案，以下初步的思考可以参考。

　　假设10个人创造了20个功德量和20个福德量，二者对应。计划机制由10个人共同创造20个福利的量，但是假设其中有2个人"滥竽充数"其余的8个人就需要付出更多的功德来才能创造20个福利的量。假设20个福利的量的分配由其中的3人按计划分配，而这3人采用优胜性的正义准则，来看20个人谁优秀谁多得。如果这3人中有2人是"滥竽充数"的人，或者0人是"滥竽充数"的但是其价值观对2个"滥竽充数"的人很有利，最终比较极端结果是这个2个拿到了最高的福利。

　　市场机制则不同，市场机制采取10个人单独创造福利的方式，然后进行市场交换，然后创造出20个福利量。在进行市场交换的时候就已经完成了20个福利量的分配。可以看看2个人"滥竽充数"的人在市场机制下的命运，他们是不可能获得最高的福利的。

　　如果这个原理是成立的话，公共福利体系运作过于强势如果使得个人功德福报平衡的运作变得很微弱，使得个人无法按照个人功德和福报平衡运作的逻辑过自利最大化的生活的话，会带来较为普遍的不公正感。

　　不是不要社会整体的计划或者调控，不过这个调控不能建立在单一的福利理解基础上的，权利、时间、道德完善性的需要、人伦交往的需要都是很重要的福利。而不仅仅拘泥于财富的计划。自由度的释放、人伦情怀的满足、财富的增长，理性能力的提高都是基本的福利，也是社会公正实现的条件。单一的财富调节并不能实现社会公正。另外计划需要考虑功德来进行，佛教"八正道"中有"正命"和"正业"，大概给出了社会行业的功德量的考量。可以把生产创造的额度和水平、个人美德的提升、终极关怀、超越精神等都看成是功德领域的事情。另外，可以依据创造的效率、对生命伤害或者有利的量、自利和利他的量等因素来划分社会个生活领域的功德等级。满足基本的生活需要是最公正的，健康、安全、空闲时间、住所和交通这些基本的生活条件是福利的基础内容，同时也是最低限度的功德的体现。另外，不可以遮蔽"积德"欲望的满足。"积德"的概念出现在《道德经》中，经各家的发展积淀成中国文化的民族心理。"穆斯格拉夫（Musgrave）（1959）以其特殊的理由说明了超越个人偏好的衡量以及赋予'积德的欲望'（merit wants）的满足。"[①]对"良心自由"的排斥，并把人们引导财富竞争的道路上只会加剧社会不公。

应该说，这里的探讨还是很初步的，联系中国伦理思想的其他思想，还有很大的继续探讨的空间，留待来日进行。

上文叙述中国哲学的灵魂旨在超拔，而这里叙述五伦则在下贯。依据孟子的意思，伦常是"四端"的落实，圣人也要求在不离超拔之境的情况下安于人伦，当君主的可以尽君道，当臣子的可以尽臣道。把握这个人生张力很难，人常常陷入流俗而不能超拔，或者力求超拔而无法合于人伦。中国哲学协调二者的关系是靠五常和五伦。天人关系对五伦有重要的意义，成己指向天命，成人也指向天命，脱离了天命讨论人伦，就无法了解五伦思想的本质。

第二节　人伦情怀

"伦"字有多义，古人曾经解释成辈、序、类，比、道、理等含义。凡从"仑"是字都有条理与秩序的含义。潘光旦提到"类别规律"。"这个类别规律用在'伦'上便产生出两种意思：一是类别序次；一是关系行为。前者为静态，后者为动态，而后者须建立在前者的基础上。再者，中国人说'格'表示差别与标准，比如人格、及格或破格。"[②]

清初毛奇龄（1623～1716年）在《四书剩言》卷二对就对中国古人关于人伦的划分做过一番梳理性的描述。中国古人关于人"伦"的把握最基本的是"五

---

① ［印度］阿马蒂亚·森：《伦理学与经济学》，王宇、王文玉译，商务印书馆，2014年，第57页。
② 翟学伟：《中国人的关系原理——时空秩序、生活欲念及其流变》，北京大学出版社，2011年，第228页。

伦"。"使契为司徒，教以人伦：父子有亲，君臣有义，夫妇有别，长幼有序，朋友有信"（《孟子·滕文公上》）。其他关于人伦的表述基本上都可以归入"五伦"之中。如君义、臣行、父慈、子孝、兄爱、弟敬，这是"六顺"。兄弟一伦和长幼有序，基本上可以并入一伦。《王制》"七教"中有：父子、兄弟、夫妇、君臣、长幼、朋友、宾客。其中兄弟和长幼可以合并，朋友和宾客可以合并。《礼运》的"十义"是父慈、子孝、兄良、弟悌、夫义、妇听、长惠、幼顺、君仁、臣忠。其中没有朋友一伦，可以把兄弟和长幼一伦合并。郭齐勇老师把《论语》的己和人的关系看成是一伦，并对新六伦进行了定位："新'六伦'似应为：父（母）子（女）有仁亲、夫妻有爱敬、兄弟（姊妹）有情义、朋友有诚信、同事有礼智、群己有忠恕。"①

安乐哲把儒家伦理定位为角色伦理。"该书的哲学叙事都是围绕生活角色和关系这一中心而展开的。"②"有鉴于关联的客观性，我们在家庭和社会生活中所扮演的各种角色不过是由关联生活的特定模式所规定了的：母亲和孙子，老师和邻居。"③"儒家的'角色伦理'指人如何在由个人构成的角色和关系中最佳地生活，它起源并延伸于具体的家庭情感，构成了儿童与其长辈间的代际关系，以及他们生活中的相互依存的角色。这种家庭情感完全是普通而日常的，但同时也可以认为是人类生活经验中最不寻常的方面。在儒家生活世界中，人一生下来就处于被视为构成他们人格的家庭关系之中，其'天性'的形成在于自然本性与教化认知、道德、审美、宗教情感的结合，而后者是由他们的家庭场所和原初条件所提供的。也就是说，人从落地伊始就被理解为受独特的、相互作用的关系模式影响和培育，而不是孤立的存在。"④把儒家伦理说成是角色伦理需要避免由此带来的缺陷，这种缺陷除了遮蔽儒家伦理的普遍性以外，还有就是角色概念说明父子、夫妻、兄弟、朋友、君臣关系的不充分性。父子、君臣等并不仅仅是一种角色。角色一词有扮演之意，本身有把人看成剧中人的倾向，而且本身预设了人是剧作者。父子等是剧中人的角色。角色并不是"自我"，只是在我们工作期间穿上的工作服，当下班后，我们就又会把它脱下来。父子等关系具有相对性，子可以是父，所以需要在

---

① 郭齐勇：《新时代"六伦"的新建构》，《学术论衡》，2014年第1期，第50页。
② ［美］安乐哲，罗思文：《〈论语〉的"孝"：儒家角色伦理与代际传递之动力》，《华中师范大学学报》，2013年第5期，第49页。
③ ［美］安乐哲，罗思文：《〈论语〉的"孝"：儒家角色伦理与代际传递之动力》，《华中师范大学学报》，2013年第5期，第49页。
④ ［美］安乐哲：《儒家的角色伦理和人格认同》，《中国社会科学报》，2010年1月26日，第6版，第1页。

不同的情境下转换，因为可以转换，类似于"角色"。但是这种转换并意味着原有的属性的消失，子依然是子，父依然是父。子即是子，不是扮演成子，父即是父，不是扮演成父。二者之间建立一种良好的价值关系不是扮演某种角色，而是一种学习成长的过程。当然，角色伦理的说法还是有很大的启发意义的。人在一生中一直处在社会关系的某个位置，对于社会关系可以用马克思的生产方式等概念来描述，人相应地就处于一个阶级的地位上，也可以用人伦关系来描述，人就处在父子、夫妻、朋友等不同的地位上。对于这种关系除了可以划分为不同种类的关系以外，对于关系本身也可以有不同的理论定位。这里采纳麦金太尔的接受给予关系来分析《论语》的伦理模型。"在人类和海豚的生活中，都有某些接受和给予的模式贯穿，甚至超越特定个体的一生。"①"孔子所关注的是人的依赖关系而非独立的个性。"②

1. 父子

在父子伦常中，一般情况下，人们认为要孝顺父母，这是天经地义的事情。为什么要孝敬父母呢？理由有很多，如父母曾经付出过，子女也应该有对等的付出，或者即便父母没有太多的付出，从人情和天理来看，大家是一家人，也应该孝敬父母。这是很多人都承认的道理，但现实生活中的成年人却面临着太多的生活困境，来自子女的需要，来自家庭其他成员的意愿，来自社会的压力，以及个人的认知和德性的发展等等的限制，孝敬父母总是很困难。

如何理解父子伦常，父子的伦理关系究竟该如何？这里动态地考察父子关系，并把人生分成不同的阶段来理解伦常关系。在不同的阶段，父子伦常有不同的伦理内涵，有不同的德性要求。"孟懿子问孝。子曰：'无违。'樊迟御，子告之曰：'孟孙问孝于我，我对曰：「无违」。'樊迟曰：'何谓也？'子曰：'生，事之以礼；死，葬之以礼，祭之以礼。'"（《论语·为政》）不违什么？有说是礼，有说是理，有说是本分。因为不违的是礼，所以包含着一种处理父子关系的反思性关系，儿子不能苟且尊亲，而是要尊礼。从这段话来看，"孝"和"无违"联系在一起。"孝"涵盖了人的一生，起点是"生"，终点则延续到死及死以后。从这一文本来看，可以把父子伦常分成以下几个大的阶段来谈，即幼年时期、成年时期和老年时期、生命结束以后的时期。

---

① ［美］阿拉斯戴尔·麦金太尔：《依赖性的理性动物：人类为什么需要德性》，刘玮译，译林出版社，2013年，第68页。

② ［美］安乐哲，罗思文：《〈论语〉的"孝"：儒家角色伦理与代际传递之动力》，《华中师范大学学报》，2013年第5期，第49页。

1）子女幼年时期的父子伦常

在幼年时期的父子关系中，子女具有弱势的地位，父母已经具有独立的人格和一定的独立的经济和文化能力，子女和父母之间具有一定的依赖关系。这个时候的重点是父母对小孩子身体的照顾和精神的支持。这个时候要求子女孝敬父母显然不现实。幼年的子女缺乏理性能力，缺乏独立生活的条件。不过也有人会说，这个阶段的子女应该听父母的话，听从父母的教导，学习父母生活和生存的智慧，学习人生的道理。从这一意义上说，子女应该孝敬父母。不过，把这一道理讲给小孩子听，尤其是幼儿听，基本不会起到什么效果。有过小孩子的父母都有一个基本的经验，幼儿是一个绝对命令者，他们以柔弱的身躯，唤起大人的慈悲之心，要求成人无条件地付出，尤其是对于三岁以前的幼儿尤其如此。他们柔弱，但他们胜刚强，显然子女幼年时期，讲孝只能对成年人讲，而孝敬的内涵是如何全心全意地照顾小孩，并在这种照顾中让小孩获得安全感，获得足够的爱。能否有这一视野关系到一种文化对伦常思考的完备性。"对童年的忽视伴随着对老年以及对人生任何阶段中残疾和依赖性经验的忽视。"①

从《论语》来看，涉及这一阶段的资料是比较少的，这或者说明《论语》的编辑者没有突出这一阶段，或者孔子本身缺乏相关的表述。不过，《论语》里面不是完全没有相关思想的印记。"子曰：'老者安之，朋友信之，少者怀之。'"（《论语·公冶长》）在这里出现了对"少者"的关怀，不过这里更多的是从他人或者社会的角度提出对少者"关怀"问题。从社会或者他人的角度提出关怀年少者的问题，显然兼容了父母对弱小子女的照顾和关怀。父母照顾弱小子女具有一定的不言自明性。"子曰：'予之不仁也！子生三年，然后免于父母之怀。夫三年之丧，天下之通丧也。予也有三年之爱于其父母乎？'"（《论语·阳货》）在这里，孔子坚持三年之丧的理由是小孩子要靠父母照顾到三岁左右。二者之间应该存在一定的互惠关系。麦金太尔对这种接受和给予的互惠关系有过很好地说明："某些他人能够为我们提供所需，通过能参与到和他们的一系列关系之中，我们成为了独立的实践推理者。在成为独立的实践推理者之后，我们通常（虽然或许不总是）也就获得了给予那些处在我们之前的需要状态之中的他人所需要的东西。我们发现自己处于一个给予和接受的关系网络的特定位置，通常我们能够给予什么、给予多少在一定程度上取决于我们之前接受了什么、接受了多少。我们要考虑这些关

---

① ［美］阿拉斯戴尔·麦金太尔：《依赖性理性动物——人类为什么需要德性》，刘玮译，译林出版社，2013年，第81页。

系如何在从孕育到死亡的过程中延伸，同时假设人类的身份就是动物的身份。我们所接受的东西来自父母和家庭中的其他长者、老师和师傅，以及那些在我们生病、受伤、因年龄增长而衰弱、或失去正常生活能力时关心我们的人。后来，他人、孩子、学生、那些因不同方式失去正常生活能力的人，以及那些有着重大和迫切需要的人，必须依靠我们的给予。有时候那些依靠我们的人正是我们从他们那里有所接受的人。但我们通常从一些人那里接受，而另一些人需要我们给予。如果这样理解，那么使独立的实践推理者出现并得以维持的那些关系就是一些他们从一开始就有所亏欠（in debt）的关系，我们知道从谁那里得到了好处，并因此对谁有所亏欠。但是我们经常不知道需要对谁给予；使我们成为独立的实践推理者所需要的关心，如果要行之有效，就必须是对人本身无条件的关心，而不管结果如何。这就是我们现在反过来应当给予（owe）他人或将来应当给予他人的关心。"①

初生的孩子是脆弱的，需要父母全身心的付出。父母对子女的这种关系，与孝敬父母的关系相类似，也可以说是"孝"。照顾小孩是父母德性的一次重要的历练。父母需要适度地放下自我，全身心地关心孩子，给小孩提供安全感和正确的反应性的认识。"要为孩子提供正确的安全感和正确的反应性认识，母亲、父亲和其他家庭成员必须拥有哪些德性呢？父母和孩子之间的关系与其他师生关系有所不同，这种不同表现在三个方面。首先，如果父母，尤其是母亲，要为孩子提供他们所需要的安全感和认识，就需要将这个孩子作为他们持续关心和承诺的对象，因为这是他们的孩子，他们对他负有独特的责任。其次，他们最初的承诺在很多方面必须是无条件的。父母，尤其是母亲的态度，必须用这种誓言的形式表达出来：'无论世事如何变化，我都会在你身边。'第三，尽管那是他们的孩子这一事实使这个孩子成为他们的责任，但最重要的是孩子的需要，而非与孩子的关系中他们的需要。这种关系的全部三个方面都反对按照孩子的品性和天资区别对待他们。"②

对幼小的子女的照顾的思想是否存在于《论语》之中呢？"孟武伯问孝。子曰：'父母唯其疾之忧。'"（《论语·为政》）疾，疾病，或者泛指不好的品格或者行为。关于这段话有不同的理解：孝子不罔为非，只有疾病让父母担心；子女非

---

① ［美］阿拉斯戴尔·麦金太尔：《依赖性理性动物——人类为什么需要德性》，刘玮译，译林出版社，2013年，第82页。
② ［美］阿拉斯戴尔·麦金太尔：《依赖性的理性动物——人类为什么需要德性》，刘玮译，译林出版社，2013年，第74～75页。

常担忧父母的疾病；父母爱子，无所不之至，唯恐儿子有疾病。可以把"唯其疾之忧"看成是一个显示意义的情境。这一情境是在面对疾病、残疾等特殊情况时候表现出来的关心和无条件的奉献，表现出一定的英雄气概。不管是父母还是孩子处在这一情境下，都需要有人挺身而出，尤其是那些具备一定的独立的生活能力，能够付出的理性独立者，更是如此。"父母的关心怎样才是好的在某种程度上是通过孩子遭受严重残疾的可能性来定义的。"[1]当孩子处在弱小的情况下的时候，其情境与此情境高度的相似，因而也需要父母表现出相应的对待弱者的德性。

2）子女成年时期的父子伦常

随着子女成年，父母则逐渐变成了弱者。在这个交替的过程中是最容易发生父子冲突的时期。子女成为一个理性独立者，父母也是一个理性独立者，彼此之间不再是强者和弱者的关系，而是两个强者的关系。这个时候会带来很多的伦理问题。在现代社会中，一个成年人"事父母"的难题主要有三：其一是"色"，即肉体需求以及相应的功利和福利。为了实现这一福利需要更多地服务社会而不是服务父母。其二是对民族、国家和社会的回报和给予，社会提出的给予要求，需要进行回应。其三，是自己也是父母，需要承担生养子女的责任和义务。《论语》中有资料明显涉及第一点和第二点，有资料间接反映了第三点。

其一，成年子女需要对"色"保持一定的超越态度。"子夏曰：'贤贤易色，事父母能竭其力，事君能致其身，与朋友交言而有信；虽曰未学，吾必谓之学矣。'"（《论语·学而》）"贤贤易色"有很多解释方式。如解释成对妻子，重视品德，不重视容貌；能够看出他人之贤德，从而升起尊重之心，并改变自己的容貌；以好色之心好贤。其中的争议主要是抽象地理解"贤贤易色"，还是具体地理解的问题。如果具体的理解，贤，就是贤人，与父母等相对应。如果抽象地理解"贤贤易色"，"贤贤易色"的要求就会涵盖"事父母能竭其力"，好贤之心构成了"竭其力"的条件。

这段话中包含了父子关系、君臣关系、朋友关系和师生关系。父子关系、君臣关系、朋友关系不同于师生关系，但是如果实现了善的价值，也相当于师生关系。父子关系中涉及理性判断之道的时候涉及师生关系，涉及体力的付出和情感的投入的时候则不是师生关系。从道的角度来讲，成年子女有自己的道，父母有父母的道，彼此之间应当遵守那个最应该遵守的道，但是这一点并不总是那么顺

---

[1] ［美］阿拉斯戴尔·麦金太尔：《依赖性的理性动物——人类为什么需要德性》，刘玮译，译林出版社，2013年，第75页。

利实现的。《论语》中给父子之间的理性判断保留了空间。子女可以谏争,并且保留自己的"志"。"子曰:'事父母几谏。见志不从,又敬不违,劳而不怨。'"(《论语·里仁》)这里面其实包含了一定的层次性。"谏"和"志"涉及是非对错,涉及观点分歧和价值的多样性问题;"敬"和"怨"则是情感层面的事情,"不违"是礼节规范层次的问题,"劳"是体力付出层面的事情。从这段来看,在父子之间面临矛盾的时候,理性观点方面需要保持弹性和多样性,但是在感情和体力方面则要求子女对父母无条件的付出和给予。

其二,就是家国的冲突,人伦亲情的价值和更广阔的社会领域之间的矛盾。青年阶段的人面临很严重的伦理冲突,其中一个就是履行家庭责任和履行社会责任的冲突。"子曰:'父母在,不远游,游必有方。'"(《论语·里仁》)孔子似乎倾向于家庭的价值,当然孔子也不否定社会的价值,子女需要在家庭和社会价值之间有一个合理的权衡。家庭关系中的给予和付出关系往往是不加计算的。人生很多的责任最终是要靠家庭成员来承担的,这就需要青年人更多地关注家庭的付出。一方面要履行对父母的责任,给予父母以回报,另一个方面社会往往又不允许这样做。尤其是在现代社会的背景下,家庭成为社会的一个组成部分,家庭日益缺少独立的地位和价值,缺少足够的合理性。"正是因为家庭缺乏自足性,承认依赖性的德性要求认识到的那种公益就无法在家庭内实现,至少在将家庭理解为分散和分享的社会单位的意义上无法实现。"① 理想的状况当然是各方面都能得到照顾,都给予相应的给予和付出。"子曰:'出则事公卿,入则事父兄,丧事不敢不勉,不为酒困,何有于我哉!'"(《论语·子罕》)但事实上,这一点往往是很难做到的。当二者出现冲突的时候,一方面,孔子强调不能顺从政治权威和社会权威之恶。"曰:'然则从之者与?'子曰:'弑父与君,亦不从也。'"(《论语·先进》)保持自我的价值判断。另一个面也不能利用政治权力来为父母谋取特殊的利益。"子华使于齐,冉子为其母请粟。子曰:'与之釜。'请益。曰:'与之庾。'冉子与之粟五秉。子曰:'赤之适齐也,乘肥马、衣轻裘。吾闻之也,君子周急不继富。'"(《论语·雍也》)在这种弹性中,家庭亲情是有一定的价值优先性的。"叶公语孔子曰:'吾党有直躬者,其父攘羊,而子证之。'孔子曰:'吾党之直者异于是。父为子隐,子为父隐,直在其中矣。'"(《论语·子路》)父为子付出,子给予父一定的对应的付出关系,是"直"所要求的。这是一种对等的恩惠关系,不是

---

① [美]阿拉斯戴尔·麦金太尔:《依赖性的理性动物——人类为什么需要德性》,刘玮译,译林出版社,2013年,第111~112页。

算计的关系。一些学者强调隐的合理性来自于人伦情感,这在一定层次上看是合理的,因为我们通常正是在给予和接受中表现情感和同情。或许,从法的角度的看,父子互隐会带来一定的隐患,不过法的规范毕竟是一种理性的规范。而这一理性的规范总是要被某种接受和给予的关系,尤其是其中包含的情感关系所调整,并实际地在生活中被运作起来。"我们的情感纽带和市场关系在很大程度上都预设了给予和接受的规范。"①

其三,是成年人自己也成为父母,这样双重身份让成年人同样面临着艰难的选择和巨大的压力。"子曰:'老者安之,朋友信之,少者怀之。'"(《论语·公冶长》)这句话反映了成年人的处境和道德要求。一方面要敬老,还要对朋友讲诚信,还要养护小孩,爱护年幼者。当然古人也力求去寻找彼此之间的逻辑关联,如"要知亲恩,看你儿郎。要求子顺,先孝爷娘"(吕得胜,《小儿语》)。力求说明孝敬父母的付出会得到子女的相应的给予。养护子女在中国古代哲人看来,本来就是对父母的孝。

不过,在养护子女的同时,能够尽自己最大的努力帮助父母当然是最好的选择。"子曰:'父母之年,不可不知也;一则以喜,一则以惧。'"(《论语·里仁》)因为相对于孩子来说,父母是没有未来的。"奉养无多日,钱财毋较量,果能亲意慰,不愧作儿郎"(谢泰阶,《小学诗》)。基于这个理由,子女需要尽最大的努力奉养父母。

3)子女老年时期的父子伦常

当子女本身成为老人的时候,父母可能已经不在人世。这个时候重要的是自己能够成为父母之道的继承者和体现者。"子曰:'父在,观其志;父没,观其行;三年无改于父之道,可谓孝矣。'"(《论语·学而》)其,有说指代父亲,也有说指代儿子。三年有说是实数,有说是虚数。道,有说是政道、国法、风政;有说是家中大小事务;有说是行为准则或道路。观其志,强调儿子不能自专。

一般认为《论语》及儒家的父子伦常关注的重点在于父母,比较强调子女对于父母的照顾。但这一理解的前提是子女具备一定的理性能力,可以完成奉养父母的责任。

父子伦常在人的一生中具有一定的恒定性,不过随着父母的过世,一个人会失去子女的身份。而随着子女的诞生,一个人会获得父母的身份。另外,如果把

---

① [美]阿拉斯戴尔·麦金太尔:《依赖性的理性动物——人类为什么需要德性》,刘玮译,译林出版社,2013年,第96页。

子女看成是造化所创造，而人不过是这一创造力造人的媒介，则父母对人来说，就失去了根本的至上性。如在泰戈尔心目中，孩子即为创造力所生。"我们的生命是天赋的，我们唯有献出生命，才能得到生命。"①纪伯伦认为孩子是生命对自身的渴望所生的儿女。这一前提是无法用经验来证明的部分，但是一个文化是否有这一视野往往会影响对父子地位的把握和理解。如果预设了子女由造化所创造，父母的地位自然就被限制了，而子女地位就得以提高。如纪伯伦就是如此。"你们可把爱给予他们，却不能给予他们思想。你们能够庇护他们的身体，却不能庇护他们的灵魂。因为他们的灵魂居于明日的华屋，那是你们无法想见的，即使在梦中。你们可以努力以求像他们，但不要试图让他们像你们。因为生命不能走退步，它不可能滞留在昨天。你们是弓，你们的孩子则是从你们的弓弦上射出的实箭"（《论孩子》）②。

父子伦常的重点都应该是对弱者的照顾。年老的父母和幼年的子女是关照的重点。当然这其中会赋予成年人以较高的付出的期待，而年幼的子女和年老的父母则处在接受者的地位。这其中既是正义的，也是慷慨的。正义的是说这种伦常关系符合付出和获得的对应关系。成年人对父母的付出对等于父母相应的付出，成年人的付出和从父母那里的获得是对应的。而对子女的付出和将来子女对自己的付出相对应。这是代际正义的要求。尽管这种对应不是一一等值的，由于时代的原因，不过总体上存在一个模糊的对应性。慷慨和仁爱恰好就在于这种模糊性要求不计较获得和付出，从而无条件地照顾弱者。

2. 夫妻

性别伦理学要处理的基本问题有两个：其一是"男人"和"女人"和"人"的关系。男人和女人都是人，但是从人的视角来看男女同从男女的视角看人还是有很大的不同。从男女的角度看人，就会有男人话语权和女人话语权的问题。从历史上看，男人的话语权显然大于女人的话语权。即便是男人的话语权，也可能是受到男人影响或者得到男宠的女人的话语权，其实质依然是男人的话语权。"在这个意义上，女性变得有权威、成为她们自己叙述的创作者，并因此作为她们自己的完全主体。成为语言主体就是设定了在言说中讲述人们生命与知识的义务。"③这里暂时不去考察儒家传统中中国古代女性的话语权问题。

---

① ［印度］泰戈尔：《飞鸟集》，郑振铎译，外语教学与研究出版社，2010年，第29页。
② ［黎巴嫩］纪·哈·纪伯伦：《纪伯伦散文诗全集》，李唯中译，中国城市出版社，2010年，第293页。
③ ［英］苏珊·弗兰克·帕森斯：《性别伦理学》，史军译，北京大学出版社，2009年，第87页。

这里要考察的是在中国古代女教思想中是否有人的观念出现。关于女人和男人的伦理话题，至少有如下几个基本的层次：第一个层次是作为社会角色的男女；第二个层次是作为性别的男女；第三个层次作为人的男女。

1）女子和小人

"思考性别是人性自我反思的一种方式。"① 自由派的女性伦理学强调普遍的人性，强调男女都平等地分享普遍的人性。"这种女性主义性别伦理的基本特征是要求在现实中、在新的政治与宗教制度中、在新的社会组织形式与我们的思维方式中，宣布一种普遍的人性——性别在这种人性中似乎没有合乎逻辑的地位。"② 这种性别伦理宣称女性和男性没有根本的差异，在基本的人类本质和能力上也没有根本的差异。男性和女性都拥有同等的推理和理解能力，这种人性观念强调人的根本平等，男女平等地拥有人性的根本善。性别正义不仅扩展到整个公共世界，而且扩展到家庭的私人世界，性别平等的规范应该贯穿在社会的各个领域。这一伦理学路向的问题是差异性问题："她们作为女性而出现应只是为了抹掉她们特别是女性的身份。"③ 一般认为儒家女性伦理中缺乏一种超然的观念，这种观念把女性看成是先于或者超越家庭关系的。"鉴于儒家将'人'的理念视作通过掌握人际关系而获得实践成就的文化设想，将中国传统文化内的女性定义为独立于社会关系之外的性别存在的企图必会受到主流社会的排斥。"④ 考察这一问题需要结合"仁"对"女人"来说是否是开放的，女性是否也可以成为"君子"，甚至成为"圣人"，儒家之爱"人"，是否预设了男人，而女人被排斥出了仁爱的对象之外？

关于"仁"、"人"、"君子"和女人的话题是一个有争议的问题。关于女人和君子的关系问题，争议比较大的是女子是小人的说法。《论语·阳货》记载："子曰：'唯女子与小人为难养也，近之则不孙，远之则怨。'"本书的基本意见是：这段话不能成为孔子认为女人是小人的证据，结合"子见南子"等话题来看，女人并未被排除在君子人格之外，换句话说女人也可以是君子。在不同的女教书中，是否有一个女性成君子、圣贤的视野，以及这一视野是否是着眼于女人个体而言的，情况并不相同。明朝徐皇后的《内训》是有着一个个体内修的视野的，而且女性的个体内修看成是扮演女性社会角色的前提。"夫人之所以克圣者，莫严于养

---

① [英] 苏珊·弗兰克·帕森斯：《性别伦理学》，史军译，北京大学出版社，2009年，第17页。
② [英] 苏珊·弗兰克·帕森斯：《性别伦理学》，史军译，北京大学出版社，2009年，第26页。
③ [英] 苏珊·弗兰克·帕森斯：《性别伦理学》，史军译，北京大学出版社，2009年，第29页。
④ [英] 罗莎莉：《儒学与女性》，丁佳伟、曹秀娟译，江苏人民出版社，2015年，第53～54页。

其德性，以修其身。故首之以德性，次之以修身。"① 在这里，徐皇后肯定了女人也能成圣人，而成圣人依靠的是自己的德性。"夫德性原于所禀，而化成于习，匪由外至，实本于身。"② 这一说法把女性从社会关系中抽离出来了，把女性也当成一个个体来看待，女性也有自己的禀赋，女性也要靠自己的德性成就自我的人格。女圣人可以叫做"淑圣"。"夫珠玉非宝，淑圣为宝"③。

关于《论语·阳货》"女子"和"小人"的论述，笔者曾经提出过自己的看法。这一看法包括三个基本的要点：其一是："女子"与"小人"和"近之则不孙，远之则怨"在这句话中后者更重要。关系近了就不尊重别人，就忽略了别人的高贵之处；关系远了就怨恨，是典型的个人精神生活不成熟、不独立的人在人际关系方面表现出来的特征。在这一意义上，完全可以忽略前面的"小人"和"女子"概念，孔子要反对的就是这种人生状态。其二，孔子一般不会没有缘故地针对某个问题发表一般性的议论。这里和弟子讨论女人的可能性很小，把"女子"解释成"汝子"更合理一些，基本上是对弟子讲的话。其三，不能见到"女子"就理解成合成词，而应该理解成两个字。

至于孔子心目中的"人"是否具有一般性，前文已经论述，人具有一般性，涵盖女人。从这一意义上说，不应把儒家理解成"男性制造的伦理学"④，或者"伦理地制造男性"。⑤

在女教书中也存在一个人性平等的视野。不过是从可教化和具性慧的角度来阐发的。"天下无不可教之人，亦无可以不教之人，而岂独遗于女子也？"（陈宏谋《教女遗规》序）⑥ "女子具有性慧"（陈宏谋《教女遗规》序）⑦。这一说法肯定了女性具有智慧能够学习知识和美德。

2）男女之别：阳和阴

《女诫》说："阴阳殊性，男女异行。阳以刚为德，阴以柔为用。男以强为贵，女以弱为美。故鄙谚有云：'生男如狼，犹恐其尪。生女如鼠，犹恐其虎。'"⑧ 清王相笺注说："天尊地卑，阳刚阴柔。卑弱，女子之正义也。苟不甘于卑，而欲自

---

① （清）王相笺注：《女四书·女孝经·上》，中国华侨出版社，2011年，第25页。
② （清）王相笺注：《女四书·女孝经·上》，中国华侨出版社，2011年，第25页。
③ （清）王相笺注：《女四书·女孝经·上》，史军译，中国华侨出版社，2011年，第52页。
④ [英]苏珊·弗兰克·帕森斯：《性别伦理学》，北京大学出版社，2009年，第46页。
⑤ [英]苏珊·弗兰克·帕森斯：《性别伦理学》，史军译，北京大学出版社，2009年，第46页。
⑥ 陈宏谋辑：《五种遗规》，中国华侨出版社，2012年，第100页。
⑦ 陈宏谋辑：《五种遗规》，中国华侨出版社，2012年，第100页。
⑧ （清）王相笺注：《女四书·女孝经·上》，中国华侨出版社，2011年，第9页。

尊，不伏于若而欲自强，则犯义而非正矣。虽有他能，何足尚乎。"① 这里的"自强"不是现代语言环境下的自强，而是自我逞强。

定位男女的差别，如果仅仅从性别的角度来看，阴阳是一个很重要的思考角度。阴阳观的合理性在于：强调了男女生理功能上差异，以及男女生理上的互补性。如认为男性刚，女性柔；男情急，女情缓；男念杂，女念纯；男主动，气易泄，女主静，气易敛；男气难伏，女气易伏；男喉有结，女喉无结；男命在气穴中，女命在乳房中；男以腰为肾，女以血为肾；男精阳中有阴，女血阴中有阳；男子阳从下泄，女子阳从上升。这是形体的不同。男女在生理上以至于受到生理的差别影响的带有先天性心理差别是存在的。但是这一理论角度是否应该过渡到对男女社会角色的界定呢？这是另外一个理论问题。

从阴阳来把握男女还需要处理的一个事情是男本身也是一个阴阳，女也是一个阴阳，男女都是阴阳和合的，都是完全的太极，这样一来，就会导致出男女两性差别并不具有绝对性的结论，从而为发展出女丹功夫以及女性不婚不育，不与男性发展两性关系的理论和实践。这个理论同样有极端的一面，就是男性也可以不和女性有关系，而通过自身阴阳的和合获得快乐。从这一意义上说，道家女丹功的存在也有一定的解放的意义。现代语境中的性解放思路虽然和女丹功思考的方向完全相反，但是却站在同一个逻辑起点上。就是不把男女的生理需求引导到生育性男女关系的领域，而是把生理需要看成是自己独立支配的。"这种'可塑的性欲'不再依赖于生育的需要，也不再依赖于性别鉴别之必要生物基础。性的可塑性（malleability），以及性选择之根本多元论的可能性，意味着它解放和民主化男性与女性关系的潜力是巨大的。"② 尽管历史和现实中存在这种伦理思考的方向，不过就生命的常态来说，这一性别伦理方向是需要谨慎处理的。

阴阳理论存在三个伦理的维度：第一个伦理维度是男女自备阴阳，是完整的个人，无需进入男女两性伦理关系中。第二个维度是阴阳两性之间需要有性别互补的关系。"阳性理论试图将男性恢复为女性互补性的另一半，在其中重新产生了性别差异这一传统问题。"③ 第三个维度是根据男女两性的生理差异发展一套社会分工体系并发展相关的伦理规范。阴阳理论强调性别是由身体决定的。"一种认为性别是由身体决定，另一种认为性别在身体中是被超越的。"④《女诫》和王相的注解

---

① （清）王相笺注：《女四书·女孝经·上》，中国华侨出版社，2011年，第9页。
② ［英］苏珊·弗兰克·帕森斯：《性别伦理学》，史军译，北京大学出版社，2009年，第57页。
③ ［英］苏珊·弗兰克·帕森斯：《性别伦理学》，史军译，北京大学出版社，2009年，第59页。
④ ［英］苏珊·弗兰克·帕森斯：《性别伦理学》，史军译，北京大学出版社2009年版，第64页。

强调了男女身体的差异，并强调这种差异使得男女的德性要求不同，男人应当强，女人则应该弱。在这种观点的思路中，男女的身体特征构成了男女身份的限制性条件，身体是一种物理给定的，男性和女性生来就是如此。"应该"存在于身体的"是"之中。性别伦理要处理的一个事情是：身体的事实性的特征是否构成了德性的基础。显然，阴阳理论强调身体特征对男女德性的决定作用。

"夫妇之道，参配阴阳。"① 这类说法强化了按照阴阳来处理人伦关系以及相应的礼仪规定和社会分工的考虑。阴阳学说具有一定的统惯性，从男女的自足性到差异和互补性，再到男女社会角色的差异性的考虑。因为在历史上存在阳尊阴卑的理论，这种贯穿性固化了男性的角色。在这样的理论中男性拥有了高于女性的自然基础。"阳性与同阴性一样，是一个有争议的领域。"② 阳性是自然的，这样就要求回归真实的生物本质。当阴阳有尊卑的时候还会造成父权制和阳性主导的文化模式、生活和社会结构，甚至精神和心理模式。儒家的伦理学很容易被联想成是制造男性的伦理学，或者是表达男性观点的伦理学。"伦理学仍然用于将男性制造成他所是的特殊的性别化主体。"③ 正因为如此，新文化运动以来，出现了要从男性统治下解放出来的妇女解放运动。

3）夫妇：内外

当进入人伦关系中看男女的时候，儒家存在着复杂的思想图景。一些女教书的确存在一种情况，也就是缺乏独立的人的或者生理性男女的视角，而是把女人置于人伦中来考虑。比如陈宏谋缺乏脱离女性的社会角色来考虑的视野。"夫在家为女，出嫁为妇，生子为母。有贤女然后有贤妇，有贤妇然后有贤母，有贤母然后有贤子孙。"④ 结合人伦讨论女德也有一定的合理性，因为男女虽然都是人，一种处理方式是不论男女都要求同样的作为人的美德，但是这样就不会有男德和女德之说，不能反映对女性的特别要求。就当代社会来说，存在着大量的性别混淆现象。

人伦中的女人显然可以理解成是第二性，是为身体假定一种身份。女性并不是生来就是女性，而是获得的第二性？女性的意义是在为他人的注视中出现的，是在为他人的存在模式中性别化的。"性别只是在那些我需要交往的人们之间才有意义。伦理问题变成了持续性地决定是否及去接受或取消他人对我的解释的问

---

① （清）王相笺注：《女四书·女孝经·上》，中国华侨出版社，2011年，第7页。
② ［英］苏珊·弗兰克·帕森斯：《性别伦理学》，史军译，北京大学出版社，2009年，第51页。
③ ［英］苏珊·弗兰克·帕森斯：《性别伦理学》，史军译，北京大学出版社，2009年，第50页。
④ 陈宏谋：《五种遗规》，中国华侨出版社，2012年，第100页。

题。"①男子气、女人味是纯属偶然,身体变成了一种气质,是经由内心的控制,社会文化习惯和知识的内在化而成,从而成为一个意义。身体是一个文本,身体是被生产的,德性要强化或者塑造人的男女性别特征。

儒家伦理对男女的构建的社会秩序的规定是内外。"男正乎外,女正乎内。"②《礼记·内则》则说:"礼始于谨夫妇,为宫室,辨外内,男子居外,女子居内。""这是一种声称女性与男性自始至终有异的伦理观,性别被写入我们生活的整个构造之中,且所需的是角色与关系的社会秩序,在其中性别身份能够得到表明。"③强调男女在社会分工和社会角色方面的差异性并不违反平等的原则。但是差异的尺度却很关键,当超过差异的必要限度的时候,内外的差别则成了对女性参与社会生活的桎梏。内外包括空间的区隔,包括行为的区分,包括衣服和食物等等,所以本质上是性别得体的要求。至于二者的划分是否已经包含了家和国的区分,公和私的区分则是要仔细鉴别的。从表面来看,女所主之内是家庭和私人领域,男人所主的外是公共生活和国家生活。但也要看到,"在儒家伦理中,女性所处的'内'领域恰恰是政治秩序的中心。"④

3. 兄弟

兄爱、弟敬和兄良、弟悌包含着兄弟之间德性的一种对应性和呼应性。兄要对弟有一种德性上的表现和德性的给予,弟除了接受这种德性的给予以外,还需要有一种对应的给予兄的德性。在德性的相互接受和相互给予中,建立起相对理想的兄弟之间的伦理关系。《论语》记载的文献中提及兄弟一伦。"子路问曰:'何如斯可谓之士矣?'子曰:'切切、偲偲、怡怡如也,可谓士矣。朋友切切、偲偲,'兄弟怡怡'。"(《论语·子路》)怡怡,古人多解释为:谦顺貌,和顺貌,和悦。兄弟以恩合,彼此和悦、和顺。

关于兄弟一伦,《论语》曾经用弟和悌来说明。"子曰:'弟子入则孝,出则悌,谨而信,泛爱众,而亲仁,行有余力,则以学文。'"(《论语·为政》)"弟子",学生,求学之人。一般认为和父兄相对,即人幼少为弟为子之时,为少者,后生,"命士"以上的人。"弟子"是否仅仅指代受爵命的士则是可以讨论的。不过《论语》中论"士"的时候,的确讲过"弟"。"子贡问曰:'何如斯可谓之士矣?'""曰:'宗族称孝焉,乡党称弟焉。'"(《论语·子路》)

---

① [英]苏珊·弗兰克·帕森斯:《性别伦理学》,史军译,北京大学出版社,2009年,第67页。
② (清)王相笺注:《女四书·女孝经·上》,中国华侨出版社,2011年,第103页。
③ [英]苏珊·弗兰克·帕森斯:《性别伦理学》,史军译,北京大学出版社,2009年,第31页。
④ [英]罗莎莉:《儒学与女性》,丁佳伟、曹秀娟译,江苏人民出版社,2015年,第974页。

按照这一文本,"弟"是与"乡党"关联在一起的。古代五百家为党,一万二千五百家为乡,合而称乡党。上文用入和出来说明"弟",父母为入,兄弟为出。若依据乡党一文,宗族入,乡党为出。也有说十年出就外传,居宿于外,或者说八岁而出就外舍,学小艺、履小节,进而束发,学大艺,履大节。也有说入是"入父宫",出是"出己宫"。"子曰:'出则事公卿,入则事父兄,丧事不敢不勉,不为酒困,何有于我哉!'"(《论语·子罕》)

综合以上来看,"弟子"有时间限制,大致是八岁到十岁以上的人。这个年龄应该是具备了一定的理性能力,具备了一定的独立生活的能力。对于这样年龄段的孩子来说,需要开始学习如何对待他人,学习如何给予他人,包括德性上的和物质上的,并继续在更广阔的生活空间中学习成人的艺术。谨而信,可以对应"朋友有信",这将在另外一伦中加以讨论。而内在和父亲一起承担一定的对待更加幼小的弟弟和妹妹们的责任,则是"孝"所要讨论的(《论语》即把"父兄"合起来使用)。这一时间点的选择是很有意义的。在麦金太尔看来,德性是人在活动的全部范围内学习和实践的。人的全部活动范围从成长历程来看,大约有三个主要的阶段。第一个阶段是家庭成员,第二阶段是学生,第三个阶段是工作。"出则悌"显然属于第一个阶段到第二阶段的关节点。在第一个阶段,父母的培养和教育需要取得五个关键的成果。第一个成果是孩子学会如何从自己的欲望中抽身出来。第二个成果是:"即拥有用某种特定方式采取行动的理由,迈向人类特有的状态,即能够评价那些理由,修正或放弃它们,并用其他理由代替它们。"[1]第三个成果是可教育性。第四个成果是孩子产生了一种新的独立性,并迈出了成为独立的理性推理者的第一步。可以教育"这是让孩子作为推理者实现独立的第一步。"[2]在之前,孩子依赖的对象主要是父,进入第二个阶段以后,同学和老师等关系就愈发显得重要了。学习技巧,相当于"行有余力,则以学文",除此而外,更重要的是培养与人打交道的德性。这一德性首要的就是"悌"。

"悌"的内涵是什么?一般解释为善兄、顺、敬爱兄长、善待朋友等。"弟"即对宗族乡党年长者应当以"顺"待之。古人多将"弟"理解为顺德。"有子曰:'其为人也孝弟而好犯上者,鲜矣!'"(《论语·为政》)有子把"弟"和"犯上"联系起来,强化了"弟"的"顺"的意思。"弟"和"悌"略有差异。"心"中

---

[1] [美]阿拉斯戴尔·麦金太尔:《依赖性的理性动物——人类为什么需要德性》,刘玮译,译林出版社,2013年,第75页。
[2] [美]阿拉斯戴尔·麦金太尔:《依赖性的理性动物——人类为什么需要德性》,刘玮译,译林出版社,2013年,第75页。

有"弟"可以是一种自我认识,认识到自己是"弟",这种认识同时相伴随的是认识到他人是"兄",从而产生尊重兄长之心。"悌"不一定仅仅是对年长者的尊敬和"顺",当心中有"弟",认识到自己是"弟",为认识到别人是"弟",并推己及人,以兄长之心对待"弟"也是"悌"的应有之意。"融四岁,能让梨"(《三字经》)。"悌"包含对弟弟的友爱,包含对兄长的敬爱。但为何古人多解释为"顺"呢?除了历史环境的原因以外,在"乡党"的大环境中成长的士人,当然最重点的任务是熟悉环境,学习适应环境,这要求"顺"。可以从依赖性的角度来理解"顺"。在走向成年人的这一阶段,主要打交道的对象是同龄人和师长,也包括其他"乡党"之人。在麦金太尔看来,这些人在一个人的成年早期成为独立的实践推理者必需的德性的获得过程中具有举足轻重的地位和作用。

其中一个德性是"识别不同种类的好并做出真正实践判断的能力。"①小孩需要学习如何立即认识到每个情境的突出特征,在每个情境下认识到相关的好、危害和风险,以及在对该情境做出反应时德性有什么要求。在成年早期,随着社会交往范围的扩大,家庭培养起来的道德判断会遇到较大的挑战。面对不同的人、不同的事,面对不同道德表现的人,人需要学会选择自己的道德坚持,并针对的不同的情况进行调整,这样才能有德性的行动。面对不同的情境能够进行相应的道德反应。如知道何时可以冒险何时应当谨慎,何时将一项工作交给他人何时要由自己承担,何时不吝惜赞美何时保留指责,何时对自己或他人要求严格何时可以放松,何时需要玩笑何时应当发怒。另一方面需要具备一种德性的品质保证自己能够进行合理的实践推理。"我已经指出,这种新的依赖性是对一些人的依赖,他们的任务是教育孩子和年轻的成人各种实践的要素,不仅包括获取各种技巧,而且包括认识内在于每种实践的好,通过实现这些好,我们定义了特定的实践中的卓越。"②获得这种能力需要有人进行道德指引,并有人给予自己提供一定的道德共鸣上的支持,尤其是那些优秀的德性更需要外在的保护的力量和来自他人的认同和支持。每个特定的情境都有不同的好,而且还有不同的恶,在实践中需要认识到特定情境下的好,并坚持这种好,抵制恶,这就要求选择一种自己认为的好,并把这种好当成行动的前提,认为自己这样行动就是正当的,并能坚持这种正当。

---

① [美]阿拉斯戴尔·麦金太尔:《依赖性的理性动物——人类为什么需要德性》,刘玮译,译林出版社,2013年,第79页。
② [美]阿拉斯戴尔·麦金太尔:《依赖性的理性动物——人类为什么需要德性》,刘玮译,译林出版社,2013年,第75～76页。

在麦金太尔看来，这正是某种反应性的展现，"而这种反应性正是德性的特征。"①其中当然包含了遵从规则，但是这还不够，因为规则是一般的，具体情境如何反应则需要一种德性。所以麦金太尔说："知道如何有德性地行动总是比遵从规则包括更多的内容。"②

在麦金太尔看来，如果想要充分地进行实践推理，需要自我认识能力的发展。而实现充分的自我认识是一个共同的成就。这一共同的成就包含了对自己内心的坚持，也包含了社会对自我的形象认识。"子曰：'孝哉闵子骞！人不间于其父母昆弟之言。'"（《论语·先进》）关于这段话有很多理解方式。一种理解思路是：强调闵子骞对自我道德判断的坚持，不听从别人替他打抱不平的话，坚持自己的价值观。类似的思路是闵子骞的价值坚持还得到更广泛的社会支持，他挽救家庭危机的话得到传播并被社会认可，或者他对待母亲和兄长的方式让人无可挑剔，或者让父母兄弟个个都让人无话可说。从严格的意义上说，自我认识不是德性。但是不同的自我认识造就了不同品格的人，从这一意义上说自我认识也是一种德性。因为自我认识本身就包含对自我的道德期许和道德塑造，包含了道德的坚持，包含了自我道德人格的影响力的扩展。另一种思路是着眼于父母兄弟和他人对闵子骞形象把握的矛盾性。父母兄弟心目中的闵子骞形象得到了他人的支持，或者继母和异母弟说他坏话，但乡党邻里的人却赞扬他。一个人拥有人类身份的概念，需要自我的身份归属和他人对我们的身份归属的判断标准相一致。虽然，自己是谁是自己定义和自我塑造的。但这个定义是参考了他人的定义的，并且需要和他人的定义保持基本的一致性。在麦金太尔看来，当我们无法依靠合作者和朋友时，我们对自己判断的信任就总是有可能变成幻觉之源。

一个人给予他人的道德形象在一定意义上反映了自我的道德成就和道德缺陷。他人不仅仅在形成自我的道德认识过程中起到关键作用，而且还支持着自我的道德坚持。另外，他人还可以帮助自我发现自身的道德缺陷和道德优点。"我们理智上的错误经常根植于道德上的错误，虽然并不总是如此。对于这两种错误，最好的防范措施就是友爱和共同生活。"③这种对自我道德认知的坚持使得个体可以以更高的道德目标要求自己。"如果我要现实地想象不同的未来并做出选择，充分的自

---

① ［美］阿拉斯戴尔·麦金太尔：《依赖性的理性动物——人类为什么需要德性》，刘玮译，译林出版社，2013年，第76页。
② ［美］阿拉斯戴尔·麦金太尔：《依赖性的理性动物——人类为什么需要德性》，刘玮译，译林出版社，2013年，第77页。
③ ［美］阿拉斯戴尔·麦金太尔：《依赖性的理性动物——人类为什么需要德性》，刘玮译，译林出版社，2013年，第79页。

我认识是必要的,因此我想象力的质量也在某种程度上取决于他人的贡献。"①

"谨而信":"要实现必要的自我认识和抵制所有可能造成自我欺骗的不利影响,必不可少的德性当然是诚实,而首先是要对我们自己的情况做到诚实,这既是对自己也是对他人的诚实。我们不仅要在自我考察中运用那种德性,而且在他人有理由向我们求助时,也要运用这种德性判断自己能否承担起相应的责任,在必要的时候要向他们承认自己的无能或失败。因此,这种德性也是我们要成为独立的实践推理者必需的德性。"②

人是人与人的依赖关系中成为独立者的,也就是《论语》所说的"立"的。但是这一独立是和依赖性并生并在的。"我们最终成为独立的推理者通常是在成年早期,此时这种依赖关系中有很多当然也就结束了,但并非所有的都结束了。因为直到生命结束,我们都一直需要他人在实践推理中支持我们。"③ "子路问:'闻斯行诸?'子曰:'有父兄在,如之何其闻斯行之?'冉有问:'闻斯行诸?'子曰:'闻斯行之!'公西华曰:'由也问:「闻斯行诸?」子曰:「有父兄在。」求也问:「闻斯行诸?」子曰:「闻斯行之!」赤也惑,敢问。'子曰:'求也退,故进之;由也兼人,故退之。'"(《论语·先进》)"兼人"是过度坚持己见,而忽略了听从他人的意见,在这种情况下,需要强调听从父兄的意见;"退"是对自己的判断缺乏自信,不能按照自己的意见行事,在这种情况下,需要强调按照自己的意见行事。独立性和依赖性两面需要有一个合适的折中点。显然"悌"并不一定是完全的"顺",也包含坚持自己的意见而行事。

从"兄弟"社会结构来看"兄弟"关系,会认为这一关系应用到政治中是有缺陷的关系。因为如果政治生活变成"哥们"关系,则会导致裙带关系和小团体主义。况且,这是两个不同的领域,兄弟关系为私人领域,而政治等关系属于公共领域。兄弟关系的扩展是否有积极意义呢?这可以从如下几个方面来理解:

其一,兄弟关系的扩展性使用是有积极意义的。"司马牛忧曰:'人皆有兄弟,我独亡!'子夏曰:'商闻之矣:死生有命,富贵在天。君子敬而无失,与人恭而有礼;四海之内,皆兄弟也。君子何患乎无兄弟也?'"(《论语·颜渊》)郝大维、安乐哲说:"一个无兄弟的人可通过重新定义何谓兄弟(即通过改变它的意义和指

---

① [美]阿拉斯戴尔·麦金太尔:《依赖性的理性动物——人类为什么需要德性》,刘玮译,译林出版社,2013年,第78页。

② [美]阿拉斯戴尔·麦金太尔:《依赖性的理性动物——人类为什么需要德性》,刘玮译,译林出版社,2013年,第78~79页。

③ [美]阿拉斯戴尔·麦金太尔:《依赖性的理性动物——人类为什么需要德性》,刘玮译,译林出版社,2013年,第79页。

涉的基础,即其'名')来改变这一使得他无兄无弟的状况(他的命)。他认为手足关系道德上(兄弟般)的标准胜过生物上(一奶同胞)的标准。这段话远非证明宿命论,而是说明'命'的变动性,说明描述个人的因果环境——'命'时,事实和价值的不可分离性。"① 扩展性的兄弟用法,有其积极意义。比如在现实生活中父子二人可以同时拜某位老师,二人就成了师兄和师弟的关系。兄弟的扩展,包含着逻辑上的"父"的层面的变化。目前中国国情中,师弟、师兄的说法还是比较普遍的。就是因为二人同为某个老师的门下。师兄在年龄上可以比师弟小。当以"天"为最高的观察视野的时候,天下人就都成了"兄弟"的关系。"人类自我置于兄弟关系之中:所有人都是兄弟,这并不是作为一种道德的征服加诸于人,而是其自身性的构成。"② 兄弟关系对于原有的等级性关系是一种限制和补充。如父子关系可以变成师兄弟的关系,自然就多了一层相互性和互相尊重的内涵。同时这种扩展性的用法把手足之间的朴实情感融入与天下人之间的关系中,有化疏为近的意义。

兄弟关系的扩展是有积极意义的,但现实生活中的"哥们义气"为什么被看成是负面价值产生的原因之一呢?当人们之间建立了一种类似的兄弟关系之后,兄弟情谊使得其中的个体担心别人说自己不够"哥们义气",这样会很没面子,并且很难在哥们中"混"。而这种"哥们义气"往往成了"兄弟"要挟的工具,使得自己无法按照自己的意见,无法坚持善良的心灵,所谓"昧着良心干坏事"。"哥们义气"并不是"四海之内皆兄弟"。兄弟情谊的拓展范围局限在小范围内,而范围外的人不会以兄弟来对待。兄弟关系的拓展带来的消极意义不是兄弟关系本身带来的,而是内外有别带来的。理想的兄弟关系的拓展是按照忠恕之道来进行的,其中没有等级的差别。从这一意义上说,现实生活中的"哥们义气"从实质上说并不是兄弟关系。一项社会调查揭示了这一点。"包括政治领袖在内的许多妈祖乡民都有结拜兄弟。然而结拜兄弟的关系在妈祖乡的政治联盟的建立上似乎不具重要性。它本身不是一种重要关系,但它却象征结拜双方希望加强他们之间原有的关系。通常只有在讨论背叛问题时(在我直接询问时),受访人才会提及结拜兄弟的关系。由此可见,就政治目的而言,结拜兄弟的亲密度并未超过作为产生结拜兄弟之基础的关系。"③

---

① [美]郝大维,安乐哲:《通过孔子而思》,何金俐译,北京大学出版社,2005年,第265页。
② Emmanuel Levinas. Totality and Infinity: an Essay on Exteriority, trans, Alphonso Lingis, The Hague: Martinus Nijhoff Publishers and Duquesne University Press, 1979: 280.
③ 黄光国,胡先缙等:《人情与面子——中国人的权力游戏》,中国人民大学出版社,2010年,第168页。

其二，兄弟关系包含着平等和公正，政治关系如果成为兄弟关系也是公正的。这就需要回答兄弟关系的伦理内涵。其中一个伦理内涵是善的导向。安乐哲指出："由于缺少某种超越的参照，人们必须依靠他们的关系的高尚，以作为完善的资源。"①关系的高尚，很大程度上依赖关系者的优秀和高尚，所以高尚的关系必然包含某种共享性和层级性。"友于兄弟"（《为政》）。"鲁卫之政，兄弟也。"（《论语·子路》）周公和康叔是兄弟，这句话既是一种事实性的陈述，也包含价值与意义的说明，要求政治实现"友于兄弟"的道德伦理价值。另外就是平等。"兄弟关系正是与面孔的关系，在其中，我的拣选同时也是我的平等，即一种他者对我的掌控得以实现。"②如何理解"兄弟"关系的意义？勒维纳斯提供了三个维度。第一维度是总体和个体的关系。在总体和个体的关系中，个体是一个类别下的个体，个体和类发生关系；个体和另一个个体的关系是主客体之间的关系，是"肩并肩"的关系，或者我满足他人，我就成了手段，或者他人满足我，他人就成了手段，或者我用知识规范他人，或者他人用规范我。这样一来，其中的某个个体就成了纯粹付出的个体，不能保持自己的独立性和相异性，也不能保证主体性得以确立。即便是通过一个第三项的媒介来实现二者的不偏不倚、对等互惠的交互关系，也依然无法改变主体的地位和相互关系的实质。"一般认为，我与他人的关系将逐渐使我对他者产生认同，将自我消弭在集体表象、共同理念或共同的行为中。是集体在说'我们'，感到他者位于自身旁侧而非对面。集体的建立还需围绕着一个作为媒介、为共通提供共性的第三项。"在这种互惠性的关系中，意味着将博爱观念平均化，博爱只是一种结果而非出发点，交互主体关系的不对称性被遗忘了。兄弟关系被当成"哥们义气"的时候，兄弟关系就演变成了这样关系。在哥们义气中，个体没有自主性，因为为了"面子"，不能坚持自己的价值。哥们义气中有互惠性，但是这种义气成了手段，背后的关系是另外一种关系。

第二个维度是我与他者的关系。这是一种面对面的关系。他者具有绝对的他异性，二者既预示着社会，同时又保持了隔绝的自我，是一种毫无关系的关系。这是一种非对称性的关系，是自我对他者负责的关系。在勒维纳斯看来，这种自我与他者的关系是兄弟关系的基础。他者具有外在性、超越性和无限性，自我向他者敞开成为责任主体。对于他者而言，自我变成了多元的个体，他者和自我的

---

① [美]安乐哲：《自我的圆成：中西互镜下的古典儒学与道家》，彭国翔编译，河北人民出版社，2006年，第500页。

② Emmanuel Levinas. Totality and Infinity: an Essay on Exteriority, trans, Alphonso Lingis, The Hague: Martinus Nijhoff Publishers and Duquesne University Press, 1979: 279.

关系就像父子关系，他者产生了多个自我，而自我之间则又如兄弟之间的关系。这样一来，主体之间就由毫无关系的关系变成了亲缘关系。兄弟之间的关系并不是处在同一个平面的关系，而是保持了异质性。

第三个维度是原初的公正关系、平等、博爱的关系。在兄弟关系中，由于共同父亲的出现，所有人都是兄弟，都是父亲的儿子，兄弟之间便呈现出一种平等、博爱的关系。"的确，为了能将自己置于博爱中并扮演穷人、弱者和被怜悯者的角色，就需要父亲承担媒介的角色——而且为了假定存在一个并非只是简单肇因（cause）或种（genre）的父亲，就必须有自我与他人之间的异质性（hétérogénéité）。这种异质性与种之间的关系是理解社会和时间不可或缺的出发点——将把我们引向另一部作品的开端。"① 由于"父亲姓"的介入，自我不再总是纯粹付出的我，而是有可能成为负责人的"他者"，成为每一个人的"兄弟"；另一个方面，自我与兄弟们构成了我们，不再原子式的我。兄弟最相亲，原来一本生，兄应爱其弟，弟必敬其兄。骨肉见天真，钱财勿计论，语言休急切，颜色要欣欣。长幼皆阿嗣，亲心总挂萦，同胞看亲面，切戒勿伤情（谢泰阶，《小学诗》）。苗从地发，树向枝分。父子和而家不退，兄弟和而家不分（《增广贤文》）。义断亲疏只为钱。《名贤集》家业事小，门户事大（吴麟征，《家诫要言》）。

在亚里士多德看来，兄弟关系类似于富豪制。"在那些主宰者和被主宰者没有共同物的地方也就没有友谊，没有公正。"② "兄弟们相互地爱，由于是自然地出于双亲。这种与他们相关的同一性，就造成了他们的同一性。"③ 在亚里士多德看来，君臣、父子、夫妻、兄弟之间关系的正义要求相关的关系者各尽所能，各取所值，而不是各报所值。"各尽所能"要求要尽可能地获得优秀，如君主要仁慈地对待臣子，让臣子的行为优良。在亚里士多德看来，君臣、父子、夫妻、兄弟之间的正义的基础是维护共同性，虽然可以承认各尽所能、各取所值的差异性，但这些差异性应该是在共同性基础上的，并且不考虑各报所值的问题，使得"每个人都有相应的报偿"。④ 在亚里士多德看来，共同的东西应该给予对共同事业有所贡献的人们，而荣誉就是共同的东西，对钱财有损失的人，可以用荣誉来补偿。

---

① ［法］埃马纽埃尔·列维纳斯：《从存在到存在者》，吴蕙仪译，江苏教育出版社，2006年，第118页。
② 亚里士多德：《尼各马科伦理学》，苗力田译，中国人民大学出版社，2003年，第180页。
③ 亚里士多德：《尼各马科伦理学》，苗力田译，中国人民大学出版社，2003年，第181页。
④ 亚里士多德：《尼各马科伦理学》，苗力田译，中国人民大学出版社，2003年，第180页。

4. 朋友

"友"字的内涵是什么呢？朋友关系恰好就是这个关系的一种表述。"'朋'是与之有共同老师（同门）的某人，而'友'是与之有共同志向（同志）的某人'友'与'右'的字根相同，后者表示'右手'，因而又蕴涵'尊崇'的意思。再加以引申，就是同字根词'佑'，表示'帮助'，以及'佑'，意为'赐福、保佑'。因此，'友'在古汉语中一般与'二'这个词一样，蕴涵着层级系统。"① "'友'在古代汉语中既与'有'同音，又被'有'一语双关地加以规定，'有'表示'手边有''友'就是有这样一个人在你身边，你可以尊重他，以他为自己的榜样。'友'是与某人携手共进，你能受益于他，向他学习，就像这个字的字形本来表示的，它包含的一个意思是代表人的手。"② 对方超越你，这是差异性；你可以学习对方，这是趋同性的要求。

《论语·为政》第21篇中所理解的"为政"的内涵之三就是"友于兄弟"。朋友关系和政治是什么关系呢？在亚里士多德看来，"各种群体都是政治群体的一个部分，友谊也随着群体不同而不同。"③ 家庭关系，朋友关系里面自然有友谊问题和公正问题。"至于丈夫对妻子，总而言之朋友对朋友应该怎样的问题，这和研究怎样是公正是同一个问题。"④ 父子关系可以类似于君主制或者暴君制；夫妻关系类似于贵族制或寡头制；兄弟关系类似于富豪制；无人做主的家庭就像平民制。

因为有共同性，如在一起活动，有共同的事业，涉及共同利益的分配，所以有友谊和公正问题。在亚里士多德看来，友谊并不和公正相矛盾，相反更要求公正，因为伤害亲近的人就更不公正。友谊也会违背公正，如借口所谓的朋友关系，伤害人。假借友谊和朋友关系，来获得优胜，或者凌驾于规则之上，才是所谓的"友谊"导致裙带关系的本质。在亚里士多德看来，在君主和臣子，父亲和子女之间如果有共同物，就有友谊和公正。"在那些主宰者和被主宰者没有共同物的地方也就没有友谊，没有公正。"⑤ "兄弟们相互地爱，由于是自然地出于双亲。这种与他们相关的同一性，就造成了他们的同一性。"⑥ 在亚里士多德看来，君臣、父子、

---

① ［美］安乐哲：《自我的圆成：中西互镜下的古典儒学与道家》，彭国翔编译，河北人民出版社，2006年，第501页。
② ［美］安乐哲：《自我的圆成：中西互镜下的古典儒学与道家》，彭国翔编译，河北人民出版社，2006年，第502页。
③ 亚里士多德：《尼各马科伦理学》，苗力田译，中国人民大学出版社，2003年，第177页。
④ 亚里士多德：《尼各马科伦理学》，苗力田译，中国人民大学出版社，2003年，第182页。
⑤ 亚里士多德：《尼各马科伦理学》，苗力田译，中国人民大学出版社，2003年，第180页。
⑥ 亚里士多德：《尼各马科伦理学》，苗力田译，中国人民大学出版社，2003年，第181页。

夫妻、兄弟之间关系的正义要求相关的关系者各尽所能，各取所值，而不是各报所值。"友谊所要求的是尽其所能，而不是报其所值。"①因为按照报其所值的原则，子女是永远也无法偿还父母的债务的。"各尽所能"要求要尽可能地获得优秀，如君主要仁慈地对待臣子，让臣子的行为优良。优秀性的正义，以优秀为出发点考虑问题，一个优秀的人的正义就在于拥有一种判断的公平性，能够很好地去判断自己和他人的优秀。优秀性的正义也要求优秀的人能够在公平条件下获胜。当然优秀性的正义也有困境："好（善）的士兵的应得如何与好（善）的农民和差的诗人的应得进行比较呢？我们不能提供某种可以使人们依此来评价相对成就和相对应得的标准，这一失败可能会使一共同体的成员没有任何可能去共享普遍的正义分配和正义认识。这也将会使他们没有任何可能是所有对正义和以正义的名义必须具有的合法性要求的标准，而这种正义和正义的合法性要求，乃是某种指导和构成人类生活的统一秩序的表达。但是，又如何提供这样一种标准呢？"②

优秀性的善和有效性的成就是不同的。优胜的正义要求公平规则保证优秀者会成为优胜者。优胜的正义伴随着奖赏，公开的荣耀、权力、财富、地位、声誉奖赏。追求这些善物所要求的品质。优秀主要是追求这些善物所要求的品质。比如一个人具有赚钱的品质，这个品质可以说优秀。但这个优秀是和钱这种善物相联系的。"让我们把这些身体的、精神的和品格的品质叫做有效性的品质；而把那些给这些品质提供其目标和正当性证明的善物叫做有效性的善物。"③

优秀性的正义观具有一定的宽容性。比如优秀的差异性，有人会唱歌，有人会跳舞，这就要求以不同的尺度和方式来判断。正义就在于对一个人是否是优秀的判断要和其本人优秀的方面相当，以优秀的方面为尺度进行衡量。这种正义观也会进一步考虑优秀的功绩与应得的关系。每一个人的实践之善（优秀）—功绩—优秀的外部奖励的善（应得）。承认自我完善的追求不同于能够得到相应的外部奖赏。城邦的秩序正义就是为了保证人们可以完善自我，追求自己的多样性优秀，以一种较为合理的优秀之外的有效的奖励和惩罚保证分配的秩序正义。这就是各取所值，"更好的人所得的多。"④"因此，只有在人们至少也追求某些有效性善的情况下，优秀的善才能系统地培养起来。另一方面，在绝大多数社会情景中，如果

---

① 亚里士多德：《尼各马科伦理学》，苗力田译，中国人民大学出版社，2003 年，第 186 页。
② ［美］阿拉斯戴尔·麦金太尔：《谁之正义？何种合理性？》，万俊人等译，当代中国出版社，1996年，第 48 页。
③ ［美］阿拉斯戴尔·麦金太尔：《谁之正义？何种合理性？》，万俊人等译，当代中国出版社，1996年，第 47 页。
④ 亚里士多德：《尼各马科伦理学》，苗力田译，中国人民大学出版社，2003 年，第 180 页。

不在某些起码的程度上培养优秀的善,人们就很难追求有效性的善,而这一点至少有两个原因。作为一种手段,权力、财富和声誉的成就常常要求有某种真正的优秀成就。而且,由于有效性的善是这样一些善,即它们使它们的拥有者能够在偶然可能的限制内,拥有或者成为他或她想要在某些方面成为真正优秀的——无论在什么时候,某个基本忠诚于有效性善的人偶尔想要什么,也不论他或她出自什么原因;所以,有效性的善将有助于优秀的善。"①有效性善正义关注有效合作的相互性,强调跟社会合作,服从规则。在亚里士多德看来,君臣、父子、夫妻、兄弟之间的正义的基础是维护共同性,虽然可以承认各尽所能、各取所值的差异性,但这些差异性应该是在共同性基础上的,并且不考虑各报所值的问题,使得"每个人都有相应的报偿"。②在亚里士多德看来,共同的东西应该给予对共同事业有所贡献的人们,而荣誉就是共同的东西,对钱财有损失的人,可以用荣誉来补偿。

《论语·为政》第21篇中所理解的"为政"的内涵包括"友于兄弟",那就是要求兄弟之间要有朋友关系的价值内涵。朋友关系对于政治来讲有什么意义呢?人们可能会把"朋友"和"正义"对立起来去理解,认为如果把政治关系变成了朋友关系会伤害正义。问题是要对朋友关系有恰当的理解,亚里士多德理解的朋友关系是可以保证正义的价值的。

在《论语》当中,"友于兄弟"中的"友"是有着特殊的道德价值规定性的。"兄"大于"弟",友于兄弟就是平等地对待不平等的关系,这是一种横向的关系。政治无非是横向和纵向两种关系,社会生活也无非是这两种关系。把子女之间的关系处理好了,自然这个道理对于卿相大臣也同样是适用的。"鲁卫之政,兄弟也"(《论语·子路》)。周公和康叔是兄弟,这句话既是一种事实性的陈述,也包含价值与意义的说明,要求政治实现"友于兄弟"的道德伦理价值。

"友"字的内涵是什么呢?安乐哲指出:"由于缺少某种超越的参照,人们必须依靠他们的关系的高尚,以作为完善的资源。"③关系的高尚,很大程度上依赖关系者的优秀和高尚,所以高尚的关系必然包含某种共享性和层级性。朋友关系恰好就是这个关系的一种表述。"'朋'是与之有共同老师(同门)的某人,而'友'

---

① [美]阿拉斯戴尔·麦金太尔:《谁之正义?何种合理性?》,万俊人等译,当代中国出版社,1996年,第50～51页。
② 亚里士多德:《尼各马科伦理学》,苗力田译,中国人民大学出版社,2003年,第180页。
③ [美]安乐哲:《自我的圆成:中西互镜下的古典儒学与道家》,彭国翔编译,河北人民出版社,2006年,第500页。

是与之有共同志向（同志）的某人'友'与'右'的字根相同，后者表示'右手'，因而又蕴涵'尊崇'的意思。再加以引申，就是同字根词'佑'，表示'帮助'，以及'佑'，意为'赐福、保佑'。因此，'友'在古汉语中一般与'二'这个词一样，蕴涵着层级系统。"①"子路问曰：'何如斯可谓之士矣？'子曰：'切切、偲偲、怡怡如也，可谓士矣。朋友切切、偲偲，兄弟怡怡。'"（《论语·子路》）兄弟关系是有事实上的等级差异的，要求强调统一性；而朋友关系是强调共同性的，所以需要保持差异性。"切切、偲偲"就是要保持差异性，并进行一定的督促、勉励；"怡怡"就是要尽量超越对立性，保持同一性带来的快乐。

朋友关系包含两个方面，第一方面是自己高尚和优秀，自己高于他人，但自己又可以给别人教益，给他人提供意义的源泉，或者提供利益的帮助，帮助他人人格的成长。自己高于他人是差异性；与他人分享是共同性和统一性。"子曰：'老者安之，朋友信之，少者怀之。'"（《论语·公冶长》）"信之"包含了自己相对于他人的高贵的自信，从而基于这个自信相信他人也可以像自己一样。"子曰：'主忠信，毋友不如己者，过则勿惮改。'"（《论语·子罕》）这里的"不如己"主要是道德价值上的"不如己"。从这个句子来看，"忠信"要求克服道德价值上"不如己者"对自己的消极影响，保持自己积极的人生追求。"忠"要求用自我的正面价值来引导他人。《论语·颜渊》"忠告而善导之"一句，也可以把"善导"理解为用"善"来引导别人，让别人能发挥其自身的肯定力量，肯定的方面。

"'友'在古代汉语中既与'有'同音，又被'有'一语双关地加以规定，'有'表示'手边有''友'就是有这样一个人在你身边，你可以尊重他，以他为自己的榜样。'友'是与某人携手共进，你能受益于他，向他学习，就像这个字的字形本来表示的，它包含的一个意思是代表人的手。"② 对方超越你，这是差异性；你可以学习对方，这是趋同性的要求。孔子曰："匿怨而友其人，左丘明耻之，丘亦耻之。"（《论语·公冶长》）孔子认为如果一个人"匿怨"，却以之为友，这是应该感到耻辱的。应该"友其士之仁者"（《论语·卫灵公》）。孔子对可"友"之人的规定是"直"、"谅"、"闻"。"孔子曰：'益者三友，损者三友：友直，友谅，友多闻，益矣；友便辟，友善柔，友便佞，损矣。'"（《论语·季氏》）而"便辟"、"善柔"、"便佞"之人，如果和他们成为朋友，就会导致人际关系的善受到伤害。

---

① ［美］安乐哲：《自我的圆成：中西互镜下的古典儒学与道家》，彭国翔编译，河北人民出版社，2006年，第501页。

② ［美］安乐哲：《自我的圆成：中西互镜下的古典儒学与道家》，彭国翔编译，河北人民出版社，2006年，第502页。

由于有以上对"友"的规定,孔子的朋友思想会导致正义,而不是不正义。因为要求"友"是优秀的,自己帮助别人优秀,自己作为优秀对他人起到矫正的作用。这就肯定了优秀,优秀性的正义。

5. 师生

儒家伦理并不是直接肯定现实的人伦关系,而是赋予现实的人伦关系以意义的内涵和价值的取向。赋予人伦以价值内容依赖人伦关系变成一种学习和教化的关系。教化和学习关系贯穿儒家人伦的方方面面,从而赋予了人伦以意义内涵。

"大学之道,在明明德,在亲民,在止于至善"(《大学》)。按照这一说法,"学"其实是明明德。"学"其实就是让人的"明德"得到"明"。而"教"也是让人的明德能够统领人生。"天命之谓性,率性之谓道,修道之谓教"(《中庸》)。"诚者,天之道也;诚之者,人之道也。诚者不勉而中,不思而得,从容中道,圣人也。诚之者,择善而固执之者也"(《中庸》)。"自诚明,谓之性;自明诚,谓之教。诚则明矣,明则诚矣"(《中庸》)。诚本身有明的功能,这是人能够用"明"的前提,靠着人的诚明之性来统领人生就是道,让这种统领得以完成就是教化。

教化如何是可能的?这是一个很重要的理论问题。依据怀疑论的看法,没有教师,也没有学生。因为如果学生能学,则不需要教,如果不能学,教也教不会。柏拉图也说有美德父亲未必能够教化出有美德的儿子。《庄子·人间世》也认为道德教化不能达到人心,并且还面临"灾人"的风险。教化的可能性在哪里呢?显然在人能够自我教化,能够自我教化的人成为教师,然后教师启发别人自我教化的能力就成了教化。

依中国传统,能够教化别人的人是别人的老师,是朋友,是善知识。教化涉及的基本关系是内外的关系。就"内"而言,是自我觉醒,是自力,就"外"而言,是他力。合起来就是合外内之道。

模仿别人或者通过他人获得自己行动的原则不是学习文化,但具有学习的意义,可以说是广义的"学"。儒家有化人伦关系为师生关系的倾向。"为人子,方少时,亲师友,习礼仪"(《三字经》)。化人伦关系为师生关系使得儒家人伦关系具有了更多的文化内涵,具有了更为浓厚的道德意味,具有了现代的潜能。

第三节 人类情怀

《论语》中曾记载樊迟问仁,孔子回答说:"爱人。"(《论语·颜渊》)人们常常引入普遍和差等的思路来理解"爱人"的问题,强调由己及人的差等的爱可以实现某种程度上的普爱。差等的爱和普爱本身就包含特殊和一般的区分,孔子是否也有一般和个别的思维方式呢?或者问题是否可以转换为:这里的"爱人"是一般的人,还是特殊的或者是个别的人?从孔子评价"楚人遗弓"来看,其中包含对人的一般和特殊的区分。而在《论语》中,爱人则表现出一定的差序格局。二种思路之间是什么样的关系?是否具有逻辑的一致性?这涉及相关"子曰"的真伪问题,有进一步加以辨析的必要。

1. "推爱"与仁爱的普遍性

孔子有无普爱的思想?这需要进行论证。孔子提到过"泛爱众"。"子曰:'弟子入则孝,出则悌,谨而信,泛爱众,而亲仁,行有余力,则以学文。'"(《论语·学而》)从字面上看,"爱"有"泛",有"众",说明孔子的仁爱是有普遍性的。人们公认孔子或者儒家是讲爱有差等的,这就带来了一个问题,仁爱的普遍性是如何在差等中实现呢?一种思路是自爱和爱人之间自然而然的兼容性的思路,也就是说自立本身自动地就是在立人。"一个人在参照别人的行为这一事实足以告诫我们,我们自己就是别人的一个可能的价值参照系,一个可能的引导者,我们不得不去考虑这种导引包含着的可能的价值意义和价值事实。倘若每个人都放弃了正面价值的追求,那么社会整体的道德和价值水平自然会下降。所以自己一方面要有所约束,又要有所建设。不对别人施加负面的价值影响,而要给予积极的影响。普适性在于'仁'解释了人生在世的互相影响的现实性,告诉人们在相互影响的过程中如何保持健康向上。普适性在于'己'和'人'"的依存性;自己'立'了自然就立了别人;自己不立自然给别人带来麻烦。每个人都追求自己的'立',自然彼此轻松。普适性不在于其规范性,而在于这一表述包含的人生的基本现实。"①

另一种思路认为:通过由己及人的"推爱"可以实现普爱。"仲弓问仁。子曰:'出门如见大宾,使民如承大祭。己所不欲,勿施于人。在邦无怨,在家无怨。'"(《论语·颜渊》)在此段话当中,"出门见宾"是横向的关系;"使民"是纵向的关系。在这两种关系当中,都是有可能导致怨恨的。"使民"和"见宾"是一种不对等的关系,"己"为主人,为"君",为主体,"宾"和"民"为客人,为客体,这是一种主客体的关系。在这种主客体关系当中,如何实现普遍的爱呢?"子贡曰:如有博施于民而能济众,何如?可谓仁乎?子曰:和何事于仁!必也圣乎!尧舜

---

① 周海春:《〈论语〉哲学》,中国社会科学出版社,2013年,第194页。

其犹病诸！夫仁者，己欲立而立人，己欲达而达人，能近取譬，可谓仁之方也已"（《论语·雍也》）。坚持"推爱"的观点认为：由近及远，推己及人，把自己放在对方的地位上来思考，从差等的爱入手，就会逐步趋向普爱。"'爱有差等'是一种实践智慧，恰可以达成普遍的爱。在终极性的信念信仰之下，'推己及人''推恩''推爱''成己成人成物'的方法，为人类解决人与自然、人与社会、人与人、人之身与心的冲突提供了实践进路。"① "推爱"的思路强调"换位思考"的重要性，"换位思考"可以帮助人克服爱己和爱人的矛盾。

推爱实现普爱的前提是什么？《孟子》把"推爱"的普遍性的前提归结为人人都有的"恻隐之心"。"老吾老，以及人之老；幼吾幼，以及人之幼。天下可运于掌。《诗》云：'刑于寡妻，至于兄弟，以御于家邦。'言举斯心加诸彼而已。故推恩足以保四海，不推恩无以保妻子。古之人所以大过人者，无他焉，善推其所为而已矣"（《孟子·梁惠王章句上》）。孟子强调心灵被"恻隐"和"羞恶"充满的价值，被"利"充满的害处，"四端"被看成了唯一有积极意义的行动的本源和本体。"且天之生物也，使之一本，而夷子二本故也"（《孟子·滕文公下》）。夷子和孟子的思想有什么差异呢？"今夷子以他人之亲，与己亲等，是为二本，故欲同其爱也。"② 显然，夷子还是从心灵的对象的角度考虑问题的，这样一来，爱依然被分成了两个不同的爱。在孟子看来，爱他人和爱父母是两个不同的对象，但都是一个"恻隐之心"，而不是有两个不同的爱，只有把注意力关注于这一个"恻隐之心"，才算回到了本源。对他人的爱和对自己父母的爱是一个爱，就是"恻隐之心"。"一本"就是同一个"恻隐之心"。

"心"是一个心，落实起来有普爱有差等的爱。"仁者无不爱也，急亲贤之为务"（《孟子·尽心章句上》）。"亲贤"虽然是一种差等，但是却可以因为亲贤对其他更多的人好，从而实现普爱。"子路入。子曰：'由！知者若何？仁者若何？'子路对曰：'知者使人知己，仁者使人爱己。'子曰：'可谓士矣。'子贡入。子曰：'赐！知者若何？仁者若何。'子贡对曰：'知者知人，仁者爱人。'子曰：'可谓士君子矣。'颜渊入。子曰：'回！知者若何？仁者若何？'颜渊对曰：'知者自知，仁者自爱。'子曰：'可谓明君子矣。'"（《荀子·子道》）在这里，子贡所说的"爱人"，显然有爱他人的意思。从孔子的评价来看，当遇到自爱、使人爱己、爱他人的矛盾的时候，自爱优先，其次是爱他人，最后是使人爱己。"自爱"需要放到孔

---

① 郭齐勇：《略论儒家仁爱价值及其推爱方式的普遍性》，《价值论与伦理学研究（2013年卷）》，新华出版社，2014年，第22页。
② 焦循：《孟子正义》（上），中华书局，1987年，第404页。

子的整个思想体系中来看,因为孔子强调要克服"意"、"必"、"固"、"我",自爱也是克服了这些障碍的自爱,当克服了自己的这些障碍以后,爱的源泉就涌现了出来,从而可以更好地爱人,也能够获得他人的爱。从这一意义上来说,自爱不同于自私的爱,"自爱"是"爱人"和"使人爱己"的前提。不管是"自爱"优先,还是"亲贤"优先,都是为了更好地实现普爱。

孟子把推爱的思路具体化了,并且追问了推爱的前提,具有重要的意义。追问推爱的前提,就把一般性奠定在人人共有的"恻隐之心"上面了,这个心的落实到极点就是普爱,这里面显然包含某种一般性的追问。

2. 人己:个体和类的视野

要想弄清楚"爱人"的内涵,当然可以从《论语》中的其他资料寻找线索,不过其他文献中的"子曰"也有很重要的价值。"爱人"中的"人"是一般的人、特殊的人还是个别人,还是兼容一般与个别,或者就不应该用一般和个别的逻辑来分析呢?"楚人遗弓"的故事是很有启发意义的。

孔子评价"楚人遗弓"的故事见于多个文献,如《吕氏春秋》、《说苑》、《公孙龙子》、《孔丛子》、《孔子家语》。这里先从《吕氏春秋》中的记载开始进行讨论。

《吕氏春秋·贵公》记载:"天下非一人之天下也,天下之天下也,阴阳之和,不长一类;甘露时雨,不私一物;万民之主,不阿一人。伯禽将行,请所以治鲁,周公曰:'利而勿利也。'荆人有遗弓者,而不肯索,曰:'荆人遗之,荆人得之,又何索焉?'孔子闻之曰:'去其「荆」而可矣。'老聃闻之曰:'去其「人」而可矣。'故老聃则至公矣。"[1]关于这段话,郑良树认为是相关文献中比较早的,"《吕氏春秋》时代早。"[2]这里讲的是"荆人",没有提到楚共王。另外,这里引用孔子的话是为了论证"至公"。并且这里有抬高老聃,贬低孔子意味,因为孔子还有"人",有人就无法"至公",还要去"人"。在这个文本中,孔子的话如果孤立地看,其实是缺乏自足性的,甚至很难知道孔子要说明什么道理,从自足性来看,这个文本显然有人为加工的印记,或者来源于口头流传的故事,或者是不太权威的文本,其可靠性程度不是最高的。

郑良树认为《吕氏春秋》代表了这个故事的一个流传系统。"根据这些事实来观察,在先秦时代,这故事应该有两个流传系统,一个是《吕览》所根据的,缀尾有老聃语;一个是《说苑》所根据的,明言为楚共王事。"[3]这一说法还有进一

---

[1] 李启谦,骆承烈,王式伦:《孔子资料汇编》,山东友谊书社,1991年,第88页。
[2] 郑良树:《论〈公孙龙子·迹府〉的成书时代》,载《文献季刊》,2000年第2期,第5页。
[3] 郑良树:《论〈公孙龙子·迹府〉的成书时代》,载《文献季刊》,2000年第2期,第6页。

步讨论的空间,因为《说苑》中因为孔子的话论证目标和《吕氏春秋》有一致性,且文本的自足性和独立性依然不够好。

> 楚共王出猎而遗其弓,左右请求之,共王曰:"止,楚人遗弓,楚人得之,又何求焉。"仲尼闻之曰:"惜乎其不大,亦曰,人遗弓,人得之而已;何必楚也!"仲尼所谓大公也。(《说苑·至公》)①

郑良树认为:"刘向知道这是楚共王的故事,显然的,他所依据的材料比《吕览》丰富;《说苑》缺乏老聃那句话,更可证明刘向并不根据《吕览》,否则,在《至公》内,刘向尽可录《吕览·贵公》这段文字,更符合篇章的题旨,何况《吕览》缀尾还有'至公'二字。"②《说苑》说的是"楚人"而不是"荆人"显然更正规,这个文本应该是有原始文献依据的。另外这个文本的自足性要强于《吕氏春秋》,因为有"惜乎其不大"字样。显然孔子的观点是应该追求"大"。《说苑》和《吕氏春秋》相比,《说苑》记载的这则可靠性并不差。另外,二者虽然可能有不同的来源,但论证的目的却是趋向一致的,也就是"大公"。

《孔子家语》中的记载和《说苑》基本上是一样的。

> 楚王出游亡弓,左右请求之,王曰:"止。楚王失弓,楚人得之,又何求之。"仲尼闻之曰:"惜乎其不大也!不曰人遗弓、人得之而已,何必楚也!"(《孔子家语·贵生》)

在《孔子家语》中,这段话是用来论证"贵生"的。除了论证的主旨有变化外,材料形态和《说苑》当为一类。二者之间的关系到底如何,还需要进一步加以考证。

《孔丛子》和《公孙龙子》中记载的内容有很大的相似性。

> 龙闻楚王张繁弱之弓,载忘归之矢,以射蛟兕于云梦之圃。反而丧其弓,左右请求之。王曰:"止也。楚人遗弓,楚人得之,又何求乎?"仲尼闻之曰:'楚王仁义而未遂。亦曰人得之而已矣。何必楚乎?'若是者,仲尼异楚人于所谓人也。夫是仲尼之异楚人于所谓人,而非龙之异白马于谓马,悖也。(《孔丛子·公孙龙第十二》)

《公孙龙子》中的记载因为和《孔丛子》相似,往往被用来定位该书出现的年代。

> 白马非马,乃仲尼之所取。龙闻楚王张繁弱之弓,载忘归之矢,以

---

① 李启谦、骆承烈、王式伦:《孔子资料汇编》,山东友谊书社,1991年,第88页。
② 郑良树:《论〈公孙龙子·迹府〉的成书时代》,载《文献季刊》,2000年第2期,第6页。

射蛟兕于云梦之圃；而丧其弓。左右请求之，王曰："止。楚王遗弓，楚人得之。又何求乎？"仲尼闻之曰："楚王仁义而未遂也。亦曰人亡弓，人得之而已。何必楚。"若此，仲尼异楚人于所谓人。(《公孙龙子·迹府》)

《公孙龙子》和《孔丛子》还是有一些差异的，《公孙龙子》讲"楚王"而非"楚人"，人"亡弓"和《说苑》、《孔子家语》讲"遗弓"相近。正因为如此，对《公孙龙子》中记载的时间定位还有重新讨论的空间。"本篇本段似乎与上述两种样本不同；第一，它说：'张繁弱之弓，载忘归之矢，以射绞兕于云梦之圃。'行文颇有骚赋铺排之风，可见其时代比较晚；第二，上述两样本引仲尼语都只言楚王未能破除'楚人'的局限，本段引仲尼语除申述此点外，尚批评楚'仁义未遂'，将孔子的'仁'与孟子的'义'结合在一起。批评内容显然比前二本增多且丰富。据此而言，本段时代应在前二本之后，时代当在秦一统天下之后，或竟是西汉初年了。"①

公孙龙子认为这是孔子"异楚人之于所谓人"，也就相当于白马非马。不过，如果联系孔子回答樊迟的问题来看，这句话孔子的意思是：完美的仁爱是爱所有人，而不仅仅是爱楚国人。不计较是自己找到弓，还是被楚国人捡到，或者被其他哪个国家的人得到，这样对人的爱是普遍的爱，是较高层次的仁的要求。用西方伦理学分析模式来看，爱一切人是仁爱原则。仁爱是说要有爱心，希望行善避恶，是希望或准备行善避恶。但爱人总涉及爱具体的人，这就有了矛盾，需要有先后和轻重缓急之分。这就要求有功利原则来加以补充说明当不能实现百分之百的爱的时候，应该选择最大量的善，也就是最大量的爱。

几个"楚人遗弓"的故事归结起来其实论证两个理论主题，一个是大公，一个是仁爱。《吕氏春秋》论证"至公"强调人要像天地一样"不私一物"，而如何才能实现"至公"呢？其中有一个超越的过程，楚人超越了自己，强调"荆人"，孔子超越了"荆人"，强调"人"，老聃超越了"人"。对"至公"的论述和《圣经》、《马太福音》对爱的论述非常相近。"你们听见有话说：'当爱的邻舍，恨你的仇敌。'只是我告诉你们：要爱你们的仇敌，为那逼迫你们的祷告。这样，就可以作你们天父的儿子。因为他叫日头照好人，也照歹人；降雨给义人，也给不义的人。你们若单爱那爱你们的人，有什么赏赐呢？就是税吏不也是这样行吗？你们若单请你弟兄的安，比人有什么长处呢？就是外邦人不也是这样行吗？所以你们要完全，像你们的天父完全一样"(《圣经·马太福音》)。"日头照好人，也照歹

---

① 郑良树：《论〈公孙龙子·迹府〉的成书时代》，载《文献季刊》，2000年第2期，第6页。

人"和"阴阳之和,不长一类"表述的意思基本相同,不过一个认为这样是至公,一个认为是仁爱。孔子的语言在这个故事中缺乏独立性,被当做例子证明引用者的观点。

而在《孔丛子》中,孔子的话有自足性,就是"仁义",仁义要爱人,这个人不同于楚人,具有一般的"人"的意义。《公孙龙子》中的这段话虽然被用于论证"白马非马",但依然有自身的自足性。综合起来看,孔子评价"楚人遗弓"应当在历史上有较长时间的流传历史,不管是口头还是文献的。至于孔子是否说过这段话,已经很难考证,但一度被认为是孔子的话并流传于社会是没有疑问的。

孔子评价"楚人遗弓"由于区分了特殊的人和一般的人,这一思维方式表面上看和《论语》多有不合之处。《论语》基本不把"仁义"合用。另外《论语》在讲"仁"的时候,往往置于"己"和"人"的关系中来讲。二者之间是否具有逻辑的一贯性,或者说是否是同一个问题的不同理论层面呢?

能够进行由己及人的推爱,或者在人我之间进行换位思考的前提是对人的一般性的认知和实践。"所以,在某种意义上说,不自制的行为似乎是来自理论和意见,不是就其自身而言的,而是就偶性而言的,与正确原则相反(因为意见不是其对立物,欲望才是其对立物)。由于这个缘故,所以野兽没有自制,因为它没有普遍判断,而只有个别的表象和记忆。"[①] 三段论有实践的意义。比如从大前提的角度来说,一切甜的水果都是美味的,所有的人都喜欢或者应该享受甜的水果,因为他是美味的;这是从一般来说的,包括所有的甜的水果,也包括了所有喜欢甜水果的人。紧接着,我们讲一个具体的水果,比如眼前有一个苹果,你会说,苹果是甜的,苹果是美味的。再往下面,我们每个人的行为推理过程就会有差别了。一种情况是,既然这个苹果是甜的,是美味的,所有的人都喜欢吃,我当然是所有的人当中的一个,当然我吃掉他是合理的。这个时候,你行为的逻辑起点是你自己喜欢吃,而你自己吃掉苹果的理由是所有的人都喜欢吃苹果。另一种情况是,你可能会想,这个苹果是甜的,美味的,所有的人都喜欢吃,那么还是留给比别人吧。这个行为的推理的前提就是一般,就是你和别人都需要,然后推出应该留给别人去享受苹果。这就是坚持了普遍的意见。我们一般把后面这种思维过程认为是比较符合"恕"道的,比较有同情心,有恻隐之心。古希腊的哲学家亚里士多德看来,第一种情况有点接近动物的品质,动物不考虑一般,只能看到个别,在亚里士多德心目中,一个猴子见到了好吃的东西,可能不会想其他的猴

---

① 亚里士多德:《尼各马科伦理学》,苗力田译,中国人民大学出版社,2003年,第142页。

子也是喜欢这个东西的,也不会有三段论式样的推理。对于这样的思考方式,要分两面来看,如果是好的事情,当然别人做了,我们也应该跟着去做,甚至应该做得更好;如果是不好的事情,我们要需要洁身自爱。显然,能够推己及人,如果从西方哲学的思维来观察,前提是坚持一般的意见,超越了个别的人的概念,而是有一般的人的概念,并且在实践中坚持了一般的人的概念。从这一意义上说,一般的人的发现是思考仁爱的普遍性问题的必然结果。

第四节　德性情怀

1. 仁

仁爱的含义很难把握,大致可以从如下几个方面来把握。仁的心理特征。"仁"是指态度、情感、愿望、感觉、希望、意志、慈爱、善意、同情、宽厚、博爱等等。

直觉近仁。梁漱溟认为"孔子和孔子所承受的古化都是教人作一凭直觉的生活,而以调理直觉为之先。"① 他认为"美德要自内发的直觉而来才算,一入习惯就呆定麻疲,而根本把道德摧残了。仁的表现是不安。安"不是情感薄直觉钝吗?"②

人的真性情的流露近仁。《论语·子路》所说"刚毅木讷近仁"。

爱心近仁。"樊迟问仁。子曰:爱人。"(《论语·颜渊》)"仁"作为"爱"可以是自爱,也可以是爱他。《荀子·子道》就记载了孔子不同回答,其中包括:"仁者使人爱己";"仁者爱人";"仁者自爱"等不同的回答(《荀子·子道》)。

觉近仁。在宋明理学那里,流行以"觉"解释"仁"。南宋思想家张九成就认为因为"觉"才有"仁"。程门弟子谢良佐有把"觉"理解成知觉,也就是"识痛痒"那类的知觉的倾向。朱熹反对用认识论的"知觉"概念来描述作为道德范畴的"仁"。他把"觉"拉回到道德觉悟这个轨道上来。二者可以不分,知觉和道德自觉都近仁。

"思"的"清"近仁。《五行》说:"不仁,思不能清",反过来"不智不仁"。③ "智"是"仁"的前提,"仁"又保证了"思"的"清"。

---

① 梁漱溟:《梁漱溟全集》第一卷,山东人民出版社,1989年,第486页。
② 梁漱溟:《梁漱溟全集》第一卷,山东人民出版社,1989年,第453页。
③ 郭沂:《郭店竹简与先秦学术思想》,上海教育出版社,2001年,第155页,第171页。

内在自我和万物一体的形上体验近仁。内在自我的体验近仁。《五行》说："五行皆形于内而时行之，谓之君子"。① "仁"形于内，"仁"是自我的另一种身体及其成就。万物一体感近仁。谭嗣同持有以"仁"为核心范畴的本原论。他说："仁为天地万物之源，故唯心，故唯识。"② 康有为认为"同类者，仁也；有所断限者，义也。"③ 谭嗣同认为"仁"是一个本体，这个本体不动，但能感应万物："天地间亦仁而已矣。"④ 唐力权指出："《论语》中'仁'字出现一百多次，但指的都是在文明社会中落实仁性。孔子所罕言的、子贡所不可得而闻的当然不是这个最为孔子所关切的道德化仁，而是为道德化仁的内在根源的自然仁性和本体之仁。"⑤

个体德性的完善近仁。"仁者，人也"（《礼记·表记》）。按照这一解释逻辑，上千和下心构成的"忎"（仁）字，就应该是心中实现的千变万化，是在中心实现的千变万化，"仁"就是人在心中（或某个中心）实现的自我的千变万化，自我成长的无限可能性，自我无限可能性的自性，自我对他人无限的关怀之心等等。

按照这一解释逻辑，"尸"和"二"构成的"仁"，"人"和"二"构成的"仁"可以解释成自我实现了自我的超越，从而既是自我，又不是自我，是自我的创造性的发展。也可以把"二"解释成天地，"仁"就是行走于天地之间的人，这显然是"大人"，是自我的天地潜在存在的属性及其实现的概念。

按照这一解释逻辑，由上面的"身"，下面的"心"构成的"仁"可以理解为心中思考着自己、想着自己，爱着自己。"身"就是朕、余、躬。心就是心中。如果换成一种相对古朴的解释就是在某个中心实现另一个自我。"心"可以理解为"心中"，也可以理解为"中心"，因为古人的心中的概念往往是身体主义的"中心"概念。身可以理解为自我的代名词。

"仁"是个人的品质，个人的境界，这种境界是人的楷模，仁者是杰出的。"仁"是人，但更是一个人质变了的新形态。它不仅指成仁之人，更是成仁的方法和成仁的过程，人只是成人。"成己，仁也"（《中庸》）。"仁"是一种人生的方向性的概念。这个方向性并不意味着绝对的、强制性的一元性，而是包容了多样性的。每一个人达到完美境界的道路都是不同的，特殊的人要根据具体的条件来解释"仁"。"人"和"仁"反映了人造就程度的差异。"成人"即是尽人道，即是完

---

① 郭沂：《郭店竹简与先秦学术思想》，上海教育出版社，2001年，第152页。
② 谭嗣同：《仁学》，华夏出版社，2002年，第6页。
③ 康有为：《康有为全集》第一卷，上海古籍出版社，1987年，第172页。
④ 谭嗣同：《仁学》，华夏出版社，2002年，第20页。
⑤ ［美］唐力权：《周易与怀德海——场有哲学序论》，辽宁大学出版社，1997年，第299页。

成人格。成为"仁"是一种构想，孔子追求"仁"的理想始终留待人们去发展和补充。

自然达人近仁。一个人在参照别人的行为这一事实足以告诫我们，我们自己就是别人的一个可能的价值参照系，一个可能的导引者，我们不得不去考虑这种导引包含着的可能的价值意义和价值现实。倘若每个人都放弃了正面价值的追求，那么社会整体的道德和价值水平自然会下降。所以自己一方面要有所约束，又要有所建设。不对别人施加附面的价值影响，而要给予积极的影响。普适性在于"仁"解释了人生在世的互相影响的现实性，告诉人们在相互影响的过程中如何保持健康向上。普适性在于"己"和"人"的依存性；自己"立"了自然就立了别人；自己不立自然给别人带来麻烦。每个人都追求自己的"立"，自然彼此轻松。普适性不在于其规范性，而在于这一表述包含的人生的基本现实。己不完全是反身代词意义上的"自己"。反身代词意义上的"自己"已经被置于个人与他人的对象性关系中来思考了。问题的关键就在于要把"人""己"关系看作是现实性的价值关联关系。"己所不欲，勿施于人"和"己欲立而立人，己欲达而达人"具有同等的意义，自然也就不存在否定性的"银律"的问题，不存在不具有普遍性的矛盾问题。"恕"只是说：自我的成长和正面价值的实现自动地就具有一种人伦的意义，自我作为社会的一个成员减轻了他人的责任和压力，同时作为一种无言之教和榜样的力量，也作为人自然的同类性自然地具有引导他人正面价值实现的意义。"己"和"人"之间具有如下一些关系：同时性关系，自己"立"了的同时也就立了别人，而不是有一个先后的顺序；无为或自然的关系，不是有意识地去"立"或者"达"，而是自然形成的艺术性的、美学的、内在性的秩序，自然就会有"立"和"达"的效果；不是无原则的"立"或者"达"，而是要"成人"才是"立"和"达"。自己和别人最根本要"立"和要"达"的目标就是成人，成为一个君子和圣人，成为顶天立地的人。

2. 义

汉字对中国文化的发展具有核心性和逻辑制约性，可以通过对后来汉字义理的发展的综合研究重建汉字的义理结构，从而为中国文化奠基。"义"内部包含着多种关系，有多种发展的可能性。后来的发展基本上不脱离这些关系和发展的可能性。"义"由"羊"和"我"构成。义的各种内涵和外延都可以由这些要素及其相互关系得出，从而构成了对义字进行概念式定义或者譬喻式定义的逻辑基础。在笔者看来，后来对"义"的应用以及哲学反思很大程度上可以还原到"义"字自身包含的可能的逻辑关系之中。如果是这样的话，对汉字的研究就是寻求中国哲学和文化获得一种稳定的、持续的发展所必需的工作。就"义"字的内部逻辑来讲，就是要分析"我"和"羊"的关系，以及"我"和"羊"各自内涵和外延的逻辑拓展。

"义"由"我"和"羊"构成。羊，有吉祥的意思。"羊，祥也"。"羊，善也。"① 羊，羊是群体性动物，羊有群的含义；羊是一个物，也是一个生命；羊柔弱善良，有善的含义。

"我，一部分是"戈"，另一个部分"不定为何字也"，"古文垂也"，"一曰古文殺字"。② "我字的常用义是第一人称代词。本义则是上古一种有锯齿形的钺类兵器"。③ 兵器是用手使用的，我们可以在哲学上把兵器和手结合起来理解"我"。从哲学的角度来分析"我"，"我"应该说得是人的一个方面。"我"是说一个人的某一个方面。这个方面是哪个方面呢？是"戈"所隐喻的方面，是"手"所隐喻的方面。这就是说是工具性的方面，有可能带来对他人和生命带来伤害的方面。操戈的是我，人是用手操戈的，这是工具性的我，对其他的生命具有伤害性的自我，要把其他的生命当作工具来应用的自我。"我"是自我的工具性和工具性方面。

"这大概是为王者所持的刃部有齿的钺类兵器'我'引申用为第一人称代词，代表王朝最高统治集团甚至整个国家的由来。"④ "甲骨刻辞中，我、余、朕均用作第一人称代词，余和朕代表商王个人，我字则代表以商王为核心的最高统治集团，即殷商王朝。……说明'我'比'余'、'朕'更有权威性。"⑤ "我"代表了由"人""我"关系中突出了自我，显然我还是由"人""我"限定的。"我"很大程度上是通过我与他人对应性关系显示出来的。"我"往往是名位之我，私我。在《论语》中，"我"更多地是用作单数的。"我"在作为主语的时候，具有强调的意义、加强语气的作用。"我"与"非我"有比较明显的对待关系。如"我"与"尔"，"我"与"人"的对待关系。"惟我与尔有是夫"（《论语·述而》）。在《论语》中，"我"作定语的例子比较少见。有表示亲近、亲爱之意义。从哲学的角度来分析，更突出强调在群体中突显出来的自我。这个被突显出来的个人往往用"我"来限定。"三人行，必有我师焉"（《论语·述而》）。"我"作为宾语的时候也是处

---

① 许慎撰，段玉裁注：《说文解字注》，上海书店，1992年，第145页。
② 许慎撰，段玉裁注：《说文解字注》，上海书店，1992年，第145页。
③ 何金松：《汉字文化解读》，湖北人民出版社，2004年，第511页。
④ 何金松：《汉字文化解读》，湖北人民出版社，2004年，第513页。
⑤ 何金松：《汉字文化解读》，湖北人民出版社，2004年，第512页。

于对待关系之中的。"我"对应"羊"构成的关系是工具性的"我"中的"羊"。

如果"我"是人的一个方面的描述，那么，人的其他方面该如何描述呢？本书使用"吾"来描述。"因此，'五'就是正午的形躯，与天地连成一直线的形躯，亦即是站稳的形躯。稳立地上的形躯才能在正午与太阳（天）成一直线，所以说是'成于五'。稳立的形躯乃是准大人生命的真正开始。所以'五'就是'吾'。'吾'就是成为准大人的我呀！"① "吾"是与天地人一体的整体性的人。"'吾'字兼有'我'和'我们'两义。"② "吾"对应的"羊"是人性价值关照下的"羊"。

義和牺牲是同源词，有牺牲的含义。得义，就意味着奉献、给予。牺牲有多种可能性，其中一个可能性就是牺牲"羊"，义，是"手"持有"戈"对"羊"，杀掉"羊"作为祭品，也就是说牺牲掉和自我的功利需要密切相关的外在的一切；其二是牺牲掉"我"，自愿让出自我的功利价值以便获得更大的功利价值。其三是牺牲掉功利性的"我"和功利价值关照下的"羊"，实现"吾"和人性价值关照下的"羊"的价值。根据这一分析，本文认为孟子对"义"的解读更为深刻。

结合孟子、告子、荀子、董仲舒等人对"义"的论述，本书在这里提出一个"义"的逻辑结构模型，作为阐释"义"的一个逻辑假设。

根据"义"字包含的以上三个要素，"义"字本身在逻辑上就可以包含如下主要关系。以"吾"为逻辑起点来考虑："吾"和"羊"的关系；"吾"和"我"的关系；"吾"和"羊"与"我"之间的关系。以"我"为起点来考虑："我"和"我"的关系；"我"和"羊"的关系；"我"和"吾"的关系。

"义"的第一个逻辑层面本书把它叫做至善，或者元价值，源价值。这个源头用"吾"来标示。"吾"有利于揭示人的作为元价值和价值之源的地位。"义"是一种什么样的元价值呢？"羞恶之心，义之端也"（《孟子·公孙丑上》）。"羞恶之心，义也"（《孟子·告子章句上》）。孟子把"义"看做是对"恶"的自觉抵制。这里的恶是一般的恶，也就是说人除了能够判断是非，有"智"之外，还有对"恶"的自觉抵制能力。

"人皆有所不为，达之于其所为，义也"（《孟子·尽心下》）。"有所不为"是意志的自律，对应"吾"这一逻辑层面；"所为"是实践的质料，对应"我"、"羊"以及"我"和"羊"的关系、我和我、羊和羊这样一些逻辑层面。孟子强调二者的"达"的关系。"孩提之童，无不知爱其亲者，及其长也，无不知敬其兄也。亲

---

① ［美］唐力权：《周易与怀德海之间——场有哲学序论》，辽宁大学出版社，1997年，第157页。
② ［美］安乐哲：《自我的圆成：中西互境下的古典儒学与道家》，彭国翔译，河北人民出版社，2006年，第339页。

亲，仁也。敬长，义也。无他，达之天下也"（《孟子·尽心章句上》）。"达"是一个普遍性和实践性相结合的概念。"义"不是一个欲求的对象性的概念，取义不是把义当作对象去追求，而是按照本有的"仁"去行动（路）。"心"具有实践性，就其实践性而言是义。义就是路："夫义，路也；礼，门也。惟君子能由是路，出入是门也"（《孟子·万章章句下》）。这样一来，"义"作为路也可以是路标和出发点，义也就成为准则性的概念。"由仁义行，非行仁义也'"（《孟子·离娄章句下》）。仁义普遍地是所有人的实践准则，这一实践准则表现为亲亲和敬长，这就给对象方面以较为具体的说明。

这样一来，就既要保持义的独立性和超越性，又要保持一定的实践贯通性。那么孟子既要超越又要贯通的内容包括什么呢？主要是人伦关系，身体、生死等等内容。在孟子那里，着力论证了至善的"实"在血缘亲情的关系之中。孟子把义的"实"定位在"事亲"和"从兄"等血缘性的人伦关系之中。"义之实，从兄是也"（《孟子·离娄章句上》）。在孟子看来，"义"之必然的"实"还包括对君主的尊重。"未有义而后其君者也"（《孟子·梁惠王章句上》）。孟子的思想如果还原为"义"字的逻辑结构，我们把这个能够超越"尔"与"汝"关系的"实"理解为"吾"，这样一来"义"就是"吾"和"我"以及"我"与对象（"羊"）之间构成的对象性关系之间的关系。那么，在孟子心目中"义"就是"吾"和"尔""我"之间的关系。那么，这种关系是一种什么样的关系呢？"吾"是元价值，是价值之源，"吾"本身就是"义"，"吾"之义可以在"我"的层面显露出来，这就是"端"。"吾"趋向于"义"是"吾"的本性。在"我"这个层面上来看，可以通过"思"和"求"来得到"义"。义既是既得的，也是领会的。

在人己关系中来了解"义"基本上把"义"理解为"我"与"我"之间的关系。也就是个体和个体，以及个体和社会群体间的尊卑关系，还是平等关系；奉献关系，还是适宜关系，还是互利关系的问题。

其一是认为"义"是人"和"己"中之间的尊卑关系。"子曰：'……卑己而尊人，小心而畏义，求以事君。'"（《礼记·表记》）在这里，"义"就表现为"卑己而尊人"。"子曰：'仁者人也，道者义也。厚于仁者薄于义，亲而不尊；厚于义者薄于仁，尊而不亲。'"（《礼记·表记》）在这里，"仁"更多地指的是人与人之间的不分等级的亲情关系，"义"更多地指的是基于人与人之间的等级关系而对高等级的人的尊重。

其二，把"义"理解为个体和群体之间奉献关系。"子言之：'君子之所谓义者，贵贱皆有事于天下。'"（《礼记·表记》）在这里，"义"就表现为不管自己身份的贵贱都可以根据自己的条件来奉事天下。

"义"要求为了"吾"而牺牲"我"。"义"有牺牲的意思。"义"有功利性和道义性两个方面,而最为本质的方面是道义性的。"义"意味着可以牺牲功利性尺度下的自我,以及自我功利性尺度关照下的外物或他人。"见义勇为"中的"见"字,既具有出现的含义,显现的含义,也有看见的含义。因为内心价值自觉的出现,从而可以在外在对象中看见或者发现"义"。既然如此,人就可以因为"吾"价值呈现,从而牺牲掉功利性的"我",以及与功利性的"我"相关的一切。这就是"勇为"。正是因为人可以牺牲掉自我的工具性,以及与自我工具性方面相关的外在世界,人入于生命的洪流之中,从而成为神圣的人。

其三,也有强调"义"是个体和群体羊之间的适宜关系的。"义之本训谓礼容各得其宜,礼容得宜则善矣"(《说文解字注》)。"义,己之威仪也"(《说文解字注》)。"义"等于"宜",适当、公正、切宜。"礼"的根源在"义"。"义"对"礼"具有建设作用,"礼"是展示"义"的形式手段。"礼"是"义"所表达的个体创造性的结果。这就要求有一个"礼"作为衡量的尺度和标准。"礼"是观察"义"的。"行礼不疚,义也"(《周语上·内史兴论晋文公必霸》)。行礼无失,是义的表现。"义"可以进一步用"仪"和"宜"来说明。

其四是把"义"理解为个体与个体之间的兼相爱、交相利的关系,是统一个体和个体的统一的理念。《墨子》用定义的方法来说明"义"。并且"义"是逻辑范畴,具有范畴间的过渡性功能。在墨子看来,"天之志者,义之经也"(《墨子·天志下》)。墨子心目中的"义"范畴是居于"天"、"顺"、"兼"等范畴之间的过渡性范畴。"兼即仁矣,义矣"(《墨子·兼爱下》)。"兼"就是"义",首先是兼"天"。"曰:'顺天之意者,兼也'"(《墨子·天志下》)。什么叫做兼"天"呢?就是顺天意。"曰天之所欲者,何也?天欲义而恶其不义者也"(《墨子·天志下》)。"义"是"天之所欲者"。由于顺天意而起到对事物的规定的结果就是"义正"。"顺天意者,义正也"(《墨子·天志上》)。这样一来,"义"就是"正"。"何以知其然也?曰:'义者,正也。'"(《墨子·天志下》)"义"就是"兼相爱"、"交相利"。"曰:'义正者,何若?'曰:'大不攻小也,强不侮弱也,众不贼寡也,诈不欺愚也,贵不傲贱也,富不骄贫也,壮不夺老也。'"(《墨子·天志下》)《墨子》一书还用"义"来规定伦理关系。"义可厚,厚之;义可薄,薄之。之谓伦列"(《墨子·大取》)。

其五,也有涉及私人领域和公共领域的问题的。"义"比较强调比较亲近的人际关系。关于"义",《国语》也认为应该优先考虑比较亲近的人际关系。兄弟之情应该优先于和民众的关系,和民众的关系应该优先于民族之间的关系。"且夫兄弟之怨，不徵于他，徵于他，利乃外矣。章怨外利，不义"（《周语中·富辰谏襄王以狄伐郑及以狄女为后》）。暴露内部矛盾而让外人得利，这是不义的行为。从另外一个角度来看，对待他人也不能不讲原则，否则则会引起内部矛盾。"乘人不义"，"不义则民叛之"（《周语中·单襄公论郤至佻天之功》）。

"义"的哲学阐释的基本逻辑关系包括如下几个方面：义是内，还是外的问题涉及对义的阐释的逻辑起点问题的探究，涉及义是一种元价值（或者源价值），还是价值之物这一哲学问题；义是内，还是外的问题还涉及"吾"和"我"与"羊"的关系是对象性关系，还是过程性关系的问题；杞柳之性和杯棬的讨论以及孟子性善和荀子性恶论的分别涉及以"我"为逻辑起点，如何对待"吾"的问题，是"思求"关系还是改造加工关系的问题。

其一，是对象性思维下的主客观之间的关系，还是过程性思维下的成长关系？孟子的思想具有明显的过程性思维的特征。在孟子那里，人如果没有不良因素的过分干扰，自然就可以长成君子或者圣人。孟子使用了存、养等概念来说明性的成长问题，说明在孟子那里，过程性思维是占有很大的比重的。从"所不为"，"达"到"其所为"，很大程度上不是对象性的概念，而是一个过程。当孟子把"义"说成是"路"和"门"的时候，认为"义"具有行的动力的时候，都意味着"义"自身就具有成长之道。只要顺着这个"道"去成长，自然就会结出丰硕的成果。孟子强调"顺"，顺本性而成杯棬，成为有价值的人，成就理想的完美人格。孟子反对告子，重点在反对告子的思维方式，以及思维方式导致的后果，反对的是对象性的思维方式。

其二，"义"是思求关系还是改造加工关系？在孟子心目中，"性"本身就包含"义"，至于一个人是否做到"义"是和"思""求"有关系的。"仁义礼智，非由外铄我也，我固有之也，弗思而矣。故曰：求则得之，舍则失之"（《孟子·告子章句上》）。"故曰：'求则得之，舍则失之。'或相倍蓰而无算者，不能尽其才者也"（《孟子·告子章句上》）。有人同别人比相差一倍、五倍甚至无数倍，这是不能充分表现他的天性的缘故。而孟子所说的探求主要指得是"思"。"思则得之，不思则不得也"（《孟子·告子章句上》）。在这里也可以把"思"的主体看做是"我"，思求不是把"吾"当做一个对象去求，而是认识到自身就是"吾"的表现，也就是要"反身而诚"。荀子也认同需要思考和学习才能有"义"，但这个"义"是从"圣人之伪"中产生出来的，然后民众学习和思虑可以得到"义"。"然则礼义法度者，是生于圣人之伪，非故生于人之性也"（《荀子·性恶》）。礼义法度不是生于性的，而是因为圣人的"伪"才产生出来的。"今人之性，固无礼义，故强学而求有之也；性不知礼义，故思虑而求知之也。……人无礼义则乱；不知礼义则悖"（《荀子·性恶》）。礼义是人"强学"和"思虑"而得到的。在荀子心目中，"义"不是"性"，而是"伪"，是后起的善。在荀子那里，"吾"成了性，且在价值上被定位为"恶"的，"我"通过"学"和"思虑"的对象性的认识活动从而使得"吾"成为"羊"，就是成就了义。但是荀子没有肯定"吾"的价值自决性，对于"思虑"和"学"也主要从模仿和学习的意义上使用，而没有在觉悟的意义上使用。为什么同样强调思、学除了对思和学的理解不同以外，荀子强调学而孟子强调思，还是因为对学和思的理解不同。更为重要的是两个人的思维前提不同。在荀子那里，有对象性思维的特征，性是一个"伪"加上去的一个对象；而在孟子那里，仁义是源头，只要源头对了，后面成长的价值自然是好的，思求是帮助挖掘这个源头，并让"流"更为丰沛而已。

"告子曰：'性，犹杞柳也；义，犹杯桊也。'"（《孟子·告子章句上》）"义"是一种善，但这个善是怎样在"性"中发生的呢？是通过改造加工才发生的。"告子曰：'性，犹湍水也，决诸东方则东流，决诸西方则西流。人性之无分于善不善也，犹水之无分于东西也。'"（《孟子·告子章句上》）"决诸"依然是一个人为的改造加工性的概念。人为的加工工作导致人有正面价值和负面价值，导致人有善有恶，而就人性而言，无善无恶。告子似乎没有对改造本身进行过多地价值的评价和思考，而只是把它看成是善恶价值产生的具有普遍性的根源和基础。在用水来讨论人性的过程中，告子和孟子涉及了"决诸"的普遍性和特殊性问题。告子显然认为，加工对善恶价值来讲具有普遍性，是善恶产生的普遍性根据和基础。孟子则坚持"决诸"具有特殊性，或者仅仅是可能性之一，而且往往是导致恶的根源，是一种导致负面价值的负面的价值活动。"决诸"导致善恶之分，和"智"的"是非之心"，"义"的"羞恶之心"相比，表面上有共性，智分辨是非，义羞恶，但告子把"人性"概念和"决诸"、"仁义"分开，说明告子没有人性看做是一种元价值或者价值之源，这样人为什么能够通过"决诸"而形成善恶，也就是说人是否具有一种判断是非的价值能力问题就没有得到充分的关注。告子的人性概念也触及到"吾"，只不过他把"吾"从"我"的对象的角度来理解，且抽象成了一个没有任何价值源泉意义的客观的、自然的生理事实。孟子看来，把"义"看作是我与你之间的对象性关系本身就是"外"了。"我故曰：'告子未尝知义，以其外之也。'"（《孟子·公孙丑上》）孟子所理解的"义"是超越"人""我"之间的对象性关系的。所以孟子说："人能充无受'尔'、'汝'之实，无所往而不为义也。"（《孟子·尽心章句下》）

其三，一般性还是特殊性，"义"的情境性、特殊性和普遍性问题。孟子重视考察人的特殊性，不过这里的特殊性概念是就和其他物类的比较而言的。当关注人这个类的时候，孟子更关注"同"的方面，普遍性的方面。孟子希望着眼于普遍性来考虑问题。孟子在思考"义"的问题的时候，有一般和特殊的分别。水信就下就像人性趋向善一样，具有普遍性；水向上，就像人性被迫不善一样，是势使然，具有特殊性，是特例。改造是特例，而且是从价值上来讲，这种思维从根本上来说，就是负面价值的源泉。不仅从价值评价上来看，是应该给予负面评价的，而且本身就会导致负面价值。

墨子是着眼于个体特殊性的义和社会普遍的义来思考的。"古者天之始生民，未有正长也，百姓为人。若苟百姓为人，是一人一义，十人十义，百人百义，千人千义。逮至人之众，不可胜计也；则其所谓义者，亦不可胜计。此皆是其义，而非人之义，是以厚者有斗，而薄者有争。是故天下之欲同一天下之义也，是故选择贤者，立为天子"（《墨子·尚同下》）。墨子认为可以作为社会的普遍的"义"只能是"兼相爱"、"交相利"。

在面对墨子一类的问题的时候，孟子解决问题的思路和墨子不同。"义"的普遍性问题是就心之理而言的。孟子的"心"具有理性的含义。"心"就普遍性而言是理。但孟子的"心"比较缺乏认知理性的内容，却较多地具有纯粹实践理性的含义。"心之所同然者，何也？谓理也，义也。圣人先得我心之所同然耳"（《孟子·告子章句上》）。当普遍的"义"落实到具体的社会关系中的时候，当然也有一定普遍必然的规定。在孟子看来，关于是敬重叔父还是敬重兄弟这样的问题，如果单纯抽象地说当然是要敬重叔父。但是如果兄弟在祭祀活动中担任主祭的角色，当然是敬重兄弟。为什么这个时候不敬重叔父了呢？就是因为兄弟处在了主祭的地位。"庸敬在兄，斯须之敬在乡人"（《孟子·告子章句上》）。也就是说，从"位"的角度考虑，普遍的义当然要求敬重叔父，但是这个要求同样可以在具体的情境下要求敬重兄弟。特殊的义不离开普遍的义。

其四，是功利性还是道义性，"义"的道义关系和功利关系问题。在《国语》看来，坚持"义"就会带来利益。"夫义所以生利也"；"不义则利不阜"（《周语中·富辰谏襄王以狄伐郑及以狄女为后》）。《墨子·经上》一书也说："義，利也。""义"就表现为给社会带来利益。孟子则把"利"和"义"对应着谈。"王何必曰利？亦有仁义而已矣"（《孟子·梁惠王章句上》）。"义"对应天"爵"；而"利"对应"人爵"。"远在十分原始的阶段人们就已意识到了货币不适合表现人的内在性。"① 对"义"字的功利论的和道义论的理解反映了人性价值的货币化和个人价值的博弈。孟子把至善看做是天爵，从属的善事人爵，重点是天爵。

3. 礼

关于中国文化中的"礼"，一旦进入现代思维的视野，就会存在着很多互相矛盾的解释倾向，大致包括如下几个方面：

其一是人文主义与神秘主义的解释。世俗的、人文主义的、经验论的或者理念论的阐释把"礼"理解成一种世俗人文主义。坚信"礼"的人意味着是一个具有人文主义者或者传统主义世界观的人。"礼"是人类的成就历史遗留的总体，包括道德和精神的成就。这些成就并不依靠欺骗或幸运之神的降临，也不依赖于神秘的咒语或者任何外在的力量就可以自然而然地发挥其巨大的功能。这是"礼"的人文色彩。

而神秘主义、超越主义心目中的"礼"则有"神奇魅力"，人通过礼仪、姿态和咒语获得不可思议的力量，自然无为地直接实现他的意志。一个人只要在适宜的礼仪环境中就可以通过恰当的仪态和言词来希冀他的目标。对他来说，不需要作进一步的努力，这种行为就达成了。合礼的仪态是蕴藏着神奇魅力潜能的一种状态，合礼仪的姿态可以导致直接的行为目标。在这种观点看来，孔子的言词有时候曾经强烈地暗示出礼仪方式有某种根本的神秘力量。在芬格莱特看来，"礼"不仅是以简单粗糙的行为主义方式塑造了民众人格的公认的行为习俗样式，还是神圣的具体的人际交往行动。这些行为能够具有对参与到其中的人进行改造从而使其更富有人性的魅力的能力。在自觉的礼仪行为中存在着人与人之间的一种认同。这种认同具有重要的而且带有一定的神秘色彩的力量和作用。

其二是相互性或等级性的解释。一种观点认为，"礼"主要是对"民"讲的。"礼"主要要解决的是颠覆权威的问题。在这种观点看来，《论语》更强调下属的恰当行为而不是当权者的恰当行为。在这种观点看来，孔子更为关注的是当世存在的因为颠覆神圣权威脆弱结构造成的危害，而不是当权者对于权威的滥用。因为当时的社会存在着很多的颠覆权威的事情。包括年届壮年的子女对老年父母的冷酷无情的忤逆行为。当时还存在着一些野心勃勃，想要篡夺君主合法权威的贵族，图谋取代合法继承人的嫔妃们，还有各式各样的冒险成性的新贵们。另一种观点则认为，"礼"主要针对的是"君主"和"圣人"而言的，"礼"的神奇的魅力和力量只应用于君王，或者只适用于道德完善的圣王。进而言之，"礼"哲学也

---

① ［德］西美尔（Georg Simmel）：《货币哲学》，陈戎女等译，华夏出版社，2002年，第287页。

关心权威滥用的问题,关心随处可见的违背礼制精神的行为。另一种解释倾向就是强调相互性而反对等级性。把"礼"看作是对民而讲的,自然强调先秦"礼"哲学的平等性;强调"礼"对君主的约束,自然引申为强调相互性。

其三是对家庭与社会的不同侧重。一种观点认为,家庭为文明社会中都存在的权威和等级制的关系注入了人情味。在家庭内部,我们才找见了公共德性的根源,家庭包含了宗教、道德、情感的凝聚力。另一种观点认为,家庭生活只致力于追求特殊的经济目标,家庭是一个狭隘的环境,人与人处于不平等的地位,道德义务很少,自然无法为公共德性提供有益的因素。

其四是对个人与社会的不同强调。一种观点认为,个人是彻底的社会存在,并且彻底地趋向于行动。另一种观点则认为,人格持续地内在生活与向外地行动"系统"不同,并且相互矛盾,个人与社会不同。

其五是解释为客观规定还是内在规定的问题。客观规定论认为"礼"在最为具体的层面上表示了所有"客观"的行为规定。这些客观行为规定或者针对礼仪、仪式、仪态,或者针对一般的行为举止。在家庭、人类社会之内,甚至在超自然的境域中,都存在着由互动性的角色构成的网络。正是在这些网络中,"客观"的行为规定将人类与其他生命存在凝聚在一起。"礼"构成了一个客观的社会行动结构,人们依据角色、身份、等级,以及地位相互联系在一起。内在规定则强调"礼"的主体性,认为礼具有人的本质性。因而在"礼"中,个体实现了人的全面发展的本质,而这一本质是涵盖了不同的人的。如久别重逢的朋友相互握手这一外表的礼仪,显示了内心的情感,并全面地把主体间的内在本质呈现出来。

其六是心与身,行动、心理与人格的问题。一种观点认为在孔子的"礼"的思想当中,也关心人的内在状态,他给活生生的个人赋予了感情、德性、意图和态度。并且这种心的现象不仅仅是隐藏于具体行动之中的,心和心的全部能力拥有一个属于它自己的、自主的和有活力的生活领域。即便一个人不在公共的时空中运动的时候也是如此。而当一个人在公共时空中运动的时候,要把内在的道德、心灵生活,自我反省与反思的能力运用于公共行为领域。"礼"包含内在心灵倾向,对内在品格的关注是他的真正创新之一。

一种观点则强调仁、德、礼和意志、情感、内在状态语言无关。它们总是与特定行为的独特情境相联系。礼指的只是特殊行动的特殊反应。礼不是脱离情境的主观的东西。美妙而有感染力的仪式需要以"人格"的"在场"为前提,而这种人格又是与仪式、技巧方面的学问融合在一起的。品格和意义都扎根于行动本身之中,它们似乎就是行动本身的性质。在孔子那里存在着对外在形式的关注而忽略内在精神问题的倾向。"礼仪"的具体行动会很容易与其所具有的意义和品质分离开来。

其七是传统和现代、革新与保守的不同强调。保守的解释把礼看作是传统遗留的系统，个人没有多大的积极性和主动性；革新性的解释则强调个人的理解、参与对于"礼"的意义。"伪起而生礼义"(《荀子·性恶》)。"成礼义，德之创也"(《国语·晋语》)。"礼，时为大"(《礼记·礼器》)。

上述矛盾之所以会发生，就是因为把"礼"纳入了个人和社会、个人和历史传统等等构成的关系模式中进行解释的结果。应该说，从现代语言系统要求的思想清晰来看，这是无法绕开的一种解释路向。这些解释模式也可以大致揭示先秦"礼"哲学的基本内涵。如何整合这些解释，并在更为哲学化的道路上前进呢？本书只能作一些假设性的研究。

什么是礼乐文化呢？什么是礼呢？历史上有很多解释。简单点说，包括如下几层意思：

其一，当一个人觉得自己应该更文明一些的时候"礼"就发生了。"礼"的核心是"人"，不过不是人的全部内容，而是人性的光明面、积极面。所以古人用"礼"来定义人，认为如果人没有礼的话就和其他动物差不多了。人之所以为人就是因为懂礼。"凡人之所以为人者，礼义也"(《礼记·冠义》)。

孔子也说"不学礼，无以立！"(《论语·季氏》)"礼"是人得以"立"的一个条件，不学礼人就立不起来了。什么才叫做"立"了呢？中国人常常说"成家立业"。"成家立业"是说自己成熟了，懂得担当社会责任了，能够爱护和照顾别人了，自己成长起来了。"立"的核心意思是自己认识到自己应该成为一个更好的人，应该担当更多的社会责任，和别人的生活相互配合和相互协作。

其二，礼是人的善良本性对作恶的倾向的一种节制。《礼记》中强调礼义和人情的关系，礼是用来约束和修饰情感的，也是用来养护情感的。礼可以让不好的情感得到节制，让好的情感得以延续和发展。"礼者，因人之情，而为之节文，以为民之坊者也"(《礼记·坊记》)。为什么要节情呢？就是因为不节制自己的情感会伤害到自己和他人。中医理论认为，恐伤肾，思伤脾，怒和忧愁会伤肝，喜伤心。一个发怒的人有可能会伤害别人。人的喜怒哀乐要平和，要中和，这样才不会伤害到自己和他人。礼的节制包括两个方面：一个是自己内心平静下来，认识到自己的情绪过头了，就能够节制自己；另外就是想到社会的习俗和道德规矩自己就会平静下来。

其三，礼就是基于人性的自觉而表达自己的善心。"志之所至，……礼亦至焉"

(《孔子闲居·礼记》)。当一个人自己对人性善有所觉悟的时候，就拥有了善心，把善心表现出来就是礼。"礼"字用"示"作偏旁，意思是"显示"、"记号"，使人的意图传达出去，让另外主体知道。"豊"是祭神的仪器，古人用他表达某种情感。主要是尊敬和爱的情感。

其中一个心态就是"敬"。"礼者，敬而已矣"(《孝经·广要道章》)。"敬"包括两个层面：一个层面是守护自己那种干净、高贵、文明的感觉，尊敬自己的文明本性而不丢掉；另一个层面是因为认识自己的高贵本性，从而能够认识别人的高贵本性，从而尊重别人。就是对于穷人，甚至是乞丐都要有尊重的心态，何况是对富贵的人呢？都要一视同仁地对待。"虽负贩者，必有尊心，而况富贵乎！"(《礼记·曲礼上》)心里面对好的东西有一种尊敬和敬畏的心，表现在外表就成了礼节。

另一个比较好的心态就是"爱"。自己内心充满爱，进而能够爱别人。"教民相爱，上下用情，礼之至也"(《礼记·祭义》)。"爱"和"情"本身就是"礼"的极点。

其四，礼节往往要通过身体的动作表现出来。游吉在论礼时说："故人之能自曲直以赴礼者，谓之成人。"(《左传·昭公二十五年》)"礼"依托于身体，是身体的姿态显示出礼来。人是一个有"礼"的生命。《左传》强调礼是身之干。"礼，身之干也；敬，身之基也"(《左传·成公十三年》)。身体的本质就是身体的行为和各种仪态，这就是"礼"。人的动作，打招呼、鞠躬、下跪等形式是表现某种心态的，因而属于礼。

其五，礼可以用具体的礼物来表现。甲骨文"豊"是"禮"的初字，人们认为是击鼓送玉的形象素描。金文的"豊"与甲文相似。小篆将鼓形割裂，变为"豆"字。在孔子看来，"礼"并不仅仅是"玉帛"、"钟鼓"，礼包含了比"玉帛"、"钟鼓"更多的内容"礼"需要通过"器"表现出来。"器以藏礼"(《左传·成公二年》)。礼品是必要的，但要适度，而不能过度。

其六，"礼"表现为"仪"。礼"包括"仪"，但不同于"仪"。《左传·昭公二十五年》记游吉与赵简子的对话，就是由"礼"与"仪"的差别而引起的：子太叔（游吉）见赵简子，简子问揖让、周旋之礼焉。对曰："是仪也，非礼也。"(《左传·昭公二十五年》)从游吉的话中可以看出，子产所讲的是"礼"，而赵简子所问的"揖让、周旋之礼"则是"仪"。同书昭公五年还曾载叔齐认为鲁昭公注重赠贿的礼仪是"仪"而不是"礼"。

其七，制定礼的根据是自然的规律性。"礼之象五行也，其义四时也"(《大戴礼记·本命》)。"礼"起源于对自然规律性和秩序的模仿，礼是自然法，包含了一切仪式和祭祀。"礼"是自然，是宇宙之规律。

其八，"礼"是为了让人际关系更和谐。《左传》中强调"礼"为"国之本"、"国之干"、"政之舆"、"王之纪"，认为"礼"有"经国家，定社稷，序民人，利后嗣"的巨大意义。"礼，政之舆也；政，身之守也"（《左传·襄公二十一年》)。"礼，国之干也"（《左传·僖公十一年》)。关于"礼"的哲学思考就是关于国体的思考。"礼"有区分与确定不同等级层次人们的身份地位的作用。"君令、臣共、父慈、子孝、兄爱、弟敬、夫和妻柔、姑慈、妇听，礼也"（《左传·昭公二十六年》)。荀子也说礼是人群最大的纲纪。古人有时是没有明确区分社会和国家之别的。

其九，"礼"不同于俗，"礼"有一定的条理，有具体的规范和要求。"礼"是合理的习惯，宋明理学把"礼"理解为"天理之自然"，"礼"就是"理"。"礼也者，理也"（《礼记》)。

其十，礼和乐密切相关。声音起源于人的心灵，心灵如何就有什么样乐。"乐由中出，礼自外作。乐由中出故静，礼自外作故文"（《礼记·乐记》)。"无声之乐，气志不违"（《礼记·孔子闲居》)。"故音乐者所以动荡血脉，通流精神而和正心者也"（《史记》)。"移风易俗，莫善于乐"（《孝经》)。

4. 忠

在现代生活经验中去认知《论语》中的"忠"，一个很难突破的思维框架就是对象性思维（主客体思维）。这就是说，如果谈到"忠"，首先要问的问题是"某某A忠于某某B"。在这一语境下，怎样思考才是较为符合《论语》当中的"忠"的内涵的呢？可以大致把这一语境分析为三对关系：A和B间主客体关系；A和A间的对象性关系；B和B间的对象性关系。三种关系是互相制约的。A对A自我的关系往往就是以B为参照看待自我而形成的，同样对于B对B自我的关系也是如此。如果"忠"是A主体对B客体的"忠于"关系，其中必然包含着A对A自我和B对B自我的"忠于"关系。

最好不用"忠于"的关系来理解《论语》的"忠"。为什么呢？一个原因就是"忠于"的语言表达方式和思维方式和《论语》的"忠"思想有差异。现代语境中的"忠于"表述，着眼点是某个事实性的人A忠于某个事实性的人B。这样一来，"忠"就首先被置于一个事实性的世界，尤其是"自己"与"他人"构成的人类社会这一事实性世界中来理解了。在这一意义上强调"忠于"的关系，A的个性问题就不会得到保证，B为什么值得A人去忠诚的问题也得不到反思性的回答，A

人和 B 人之间的工具性的利用关系也不能得到有效的避免，形成"愚忠"。

"A 人忠于 B 人君主"是带有主客体思维特征的表述方式，"忠于"具有过于强烈的动词性谓语的意义。这种语言表达方式往往会遮蔽掉孔子思想中的丰富内涵。对于《论语》中的"忠"，而应该表述成"在君臣关系中体现'忠'的伦理内涵"，忠是意义世界，君臣关系是事实性的世界。孔子重点要展示给人们的是一个意义世界的美好图景。表示方式的细微差别包含了解释逻辑的重大差异。"事实性世界"和"意义性世界"的分别还包含着一种前定的设定，这个设定就是"忠"首先不是一个动词，不是谓语性动词，不是"某某忠于某某"，而是一个名词，或者是"动名词"，是一个目标和境界。这一设定有利于发现主客体思维模式把"忠"解释为"忠于"的思维特征。

为了避免把"忠"理解为一个人"忠于"另外一个人可能带来的伦理弊病，人们能够想到的一个处理办法就是把"忠于"理解为自我对自我的忠，也就是 A 对 A 自我和 B 对 B 自我的"忠于"关系。但"忠于"自我也很容易陷入一些伦理陷阱，如自我封闭，自以为是，堵塞了向他人开放，向有道德人学习，并改善自我的伦理道路。尤其是，如果忠于自我本身就是主体忠于客体的思维模式的延续的话，更是如此。

朱熹在注释《论语·为政》所说的"孝慈，则忠"这段话的时候，引用了张敬夫的一段话："此皆在我所当为，非为欲使民敬忠以劝而为之也。"① 按此理解，季康子提出的问题就是：在使民的时候，我如何能做到"忠"、"敬"、"劝"这些"应当"价值呢？"忠"是一个自己对自己的"应当"关系问题。后面的回答自然也就是孔子对这个问题的回答。这种阐释是主客体思维模式的一个必然结果。"某某忠于某某"，自然涉及可以把"忠"理解为"主体"或"客体"的"应当"的价值。张敬夫就是把"忠"理解成"我"（自己）对于"自己"的一种"应当"的关系。不过他强调的是"君"的"应当"。如果"君主"做到了这个"应当"，那么就会收到臣民的相应的"应当"的回应，这种回应往往超出了"我"的意料之外。

在"应当"关系中，"我"（自己）依然是一个对象，而且是一个被动的对象，自己应该向某种价值目标趋进。按照这一思维进程，"应当"本身就包含着"使某某如何"。因为如果一个人"应当"向"忠"的价值理想趋近，而他在事实上就被认为是没有达到这一价值目标的，在这种情况下，他人自然可以使其向"忠"趋近。所以，在主客体思维进程中必然会诞生另一种对"忠"的解释。这就是把

---

① 朱熹：《四书章句集注》，齐鲁书社，1992 年，第 16 页。

"忠"理解成"使民做到'忠'这个'应当'","忠"是"民"的"应当"。"盖康子欲使民敬,使民忠,与使民劝于为善也。"①

把"忠"理解为"忠于自己",理解为"自己"对"自己"的关系是有时代的积极意义的,但其积极的意义尚需要作进一步的哲学界定才会实现。把"忠"理解为"自己"对"自己"的"应当"关系,或者是"忠于自己"的对象性关系有一定的哲学缺陷。主要表现为:按照这种理解,"忠"和人的关系是外在的关系,是非"现实"的关系,而只是一种"理想"、"幻想"的关系。"忠"作为一种"应当"与人发生关系,"忠"对于人就是一种限制性的关系。对于"自己"而言,"忠于自己"中的"自己"被"忠"从外在圈定了,"自己"成了封闭的自我。并且由于"己"的内容不同,"忠于自己"既有积极意义,也可以有消极意义。比如"忠于自己"很难和"自私自利"摆脱干系。或许是意识到这一点,刘殿爵更愿意把"忠"理解为"尽力而为"。而"己"就是一个人独有的特殊性。"忠"就是把尽力而为作为真正的自我。② 这一理解的主要训诂根据是朱熹对"忠"的解释。

"或曰:'中心为忠,如心为恕'。"③ "忠"或许本来就是"中心"二字合一而产生的,可以把"忠"的字意理解为"中心"。本文挖掘《论语》之"忠"的一个认识是:"忠"的核心意义,或者原始意义是"中心",并且"中心"是描绘人的精神生活的用语;同时假定孔子已经先在地假定了每一个生命具有一种足够的智慧,知道什么才是正面的价值。人都有中心性的智慧能够知善、知恶,知道怎样去做,并应用于不同的环境,保证自我和他人生命的正面价值的实现。

孔子多次在"忠"前加了一个"主"字,说明要牢牢抓紧这个"中心性智慧"。类似的话题在另一个地方被子张提起。"子张问崇德辨惑。子曰:'主忠信,徙义,崇德也……'"(《论语·颜渊》)子张问的是崇德辨惑的问题,孔子回答的却是"忠信"。这说明,在孔子心目中,"忠信"本身既是一种德性,又是一种智慧,或者说因为其是智慧才成了德性。一个人在真实的中心性智慧的主宰之下,按照智慧指导的道路前进,就是走在"义"的道路之上,就是崇德。否则就会陷在"爱之欲其生,恶之欲其死。既欲其生,又欲其死"的"惑"的境地(《论语·颜渊》)。

其一是在人际关系中带入"智慧"反思的因素,智慧反思是人际关系具有"忠"这一伦理意义的基石。"曾子曰:'……为人谋而不忠乎?'"(《论语·学而》)

---

① 程树德:《论语集释》,中华书局,1990年,第119页。
② [美]郝大维,安乐哲:《孔子哲学思微》,江苏人民出版社,1996年,第219页。
③ 朱熹:《四书章句集注》,齐鲁书社,1992年,第35页。

在这里,"忠"是与"谋"联系在一起的。曾子要求一个人在为他人出谋划策的时候,有智慧,能够从自己的中心性智慧出发。在人际关系中带入智慧是作为个人品德的"忠"和伦理关系的"忠"的必然要求。"子曰:'爱之,能勿劳乎?忠焉,能勿诲乎?'"(《论语·宪问》)"忠"自然就能起到教诲的作用,甚至这种教诲的作用还要优于"诲"。孔子心目中理想的"爱"是超越"劳"的爱,显然这种"爱"是一种彼此心灵有深入交流的、平等的、相互性的爱。关于这句话的深层内涵,我们可以从当代人生的经验中得到某种确证。当父母爱子女的时候,如果父母过多地把自己的理想和追求,把自己的意见强加给子女,彼此间渗入过多的功利因素的时候,这种爱就会带来子女的"劳",子女感到一种压力,形成一定的负担,或者形成逆反心理。同样父母自身也会陷入"劳"的境地。同样,劝导、忠告、教育如果处理不好的话,也会陷入同样的境地。如果在劝导的过程中,彼此缺少足够的内心交流和认可,被劝导者就会觉得被贬低,从而从内心深处贬低劝导者,形成彼此不信任的局面,"忠告"自然不能切实地发生。"忠焉,能勿诲乎?"(《论语·宪问》)在这里,"忠"和"诲"并用,说明"忠"是个涉及学习和教育的范畴。从形式上看这句话,我们可以发现,"忠"达到的劝导效果是超越了"诲"的,显然在孔子心目中"诲"达到的育人效果还不够理想。细心的读者也许会发现,在《论语》之中,"启"、"诲"、"教"在用法上是有一些细微差别的,"教"主要针对的是"民","诲"主要针对的是"人",普遍的人或者不确定的个人,而"启"主要针对弟子。民、人、弟子之间有远近之别,有彼此熟悉程度的差别,有智慧开发程度的差别。"忠"在逻辑地位上高于"诲",说明"忠"所完成的"教",是较高程度地实现了人际和谐的。

其二是在智慧的指引下履行好自己的社会角色要求的社会责任、公德或职业道德。就像上文所述令尹子文一样,履行官员角色的要求,把旧令尹的政策措施告知后来者。到底该如何履行公德的要求才算"忠"呢?孔子提出了"知"的要求,说明"仁"所要求的"忠"是在"知"的基础上,处理好个人品德完善和履行社会公职的关系。公德内涵的"忠"在《国语》中也有体现。"荀息曰:'昔君问臣事君于我,我对以忠贞。'"(《国语·晋语》)荀息认为,对国家有利的事,只要力所能及,没有不去做的,这就是忠。"杀身赎国,忠也"(《国语·晋语》)。愿意牺牲自己而挽救国家,这是忠诚。"贼国之镇不忠"(《国语·晋语》)。杀害国家的栋梁,就是不忠。

其三是在纵向的、有上下级的人际关系中保持积极肯定的价值导向,从而实现政治认同。《论语》中有几段涉及"忠"与"君臣"关系的记载。《论语·为政》

"季康子问"一段就是一个比较明显的例证。"季康子问：'使民敬、忠以劝，如之何？'子曰：'临之以庄，则敬；孝慈，则忠；举善而教不能，则劝。'"（《论语·为政》）孔子的意思似乎是说："忠"本身包含了一种主动性和自决性的智慧。忠于某某人也好，不忠于某某人也好，取决于人的智慧的决断和选择。那么如何才能在人际关系中，尤其是上下级关系中建立认同呢？追随和认同只有在个体的主动要求的情况下才会发生，尽管这种认同也会显示出智慧自觉和反思程度的差别，从而有"愚忠"和"智忠"分别，但都不影响智慧认同这个基础。或许，孔子的"忠"恰恰是描述智慧认同的基础性概念。如果果真如是，随带而来的问题便是君主或上级如何才能获得臣子或下级智慧的开启和心理认同呢？如果没有了这个认同，那么君主的领导就失去了"合法性"。在孔子看来，只有君主在智慧基础上用正面的价值，包括个人的品格和价值目标，有价值内容的制度体系去鼓舞下级的时候，"忠"才会发生。君主的影响力除了制度本身的力量以外，就在于个人的智慧，个人品格、才能，在于推动符合下属价值追求的制度的建立，提出体现下级人性需要的价值目标等。孔子在《论语·为政》中把这个正面的价值指示为"孝慈"，提出"孝慈则忠"。对已有的积极价值的追随、学习，以及对下属的慈爱，足以符合下级人性的需要。在这种情况下，"忠"与其说是"忠于君主"，不如说是"忠于某种价值"。但这个价值不应是外在的，与其说是"忠于某种价值"，不如说是"忠于自己智慧的价值决断"。"定公问：'君使臣，臣事君，如之何？'孔子对曰：'君使臣以礼，臣事君以忠。'"（《论语·八佾》）"礼"的含义过于复杂，难以用一两句话解释，在此权当其是一个价值体系。"君"以一个价值体系来使"臣"的时候，"臣"就会表现出作为政治认同的"忠"。

其四是在横向的人际关系中要在个体智慧的基础上保持敏锐的道德感，从而能够实现肯定的价值。这里所谓的"横向"是从《论语》中"友"这种关系引申出来的。《论语》谈"忠"，往往是与"问友"联系在一起的。在此处作了一点抽象化的处理，命之为"横向人际关系"。何谈"正面价值"呢？这里所说的"正面价值"包括两层意思。一层意思是个体对可能给自己带来负面影响的人和事的自觉抵制，及其对自身负面价值的自觉改过迁善。"子曰：'主忠信，毋友不如己者，过则勿惮改。'"（《论语·子罕》）在这样一个句子中，仅就"主忠信"三个字是很难明确定位"忠信"的意思的，其意思可以通过后面的句子来确定。这里的"不如己"主要是道德价值上的"不如己"。从这个句子来看，"忠信"要求克服道德价值上"不如己者"对自己的消极影响，保持自己积极的人生追求。"忠信"还要求对自己过错的敏锐的智慧判断，对自我可能出现的否定性倾向有敏锐把握，并祛除过错。"忠"的另一层意思是用自我的正面价值来引导他人。《论语·颜渊》"忠告而善导之"一句,也可以把"善导"理解为用善来引导别人,让别人能发挥其自身的肯定力量,肯定的方面。"樊迟问仁。子曰:'居处恭,执事敬,与人忠;虽之夷狄,不可弃也。'"(《论语·子张》)这里的"恭"、"敬"、"忠"是否就等同于"道德感"尚需进一步研究,但大致上可以理解为智慧基础上的道德感、道德态度和道德姿态。"仁"要求人在"居"、"执事"、"与人"过程中,在智慧的基础上,保持必要的道德姿态和道德感,并贯穿在不同的环境下。敏锐的智慧是道德感的基础,恰当的道德感能够保证个体在不同环境下,在自己的行为表现中实现积极的价值。

5. 孝

解释学的视野来看,"孝"包含了多种解释的可能性,各种对"孝"包含的可能意蕴的探索,都具有假说的意义。甲骨文的"孝"字,像一个小孩头顶植物枝叶;金文的"孝"字,上半部是一个老人形。《说文解字》解释"孝",认为"孝"由省略的"老"字和"子"字构成,为子承老的意思。把"孝"固定在"老"与"子"的关系上,并单方面地强调了"子"对"老"的责任义务和承负的关系。"孝"是描述"老"与"子"的关系的。这就存在着广博的解释空间。

首先是从话语主体的空间来看就涉及"老"和"子"两个方面,可以单方面地强调"子"对"老"的责任与义务;也可以单方面地强调"老"对子的单方面的责任义务;或者强调二者关系的相互性。由于"老"和"子"之间只是一个具体的人伦关系的主体性存在。世间万物的关系不仅仅人有"老"与"子",万物亦然。就人这一种类的被产生性而言,天地就是"老",而人为"子"。主体的可能空间就不仅仅限定在人本身,而是涉及具有这样一种关系的一切的存在。现代西方哲学话语下的一些事物分类模式自然无法对此一点做出合逻辑的说明。这是一种关系论的、属性论的分类模式,是一种由个别的关系类推出去的分类模式。这样一来,就"孝"针对的话语主体而言,就可以形成以人的血缘关系为核心和基础的解释模型,把其他主体间的"老"与"子"关系看作是血缘亲情关系类推出去的结果这样一种解释方案。同样的,也可以认为"孝"建构的哲学道德体系,虽然以人的主体间的血缘亲情为基础,但建立的是一个天人框架的伦理体系,血缘亲情的核心和基础地位不应成为根本的解释原则,反倒是这种核心要以天人关系为原则。

其次是这种关系也可能包含本原论(本体论)、认识论、意义论、依托于身体的行动论等不同层次的哲学说明。可以说"孝"讲的是"老"与"子"之间的一种必然的关系，也可以说"孝"讲的是"老"与"子"之间一种"应然"关系，更可以说"孝"是讲"老"与"子"之间的具体行动的。突出其中的某一部分内容都会带来不同的解释空间。

以往对"孝"的解释的一个基本方向是把孔子对"孝"的道德行动选择的说明直接等同于基本的道德准则，把个别性的东西不加分析地上升为一般的行动原则，并通过制度化的途径让人们普遍遵守。孔子的"孝"思想因而也就被解释成一种论证现实的伦理思想。如果比较强调必然和应然的关系对于行动选择的重要性，那么《论语》和《孝经》对作为具体行动表现的"孝"的说明只具有解读《论语》和《孝经》的价值世界的逻辑次序的"事件"和"情景"性的意义。在这一解释路向中，《论语》对"孝"的行动表现的说明具有个别性、场景性、事件性的个别意义。不能把针对不同个人和场景的谈话结论作为一个一般的准则来理解和运用。但《论语》对这些"孝"的具体行动表现的指令句本身，也是包含着意义原则的，这些意义原则作为一般和意义世界的伦理秩序需要经过和其他指令句的关系的逻辑分析才能加以揭示。由于中国古代哲学对一般哲理表达的"隐喻"性的特点，对于中国古代哲学与伦理的研究而言，重要的一点就是：不能把事件中的伦理行动指令当作固定的一般的哲学原则来加以哲学界说，从而混淆意义世界和事实性的世界。传统伦理的现代发展就是要分析传统道德行动指令中包含的一般的价值和道德意义的说明，分析这种说明本身的现代价值，而不是关注道德行动的说明。因为孔子对道德行动的说明，必然带有针对不同个人、不同事件的个性色彩，具有时代的特征。

再次，仅就"孝"本身包含的"老"和"子"关系而言，也可以有不同的伦理解释原则：弱势原则和强势原则。如果把"孝"理解为一种强势原则，不管一个"子"多大多小，都要对父母尽孝；如果理解为弱势原则，则"父"可能首先对"子"教（孝），然后才是子对"父"的效、肖（孝）。从可能的事实而言，小孩子一出生，似乎很难对父母"孝"。从孔子的论述来看，"孝"应该涵盖从生到死，"孝"被理解为一种弱势的原则具有事实的合理性。"孝"由"老"和"子"组成，如果把人生分成三个时间段的话，"老"和"子"是最需要人们帮助的时期，从字意本身来看，以弱势原则解释"孝"也有其存在的合理性。

最后，就"孝"在传统伦理思想体系中的地位而言，也可以形成不同的解释原则。"孝"在《论语》的思想体系中具有怎样的逻辑地位呢？由于人们往往采取非逻辑的观念来解读《论语》，进行相对孤立的字词句的训诂考据，所以"孝"在

《论语》思想体系中的逻辑地位问题一直未得到有效的研究和考察。这种研究方式在很大程度上掩盖了《论语》"孝"思想包含的更多的可能的意蕴。李幼蒸在《仁学解释学——孔孟伦理学结构分析》中把"孝学"看作是"礼学"的核心部分。而"礼"思想是解决"仁学"的实践途径的问题的。这一论说,对"孝"的思想在《论语》的伦理思想中的逻辑地位进行了界定。但就儒家伦理传统的一般观念而言,儒家就是讲血缘亲情,自然说明父子关系的"孝"的范畴就具有核心和基础的地位,应该把这一核心和基础作为根本的解释原则来理解中国传统伦理。把"孝"思想核心化,是与把孔子伦理思想血缘亲情化相适应的。

但这不意味着孔子的"孝"思想就不存在其他的解释原则的可能性。从《论语》自身思想范畴的体系合逻辑性出发,结合《孝经》的有关论述,可以看出,"孝"在《论语》中首先是一过渡性的逻辑范畴,是由"学"和"教"过渡到"礼"等道德范畴的转换性的范畴;其次才是一个"礼"等范畴。把"孝"置于孔子伦理思想的核心或者基础,很容易把"孝"孤立化,失去了"孝"思想包含的更多的可能的意义和行动方案。把"孝"置于孔子道德范畴体系中的一个逻辑环节来思考就会开辟出更多的可能的解释空间。上述把"孝"过渡性的逻辑地位的解释路向就是优先考察《论语》当中的"学"、"知"、"思"等范畴的结果。

从中国"孝"文化传统的主流来看,父权主义的主体原则、强势原则、血缘亲情的核心性原则、道德行动选择原则化的解释路向占据了绝对的主导地位。但这一解释带了很多的流弊,遇到了很大的时代的挑战。其中包括单方面强调"子"对"父"的义务原则,导致了对子辈的个性的抹杀,形成驯服人格、少年老成、幼稚的成年人的人格特征,人的精神性的人格成长不完善;对家庭整体的强调导致子女私有财产观念根深蒂固。在这一价值取向下的"孝"有着很多不尽如人意的表现,极大地降低了这一伦理原则在现代社会的规范能力。

孔子的"孝"思想是否还有别的哲学意蕴,是否存在更多的解释空间呢?这是影响儒家文化能否和西方哲学对话,能否产出具有时代合理性的新的义理体系,从而获得新的时代及其公民的情感认同和规范遵守的一个根本的问题。这也是就是孔子的道德思想是否具有合理性和合法性的问题。解决这一问题当然可以继续沿着已有的血缘路向、父权主体路向等来进行修修补补的工作,但这一传统解释路向的流弊之多足以达到否定儒家文化的命脉的地步。这是每一个中国文化的爱好者不得不注意的一个问题。解决这一问题也可以尝试开辟新的解释路线:交互主体性的,本体论、认识论、意义论和行动论紧密结合的,非血缘中心主义,伦理弱势原则的解释路向。根据这一基本的思路,可以发现《论语》和《孝经》中对"孝"的说明包含了一定的认识论前提，分析这些前提有助于把握孔子"孝"思想的意义世界图景。关于《孝经》中所记孔子和曾子对话的可靠性问题，我采用郭沂所说的《孝经》为孔子和曾子对话，属于《论语》类文献的成说。之所以采用这种成说，是因为二者对"孝"的解释具有逻辑的一致性。

《论语》和《孝经》中的"孝"有一个认识论的前提，或者说"孝"范畴处在认识论范畴向道德论范畴转换的逻辑环节上。这有什么根据吗？从《论语》自身的篇章的编排和每一篇中具体章节的内容的关系是可以透露出一点信息来的。分析《论语》可以发现，"孝"的有关论述比较集中在《学而》和《为政》篇。从可能性来说，不排除"学"与"孝"的内在逻辑关联。

"孝"和"教"、"学"的字意关联也能够说明"教"、"学"、"孝"的内在关系。甲骨文的"学"字，从爻，从臼（双手之形），从宝字盖（屋室的象形）。三形会意，表示在屋室中教人演算。金文的"学"字在屋室下面增添了一个"子"。《说文解字》在教部解释"学"的时候认为"学"就是觉悟。《说文解字》把"教"解释为"上所施下所效"。甲骨文的"教"字的左侧是由"爻"和"子"构成。金文"教"字左侧的"爻"变成了相互交错的状态。"老"和"子"的关系中的"教"、"学"就是"孝"。"孝"即"教"，首先是父辈对子辈的教，其次是子辈对父辈的"教"。"孝"即学，效法、仿效、学习。"孝"是"学"的概念补充和拓展。

"教"与"孝"中主体性如何？应该说具有一定的交互性和现实的超越性。"孝"概念主要说得是意义上的父子、天人关系格局。在以"教"和"学"来理解"孝"的认识论视野中，"孝"涉及的主体性问题包括如下几个方面：

（1）"孝"是一个单一子辈主体的道德问题吗？从《论语》和《孝经》来看，"孝"包括上对下的"教"，也包括下对上的"教"。子之事父，因为父子的循环性，天下没有不为人子之父母，所以此就具有教育的意义。敬上是因为要教下。所以，孔子亦多言敬上。严父具有双重性，养父母之严就是教子之严。"学"之严就是"教"之严。

（2）"孝"讲述的是完全现实的道德主体的问题吗？"孝"并不仅仅局限于现实的主体，而是讲述的是意义世界的格局，这种格局具有现实的某种超越性和对现实的批判性。在历史上和现实中，"孝"往往被解释成儿子对父母，下级对上级的单向的伦理义务。即便强调父慈子孝的二者的双向性似乎也难以解决最终的单向的归结。孔子是如何超越了这一伦理难题的呢？孔子的单向性实际上根据于"教"与"学"的关系。"学"也有"教"的含义在内。能教者，自然就应当被仿效，这一点是绝对的。虽然如此，很容易在社会生活中演化为单纯的向上的义务。

而不谈向下的责任和义务。孔子解决此伦理难题的出路是根据"学"的成就来说明"教"的资格。如果儿子"学道"学得好，则儿子也是可以教父的。"几谏"就是"教"的一种表现形式。

（3）仅仅是人伦关系的主体吗？孔子不把能教者单纯地理解为人，天是一个能教者。天地四时就具有教育的功能，人应该学天，仿效天，从天地中领会生命的价值和意义。这样一来，孝就超越了社会伦理关系的僵硬的自然框架，进入到了一个价值和意义世界的探讨之中。孔子描绘的不单单是一个事实世界的秩序和格局。而主要描绘的是价值和意义世界的秩序问题。他力图通过描绘意义世界的秩序来启迪人们规范自己的行为，形成一种较为合理的人伦秩序。这一秩序和格局的图景就是：教与学，教与仿效，进而进入孝的论说领域。

"孝"的伦理内容是什么？这是探讨孔子"孝"思想要注意的一个问题。可以把"孝"作为一个带有伦理内涵的德目来看待。作为这种德目的"孝"的伦理内容就是爱亲、敬亲。"孝"的德性与"非孝"的德性的界限就在于"孝"是规范纵向主体的关系的。如此，非纵向的主体的关系不是"孝"范畴所重点规范得。"故不爱其亲而爱他人者，谓之悖德；不敬其亲而敬他人者，谓之悖礼。以顺则逆，民无则焉。不在于善，而皆在于凶德。虽得之，君子不贵也"（《孝经·圣治章》）。

《论语》对"孝"的行为表现做了一定的说明。其中比较核心的问题之一是顺从与谏争的问题。孔子对此有所澄清，其基本的意思是："孝"不能等同于弟子劳动，老师享受这样一种行动格局。孔子的理想不是把弟子、儿子培养成一种工具（因为"君子不器"），不在于长辈以一种物质性的功利性的方式来处理"老"与"子"的关系。老师专门享受弟子的供养就是一种单向性的、功利性的、强迫性的规范。

比较核心的问题之二是在"孝"当中身和心的关系问题。在"孝"的传统当中，无疑地都有把"仁"和"孝"的感情身体化的倾向，"仁"和"孝"被归结为为对别人身体健康的关心。但这果真是孔子所主张的吗？情况可能并非如此。"子游问孝。子曰：'今之孝者，是谓能养。至于犬马，皆能有养；不敬，何以别乎？'"（《论语·为政》）一方面，"能养"从认识论来看，就是"能教"，从道德内容和意义来看，就是把子女培养成人格完善的人，此之谓敬；另一个方面，子女尊敬父母人格高尚的一面，努力学习父母的高尚的人格，这也是敬。

把握了这一意义的世界和树立了这样的价值目标，以后，可能的行为表现是什么呢？这一点其实是不言而喻的。当然，这些行为表现应该说在不同的时代会有所不同。孔子和曾子从自己所处的时代出发，根据对话者的具体情况和环境，肯定会在意义的判断的基础上给出具体的行为答案。这一点是和孔子的整体的思维方式相一致的。但如果把这些答案看作是脱离了环境和意义整体的孤立的结论则不能理解孔子思想的哲学意蕴。这些具体的答案应该被看作是承载了意义内容的在一定具体环境下的"事件"。

由此看来，原则上可以承认《孝经》中记载的孔子的话的真实性，或者说，那些话可以和《论语》中孔子的话具有同等的地位，但《孝经》的编撰本身却可能包含着把"孝"置于孔子伦理思想的核心地位的努力，包含着把孔子的伦理思想进一步血缘亲情化的努力。也不排斥《孝经》具有把"孝"德核心化、孤立化的倾向性。在这一倾向下，也可能包含着对孔子话语的窜改，或者伪托、杜撰孔子话语。但在假设《孝经》具有最低限度的合法性的情况下，我们还是可以探索出一个新的可能的解释空间。这说明，孔子的"孝"的思想具有更多的伦理内涵等待时代去挖掘。

第五章 王道政治

第一节 政治儒学

蒋庆把政治儒学，理解为今文经学。他认为政治儒学是较能体现儒学本义的经学。政治儒学直接源于经，是经学；而心性儒学则源于孟学与宋明儒学，是心学或理学。政治儒学的渊源在《礼》和《春秋》，《礼》是孔子所改作，《春秋》则是孔子所创作，故最能体现孔子创立儒学的真精神。与心学或理学相比，经学依经解义，较能保持儒学的本来面目，而心学或理学全凭个人的内心证悟，故未必尽得孔子的真传。经学经文具在，是否得孔子真传可资考证，而心学或理学重在本心自识，即物穷理，是否得孔子的真传不易说清。所以政治儒学与心性儒学相比较能体现儒学的本义，是按照儒家经典解决政治问题的经学。政治儒学是关注社会的儒学，政治儒学与心性儒学不同，不关注个人生命的成德成圣，而是关注社会的完善和谐。政治儒学是关注现实的儒学。政治儒学是主张性恶的儒学。政治儒学是用制度来批判人性与政治的儒学。政治儒学是关注当下历史的儒学。政治儒学是重视政治实践的儒学。政治儒学是标出儒家政治理想的儒学。政治儒学与心性儒学不同，心性儒学标出的是儒家的道德理想，政治儒学标出的则是家的政治理想。政治儒是能开出外王的儒学。

在最近十多年间，现代新儒学的形态开始出现新的变化。在中国大陆，出现了一批新的儒学思想者，成为了现代新儒学的新生代。他们一改现代新儒学重视文化儒学与形上儒学的传统，而致力于政治儒学的重建。政治儒学的理论特征主要表现在三个方面：强烈的思想批判性，批判锋芒既指向"全盘西化"；具有强烈的政治参与性，提出了一整套关于当代中国政治制度的新构想；具有强烈的文化保守性，主张在中国全面复兴儒教。

目前关于儒家政治主题的研究有几个常用的核心话语，这些核心话语体现了研究的切入点和视角：

其一是"政治思想"的语境，如梁启超、陶希圣、吕振羽、萧公权、萨孟武、刘泽华等在中国政治思想史研究中都对儒家的政治思想有所论述。梁启超有《先秦政治思想史》，刘泽华有《中国政治思想史》（先秦卷），陶希圣、吕振羽、萧公权、萨孟武等有《中国政治思想史》。

其二是"政治哲学"的语境，如周桂钿、赵明等主要从中国古代政治思想自身的逻辑出发进行阐释，如李明辉、安乐哲以及陈祖为、白彤东、吴根友等则从西方政治哲学的基本范畴和命题出发对儒家政治思想进行审视。周桂钿有《中国传统政治哲学》，赵明有《先秦儒家政治哲学引论》，安乐哲有《先贤的民主——杜威、孔子与中国民主之希望》等。吴根友有《在道义论与正义论之间——比较政治哲学诸问题初探》一书。政治哲学的研究强调不同于政治科学和政治思想的研究，政治思想的研究侧重意见。《波士顿的儒家》一书中收录了一些探讨儒家政治哲学的论文。"波士顿儒家"南乐山、费正清、史华慈、列文森、罗思文、杜维明等。南乐山在《波士顿儒学具有讽刺性的几个方面》中说："儒学不仅仅只是东方民族的意识形态，而且是一种批判哲学。"① 小亨利·罗斯蒙特在《从全球化背景下的人权视域看儒家的角色伦理》中说："我认为最好把儒家思想说成'角色伦理'（role ethics）。"该文把权利分为二代，第一代权利是民事的和政治的，获得的自由，消极的权利；第二代权利强调经济、社会和文化权利，给予自由，积极的权利。"另一方面，作为儒家思想重心的承担角色的人十分重视第二代权利，而不必忽视，甚或降低美国宪法前十条修正案计划要保护的权利。"② 杜瑞乐在《儒家经验与哲学话语：对当代新儒学猪疑难的反思》中认为，人们将放弃以教条的方式在哲学中划定一个叫做"儒家哲学"的区域。"人们将不再力图构建一种儒家哲学（a philosophy），而只是在一个已然是后儒家的文化与人类学世界中，以创造性的方式进行哲学活动（to philosophize）。"③ 白彤东在《一个儒教版本的有限民主》中认为，儒家将国家与共同体置于个人之上。倪培民《儒家学说的关键层面——功夫》说："在儒家的学说里形而上学的内容总是服从于它的功夫观的内容。"④ 陈祖为说："我的角度就是问一些古代传统可能没有问的一些现代的问题，比如说全世界现在重要的政治问题是哪些问题，比如自由、人权、平等、社会公正、宽容、宗教自由、社会福利、人民与政府的关系、政治权威的基础，这一系列政治哲学的基本问题。我就问儒家在这方面有没有什么看法。"⑤ 他把"分"看成是勉强与源于西方之近代"权利"

---

① 哈佛燕京学社主编：《波士顿的儒家》，江苏教育出版社，2009年，第1页。
② 哈佛燕京学社主编：《波士顿的儒家》，江苏教育出版社，2009年，第62页。
③ 哈佛燕京学社主编：《波士顿的儒家》，江苏教育出版社，2009年，第98页。
④ 哈佛燕京学社主编：《波士顿的儒家》，江苏教育出版社，2009年，第170页。
⑤ 哈佛燕京学社主编：《波士顿的儒家》，江苏教育出版社，2009年，第234页。

观念，尤其是"所有权"含义相近的中国古词。

其三是"治道"的语境，典型的代表是牟宗三。牟宗三有《政道与治道》、《人文讲习录》等。

其四是"社会秩序"的语境。如张德胜的《儒家伦理与社会秩序》，成云雷的《先秦儒家圣人与社会秩序建构》等。

其五是"政治儒学"的语境。如蒋庆的《政治儒学：当代儒学的转向、特质与发展》一书。政治儒学强调不同于治道的研究，不同于政治化的儒学。"依儒家传统，'经世'一词多用在政治实践领域，是所谓儒术，即政治权力运作之艺术，属于治术范围。"①

如何开出现代社会需要的政治理念？其一是由内圣或者心性论开出，有明确论证这一思路的，如牟宗三，也有基本认可这一思路来叙述先秦儒家政治思想的，如梁启超、萧公权等几个经典的中国政治思想史著作。其二，也有主张从制度的角度来开出的，如政治儒学的观念。其三，有直接以西方政治哲学的核心概念（杰弗里·托马斯《政治哲学导论》认为有12个核心范畴：权力、权威、国家、主权、法律、正义、平等、权利、财产权、自由、民主、公共利益）为参照系进行研究。

不同的思路间当然有兼顾和平衡的，有强调彼此的对立性的。如认为儒家政治哲学无法和从人的权利的思考政治的政治哲学思路相沟通，因为导致法律和制度与"道德、价值问题无涉"。②问题是自由、权利、责任、正义等概念本身就是或者可以看成是道德、价值概念，这些概念和儒家哲学的道德、价值概念只是存在着文化上的差别而已。当然在西方，存在着另一条思想线索，就是仁爱、博爱、良心、美德、善等概念，一些思想家强调善不同于或者优先于权利，一些思想家强调权利优先于善。"'政治'问题才是先秦儒学思考'人'的所有问题的出发点，而不是相反，把'个人'作为思考'政治'问题的出发点。"③这种思路的局限性是把政治看成是了先秦儒家对人本身的问题的思考的最高限制，似乎儒家对人的思考永远没有脱离政治的框架和政治的目的、政治的功能。先秦儒家人格诉求中的"天"的视野被忽略了。这一点在孔子、孟子、荀子那里都是很重要的。在孔子那里不知道天命就不是君子了。在孟子那里，与天地同流恰好是君子的基本特征。在荀子那里也强调天人关系，能否合理地处理天人关系是理想人格的基本要求。

---

① 蒋庆：《政治儒学：当代儒学的转向、特质与发展》，生活·读书·新知三联书店，2003年，第5页。
② 赵明：《先秦儒家政治哲学引论》，北京大学出版社，2004年，第19页。
③ 赵明：《先秦儒家政治哲学引论》，北京大学出版社，2004年，第20页。

另外先秦儒家对人的"群"体生活本身的理解是否一定就是从政治性的组织和结构的角度来理解的，也是一个需要研究和探讨的问题。"先秦儒家是以'群'这种政治性组织和结构来界定人。"①不能绝对化地把先秦儒学对政治问题的思考简单地定位在精神的层面上。孟子的"大体"和"小体"的区分并没有忽略在政治中关注"小体"的诉求。"权利"概念是对个体生存欲求的正当性的理论表达。

心性论开出政治，自然以《大学》《孟子》的思路为基础解读儒家；不从心性论开出的，希望另寻资料如以《春秋》为基础由汉代今文经学的思想资源。如蒋庆说："职是之故，当代儒学必须转向，即必须从'心性儒学'转向'政治儒学'，因'政治儒学'是儒家特有之'外王儒学'、'制度儒学'、'实践儒学'、'希望儒学'，中国今后具有中国文化特色之政治礼法制度当由'政治儒学'重构，而非由'心性儒学'开出。"②"至于'政治儒学'所要解决的问题则是'改制立法'问题，要'改制立法'，首先就要有'创制意识'与'立法智慧'，此'创制意识'与'立法智慧'源于孔子所创之《春秋》经。"③

目前国内外对儒家政治主题的研究比较流行的是把先秦儒家哲学高度政治化处理的思路。如周桂钿说"百家争鸣中的各家学说多是政治哲学。"④比如赵明认为："先秦儒学又是真正意义上的政治哲学。"⑤梁启超说："以目的言，则政治即道德，道德即政治。以手段言，则政治即教育，教育即政治。"⑥萨孟武说："先秦思想可以说都是政治思想。"⑦"而儒学从其诞生之日起就是'政治儒学'，儒学最关心的就是广义的政治问题，即使宋明儒学谈'心性'亦是谈政治的一种方式。儒学所依据'六经'就是专谈政治之经，其'今文经说'都是'政治儒学'。"⑧萧公权说："故孔子学术之主要内容为政理与治术。其行道之方法为教学，其目的则为从政。"⑨把先秦各派的思想进行政治化的解读，不是现代才产生的现象，我们可以在汉代的文献中看到这种现象。如太史公这样说："夫阴阳、儒、墨、名、法、道德，此务为治者也，直所从言之异路，有省不省耳。"（《史记·太史公自序》）

---

① 赵明：《先秦儒家政治哲学引论》，北京大学出版社，2004年，第19页。
② 蒋庆：《政治儒学：当代儒学的转向、特质与发展》，生活·读书·新知三联书店，2003年，第2页。
③ 蒋庆：《政治儒学：当代儒学的转向、特质与发展》，生活·读书·新知三联书店，2003年，第4页。
④ 周桂钿：《中国传统政治哲学》，河北人民出版社，2001年，第20页。
⑤ 赵明：《先秦儒家政治哲学引论》，北京大学出版社，2004年，第15页。
⑥ 梁启超：《梁启超全集》，北京出版社，1999年，第3645页。
⑦ 萨孟武：《中国政治思想史》，东方出版社，2008年，第1页。
⑧ 蒋庆：《政治儒学：当代儒学的转向、特质与发展》，生活·读书·新知三联书店，2003年，第7～8页。
⑨ 萧公权：《中国政治思想史》，辽宁教育出版社，1998年，第49页。

这一思路提出的证明包括如下几个方面。其一，把人性和道德问题直接当成了政治问题进行叙述，或者作为目的和出发点进行叙述。如"而儒家政治之全部，皆以其人生哲学为出发点。"①先秦儒家"把政治视为成就人性的伟大的精神事业"。②对人性和道德问题进行高度政治化的理解，认为其功能和目的在于政治秩序的创建和维护。"因为，这种道德哲学的展开直接与政治相关联，毋宁说，它是政治的道德哲学。'成人'问题实质上关涉的是'政道'，是'治道'，是'王道'。"③不能直接把人性问题当成政治问题，需要联系政治问题论述人性问题，否则就偏离了方向，二者之间进行适当的区分还是必要的。"政治理性产生于人类群体生活中的制度性焦虑，道德理性则产生于人类个体生命中的存在性焦虑；政治理性解决的是如何安顿人类群体生命的问题，道德理性解决的是如何安顿人类个体生命的问题；政治理性要求通过设计制度与建立教化来对治转化人的气质之性；道德理性则要求通过主观证悟与身心修为来对治转化人的气质之性。"④政治实践不同于道德实践。

其二，这一思路把君子、圣人概念完全当成了一个政治的概念。"'君子'与'小人'首先是在政治哲学的主题上加以界定和判分的。"⑤先秦儒家是在政治哲学的意义上来讨论圣人问题的。君子圣人有政治的价值，和政治意义上的君子小人是不同的概念。

其三，这一思路往往直接把"群"理解为政治。"先秦儒学所谓的人之行'义'和行'义'的群，即我们今人所说的'政治'。"⑥群有政治的意义，群可以从社会、经济、文化、政治等不同层面来研究，群的组织形式有很多，可以是家庭、民族、政党和国家等不同的形式。需要一定的区分。

其四，是从否认儒家思想超越性和思辨性的角度，把先秦儒家哲学定位为在整体上看是政治性的。如黑格尔就包含着这种倾向。马克斯·韦伯虽然明确把儒家定位为"伦理"，不过这个伦理的内容却是政治准则和社会礼仪，应该说是高度政治化的伦理。"与佛教形式更加显明对比的是，儒教所要求的是对俗世及其秩序与习俗的适应，归根结底，它只不过是为受过教育的世人确立政治准则与社会礼

---

① 梁启超：《梁启超全集》，北京出版社，1999年，第3639页。
② 赵明：《先秦儒家政治哲学引论》，北京大学出版社，2004年，第56页。
③ 赵明：《先秦儒家政治哲学引论》，北京大学出版社，2004年，第2页。
④ 蒋庆：《政治儒学：当代儒学的转向、特质与发展》，生活·读书·新知三联书店，2003年，第100～101页。
⑤ 赵明：《先秦儒家政治哲学引论》，北京大学出版社，2004年，第8页。
⑥ 赵明：《先秦儒家政治哲学引论》，北京大学出版社，2004年，第3页。

仪的一部大法典。"①不过在把先秦儒家政治哲学高度政治化处理的思想观点中，也有强调儒家思想中有超越层面的，力求通过超越层面的存在来论证儒家政治哲学的特殊性。"如果说，'圣人'所体现的'道'是先秦儒家建构礼制秩序的具有超越性精神的价值本体的话；那么，'圣人'与'俗王'的冲突则是先秦儒家始终没有回避的'政治哲学'之基本冲突。事实上，先秦儒学围绕'圣人'而建构起来的意义价值系统表达的正是其政治哲学的终极价值关怀。"②把"道"理解为政治合法性问题。"这就是所谓的政治的合法性问题，先秦儒学称之为'道'。"③道是礼制建构的价值根源和圣人立法的根据。"这就是儒家政治哲学的超越性所在，它以'天道'为神圣的价值根源，获得了对社会政治现实的批判根据和力量。"④

其五，政治是人的生活的现实场景，群居是人的基本的生存方式，从而认为儒学是政治哲学。"根本原因就在于政治迄今为止仍然是人的生活的基本规定性。"⑤这一思路假定孔子整个思想的落脚点和着力点就是解决"礼崩乐坏"的问题。"所谓'克己复礼为仁'，就是要通过解决做人的价值问题以从根本上解决政治治乱的问题。由此，道德修为的确成了先秦儒家政治哲学强调的关节点，具体制度的技术性问题在解决政治治乱问题中的意义反倒居于其次。"⑥礼制秩序建构的人性依据和政治的人性目标问题。"政治秩序的建构才是其讨论人性问题的目的所在。"⑦重点在于讨论二者的关联性，而不是转而详细探讨人性论思想本身，这样就有"跑题"之嫌。看成是基础性问题，涉及政治秩序建构的合理性和正当性问题。"先秦儒家讨论人性问题的思想旨趣在于如何处理'为政者'与'民'的关系，进而建立起和谐的社会政治秩序。"⑧"政治儒学追求的是历史中的希望而非形而上学的道德理想。"⑨"政治儒学体现的政治批判与心性儒学体现的道德批判不同，是一种客观的批判、整体的批判、群体的批判、制度的批判、历史的批判，而非主观的批判、单一的批判、个体的批判、观念的批判、纯超越的批判。"⑩当然也有进行相反

---

① ［德］马克斯·韦伯：《儒教与道教》，洪天富译，江苏人民出版社，2003年，第126页。
② 赵明：《先秦儒家政治哲学引论》，北京大学出版社，2004年，第13页。
③ 赵明：《先秦儒家政治哲学引论》，北京大学出版社，2004年，第3页。
④ 赵明：《先秦儒家政治哲学引论》，北京大学出版社，2004年，第76页。
⑤ 赵明：《先秦儒家政治哲学引论》，北京大学出版社，2004年，第15页。
⑥ 赵明：《先秦儒家政治哲学引论》，北京大学出版社，2004年，第13页。
⑦ 赵明：《先秦儒家政治哲学引论》，北京大学出版社，2004年，第22页。
⑧ 赵明：《先秦儒家政治哲学引论》，北京大学出版社，2004年，第30页。
⑨ 蒋庆：《政治儒学：当代儒学的转向、特质与发展》，生活·读书·新知三联书店，2003年，第108页。
⑩ 蒋庆：《政治儒学：当代儒学的转向、特质与发展》，生活·读书·新知三联书店，2003年，第107页。

处理的情况。如"《论语》的去政治化。"① "孔子的仁政以传统的周礼为准,既表明春秋时代周代封建等级制度尚存,也表明孔子尚未专注于政治过程因果本身,不过是以政治作为认识一般伦理价值的手段,即政治仅为伦理实践学理论上的一个环节。"②余英时说:"我所得到的基本看法是儒家的现代出路在于日常人生化,唯有如此,儒家似乎才可以避开建制而重新产生精神价值方面的影响力。"③

第二节 "为政"意旨

1. 政非事

《论语·为政》第21篇的内容如下:"或谓孔子曰:'子奚不为政。'子曰:'《书》云:孝乎!惟孝,友于兄弟,施于有政。'是亦为政,奚其为为政?"(《论语·为政》)

关于这一段话的内涵,历史上有不同的理解。关于这段话的历史背景,大致认为是发生在鲁定公的时候。也有说"盖在哀公十一年后也。"④认为孔子是针对季氏专权的,想要用教育的社会功能服务于鲁国国君,对季氏形成舆论的压力。认为这句话是发生在鲁定公的时候的说法较为普遍。这段话大约发生在孔子三十六、七岁左右。鲁昭公二十六年,孔子当年三十六岁。大约这一年,孔子返回鲁国。如说"定公初年,孔子不仕"。⑤基于这一背景的理解,历史上存在的一种看法是:对"孝乎!惟孝,友于兄弟"的价值和地位做出了"托词"的理解。认为定公是放逐了自己的君主和兄弟的人所立的,所以以当这样的君主的臣子为耻辱,所以说出了这样的托词。"则孝友为借词,而父兄只为口实矣。"⑥之所以要这样理解,是因为担心士大夫利用孔子的这段话回避参与现实政治生活。"托词"的理解限制了从"孝乎!惟孝,友于兄弟"体会孔子对政治内涵的理解。

有一种理解是:从这段话的历史背景切入,以孔子维护人伦的价值为宏观的出发点,以齐家和治国的关系为基本的阐释逻辑。一种解释是认为孔子说这段话是有批评、讽刺定公的意思的。孔子讥讽定公的价值评价标准就是违背了具有家

---

① [加拿大]贝淡宁:《中国新儒家》,上海三联书店,2010年,第176页。
② [美]李幼蒸:《仁学解释学——孔孟伦理学结构分析》,中国人民大学出版社,2004年,第300页。
③ [美]余英时:《现代儒学论》,上海人民出版社,1998年,第244页。
④ 程树德:《论语集释》,中华书局,1990年,第122页。
⑤ 程树德:《论语集释》,中华书局,1990年,第124页。
⑥ 程树德:《论语集释》,中华书局,1990年,第124页。

庭伦理内涵的"大伦"。"春秋定无正月者,昭非正终,定非正始也。"① 季孙意如废除昭公之子而立定公,定公违背了"友于兄弟"的原则,也违背了"孝"于"昭公"的原则,同时也违背了讨伐不孝的原则。"受国于季孙意如而不知讨贼,则为政之本失矣。"② 整体上概括起来就是:"今也贪得国而忘大伦,赏私劳而废公义。"③

对于"施于有政"以及"奚其为为政"也有不同的解释。"施于有政"中的"有政",和"奚其为为政"中"其"具体同一性。有一种阐释把"奚其为为政"做了事实性的理解,而没有看成是孔子在回答"什么叫做为政"这一问题。如认为:"鲁自不能用子,子奚从得为政?"④ 本文把"奚其为为政"看成是说明"什么叫做'为政'"这一问题的。这段话中的"为政"包含了哪些基本内容呢? 本书认为包含"有位"之政、"惟孝"、"友于兄弟"三个内涵。同时认为孔子理解的"为政"的一般本质就是"孝"。

《论语·为政》第21篇中所理解的"为政"的内涵之一就是"有位"之政。"奚其为为政"中的"其"就是"施于有政"中的"有政","有政"就是"有位"。"何必居位乃为为政乎。"⑤ "子奚不为政"中的"为政"也是指代"有位"。

《论语·为政》第21篇中所理解的"为政"的内涵之二就是"惟孝"。"夫所谓政者,以孝友为政耳。行孝友则是为政,复何者为政乎?"⑥ "孝"字已经涵盖了"父母"、领导和群众、天地和人等关系。"孝"即学,效法、仿效、学习。当领导总是要获得一种影响力,所以就不能局限在卿相大臣所从事的那些活动上来理解"从政"了。卿相大臣所从事的那种活动,是社会历史发展的结果,是一种个人很难掌握和控制的力量。当然《论语》中的"为政"包含了回答如下问题:个人如何才能进入这个历史和社会惯性形成政治结构和制度体系中去,成为其中的领导者,个人如何对现有的政治结构作出自己的贡献。人们常说,从政就是掌权,就是用权。这里的所说的权力是一种公共权力,从最广义上讲,就是指影响他人行为的一种决定力量。权力关涉到影响他人行为的能力。这种影响是多个方面的。权力从最直观的角度来讲还表现为:如果你不听话,我能否惩罚你,你是否会自愿的、或者无奈地接受惩罚。如果你接受了惩罚,这表示我对你是有权力的。不

---

① 程树德:《论语集释》,中华书局,1990年,第125页。
② 程树德:《论语集释》,中华书局,1990年,第125页。
③ 程树德:《论语集释》,中华书局,1990年,第125页。
④ 程树德:《论语集释》,中华书局,1990年,第125页。
⑤ 程树德:《论语集释》,中华书局,1990年,第124页。
⑥ 程树德:《论语集释》,中华书局,1990年,第124页。

管从哪个角度讲，具有教化、仿效、遵从意义的"孝"都能够反映政治的一般属性，当然对于其中涉及的具体细节需要现代的理论来逐步澄清。

这样的政治是"政"而不是"事"。"冉子退朝。子曰：'何晏也？'对曰：'有政。'子曰：'其事也。如有政，虽不吾以，吾其与闻之。'"（《论语·子路》）"《论语》中所说的'事'，指的是改善社会关系。此话的意思是说，所谓的事，也可能不是事。"[1] "政"是要谈论正身、讨论如何使得一个组织走上良性的发展轨道，营造良好的组织文化，以致于不需要很多的管理，也可以很好的运行。换句话说，要把握政治方向，研究大政方针，制定好发展规划。也就是说要有长治久安之策。"有政"就是要"有道"。不是不可以讨论具体的事情，但讨论具体的事情要由正确的价值评价的尺度和标准，要有一贯的文化取向，才能保证具体政策的协调。

能够以德治理政事的人是"大臣"。相反没有政治理念，没有一个好的政治理念，没有善良的政治目标，没有积极的价值取向，不能上升到文化角度思考领导和管理问题的干部是"具臣"。"大臣"的大有两个方面：一个是当官员的时候，有对人民有益的想法和追求，并且可以坚持这种追求。当然不是说没有变通，没有妥协，但是一切的变通和妥协都是实现理想和追求的一种方式，一种手段。实在不能实现了就退隐归田。另一个方面是说：不当官吏的时候，他的所有的作为对于当权者来说都是一种帮助，都是一种补充，都不会给当权者带来麻烦。相反通过德化的人格影响力，使人变得善良，有助于国家或者单位的长治久安。"大臣"，有的翻译成高级干部、领导者。"大臣"不一定是高级干部，低级干部也可以是大臣。大臣有自己坚定的政治方向，为了政治方向而做官，而不是为了自己的上司做官，服务上司，但服务上司是为了实现好的理想。有的时候修改上司的某些策略，这是为了维护上司的荣誉，保全上司的道德和政治方向的正确性。"季子然问：'仲由、冉求可谓大臣与？'子曰：'吾以子为异之问，曾由与求之问。所谓大臣者：以道事君，不可则止。今由与求也，可谓具臣矣。'曰：'然则从之者与？'子曰：'弑父与君，亦不从也。'"（《论语·先进》）"具臣"，有的翻译为具有相当才能的臣属。有的翻译为普普通通的、随处可见的公民。有的翻译为能干事的臣子。

2. 政非权

依照孔子为政的理念，政治不单纯是权力，但又可以说是广义的权力。儒家为政的哲学从更宽阔的角度理解政治，并以政治善为价值取向，不可把政治说成

---

[1] ［韩］李文永：《〈论语〉〈孟子〉和行政学》，东方出版社，2000年，第238页。

是"恶",但政治的善的确需要每个人来努力。

政治常常被说成是一种"恶"。其中有各种理由和观点。其一,如认为权力是一种腐蚀剂,人民没有权之前可能是一个好人,有权之后人就变坏了,权力让人失去了良心、仁慈,让人失去了理智,失去了健康的心灵。当政后人失去了笑容,变得残酷,丧失了天良和人性。私人生活才有道德可言,政治生活没有道德可言。

其二,是说坏人更容易得到权力,不正当的手段是获得权力的主要渠道,从而使得政治中充斥着邪恶。关于这一点,马基雅维里进行了一定的思考。在《君主论》中,他讨论了以邪恶之道获得君权的人们。这样的人常常背信弃义,奸诈残忍,屠杀同胞,出卖朋友,但同时有非常好的精力和坚强的意志力和忍耐力。关于恶行的人为什么还会成功,马基雅维里说:"恶行有时候也有好的一面,那就是在影响到自身生死存时,但卑劣手段要一次性完功,日后除非有利臣民,否则绝不可再次使用。"① "所有残酷的行为,必须毕其功于一役,这样,人们体验损害的机会少,对君主的积怨也少;而施予恩惠,则应细水长流,一点儿一点儿地给,这样可使恩惠对人们的影响持久一些。"② 这其实忽略了一个事实,即从外表来看一个人行恶不能说明问题,个人的内心和当时的情况有很多的层面;而且历史发展进步的趋势往往需要付出必要的恶的代价。

其三,政治不是一个真实的世界,其中充满了说谎、欺骗和伪善,充满了献媚。有的政治哲学家就把伪善和掩饰看成是必要的治国术,比如韩非。"政治几乎总是披上一层伪装"③,比如表面上说关心国家,关心人民,实际上只关心自己的权力和利益;比如担心自己的职位的恐惧心理使人变得虚伪;比如本来不同意领导或者群众的意见,但是还表示赞同取悦别人。"我不能略去一件重要事情,在这件事情上,有可能导致君主的统治陷入难以继续的危险,除非君主非常小心谨慎而且具有相当的辨别能力。这就是来自谄媚者的危险,而朝廷中这种谄媚者比比皆是。因为人们在自己的事情上总是很自满,并且自欺欺人,这使得他们很难抵制这种流毒的损害,而且当他们想要防御这种流毒时,还要冒着被人轻视的危险。因为要防范这种谄媚者,只能是让人们知道,对你讲真话,你也不会降罪于他们,此外别无他法;但是,当人们能够对你讲真话的时候,他们对你的尊重也随之减少了。"④

---

① [意]马基雅维里:《君主论》,王水译,上海三联书店,2008年,第49页。
② [意]马基雅维里:《君主论》,王水译,上海三联书店,2008年,第50页。
③ [法]路易·博洛尔:《政治的罪恶》,蒋庆等译,译林出版社,2014年,第120页。
④ [意]马基雅维里:《君主论》,王水译,上海三联书店,2008年,第120页。

其四，强权大于公理。政治是一个权力的世界，没有公理可谈。因为争夺权力，人性中的许多最本质的东西会暴露无遗。一些政治理论强调可以用不道德的手段实现道德的目的。政治中充满了派系斗争，政治人物说为公众的利益，实际上政治往往变成一种隐蔽的掠夺方式。

其五，政治是社会恶的根源。在一个国家里，政府的品质总是影响并成为该民族性格品质的模型。一个无法无天、胡作非为的政府会在社会上传播暴戾恣睢的习气，一个残暴邪恶的政府会使人民变得残暴邪恶，腐败的人民代表必然会造成腐败的选民，可被收买的行政机关必然染上贪污腐化，恶劣政府造劣政府造成的后果是人民道德水平的普通降低。"只有当人民受到良好的管理时，他们才会在道德水平上不断地断地迈上新的台阶。由当政者树立的良好榜样会促进社会的廉洁诚实和正直公道。一个公道的政府会激发人们的正义感。一个玩弄虚假欺诈的政府必然会使社会流行阳奉阴违的两面派伪善习气。"①

上面的说法不一定是成立的，但至少说明了政治对人性是一个很大的挑战。隐遁和出世是先哲的理想，包括道家、儒家和佛教都有隐遁的倾向。"有些人有拒不服从的勇气，但没有发号施令的迫切要求。这种人不容易适应社会结构；他们好歹设法寻求遁世场所，以便享受或多或少的孤独的自由。有时候，具有这类气质人在历史上占有重要的地位；早期基督徒和北美洲的拓荒者代表第三类型的两种人。遁世有时是精神上的，有时是物质上的；它有时需要像隐士居处那样完全与世隔绝，有时则需要像修道院那样集体过孤寂的生活。在精神上的遁世者当中，有人是其名不彰的信徒，有人热衷于无害的癖好，也有人致力于研究深奥而关重要的学问。在物质上的遁世者当中，有探寻文明世界边缘的人；也有像'亚马孙河的博物学家'贝茨那样的探险家，他完全印第安人当中愉快地过了十五年。隐士气质中的某些部分也是多种美德的重要因素，因为它使人能抵抗时尚的诱惑，不顾世人的冷遇和仇视而坚持某种重要工作，并形成了许多与流行的谬见相反的见解。"② "在遁世派当中，有些人并非真正不关心权力，而不过是不能用寻常的手段取得权力而已。这种人可以成为圣徒或异端的祖师，也可以成为新的教派或文艺流派的创始人。他们常常吸引许多喜欢服从而又有反抗精神的人做他们的信徒；反抗精神使他们不落前人的窠臼，而喜欢服从又易于引起他们不加批判地接受新的信条。"③ 但在现代社会，完全与行政和政治无关是不现实的，从上下级关系中退

---

① [法]路易·博洛尔：《政治的罪恶》，蒋庆等译，译林出版社，2014年，第238页。
② [英]罗素：《罗素文集》，第5卷，商务印书馆，2012年，第20页。
③ [英]罗素：《罗素文集》，第5卷，商务印书馆，2012年，第21页。

出是有风险的，个人的意愿，社会生存的空间，以及个人的品格和能力，社会和个人的惯性力量等等都会阻碍个人退出。既然无法退出，面临着的问题则是在权力世界中更好的生存以及相关的修养的问题。

修养论的政治对待权力在执与不执之间。人的基本的社会命运其实是服从和领导两种角色。"权力欲的冲动有两种形态：在领袖的身上是明显的；在追随领袖的人身上是隐含的。当人们心甘情愿地追随一个领袖时，他们这样做的目的是依仗这个领袖所控制的集团来获得权力；他们感到领袖的胜利也就是他们自身的胜利。"①

领导和被领导是一种社会角色，其中包含着一种权力分配的格局。从佛学的视野来看，这是一种"相"。领导者要无相，"位在十人之上者，必处十人之下"（《潜书·任相》）。由于制度设定和自然规律的原因，人在一个岗位上是暂时的。"毋执去来之势而救权，毋固得丧之位而为宠"（清金缨，《格言联璧》）。下属更聪明，或者下属有不同看法，这种情况既要保证政令统一，又要保证民主。交易关系比政治关系更有吸引力，或者渗透入政治关系中，这表现为"富"和"权"的关系。下属不听话，靠结果监督只有有限的作用，事先明确的考核会面临作假的问题。有些权力不过是表面上的权力，实际权力必然要受到严格限制，而且行使这些权力也要去做艰苦不懈的工作。权执必然遇到障碍。但领导本身就是一种权力，这种权力靠德来获得，更为"无为"自然。"权重当守，权轻当舍"（《权经》）。

从任何一个既定政治人的立场看，其组织中的所有人可以分为三大类：级别比他高的人、级别比他低的人，与他不相上下大致处于平级的人。其一，"侍臣"：完全依赖于上级的垂青。对于这样的官员需要有修身意识。其二，观望者。观望者是"袖手旁观"。"尽管观望者在一般情况下不会针对政治人采取任何直接行动，他们却是政治人声誉的监护者。政治人在盘算每一步行动时，都要考虑到观望者会如何说、如何想。背离现存道德标准的程度大到令观望者震惊时，他们就会起行动。他们会因政治人的不自量力而从观望者变为参与者，并泄他们的愤怒。"②

其三，男爵。拥有外在的支持资源。外部"资产"可以表现为多种形式：人有可能自己就很富有，因此他用不着特别依赖他在这个等级制中的工作来养家糊口；有一些人有权势关系，使他在与领导打交道的时候可以得到区别对待的好处；有一些人有技术专业知识，这些特殊的知识或技能，至少在他的顶头上司眼中是

---

① ［英］罗素：《罗素文集》，第5卷，商务印书馆，2012年，第10页。
② ［美］戈登·塔洛克：《官僚体制的政治》，柏克，郑景胜译，商务印书馆，2012年，第69页。

不可替代的;等级制中的低层级成员中已经获得了可靠的人脉关系也可能成为男爵;有的人在个性上和道德操守上比较优秀也是男爵。对上级能给他的奖励或施加的处罚都不特别感兴趣或在乎的人,就不会真正依赖于上级。

不能按照自己的意愿升迁是一个无法克服的事实,单纯从权力的立场来看待政治必然陷入人生的困境。只有从修德和道德的影响力更为广阔的视野来看待政治才能找到人生的方向。"等级制剖中的大部分成员至少都有某种升职的意愿;而在已经成功晋升到较高职位的那些人中,继续升职的意愿会相当强。"① 不能所有的人都升迁,因为越往上,人越少。政治或者管理其实都是围绕着控制升迁的比例、速度打转转。政府职业是上下级关系最具特色的一个领域。塔洛克的《官僚体制的政治》指出,政府领域公务员的依赖性和顺从性有自下而上递增的趋势。越向上走,独立性越差,依赖性越强,越无法从官僚体系中脱身,越依赖组织的欣赏和上级的提拔,换个职务也越发困难。如果一个下属使得上级不高兴,或者上级讨厌他,他的升迁机会就非常渺茫。个人有道德是否会升迁,这与组织的道德状况有关。如果已经上升上去的领导本身就不是靠道德升上去的,不道德的领导比重比较高,自然有道德的人升迁就比较困难。"要设计一种制度,根本不选拔道德水准相对低下的人,那是不可能的。这是因为,有头脑而不讲道德的人总能找到符合道德的做法,只要这种做法就是事实上最可能取得成功的做法。"② 对于在组织中生活和工作的个人而言,要接受别人比自己升迁的快,或者升迁得高,需要专心于自己的道德生活。

第三节 仁政六义

古往今来,那些关心群体生活的哲人不断地思考着"什么样的政治是理想的政治"这一问题。中国古代的哲人更是如此。司马谈就曾把先秦各家看成是"务为治者也"。梁启超、萧公权等也都有类似的表述。儒家的政治追求可以用"仁政"来概括,可以把儒家贬斥的政治称呼为"苛政"、"暴政"。"苛政猛于虎也"(《礼记·檀弓上》)。为什么苛政会比老虎还可怕呢?苛政,和霸道内涵相近似,泛指一切伤害人的政治。老虎可以伤害人,疾病可以让人死亡,饥饿可以让人死亡,争斗可以让人死亡,贫穷可以让人死亡,精神空虚可以让人死亡。好的政治可以

---

① [美]戈登·塔洛克:《官僚体制的政治》,柏克,郑景胜译,商务印书馆,2012年,第41页。
② [美]戈登·塔洛克:《官僚体制的政治》,柏克,郑景胜译,商务印书馆,2012年,第32页。

最大限度地避免这些害人的因素。而坏的政治会让这些害人的因素流行起来。用刀子可以杀人，政治杀人其实比用刀子杀人更厉害。"以刃与政，有以异乎？"（《孟子·梁惠王上》）可以把政治理解成一把更为锋利的刀。政治杀人更隐蔽，涉及的人更多，更不容易被人发现。苛政的种类很多，恐怖政治、杀戮政治、愚民政治、媚欺政治、帮派政治等等都属于苛政的范围。武则天虽然重用像拉车的牛一样的狄仁杰，不过也重用李义府这样的吹鼓手，更重用"咬人的狗"，如索元礼、周兴和来俊臣。李义府这样的吹鼓手，玩弄的是媚欺政治，而索元礼、周兴和来俊臣这般酷吏玩弄的是恐怖政治。这般酷吏发明了悬石法、喘不得等酷刑，用疲劳轰炸，用亲情诱惑等方式迫使人招供，并把恐怖政治引向全国。这样的政治行为显然不是仁政。可以把中国古人的"仁政"思想概括为六个方面。

1. 仁魂：生民之道

人是生活在社会中的，社会生活中有组织者，就有政治。可以说"政治"无处不在。有一种"好官"，有一种"好政治"，却不一定是仁政。比如过度开发自然，浪费资源，破坏环境，带来了"政绩"，看似好政治，好官员，但环境污染，资源短缺，气候变暖，自然灾害频发，使得很多人死亡，或因此而受苦。这种政治有利益人的一面，但也会对人构成严重的伤害，还谈不上仁民爱物。

仁政是一种理想的政治，仁政的追求没有止境，总的原则是要对所有的人好。比如强调效益，对富人和穷人都好，但两极分化严重就不好，因为穷人的生活会变得越来越难。

仁政的总原则是对所有人的好，但什么叫做"好"，也要有所限定。仁政所谓的对所有的人好，包括身体的健康，不过仁政更看重的是心灵的健康，更看重人性向善。如果政治风气不好，导致人心变坏，人格扭曲，人性丧失，就伤害了人向善的潜能，这样的政治还不够资格叫仁政。

子产是一个好官，很能干，也爱护百姓，当发大水的时候，他把自己家的船和车子拿出来帮老百姓。孔子却认为他还没有做到仁政。为什么呢？就是因为，如果子产行仁政的话，首先应该事先就修好桥、修好路才对，这样人们天天走在大路上，没有感觉到仁政，但实际上享受了仁政带来的好处。仁政实现的时候，民众不一定会对某个官员感恩戴德。因为官员只是默默做自己该做的事，而不是像子产那样，把修桥的职责忘在了脑海的后头，等问题出现了去救济。当然，能救济百姓的官比趁火打劫百姓的官还是要好很多。

还有一个"好官"子路，但离仁政还有一点距离。子路把自己家的粮食拿来帮助百姓，自以为贯彻了老师的仁政思想，不想却没有得到孔子的肯定。为什么呢？因为帮助老百姓要依靠行政系统，要在春天帮助老百姓种好地，在秋天收好粮食，在冬天存储好粮食，并保持粮价稳定，保证供给和流通。子路脱离行政系统想靠自己的力量帮助别人，这体现了一个普通人的仁心，但作为官员要有官员的"仁心"。官员的"仁心"的一个体现就是用行政系统帮助该帮助的人。

如何区分仁政和苛政呢？标准是政治行为是害人还是在帮助人，是让人变得善良健康，还是让人人性扭曲，是让人身心健康，还是让人身心有病。仁政的精髓就是不杀人，就是生人。利用好政治来帮助人的肉体和精神健康成长，就是仁政。仁政的对立面是苛政，行仁政就要反苛政。

苛政的典型特征是伤害人，与苛政相反，仁政的基本原则是不伤害人。行仁政就要坚持不伤害原则。"无伤也，是乃仁术也"（《孟子·梁惠王上》）。不伤害原则从政治上说主要是不伤害人。"如有不嗜杀人者，则天下之民皆引领而望之矣"（《孟子·梁惠王上》）。不能把不杀人简单地理解成具体的杀死一个人的杀人，而是泛指杀人。不用贤能的人，等于是对贤能的人造成了伤害，恶人为政，会伤害百姓，这是间接的杀人。设立各种各样的关卡，吃拿卡要会伤害到人。贫富严重不均是杀人。不能把人为的责任导致的对人的伤害说成是自然力导致的。人因为社会管理不善被饿死了，却说这不是管理者的责任，是收成不好造成的，这是推卸责任。

"及陷于罪，然后从而刑之，是罔民也"（《孟子·梁惠王上》）。罔民之术很多。不教育，直接就关起来是罔民。另外，即便有法律法规，有规定，但是老百姓不知道，等着你违反规定，再惩罚，是不公正的，也是罔民之术。把规矩定得很高，大多数人都没有办法实行，等于是通过规矩把人放在了罪人的地位上，但是因为人数多，不可能惩罚所有人，然后利用规矩专门惩罚少数人。规矩成了工具，想用它害谁就害谁，就看谁嘴大，谁霸道，是罔民之术。政策变化太快，不透明，人民没有可靠的预期，不知道自己这样做将来会怎么样，自己花了很长的时间努力去做一件事情，忽然不被承认了，是罔民。

"故为政者，每人而悦之，日亦不足矣"（《孟子·离娄章句下》）。子产和子路行的是小仁政。小仁政当然也比较好，总比见到百姓受苦，而自己无动于衷好，更比那些在老百姓遇到灾难的时候落井下石更好。不过仁政的精髓不是行小恩小惠。仁政是要让民众自己想办法获得解救自己的能力，力求让每个人都喜欢，是"作秀"。政治是大恩惠，不是小恩惠：要进行基础设施建设、制度建设，帮助大多数人，让大多数人生活有出路，而不只是照顾某个或者某些具体的人。如果不能把握根本就会出现五十步笑百步的情况。

2. 仁心：仁政的动力

孟子很看重区分一个人是"怀"着什么样的心去做事情的。梁惠王以羊易牛，在梁惠王自己看来，这不过是一种功利的心，因为羊小牛大，杀牛不如杀羊去祭祀更划算一些。孟子却看出了这里面隐藏着"恻隐之心"，如果把这个"恻隐之心"挖掘出来，让这个"恻隐之心"成为人生的指南，那么仁政就有了精神的动力。心灵的慈爱构成了一种勇气，疾恶如仇，对善执着恪守，仁政的实现就有了可靠的保障。"以不忍人之心，行不忍人之政，治天下可运之掌上"(《孟子·公孙丑章句上》)。"仁政"是仁心的应用和推广。大仁政，需要的以大仁心为动力。

《居官镜》说："居官办事，全凭公心。"正义是政治的元德之一。为政出于公心很重要，虽然出于公心也会弄错，但总比出于私心出台政策更好一些。仁政需要两个基本的心灵动力，一个是仁爱，一个是公正。要想维护公理，还非得有爱心作为精神的动因不可。如果没有注入同情的动机，规则很难被遵守，被执行。爱心、同情心同样有助于规则的维护。

有爱心的人，在破坏规则的时候，会想到破坏规则会对他人，尤其是那些弱势群体和个人造成很大的伤害，同时会产生一种同情，这个同情提供了一种动力，勇敢地选择维护规则。

如果一个人只是想到了利己，那么破坏规则就是无所谓的事情了，自然正义就失去了精神和情感的保障。为什么同情可以在源头上，在动机上保证公正的规则得到维护呢？就是因为同情想到了别人，而利己的动机只是想到自己，自然很容易和另外一个人发生冲突，很难做到公正。

3. 仁者：仁政的主体

"苟正其身矣，于从政乎何有？不能正其身，如正人何！"(《论语·子路》)仁政的实现靠有道德的官员的示范作用，当然也靠制度和政策的推行。不过，好官是一个重要的保障。"居官之要，首要律身"(《牧书令》)。"正人"有不同的"正"法。通过正身来正人是一种方法，通过惩罚的方法来正人也是一种正法。通过正身来正人，要用积极的心态，采用积极的方法。什么叫做积极的心态呢？那就是相信别人是能够自我管理、自我进步的，相信每个人原则上都是向善的，也就是古人所说的"性本善"。通过正身来正人就是相信每个人都是一个有独立判断的人，没有外在环境的恶的影响，每个人都会自然地选择成为一个好人。

官僚机构本身会要求其中的人员服从等级规章，让个人服从特定的任务，在组织的高层才有基础主义的理性，在下层则推行工具主义理性，组织会把其中的公务员看成是执行命令的工具。在这种情况下，如果组织和领导本身偏离了伦理要求，就会导致体制的整体伦理偏差。

个人为什么会无条件地服从命令呢？除了人性中恶的因素以外，其中包含了"代理转换"，也就是从为了自己的目的而行动转换到为了代理人的愿望而行动，从自治功能向有组织功能的转换。这个时候，一个人就会感觉应该对权威负责，而不是对权威所规定的内容负责，对政治行为的道德考虑变为对权威的服从。个人会因为完成上级的要求而获得荣誉，甚至能够升迁，这加强了个人完成组织不道德行为的动力，而对于组织对人的损害无动于衷。

阿道夫·艾克曼是希特勒屠杀犹太人计划的设计师。艾克曼认为，自己只是一个大官僚机构的工具，已被剥夺了任何的内心道德感，只能有效率地执行别人的意志。他自己内心没有任何动力，只有听从纳粹的最高指示。

艾克曼的话证明了他已被整个地融入了官僚制角色之中。除了繁缛的"公文体"式的语言，艾克曼似乎没有能力说出任何东西来。他的表达中充满了陈词滥调和陈腐的语言，这些陈腐的语言遮蔽了死亡集中营和使用焚化炉的赤裸裸的罪行。

在审讯过程中艾克曼和他的律师一再强调他是在执行上级的命令，本人没有对犹太人的私人怨恨。如何理解执行命令而导致犯罪或者违背道德准则这种情况呢？关键就在于领导者借助组织对个人价值观和行为的控制。这种控制妨碍了个人的独立思考和独立行为。

如何才能避免艾克曼式的悲剧发生呢？其一，为官者要有修身意识，在官僚体系中时刻保持观念的警醒。这样自身的道德修养会约束自己助纣为虐。

其二，要区分官员身份和普通人的身份，保护官员作为一个普通人的人权，并尊重官员作为普通人的伦理自主性，这样官员在进行伦理判断的时候才能无后顾之忧，并有良好的法制或者道德环境的土壤。

一般人们批评儒家仁政，往往把仁政强调正身理解成是人治。其实不然，制度是人制定的，也要靠人来执行。人的品质、气质对政治有很大的影响。现代的"德治"则不排斥法治和"权治"，是"法治"和"权治"合理的结合，结合的基础是伦理道德。现代"德治"要求权力的使用者和决策者加强本身的道德素质，在决策过程中能够认识伦理问题，并采用合乎伦理道德的决策，能够合理评估决策带来的结果，包括伦理结果。现代"德治"决策过程中出了要依据法律以外，还能够从道德的角度审视法律，并保持一定的伦理自主性，保持一定的合理的自由裁量。

4. 仁法：仁政的规矩

一般人们认为人性问题不同于政治问题。人性论强调人的超越性，而政治是世俗的；人性论强调人性是善良的，而政治往往是恶的；人性论强调人超功利的一面，而政治是很功利的等等。所以内圣无法直接开外王。仁政思想虽然强调人性，但是并不是直接开外王。就像一个人有长跑的品质一样，成为长跑健将却需要相关的训练和技巧。仁政也有自己的法度，礼法规矩。这个大约相当于仁政的"宪政"结构。

不过仁政的礼法，不是法家的法，而是对人与自然界、君臣、臣臣、君民以及国与国之间关系提出一种宏观架构，提出一些价值的准则。不同的时代可以有不同的具体的仁政规矩，不过大的价值准则则需要遵守。

《孟子·离娄章句上》说："徒善不足以为政，徒法不能以自行。"儒家的仁法是大规矩，包括制度但不拘泥于制度。"奉法循理，无所变更，百官自正。"（《史记·循吏列传》）儒家的仁法包括一些理则，比如区分个人和个人所承担的社会角色；比如社会不同角色承担的社会责任的分配和协调等等；比如要恰当地处理天和人的关系。这些都是大规矩，大规矩处理好了，小规矩才会有宏观的指南。

"天下有道，小德役大德，小贤役大贤。天下无道，小役大，弱役强，斯二者，天也。顺天者存，逆天者亡"（《孟子·离娄章句上》）。政治要顺命、正命。如何才能正命呢？要敬重贤人，敬重有德的人；要安静，善于聆听别人的建议，善于观察事物发展的宏观趋势；要敬重上级；要减少欲望，让自己的决定更冷静、客观。政治的天命体现在哪里呢？从哪里可以知道是否有天命呢？在孟子看来，大致可以从如下几个方面来了解。其一，尊重推荐意见。其二，老百姓或者下属拥护、信任、接受。其三，能够顺利主持重大的活动。其四，个人身体健康，个性和品德好，并且适合当时人们心目中的领导标准。其五，根据当时的制度规定，制度对某个人有利。

"故曰：为高必因丘陵，为下必因川泽。为政不因先王之道，可谓智乎？"（《孟子·离娄章句上》）为政要尊重传统。当然对传统要结合现实的情况进行调整。"故旧不遗，则民不偷"（《论语·泰伯》）。"故旧不遗，则民不偷"这个古训，包含着实现代际和谐和代际正义的要求。偷东西，偷巧，懒惰，浪费等等都属于偷。民众找到了自我，生活就会有效率，自然不偷懒，不偷盗，不钻政策的空子，不进行无效的"博弈"，不浪费别人的时间，社会风气就好了。

"是以惟仁者宜在高位。不仁而在高位，是播其恶于众也"(《孟子·离娄章句上》)。最高或者较高层次的领导人要把握价值方向，而把握价值方向的一个方法就是选择善良有才华的人在高位。对待人才不能"狡兔死，良狗烹；高鸟尽，良弓藏；敌国破，谋臣亡"(《史记》卷 92《淮阴侯传》)。

"或谓立朝多异同者，彭止堂曰：'异同无妨，但愿当面异同。'"((明)陆树声，《清暑笔谈》)同僚，就是一起合作服务大众的官员，而不是沆瀣一气谋求彼此的私人利益。明朝余自强《治谱》卷九说："请托一事，伤人害物，长刁纵恶，莫此为甚。"行政体制中的成员既是公务员，具有公务员的角色，同时也是公民，是有价值追求的个人。除了完成组织的任务以外，要保护其在组织以外的各项权利。这样公务员才能在组织及其管理者从服务公众中偏离出来为自己服务的时候，行政人员个人就有必要界分自己对组织的责任范围以保证终极性地对公民负责。行政人员这个时候有必要抵制组织及其管理者的不道德行为，以示对公民的忠诚。行政体制伦理的可靠基础还是公民权的保护。有必要对工作组织进行限定并培养一种超越组织的身份认同，建立法规机制限制组织的权力和保护个人行使伦理自主性的权力。要正视个人在组织中的无权现象，保护公务员作为公民的基本权力，尤其是独立思考的权力。

"惟仁者为能以大事小"(《孟子·梁惠王章句下》)。只要具备"仁"就可以处理好与邻国的关系，不管与大国还是与小国的关系。只有讲究仁爱的国度才能以大国的地位侍奉小国。仁者之所以能够以大事小，就是因为仁者心中有天，尊天、爱天。

5. 仁术：无为而治

人们心目中的政治好像就是权术，而权术无非是拉帮结派，结党营私，权谋欺骗一类。不能说政治生活中没有这些内容。但还有一种权"术"，是善良的权术，这就是仁术。这种"术"靠个人的美德实现影响，靠良好的制度保障人的权益，靠优秀的文化形成好的政治环境。这种"术"关爱所有的人，力求人的善良品性可以在政治生活中得到展现和发挥。

"子曰：'无为而治者，其舜也与！夫何为哉？恭己正南面而已矣。'"(《论语·卫灵公》)社会囊括了所有的利益者与利益关系在内，有着极为众多的利益主体、利益要求、利益动机、利益关系。政府所代表的是社会的共同的利益，在政府主导形成的秩序和社会秩序之间，哪个更根本和更为重要呢？孔子希望政府尽可能管得少，而共同体又能够自我维持秩序。他希望君王一方面治理社会政治秩序有成绩，另一方面又保持"无为"。

儒家无为而治不同于道家的无为而治。儒家强调如下方法实现无为而治。其一，正身的功效。禹的"正身"表现在公天下。禹的"正身"体现在敢于牺牲自己。禹的"正身"体现在尊重自然规律。

其二，文化的功效。良好的、有效运转的组织规则、法规、准则，工作设计等等都会替代领导者的直接作用。当然，要造就这些，需要领导智慧地对组织文化进行引导，习惯于从文化的角度理解管理和领导。领导本身是一个文化活动。一个人是按照自己的文化素质和对文化习惯的学习、领悟来进行行动的。文化内在于人的行为之中，文化对人的引导作用使人不觉得有什么强迫，人们对于其接受的文化是自然而然地奉行。如果一个单位营造了一种负责的文化氛围，如果领导不在，也会有人出来完成必要的工作。相反，不但不会完成必要的工作，反而会有人跳出来惹事生非。

其三，各尽其职的功效。高宗是殷商时代非常贤明的皇帝，名武丁。皇帝的父母死了，守制居丧，称作"谅阴"。子张问，高宗在守制中，三年当中没有说话，这是什么意思？孔子说，你何必问高宗，实际上中国古代大家都是一样。如果皇帝死了，每个人都恪守岗位，自己都知道负责处理，解决了问题，就不必报告给皇帝知道。高宗的大臣在高宗守制的时候，积极处理国家大事，高宗可以专心去守制。高宗靠着大臣各尽其职实现了无为而治的理想。

6. 仁境：天下有道

仁政是一种善心，仁政是一种善人，仁政是一种善术，仁政是人性的政治。仁政是一种理想和境界。但仁政不是虚无缥缈的不可实现的幻想。仁政的根基就在人性的现实之中，在人与人关系的现实之中。人的人伦情感是仁政的情感基础，人的善心提供了仁政的动力，人的美德和优秀的品格给予示范，仁法给予规矩。

仁政让人在政治生活中不感觉到政治是人的生活的对立物，不感觉政治是在人性之外的，不感觉政治让人变得更坏，让人不为政治而苦恼。

"莫春者，春服既成；冠者五六人，童子六七人，浴乎沂，风乎舞雩，咏而归"（《论语·先进》）。曾皙的政治理想是：个人和社会的和谐，个人在日常生活中感觉不到政治的存在，政治不是和个人对立的，而是统一的和和谐的。孔子追求个人和政治的和谐，个人在政治和社会生活中可以自然地成长、健康地成长。"莫春"：和谐政治关心生长，生命的生长。春天是万物复苏，开始生长的季节。"春服既成"：人人都有物质生活的必需品，人人都有审美意识，有求美之心，对事物有审美的态度，人人都讲究礼。"冠者五六人，童子六七人"：五六个成年人，六七个小孩，这是一种代际关系，要实现两代人之间、代际之间的和谐和正义。"浴乎沂"：曾皙喜欢和众人到自然界去，说明他关心人与自然的世代和谐。人人都能够追求智慧，希望政治能够帮助人们追求智慧，在智慧之水中游泳，在智慧之水中洗净身心的污垢。人在低处能够享受低处的乐趣。"风乎舞雩"：自然界自身也是和谐的。仁者乐山，政治能够帮助人人都成为仁者，向往高山，努力上进。"咏而归"：政治要为民众谋幸福，而不是让民众痛苦。政治要让民众自在，而不是让民众如入枷锁之中。

第六章 《中国哲学史》

宋志明老师把 1919 年前后以五四新文化运动为标志开始的思想演变史看成是"中国哲学的新阶段"。[①] 这个说法很有意义，合理区分了鸦片战争以来的哲学和"五四"以来的哲学。前者中国哲学还处在固有的理论形态和发展路向之中，后者中国哲学才成为一种独立的学科；对于前者可以进行思想史的陈述，对于后者可以进行哲学史的陈述。这一看法是很有见地的。刘述先在《研究中国史学与哲学的方法与态度》中说："在传统的史学论著中，根本没有'哲学史'这个名词，这个名词本身就是受西方文化刺激以后的产物。中国以往谈学术源流总不免要追溯到三皇五帝，理想化的成分与真实的成分没有区别。所以现在研究中国古代哲学史的人和研究一般中国史的人所遭遇的共同困难，是在文献不足征的情形之下如何还原出比较真确的古代的图像。"[②]

本书在此基础上进一步提出"中国哲学史的新阶段"这一概念，就是更为狭窄地限定了本书的视角和核心线索，主要的价值取向，这就是从中国哲学史的角度来进行讲解和叙述的。一些思想可能从哲学角度来看，是很有价值的，但从中国哲学史的角度来看，可能这种思想并未和"中国哲学史"发生什么交涉，并不真正有利于中国固有的那个传统的更新和发展，那么本书对这样的思想自然就没有给予更多的关注和给予更高的评价。这样做是因为避免重复，因为有些思想要在西方哲学的脉络里面进行讲解，有些思想要在马克思主义哲学的脉络里面讲解。

第一节 中国哲学史的回顾与展望

1.《中国哲学史》的诞生

谢无量（1883～1964 年）的《中国哲学史》是第一部中国人写的《中国哲学史》。中国哲学史作为专门的学术门类，从古典形态转变为现代形态，谢无量的《中国哲学史》占有十分重要的地位。谢无量的《中国哲学史》作为中国现代学术史上第一部以中国哲学史命名的学术著作，为现代中国哲学史学科的创设与形成

[①] 宋志明：《中国现代哲学通论》，中国人民大学出版社，2008 年，第 1 页。
[②] 韦政通：《中国思想史方法论文选集》，上海人民出版社，2009 年，第 172～173 页。

作出过历史性的贡献。

其一，哲学学科的自觉思考。谢无量将哲学等同于儒学、道学、理学、佛学。谢无量说："哲学之名，实自拉丁文之 Philosophy 转译而来，本意为爱智之义。苏革拉第曰：我非智者，而爱智者。智与哲义本相通。尚书知人则哲，史记作知人则智，尔雅释言智哲也，方言哲智也。孔子为中国哲学之宗，尝自居好学。又曰：好学近乎智。是即以爱智者自居矣。"①"哲学之名，旧籍所无。盖西土之成名，东邦之译语，而近日承学之士所沿用者也。"②谢无量将哲学理解为"全备之学"："自吾一身以至于宇宙万事万物之理，莫非学者当知之事。知有大有小，有偏有全。见其全者为哲学，见其偏者为科学。故哲学备矣。善夫斯宾塞尔之言曰：世所谓下学，不备之学也；科学偏备之学也；哲学全备之学也。"③谢无量认为中国学术史上的"道术"与"方术"之别即是哲学与科学之分。在他看来，中国的"儒学""道学""理学"与印度的佛学、西方的哲学名虽殊而实为一，都属同一类学问。人们生活的地域与时间有中外之别，古今之异，但"所学之事，所究之理"，却"固无不同"。

其二，对哲学组成部分和研究方法、研究范围的认知，分形而上学，认识论，伦理学三种。该书因世论人，考思想同异，采用历史流传与继承方法。该书将杨朱的思想归之为"利己主义"和"快乐主义"，采用概念范畴辨析法，认为孔子从四种意义上言天：就其主宰者言之；就运命言之；就形体言之；就理言之。

其三，把《伊洛渊源录》，黄宗羲的《宋元学案》、《明儒学案》之类著作直接看做是中国哲学史。田文军、杨姿芳有论述和介绍谢无量的《中国哲学史》的专文。④

据冯友兰在《三松堂自序》中介绍的北大的中国哲学史开课的情况，可以知道胡适以前中国哲学史教学的情况。他说："当时一般人所了解的哲学，基本上就是当时的人所说的'义理之学'。中国哲学门里有三门主要的课程。一门课程是中国哲学史，讲两年。还有诸子学和宋学，这是两门断代哲学史。'宋学'就是宋明哲学史，不过还沿用宋学这个旧名词。此外，还有些专家和专题的功课。"⑤胡适的《中国哲学史大纲》是第一部用现代方法写的《中国哲学史》。蔡元培认为胡书有

---

① 谢无量：《中国哲学史》，台北中华书局，1980年，第1页。
② 谢无量：《中国哲学史》，台北中华书局，1980年，第1页。
③ 谢无量：《中国哲学史》，台北中华书局，1980年，第1～2页。
④ 田文军，杨姿芳：《谢无量与中国哲学史》，《江海学刊》，2007年第5期，第28～32页。
⑤ 冯友兰：《三松堂自序》，《三松堂全集》第一卷，河南人民出版社，2000年，第171页。

四个特点：证明的方法；扼要的手段；平等的眼光；系统的研究，胡适用这些方法解决了编中国古代哲学史的材料和形式问题。尽管梁漱溟和冯友兰、金岳霖都对胡适的中国哲学史研究提出过一些疑义，但正如他自己说的那样，他是中国哲学史开山的人，这部书的功用能使中国哲学史变色。

冯友兰的《中国哲学史》是第一部用现代方法写的完整的《中国哲学史》。冯友兰在《中国哲学史》台北版自序中说："余平生所着，三史六书耳。三史以释今古，六书以纪贞元。"又在《冯友兰学术精华录》自序中说："我的学术活动有两个方面，一是哲学，一是中国哲学史。我是以哲学为主，以中国哲学史为辅。"[①]冯友兰对《中国哲学史》的贡献在于其体系完整，包括两卷本的《中国哲学史》(1931年、1934年)、《中国哲学简史》(1948年)、《中国哲学史新编》七册(1980～1990年)，形成了系统、完整的《中国哲学史》。现代新儒家的其他代表人物主要侧重于论，或者侧重于文化问题。如梁漱溟的《东西文化及其哲学》和《中国文化要义》更多的是文化的开拓。熊十力之《新唯识论》、《原儒》、《体用论》、《明心篇》、《乾坤衍》等开出了中国哲学义理的新面貌，但对中国哲学历史的系统梳理显然不是其优长。牟宗三以《才性与玄理》、《心体与性体》、《佛性与般若》、《政道与治道》、《智的直觉与中国哲学》、《现象与物自身》、《圆善论》等为标志，以"一心开二门"为基本的逻辑框架整合中西，以道德理想主义的心性之学的内圣学开出知识界的外王学沟通了现象和物自身，以色心不二、分解和非分解的统一最后达一哲学的大综合、一彻底的唯心论和圆教圆善的道德的形上学哲学理论，也是以论见长。

现代以来的中国哲学史建设还有一个马克思主义的视野。侯外庐、杜国庠、赵纪彬、邱汉生等解放前出版了《中国思想通史》，赵纪彬有《中国哲学史纲要》。张岱年的《中国哲学大纲》是第一部以问题为主题的中国哲学史。任继愈主编的《中国哲学史》被认为是中华人民共和国建国后第一部用马克思主义分析的中国哲学史。1978年1981年间出现了检讨前苏联日丹诺夫式的哲学史方法论趋势，对教条化、庸俗化、贫乏化的倾向进行了批评。萧萐父、李锦全主编《中国哲学史》用"螺旋结构"、"历史圆圈"、"范畴研究"、"哲学史是认识史"等路数来重新构建中国哲学史，获得了很高的评价。冯契著的《中国古代哲学的逻辑发展》及"智慧说"三部曲异曲同工，也注重认识史和逻辑与历史的统一。至此以后，中国哲学史面貌发生了很大的改变。

---

① 冯友兰：《三松堂全集》第13卷，河南人民出版社，2000年，第481页。

2.《中国哲学史》的发展

20世纪末期的二三十年，中国哲学史出现了新的面貌。一些学者对此进行了概括，大致包括以下共识。

其一，态度的转换。逐步克服了文化决定论思想倾向，不再认为中国的落后，都是由于文化尤其是儒家文化或者中国哲学造成的；尽量合理地处理视界和本文的关系，不把中国哲学史当作材料来注解；尽量避免简单的文化对立和否定性倾向，注意以积极的肯定的方式继承中国文化的传统；尽量避免简单求同的思想倾向。

其二，强调"中国哲学"学科的自立性或自主性、主体性。如"中国哲学合法性问题"，"中国有无哲学问题"，"中国哲学特殊性问题"，"中国哲学优缺点问题"，"中国哲学形成原因问题"，"中国哲学的发展轨迹"，"中国哲学的主干"，"中国哲学发展方向问题"，"中国哲学史教材写作"，等等问题的提出。

其三，追问中国哲学的内在结构。如提出中国哲学中的范畴及其结构问题，追问中国哲学中的本体论、认识论、真理观、历史观、价值论等问题。

其四，范围拓展的动力作用。新儒学研究是20世纪末中国哲学史研究的重要推力。如出版了《现代新儒家学案》、《现代新儒学研究论集》、《现代新儒学研究丛书》（包括人物系列与专题系列）、《现代新儒家论著辑要丛书》等系列丛书，在海内外发表了大量研究论文，出版了相当数量的个人专著。《马王堆帛书》、《上博竹简》、《郭店竹简》、《文子》、《黄老帛书》等文献的出土，给中国哲学史研究注入了活力。1993年在湖北省荆门市出土的郭店楚简和上海博物馆从香港购藏的一批战国竹简。郭店楚简中有《老子》甲、乙、丙三组和《太一生水》等道家著作，《缁衣》、《五行》、《成之闻之》、《尊德义》、《性自命出》、《六德》和《鲁穆公问子思》、《穷达以时》等两组儒家著作。大多数学者认同其年代为介于孔子与孟子之间。1998年文物出版社出版了包含照片和释文的《郭店楚墓竹简》。上海博物馆藏战国竹简则包括《周易》、《孔子诗论》、《情性论》、《缁衣》、《子羔》、《孔子闲居》、《彭祖》、《乐礼》、《曾子》、《武王践阼》、《子路》、《四帝二王》、《颜渊》、《乐书》、《卜书》等80余种。儒家、道家、佛家等中国哲学史上的主要流派成为学界研究的热点和重心，一些人物如刘禹锡、柳宗元、王安石、王艮、何心隐、方以智等人的思想，阳明后学都受到了不同程度的关注。

其五，方法的自觉与提出新的哲学学说。经过近现代以来，尤其是现代以来中国哲学现代化的努力，中国哲学取得了长足的发展，尤其是改革开放以来，中国哲学的发展更是迎来了一个新的发展机遇。提出中国哲学史研究方法、中国传统哲学遗产的继承等问题，形成了如下研究视域：马克思主义哲学视域、新儒学视域、和合学视域、场有哲学视域、比较哲学视域、解释学视域、传统与现代的研究视域。

其六，现实关怀的动力作用。如考察中国哲学中的生态智慧、管理智慧、人生智慧，中国哲学与市场经济关系、中国哲学与现实社会关系、中国哲学的现代价值等。

3.《中国哲学史》的展望

目前的中国哲学史基本没有突破近现代以来中国哲学发展的基本的发展路向和发展的动力机制。改革开放以来，关于中国哲学史教科书的讨论持续不断，也在尝试编写新的中国哲学史。这个基本路向就是中国哲学与中国哲学史之区分的发展路向；一般与个别，哲学类称与特称的问题的发展路向；强调哲学家和民族的哲学思想的发展路向；强调哲学与思想文化、哲学与科学、宗教的区分的思想路向；以儒家哲学为主要范例进行解读的路向；本体论、认识论、历史观等哲学框架进行研究的路向；文化先行的引导路向。

近现代以来中国哲学史发展的基本动力是：范围和研究领域的拓展，尤其是新墨学、新道学、新儒学、新佛学等成为一种强劲的发展脉络；对西方哲学和文化提出的问题进行回应；引入马克思主义哲学的指导性；回应现实的社会和文化问题；出土文献及其经学的研究是中国哲学发展的又一动力。发展的基本态势是强化中国哲学的可分析性和逻辑性，使中国哲学史的百年创造历程具有了西方理性主义哲学和近代哲学的特征。

将要形成一个研究方法和研究范式的大的创新时期。这个创新时期会有一些明显的不同于以往的特色。主要包括：其一，中国哲学史的发展将摆脱儒家为主线的单一的格局，融入更多的佛道等内容，并且各家的内在关联构成的整体逻辑演进将是未来中国哲学史写作的基本要求。其二，将会改变现有中国哲学研究过于忽略史学和文学著作的情况，呼应后现代的要求，中国哲学研究将具有一定的非宏大叙事的特征。其三，随着西方哲学传播的深入和中国哲学研究者西方哲学素养的提高，在吸收西方哲学的道路上将摆脱单纯的西方哲学和西方文化外在引导的路向，突出中国哲学自身的特点的把握，同时能够反映和回答西方哲学提出的问题。其四，将改变亦步亦趋的接着讲和照着讲的方式，独立自主的哲学创造将随着中国国际地位的提高而完成。其五，将改变从现实入手的外在化的研究路向，深入中国哲学研究的内核是中国哲学未来发展的必然要求，以哲学原著的哲学阐发为主将取代哲学家和社会环境的外在化解读和平均化解读，而突出中国哲学家的个性色彩。其六，建构主义和建设性的信古态度将是中国哲学的发展的必然选择。其七，视域的融合和方法创新是中国哲学发展开拓新局面所必需。

中国哲学史教材改新需要解决如下问题：其一是目的问题。知识方面，提供现对系统的知识；思维方面要展现思想家自身思想的内在逻辑；兴趣信仰方面，能够成为人生修养的指南。

其二，是形式表现问题。必须紧扣哲学原著；必须紧扣时代主题；实现不同学科的交叉；将现代信息技术融入教材编选，将网络资源的运用、多媒体教材的制作直接纳入教材编选的范围。

其三是中国哲学史的定位问题。研究中国哲学史教材如何处理哲学和哲学史的关系；一般和个别的关系；中国概念中包含的古今中西以及文化、地理和阶级性的关系；哲学与科学、宗教的关系；当代史和本来的历史的关系等问题。

其四是内容框架问题。以中国哲学自身的范畴为线索组织内容。目前中国哲学史教科书大都有采用本体论，认识论，辩证法，历史观四大块体系来写。仅就中国哲学实际来讲，中国的哲学家很少单独地去讨论本体论等问题。这样去解读势必肢解了原来哲学家的思想，难以理清思想的脉络，再现思想家及其思想的本来面貌，并合理地引申其时代意义。如儒家和中国哲学其他各家的"道"的概念，具有本体论和语言论，认识论、价值论合一的特征。天、道等概念既具有生成论、实体性的含义，又有认识论、语言论和价值论的含义。"道"预示着人根本的价值道路，"道"包含道说和显示的语言学和认识论含义。这种合一性使其具有适应世界哲学本体论、认识论、语言学、价值论等诸种转向的要求的价值。世界哲学和人类文明发展的必然归宿是克服关于自然的人的科学和关于人的自然科学的统一。在对待世界的时候，充分引入必要的价值理论和认识理念、语言学理念；在对待人的时候，引入必要的本体论和本原论的理念。两种理念合一的结果就是本体论概念具有认识论和语言学、价值论内涵。人的客观世界就是人的世界，这个世界是客观和主观相统一的世界，是自然和属人世界的统一，要坚持自然主义和人道主义相结合的观点来认识世界。在描述客观世界的时候，要预设认识论和价值论、语言哲学的前提。认识论和价值论、语言论保证了描述世界时候的人道主义路向，本体论和本原论保证了描述客观世界时候的自然主义路向。儒家哲学是一种预设了认识论和价值论、语言论前提的本体论和本原论学说。这种理念给解释世界，又改造世界提供了最大限度的哲学理念支撑。因此不能局限于以本体论、认识论框架组织内容。如在认识的过程和形式方面，只是用比较单一的感觉、知觉、表象、概念、判断、推理几个范畴来说明认识过程，体悟、学习、情感、志（意志、理想）、下意识（意）、深层意识（阿赖耶识）、自我意识（我、我执）、问题意识（忧患）、明、照、知等等很多层面的认识都被忽视，道德意识活动更是遭到批评。基于中国哲学范畴的这一特点，需要研究中国哲学史编写的逻辑框架问题。

其四是文化取向问题。要克服文化决定论思想倾向。不能认为中国的落后，都是由于文化尤其是儒家文化或者中国哲学造成的；不能把解决文化问题和伦理问题当作解决一切问题的前提。还要克服非主体性倾向，要尽量合理地处理视界和本文的关系。要注意中国哲学史的主语是中国哲学的历史，注意对中国哲学史上的思想家的精神实质的把握。要避免简单的文化对立和否定性倾向。要注意扬弃，注意以积极的肯定的方式继承中国文化的传统。要避免简单求同的思想倾向。自觉地以中国文化传统为视点，以中国哲学史的精神为主导来写中国哲学史，也就是要确立中国哲学作为一种文化的价值地位。在方法上，不能采用一对一的解释方式，要注重运用精神实质；不仅要求同还要求异，不应采取一元化的批判的、否定的文化态度。要避免简单求同的思想倾向。单纯求同就不能丰富和发展中国哲学。

中国哲学自身要创新，这个创新时期应该具有一些明显的不同于以往的特色。综合以上所论主要包括如下十点：

其一，平视儒释道。中国哲学史的发展将摆脱儒家为主线的单一的格局，融入更多的佛道等内容，并且各家的内在关联构成的整体逻辑演进将是未来中国哲学史写作的基本要求。

其二，兼容文史哲。将会改变现有中国哲学研究过于忽略史学和文学著作的情况，呼应后现代的要求，中国哲学研究将具有一定的非宏大叙事的特征。文学名著如《诗经》、唐诗、宋词、元曲等中的哲学思想也有一定的创造性，需要认真面对；史学名著中的哲学思想更是不容忽视。只有这样中国哲学才会还原到其本来的文化根基之中。

其三，中西互释。随着西方哲学传播的深入和中国哲学研究者西方哲学素养的提高，在吸收西方哲学的道路上将摆脱单纯的西方哲学和西方文化外在引导的路向，突出中国哲学自身的特点的把握，同时能够反映和回答西方哲学提出的问题。

其四，主体性。要尽量合理地处理视界和本文的关系。要注意中国哲学史的主语是中国哲学的历史，注意对中国哲学史上的思想家的精神实质的把握。自觉地以中国文化传统为视点，以中国哲学史的精神为主导来写中国哲学史，也就是要确立中国哲学作为一种文化的价值地位。将改变亦步亦趋的接着讲和照着讲的方式，独立自主的哲学创造将随着中国国际地位的提高而完成。

其五，内在性。将改变从现实入手的外在化的研究路向，深入中国哲学研究的内核是中国哲学未来发展的必然要求，以哲学原著的哲学阐发为主将取代哲学家和社会环境的外在化解读和平均化解读。

其六，个性化。未来的中国哲学要有个性，要超越简单求对错的个性化的、多样的哲学。哲学的变化不仅仅是研究的主题和重点的变化，更是思考方式的变化。哲学的魅力在于在同一种语言运用中让人看出不同的意义。哲学和中国哲学的发展和繁荣不是单线条的逻辑演进。虽然可以找到规律性，但不能硬寻找规律，哲学是多线条的。能够提出更多的问题，能够有更多的思考方向和解决问题的尝试就是哲学的发展。实际上也没有面面俱到的哲学，只有有特定的线索和思路的哲学。每一种哲学都有自己的思考方式，思考方式不同会使同一个或者相类的概念和说法有不同的意义。哲学的变化不仅仅是研究的主题和重点的变化，更是思考方式的变化。哲学的魅力在于在同一种语言运用中让人看出不同的意义。对哲学的评判要在把握其基本的思考方式的前提下进行，对待中国古代哲学尤其要如此。

其七，原典性。古代哲学家的哲理在典籍中展现，中国哲学的创新只能在面对原典的基础上完成。明白古代哲学家的思路至关重要，这才是关系中国古代哲学生死存亡的大问题。

其八，建构性。建构主义和建设性的信古态度将是中国哲学的发展的必然选择。视域的融合和方法创新是中国哲学发展开拓新局面所必需。建构就是对中国哲学的原意的不断追寻。解释都是一种"偏见"。"变教"是一种解释，自然是一种合理的偏见。针对"变教"前的那个"教"的，自然是对"变教"的自觉更正，也是一种"变教"，"变教"的变教。全部中国哲学的精髓就是给善为道者一个哲学的阐释和说明，这是超越道德价值理性和工具理性问题的。

其九，功效性。中国哲学要在知识方面，提供相对系统的知识；思维方面要展现思想家自身思想的内在逻辑；兴趣信仰方面，能够成为人生修养的指南。中国哲学要面对原著本身，在精不在多，启迪灵性远比老师和读书重要。

其十，精神性。中国哲学要弘扬如下基本精神：慈悲的精神、世界本无事的闲的精神、美的精神、浪漫的精神讲哲学。更要把中国哲学的研究当作一种高等的思维和概念游戏。哲学就是娱乐，要有一种玩的精神来对待哲学。如何把中国哲学讲的更有趣、更精巧，更能揭示生活和人的精神生活中不合理的闹剧，构成一种舞台的帷幕，衬出生活之剧目。如果不能如此，哲学就了无生机。可以按照现代主义的精神，按照理性主义的精神讲中国哲学，也可以按照慈悲的、浪漫的精神、美的精神、休闲的无事的漫步似的自由的精神讲中国哲学。

第二节　治中国哲学史的目的

为什么要治中国哲学史呢？研究中国哲学史的目的是什么呢？虽然"中国哲学史"这个名称诞生有一百多年了，但关于这个问题却缺乏认真的回答。韦政通说："无论是思想史作的作者和读者，在他写和读这类著作时，都可能有'思想史的目的与理想是什么'这样的问题，一种学问要成为一独立的科目，必须有不可取代的目的，也必须有值得永远努力以赴的理想。"①

1. 何谓目的

目的，有康德理解的"内在的目的性"概念，也有"有限的外在的目的性"概念，或者外在的合目的性概念。②本处使用的目的概念基本上不是康德意义上的目的概念，也不是外在性的目的概念。关于外在性的目的概念，黑格尔进行了批评。他说："譬如，我们仅从葡萄树对于人们熟知的用处的观点来研究葡萄树，而且又去考察一种其皮可以制软木塞的橡树，并研究这树皮如何可以剥下来作为木塞以封酒瓶。过去曾有不少的书是根据这样的作风写成的。很容易看出，这种办法既不能增进宗教的真正兴趣，也不能增进科学的真正兴趣。外在的目的性直接站在理念的门前，但仅站在门前或门外总是很不够的。"③关于内在的目的性概念，马克斯·舍勒也进行了批评。

本处使用的目的概念是在黑格尔和马克斯·舍勒意义上的。在黑格尔看来，目的概念"效果在它本身之内"。④目的性首先是一个主观的概念，是理性的概念。黑格尔把从目的到理念的发展分为三个阶段：主观的目的、正在完成过程中的目的；已完成的目的。目的通过手段作为中介与其自身相结合。目的把材料看成是手段："目的的有限性在于当实现目的时，那被利用来作为手段的材料，只是外在

---

① 韦政通：《中国思想史方法论文选集》，上海人民出版社，2009年，第2页。
② ［德］黑格尔：《小逻辑》，商务印书馆，1980年，389页。
③ ［德］黑格尔：《小逻辑》，商务印书馆，1980年，391页。
④ ［德］黑格尔：《小逻辑》，商务印书馆，1980年，388页。

地从属于目的的实现,成为遵循目的的工具。"①

马克斯·舍勒说:"'目的'与那个在追求本身中、在它的方向中被给予的单纯'目标'的区别就在于,某个这样的目标内容(即一个已经作为一个追求的目标而被给予的内容)在一个特殊的行为中被表象。只有在从追求意识中'回退'出来的现象中,并且在对那个在追求中被给予目标内容的表象把握中,目的意识才实现自身。因此,所有叫做意愿目的的东西,都已经预设了对一个目标的表象!没有什么东西能够在不先已是目标的情况下就成为一个目的。目的是奠基在目标上的!目标可以在没有目的的情况下被给予,但目的却永远不能在没有先行目标的情况下被给予。"②

根据二者的论述,此处把目的分为三个层面:目标的主观表象,也就是主观的目的;目的实现过程:完成一定的任务;目的的完成:结果和功能作用层面。这几个层面在一些学者那里经常不加以区分。如劳思光在《论中国哲学史之方法》中说:"哲学的基本目的,原是从个别心灵智慧之提高,到文化境界的开拓,而发生的研究法却永不能涉及这两个目的。"③显然,这里所说的"目的"是对"目标"的表象,从而成为主观的目的。而在另一个地方,他则说:"而整个哲学史的功能,则在描述人类智慧之发展。内在的心灵境界,外在的文化成果,都要统摄于此。所以,我们可以说,哲学史既具有如此的任务,则它必须满足以下三个条件:第一是事实记述的真实性;第二是理论阐述的系统性;第三是全面判断的统一性。"④在这里,他所说的哲学史的"功能"与前面引文中的"目的""任务"概念内涵外延基本一致。结合其他学者的论述,中国哲学史的目的可以分成如下几个层次:主观目的,也就是"目标的主观表象",从而成为意愿目的;为实现这个目的使用的材料和手段,这也涉及方法论问题,这是"正在完成过程中的目的";作为结果的目的的功能作用。

2. 主观目的:目标的主观表象

中国哲学史的目的,首先应该是中国哲学史的研究者和创作者自己内心设定目标。这个目标具有理想和信念的性质,应该是一种价值追求。这个主观的目的应该具有内在性和统摄性,能够涵盖中国哲学史的全过程,从而具有指导性。

---

① [德]黑格尔:《小逻辑》,商务印书馆,1980年,396页。
② [德]马克斯·舍勒:《伦理学中的形式主义与质料的价值伦理学》(上册),倪梁康译,生活·读书·新知三联书店,2004年,第46页。
③ 韦政通:《中国思想史方法论文选集》,上海人民出版社,2009年,第143页。
④ 韦政通:《中国思想史方法论文选集》,上海人民出版社,2009年,第147~148页。

劳思光所说的描绘"个别心灵智慧之提高"、"人类智慧之发展"、"文化境界的开拓"属于这个层次的目的。不过，从现有的中国哲学史来看，对于这个层次的目的有必要进一步的说明。这里结合张载的三句话来说明中国哲学史的目的。

其一是为天地立心：出生灭门入真如门。为天地立心，首先要出世界。

其二，为往圣继绝学：转识成智。为往圣继绝学，也就是现代意义上的文化命脉的传承，不单纯指还出本来目的，显发古人思想中所潜在之逻辑性，使其具备与内容相适应的理论结构，不单纯指构建知识系统，或者保持对传统的感情、信念和理想。这些更多的是显发理想的工具和手段，而重点和灵魂是以心传心、智慧的启迪。

其三，为万世开太平：即凡而圣。追求成圣是中国文化的核心。

3. 正在完成过程中的目的：任务、手段和方法

1）材料的使用

要实现中国哲学史的上述目的，需要使用一定的材料。这个材料就是中国自己的材料。吴康在《论哲学史》中说哲学之功用就包括博取资料构成思想系统。[①]胡适研究中国哲学史强调搜集材料，包括原料、副料，审定史料的史事、文字、文体、思想和旁证，用校勘、训诂、贯通的方法整理史料，从所有的史料里面，梳理出哲学家的生平、思想渊源沿革和学说的真面目。搜集史料，审定史料的真假，除去不可信的材料，可靠的史料仔细整理一番。《中国哲学史大纲》对于资料的真伪，文字的考证，占了很大的篇幅。他把史料分成主料和副料，各哲学家的著作是原料；传记、轶事、评论、学案、书目是副料。他认为史料的审定包括史事、文字、文体、思想。冯友兰在《〈中国哲学史〉绪论》中提出的取材标准包括：依据哲学的范围来确定材料的取舍；有一定的见解，有系统；有中心观念，如《吕氏春秋》缺乏中心观念就应该舍弃不用；哲学的材料要理论辩论出之，像短片语句就不算哲学史的材料；表现哲学家人格的材料才可以当成哲学史的材料。"真"有不同的参考标准，如对原创者的"真"和文本内容合逻辑性的"真"、历史性的"真"。历史性的"真"包括历史的承认、读解的连贯性等。"历史文本材料的思想性价值与其史料学价值是两回事。"[②]

冯友兰、胡适谈论的是中国哲学史研究宏观方面的问题，微观方面的问题也

---

① 韦政通：《中国思想史方法论文选集》，上海人民出版社，2009年，第110页。
② [美]李幼蒸：《仁学解释学：孔孟伦理学结构分析》，中国人民大学出版社，2004年，第48页。

要注意。研究中国哲学史使用材料问题最难,其中最难的问题是使用原著中的哪些材料来说明问题。二人的看法是必要的,也是对待材料基础性的工作。但二者对待材料问题过于关注真假取舍的问题了。其实还有一个是使用材料的合理性和先后顺序问题。第一步应该是原著中的直接讲述某一个话题,或者直接使用某个哲学范畴的材料,其次才是相关的材料,最后是其他人的解释,包括古今的理解和解释。比如你要研究孟子的义思想,就要把孟子一书中直接讲义的先拿出来考察一番,然后才是与其相关的材料。

2）问题与实践基础的把握

要把材料整理成一个有机的逻辑系统,需要依据范畴或者问题组织材料,或者分析材料中的问题。所以抓准问题就显得非常重要。劳思光在《论中国哲学史之方法》中提出"基源问题研究法",这个方法"就是一切个人或学派的思想理论,根本上必是对某一问题的答复或解答。"①研究者的问题可以和历史上的哲学家的问题有某些不一致,但总体上要求是一致的。这对于研究中国哲学史的人来说是最难的。

把握问题的关键就是要认识问题提出的实践基础和经验基础。比如要研究道家的哲学,首先要把握道家的实践中提出的问题。这个实践最核心的部分不是物质生产、阶级斗争和科学实验,也不是道德践履。当然与这些实践有关,也会加以论述。其实是在修道实践基础上对其做了自己的理解,对其他理解进行了一定的批评,有肯定有否定。而肯定和否定的前提是修道。《庄子》是中国哲学经典,《内篇》更是经典中的经典。《庄子·内篇》所体现的哲学是一种什么样的哲学呢?总体上看,这是基于修道实践基础上形成的一个观念系统。笔者曾经把这个观念系统叫做"道的通见"。那么这个"道的通见"系统有什么存在的价值呢?其一,可以起到对修道者进行一定的理论指导的作用;其二,可以起到"道的通见"内部的沟通、协调作用;其三,可以起到和常识经验开展对话的作用,起到道的教化作用。《庄子·内篇》哲学可以说是一种解释学,是对修道实践的解释,对道的通见和常识经验的关系的解释,是道之通见的内部互相解释。"②

3）有条理有系统的哲学

在以上基础上就可以把某个人或者某个著作的思想整理成一个系统的哲学。冯友兰《〈中国哲学史〉绪论》中说哲学的方法是:"各种学说之目的,皆不在叙

---

① 韦政通:《中国思想史方法论文选集》,上海人民出版社,2009年,第148页。
② 周海春:《道之通见:庄子·内篇哲学注》,长江出版社,2011年,第192页。

述经验,而在成立道理,故其方法,必为逻辑的、科学的。"①整理成系统需要逻辑方法。徐复观在《中国思想史工作中的考据问题》中认为治思想史之考据"第三是以归纳方法从全书中抽出结论的层面。"②结论应该是一个逻辑系统,这样才能反映哲学思想的丰富性。劳思光:《论中国哲学史之方法》中说写哲学史的方法有四种:"(一)系统研究法;发生研究法;解析研究法;基源问题研究法。"③其中系统的研究法和解析的研究法都是成立系统思想体系所需要的。

4)成立有逻辑关系的思想的历史系统

吴康在《论哲学史》中认为哲学之功用包括:把握哲学思潮的发展顺序,确定哲学家的地位;比较哲学方法的不同和优劣;完备忠实地把握时代的思潮趋势。④这是成立哲学史所需要的。徐复观在《中国思想史工作中的考据问题》中认为治思想史之考据,需要向三个方面扩展:"一是知人论世的层面"。⑤"其次,是在历史中探求思想发展演变之轨迹的层面。"⑥胡适在《〈中国古代哲学史〉导言》中有这样的字样"哲学史有三个目的"。⑦不过他说的三个目的是:明变、求因、评判。这三个目的更像是哲学史的三个任务,而不是目的。"述学"以后然后还须把各家的学说,笼统研究一番,依时代的先后看他们传授的渊源,交互的影响,变迁的次序:这便叫做"明变"。然后研究各家学派兴废沿革变迁的缘故:这便叫做'求因'。然后用完全中立的眼光,历史的观念,一一寻求各家学说的效果影响,再用这种种影响效果来批评各家学说的价值:这便叫做"评判"。明变是知道思想史发展线索;求因是知道个人才性时代、学术影响。评判是看对同时和后来的思想影响;对风俗政治的影响;造成什么样的人格。求因包括个人才性的不同,时势的不同、思想学术渊源不同;评判包括思想影响、风俗政治影响、对人格的影响。胡适研究中国哲学史的方法是杜威的发生学方法和汉学的方法。他采用证明的方法,包括考实时代、遗著真伪、辩证方法。该书是用近代的史学方法写的,有系统、有线索,一一显出变迁的痕迹。

成立一个哲学史当然涉及求因,不过要内外结合。史华慈《关于中国思想史的若干初步考察》中说:"确定人类的意识反应并非完全处于被决定的状态以

---

① 韦政通:《中国思想史方法论文选集》,上海人民出版社,2009 年,第 60 页。
② 韦政通:《中国思想史方法论文选集》,上海人民出版社,2009 年,第 288 页。
③ 韦政通:《中国思想史方法论文选集》,上海人民出版社,2009 年,第 139 页。
④ 韦政通:《中国思想史方法论文选集》,上海人民出版社,2009 年,第 110 页。
⑤ 韦政通:《中国思想史方法论文选集》,上海人民出版社,2009 年,第 288 页。
⑥ 韦政通:《中国思想史方法论文选集》,上海人民出版社,2009 年,第 288 页。
⑦ 韦政通:《中国思想史方法论文选集》,上海人民出版社,2009 年,第 30 页。

后，我们要进一步提出一个更大胆的假设，即人类对其环境所产生的意识反应构成变迁的环境之中的动因之一。"① 史华慈《关于中国思想史的若干初步考察》中说："另一方面，除了思想潮流本身以外，举凡制度、技术成就、政治环境等，也都是这个环境的一部分。"② 史华慈《关于中国思想史的若干初步考察》中说："诚如我们一般所见，历史环境事实上总是充满模糊与暧昧。它在本质上具有高度的问题性与不确定性，因此要确定哪个反应才是最恰当，总是很不容易。"③ 团体生活与哲学史："盖一切思想体系，在各种不同之团体社会生活中，酝酿发展，此等团体生活之品质所产生之结果与原因，即其哲学思想所据以建立之基础也。"④ 余英时《〈历史与思想〉自序》中说："我始终觉得在历史的进程中，思想的积极作用是不能轻轻抹杀的。"⑤ 贺麟认为对于一个社会来说，各种社会现象、社会问题、社会思想之发生，也都有其外在的原因，此外在的原因也即经济的原因。内观法便是从思想本身去看思想。全体观则从全体来看部分。

4. 已完成的目的：功能和作用

已经完成的目的应该是达成在世而出世；转认识成智慧，即凡而圣。但这个目的是隐藏在内部的，外部表现可以多样。刘述先在《研究中国史学与哲学的方法与态度》中提出三点：引发读者的主观兴趣；培养客观的认知和同情的了解；养成判断和评价的能力。

中国哲学史的终极目的和终极功用而言就是成圣贤。冯友兰认为，哲学本来是空虚之学，哲学是可以使人得到最高境界的学问，不是使人增加对于实际的知识及才能的学问。专就一个人是人说，他的最高成就是成为圣人，是得到天地境界。圣人的人格就是内圣外王的人格。哲学是使人有内圣外王人格的学问。所以哲学所讲的就是中国哲学家所谓内圣外王之道。哲学能使人成为圣人，这是哲学的无用之用，是大用。新理学是最玄虚的哲学，但它所讲的是"内圣外王之道"的最精纯的要素。冯友兰对于中国哲学解决这个问题的贡献就在于对这个问题进行了多方面的展开的逻辑分析。除了对于境界本身的逻辑解析以外，还对形而上学问题进行了逻辑分析。

所以他所讲的新理学的形而上学实际上是为天地境界开辟道路的。他认为形

---

① 韦政通：《中国思想史方法论文选集》，上海人民出版社，2009年，第250页。
② 韦政通：《中国思想史方法论文选集》，上海人民出版社，2009年，第246页。
③ 韦政通：《中国思想史方法论文选集》，上海人民出版社，2009年，第244页。
④ 韦政通：《中国思想史方法论文选集》，上海人民出版社，2009年，第113页。
⑤ 韦政通：《中国思想史方法论文选集》，上海人民出版社，2009年，第179页。

而上学由于代表人对于人生的最后的觉解因而是哲学的最重要地一部分，是人有最高的境界所必需的。他认为学为圣人的功夫，就是圣功；学形而上学可以说是圣功的一部分；形而上学能给予人最高的觉解；人学形而上学，未必即有天地境界，但人不学形而上学，必不能有天地境界。理、气和道体及大全概念可以使人游心于"物之初"和"有之全"，使人知天，事天，乐天，以至于同天。这些观念，可以使人得到"经虚涉旷"又不离人伦日用的极高明而道中庸的境界。

唐君毅认为，哲学在立人极过程中具有十分重要的地位和作用，因为哲学直面元序、大类、大全等义理概念。哲学史以成教为归，言说以离言为归。人在哲学的路途中，需要知识论的反省和训练，这种知识论的反省与训练是为了把现实世界圈住，从而让哲学思维可以超越现实世界，并不受到现实世界的干扰。在此基础上就可以回头认取一切理想为实然的存在，更由理想之必求合理性，而知道此求合理性，出于人之性情。人就可以由哲学的思想知道理想有一必然趋向实现的动力。在他看来，立人极的哲学必然出现，立人极的哲学是东西方文化及其哲学的本质和归宿。

第三节　外观法和内观法

1. 外观法

观察中国哲学史需要一定的历史观支持。目前有如下几种：其一是宗法制说。宗法制说认为把人伦关系政治化、经济化的宗法政治和宗法私有制是中国社会主义社会建立以前的基本制度。"从西周直到清末中国历史上实际存在的人伦，乃是一种特定的人伦形态，把它称作'宗法人伦'或'宗法等级人伦'，更恰当些。"[①]宗法制度是一种人与人之间的血缘差别，包括男女、父子、夫妻等，以及基于家族之间的自然关系和自然差别被人为地经济化、政治化、文化化的一种制度体系。杨适认为中国历史发展实际上是宗法制自身调整的过程。"我想，中国文明的历史应该依据自己的固有本质特点来重新规定和划分阶段。直到近代之前，它一直是在家族所有制及其人伦关系制度中演进的。夏商周是氏族贵族制时代，到西周宗法制社会的建立是一大阶段，其形式是宗法分封制即中国本义的封建制；经过春秋战国和秦的兴亡的历史大变动，到西汉和以后为另一大阶段，其形式是中央集权郡县制的宗法社会制度。近代以来，宗法制才在西方力量的刺激下，在生产力

[①] 杨适：《中西人论的冲突——文化比较的一种新探求》，中国人民大学出版社，1991年，第19页。

和社会变革下发生了带根本性的变动,进入了一个新阶段。中国以往历史中是存在奴隶和农奴累的人的,但同西方那种划分也仍然不同,都同家族、血缘、宗法等的亲疏上下划分有关。"①

其二是文化史观。牟宗三把历史理解为人的实践过程,但他没有紧抓物质生产实践来描述历史,他抓住了实践的精神方面和能动的方面,把这个实践过程看成是人的道德理想的一个外化的过程。历史是一个活的生命,是个人和民族的生命的过程。它的核心是精神生命、精神实体和文化意识。文化意识的曲折表现就形成一个民族的"历史精神"。他强调一个民族表现观念的重要性,这是一个民族生命的根本。中国文化的危机是民族生命和文化生命的不和谐。文化的发展不过是生命的清澈与理性的表现。中国文化的危机是文化生命本身不能很好地体现理性原则的问题,他认为汉、宋、明朝服从理性原则,唐朝服从生命的原则,清朝传统文化的发展是一个变态。中国文化的危机也是文化的一种歧出状态。民族要尽其性不使文化生命受委屈,要现代化,但要反对西化,中国文化并没有终结。中国文化的危机包含了中西文化冲突的内容,比如是否要科学和民主等。但根本上不是这一问题,中国文化的危机和所有文化的危机,包括西方文化都面临共同的问题。这就是如何用理性提拉住生命,不使堕落、下滚。

本书坚持五种社会形态理论或亚细亚生产方式理论。马克思主义唯物史观传入以后,如何利用唯物史观构建中国历史就成为一个重要的理论课题。亚细亚生产方式问题一直以来是马克思主义研究领域的一个理论难题。其中最根本的问题是亚细亚生产方式是一种独立的、地域性的社会形态,还是五种社会形态中的一种形态的一个阶段问题。如果是五种社会形态的一个阶段,那么到底是原始社会还是原始社会到奴隶社会的过渡形态呢?关于这一问题,本书采用了《科学社会主义新视野》一书的看法——"西欧:原生社会形态(原始社会——原始公社:原生类型—次生类型—再次生类型;亚细亚生产方式—古代的、罗马的生产方式——日耳曼的生产方式)——次生社会形态(奴隶制,古代的、罗马的生产方式是其原型;农奴制,日耳曼所有制是其原型,中世纪封建社会,日耳曼以私人所有制为基础的新公社,人民生活的唯一中心,私有制只是说土地所有者可以像商品所有者一样处理土地;雇佣劳动制等私人所有制,零星存在保存到今天的农业公社)——古代类型公有制的高级形式。"②在东方,历史进程则在逻辑上可以表

---

① 杨适:《中西人论的冲突——文化比较的一种新探求》,中国人民大学出版社,1991年,第208页。
② 张丽君:《科学社会主义新视野》,中国社会科学出版社,2007年,第214页。

现为:"原始公有制(农村公社:亚细亚的、古代的、日耳曼的原型的遗留—次生的兼容奴隶制、农奴制的农村公社—和资本主义因素并存的农村公社)——①资本主义劳动雇制社会;②以原始公有制为起点的高级形式的公有制。"①

马克思主义中国化中的"中国化"包含很多层含义,并存在一定的歧义。"在中国"不是"中国化"。"马克思主义在中国,不等于马克思主义中国化,就像西方哲学在中国,不等于西方哲学中国化一样。"②但"中国化"包含了"在中国"的层次。马克思主义在中国的"具体化"包含了中国化的意思,但还需要进一步说明。关于马克思主义中国化就是强调实践性、时代性和民族性,这是公认的看法。"所谓马克思主义的中国化,就是马克思主义在中国的实践化、时代化和民族化"③实践化,不仅仅是在一定国家的特殊条件下实践马克思主义,还要能在一定国家的特殊条件下创造马克思主义事业。马克思主义中国化这一命题包含了理论与实践的关系,要求把理论和实践结合起来,把理论现实化。时代化,包含古今的关系,马克思主义的理论目标指向共产主义,而各个国家的历史发展进程不同,需要把共产主义理想和具体的历史发展阶段相结合,处理好理想和现实的关系,处理好未来和当代的关系。马克思主义在中国的民族化就是要依据于中国的特点,体现中国气派,展现中国精神。民族化也包括了大众化和通俗化,尤其是文化化,和中国传统文化相结合,形成新的民族文化传统。从这一意义上说,马克思主义中国化就是要使马克思主义从欧洲形式变为亚洲形式。中国化有不同的层次,从理解、精通、继承、宣传、传播、应用到发挥、创造。马克思主义中国"化"的最高境界是融入中国的文化传统,成为一种文化的自觉,使得马克思主义成为民族的文化基因。这一中国化的过程就是不断形成中国化的马克思主义的过程。

马克思主义中国化中的"中国化"包括中国的国情,中国共产党人的革命和建设实践等内容,而毛泽东思想和中国特色社会主义属于马克思主义中国化的具体的理论成果。中国特色社会主义中包含马克思主义和中国传统文化的要素。中国化的马克思主义可以理解为马克思主义中国化和中国经验的马克思主义化。后者强调的重心是"中国"。中国化的马克思主义这一概念更侧重于古今问题,因为中国经验的马克思主义化包括传统思想的马克思主义化。马克思主义中国化话语的重心是"马克思主义",而其中虽然也包含古今问题,但重点是中西问题。马克思主义起源于西方,在东方,尤其是在中国生根、发芽并结出硕果。从中国化马

---

① 张丽君:《科学社会主义新视野》,中国社会科学出版社,2007年,第216页。
② 郭建宁:《马克思主义哲学中国化的当代视野》,人民出版社,2009年,第1页。
③ 郭建宁:《马克思主义哲学中国化的当代视野》,人民出版社,2009年,第2页。

克思主义的成果的角度审视马克思主义的中国化有重要的意义。马克思主义中国化是一个过程，中国化的马克思主义也是一个不断创造和不断创新的过程。如何创新？其中很重要的一点就是要文化化。从中国传统文化的角度去审视中国特色社会主义是很有意义的一个视角。仅仅从马克思主义角度来理解中国特色社会主义还是也结合中国自身的文化精神和文化传统来理解中国特色社会主义会得到不同的看法。从中国文化传统的角度来理解中国特色社会主义就把中国特色社会主义置于更深刻的历史发展过程和民族特性之中。如何理解中国特色社会主义中马克思主义和传统文化的要素会带来不同的理论和实践视野。要突出从中国传统文化的角度来理解中国特色社会主义，理解中国特色社会主义道路的必然性，理解中国特色社会主义制度体系和治理体系的历史根源，理解中国特色社会主义的价值观导向和文化魅力，理解中国传统文化对解决中国特色社会主义面临的一些问题的意义。

中国特色社会主义道路具有历史传承性。关于中国走社会主义道路的历史必然性问题，从近代史的角度进行论证已经有很丰富的成果。中国特色社会主义是在社会主义革命和社会主义建设过程中逐步探索出来的，这是一个公认的事实。把中国特色社会主义道路也看成是在中华民族五千多年悠久文明的传承中走出来的是一个很有历史感的观点，这一观点需要进一步进行论证。中华民族五千多年悠久文明的传承中有哪些因素影响了中国特色社会主义道路呢？一般认为注重"血缘亲情"、"德治"、"集体主义或权威主义"、"和谐"等都具有儒家文化的特征，显示出独特的亚洲价值。

关于中国共产党人在思想和实践上与传统因素的关系，有很多的理论思考。比如毛泽东思想中的传统文化因素是很多学者所关注的。如"老粗出人物"、"秀才无能"的思想。毛泽东常常把李逵、刘邦、陈胜、吴广、项羽、成吉思汗、石达开、杨秀清、朱元璋，和隋炀帝、陈后主、李后主、宋徽宗相比较。[①] 这一方面是从历史经验中总结出来的，另一方面也与法家把知识分子当成社会蛀虫的思想相关的。如大一统思想。毛泽东很欣赏秦始皇，就是因为秦始皇把全国统一起来了，不搞国中有国，实行集权制，不用世袭制。[②] 如大同的思想。1958年8月6日，毛泽东视察河北徐水时就曾推荐过康有为的《大同书》。在1958年12月的武昌会议上，毛泽东公开为张鲁的平均主义论证。1958年8月24日在北戴河中央政治

---

① 郭建宁：《马克思主义哲学中国化的当代视野》，人民出版社，2009年，第95～96页。
② 郭建宁：《马克思主义哲学中国化的当代视野》，人民出版社，2009年，第92～95页。

局扩大会议上，毛泽东用张道陵的五斗米道论证人民公社搞公共食堂。毛泽东说："现在的人民公社运动，是有我国的历史来源的。"①如吸取中国民间文化传统中的反抗精神。②当然还有很多其他的思考，在此不一一列举。从文化传统的角度来看，大概可以把中国社会主义革命和社会主义建设初期的中国社会整体特征看成是法家思想传统（大一统、权威、农本）和儒家心学传统、民间农民革命传统的结合体。

中国特色社会主义对中华文明的延续不仅仅表现在观念层次上，也表现在生产方式的演进上。在亚细亚的土地所有制形式中，财产是作为公共财产存在的，单个成员只是一块特定土地的占有者；经营则采取单个人或家庭和共同体劳动的形式；个人是共同体的附属物；公社是财产的世袭占有者，国家是土地财产的唯一所有者；城市是王公的营垒，或者是贸易的需要发展起来的。现代中国从人民公社到家庭联产承包制的演变，从计划经济下的工厂制度到今日的国有企业的变化都没有在根本上突破亚细亚生产方式演变的规律。相应的从计划经济到市场经济的变化，雇佣劳动制度的发展还没有在社会整体上改变传统中国社会结构演变的基本路径。

中国文化独特的价值诉求是有一定的生产方式的根源的。其实，对中国传统的关注是马克思思想的题中之意，马克思思考过亚细亚生产方式和东方独特的发展道路问题。亚细亚生产方式问题一直以来是马克思主义研究领域的一个理论难题。侯外庐曾经指出："如果我们用'家族、私有、国家'三项来做文明路径的指标，那么，'古典的古代'是从家族到私产再到国家，国家代替了家族；'亚细亚的古代'是由家族到国家，国家混合在家族里面，叫做'社稷'。"③综合马克思各个时期的思想来看，亚细亚生产方式既是一个历史阶段，又是一个相对独立的、地域性的社会形态概念。马克思的亚细亚生产方式的概念是一个针对资本主义，批判资本主义，论证社会主义的历史合理性的概念。从东方来说，资本主义还在发生的过程中，可以在亚细亚生产方式和农村公社的基础上，也就是在原生社会形态基础上直接兼容资本主义的一些要素，并建立社会主义或者共产主义社会；从西方来说，被否定了原生社会形态还有部分的遗留，并且发展起来的奴隶制、农奴制度和雇佣劳动制度本身都是原生社会形态的一种解体过程的历史形式，

---

① 中共中央文献研究室：《毛泽东读文史古籍批语集》，中央文献出版社，1993年，第147页。
② 陶德麟，何萍：《马克思主义哲学中国化：历史与反思》，北京师范大学出版社，2007年，第342～345页。
③ 侯外庐，赵纪彬，杜国庠：《中国思想通史》，人民出版社，1957年，第11页。

自然还有一个否定之否定的过程。①马克思在《给维·伊·查苏利奇的复信》初稿中指出，不应过分害怕"古代"一词，现代社会所趋向的新制度将是古代类型社会在一种高级的形式下的复活。资本主义危机只能随着资本主义被消灭，随着现代社会回复到古代类型的公有制、集体所有制和集体生产的高级形式而告终。从现实来看，"正由于这个原因，'农业公社'到处都是古代社会形态的最近的类型。"②可以说亚细亚生产方式和中华民族五千多年悠久文化传统互为表里，构成了中国特色社会主义道路的历史渊源。东方社会发展的独特道路是由亚细亚生产方式的演变决定的，表现为东方独特的文化传统，中国特色社会主义是这一传统的延续和发展。中国特色社会主义道路的必然性也是由"独特的文化传统"所决定的。中国特色社会主义中的"中国特色"的必然性的决定性因素之一是"历史传统"和"文化积淀"，"社会主义"的必然性既是由五种社会形态演进的历史必然性决定的，也是由东方社会发展独特的历史道路决定的，尤其是由亚细亚生产方式的保存和发展以及由此决定的社会治理体系传统决定的。从这两个方面来看，都可以说中国特色社会主义根植于中华文化沃土。数千年来，中华民族走着一条不同于其他国家和民族的文明发展道路。当代中国开辟了中国特色社会主义道路不是偶然的，是由我国历史传承和文化传统决定的。中国特色社会主义的命运在某种意义上就是亚细亚生产方式的命运。中国特色社会主义是中国独特的生产方式决定的社会问题以及解决这些问题形成的文化传统的必然结果。从这一意义上说，中国特色社会主义是内生性的，是在反对教条主义和思想僵化过程中形成和发展的。

2. 内观法

中国哲学史书写范式的革新涉及多方面的问题，比如适当地让古汉语自身来说话，适当提高古汉语使用的频率就是一个比较重要的方面。这里比较强调的是对文本自身体系性的把握问题。这一问题还是比较适应目前中国哲学史书写的现状和问题的。这里以《墨子》为例，而对《墨子》的理解集中在前期墨家的部分，不包括可能为后期墨家的文本。

虽然，中国哲学界对中国哲学经典原著的内在逻辑的关注度日渐增长，但外观法依然是中国哲学史基本的方法。贺麟认为，"对于一个社会来说，各种社会现象、社会问题、社会思想之发生，也都有其外在的原因，此外在的原因也即经

---

① 参见张丽君：《科学社会主义新视野》，中国社会科学出版社，2009年，第211～217。
② 《马克思恩格斯全集》第25卷，人民出版社，2001年，第461页。

济的原因。这种说法本身并不能说错,但不能因为外观法不错,就说内观法错了。所谓内观法便是从思想本身去看思想。内观法是比较深刻的看法,而两个看法其实可以并行不悖。同时,不论内观外观都从全体观而来。所谓全体观即从全体来看部分。"①

从外在的角度入手解读经典容易导致对经典自身逻辑的忽视,甚至被肢解。另外,从外在环境入手解读思想家的思想容易陷入平均性的解读,容易忽略把握思想家的个性。而哲学的很大的一个特点就是个性和创造性,经典之所以为经典往往是因为其思想高于甚至不同于社会流行的观念。甚至从另外一种思想看一种思想,包括考察思想传承都会有很大的问题。哲学经典的最大特点是在思想传统中,在社会中,又远远高出于社会,又超拔于某种传统之外,从而缔造新的传统。就像讲清楚某人的民族、国别、父母和师长有助于说明某人一样,但某人还有无法用其相关的外在事物说明的部分。

以《墨子》的在"中国哲学史"的书写范式为例,很明显的能够看出外观法对思想线索和思想家思路的把握带来的伤害。因外观法会自行从外在整理出一条思路,把文本中的思想要素串联起来,这种串联看似合理、有层次,实则容易违背思想本身的逻辑进程,让读者如入云里雾里,不但不能带来智慧的启迪,反倒更加困惑不解。这里所说的《墨子》在"中国哲学史"中的书写范式仅仅局限于《中国哲学史》教科书,相关的研究专著不在主要的考察之列。有各种版本的《中国哲学史》,其功不可没,其中不乏名家、大家,仅仅列出若干版本来分析。

现行的《中国哲学史》总体上围绕十大项目进行平列的叙述,并往往拉入外观法的视野之中。如支伟成是这样讨论墨教信条的。"古者以神道设教,宗教与政治不分。墨子创教其言论思想悉以天道鬼神为出发点。凡彼所谓'必择务而从事'者——'国家昏乱,则语之'尚贤''尚同'。国家贫,则语之'节用''节葬'。国家熹音湛湎,则语之'非乐'、'非命'。国家淫僻无礼,则语之'尊天''事鬼'。国家务夺侵凌,则语之'兼爱'、'非功'。"②十个项目没有什么问题,关键是这里都从外在的角度进行了解读,每个项目都有对应的现实问题。按照这种思路,外在问题的体系性压过了理论本身的体系性,并且会按照现实问题的线索梳理文本自身的线索。

这个视角比较经典的是冯友兰先生的《中国哲学史新编》。冯友兰的《中国哲

---

① 贺麟:《时代思潮的演变与剖析》,《儒家思想的新开展——贺麟新儒学论著辑要》,中国广播电视出版社,1995 年,第 201 ~ 202 页。

② 支伟成:《墨子综释》,知识产权出版社,2013 年,第 11 页。

学史新编》分成"大转变时期独立手工业的兴起"、"墨子其书和墨翟其人"、"墨翟对于劳动和劳动成果的重视"、"墨翟对于奴隶主贵族的生活方式的批判"、"墨翟关于'尚贤'的思想"、"功利主义的道德观和经验主义的真理论"、"'兼爱'、'非攻'的阶级调和论"、"主张'天志'、'明鬼'的宗教思想"等部分来论述。"独立手工业"是解读"墨子"的外在起点,"利"被当成了中心思想,"在这十个项目背后,贯穿于十个项目之中,还有一个中心思想,就是'利'的观念。"①这个解读还是比较系统的,手工业者本身是劳动者,重视劳动者和劳动成果是很自然的。劳动者不希望劳动果实为奴隶主占有,主张"节用"也很自然。手工制作本身需要一定的技能和程序,重视方法论和逻辑也是可以理解的。手工业者本身也属于"贤"能的人,"尚贤"也可以从这个角度得到解释。在一个和平的环境中,在一个较为公平交换的环境中,是有利于手工业的发展的,有利于技术革新的,"这就是所谓'兼爱',这是儒家的一个中心的理论"。②

宋志明老师的《中国古代哲学发微》比较重视寻找《墨子》的内在理路。"墨家的哲学思想体系,可以称之为'人天学',由人学、人际学、天学、知识学等部分构成。"③人天学的说法比较好,不过"天学"应当成为论述《墨子》的出发点。

外观法有其自身的优点,不过外观法应建立在内观法的基础上。内观法以考察文本的体系性为目标。内观法叙述文本的出发点是寻找文本的最高哲学范畴和最基础哲学范畴,关注范畴或者观念在整个观念或者思想系统中的层次性和相对地位,关注对文本自身思维进程和思维方法的把握。内观法对文本的书写,其核心线索一定是文本自身的思维进程。

关于这一点,现有的哲学史教科书也有所关注,如复旦大学中国哲学史教研室编著的《中国古代哲学史》提到了思想体系的完整性问题。"因此,我们对于墨子的'天志'、'明鬼'思想应该着重从其思想体系的完整性来考察。"关键的问题在于如何从体系性的角度来考察。

当把握《墨子》的最高理论范畴以展现其体系性。从体系性来考察,重要的就是把握最高范畴。《墨子》的最高范畴无疑是"天"和"天志"。《墨子》一书多处表达了这一思想。"然则奚以为法治而可?古曰:莫若法天"(《墨子·法仪》)。天规定了人事,是人事的最高根据。"既以天为法,动作有为,必度于天,天之所欲则为之,天所不欲则止"(《墨子·法仪》)。在墨子看来,天下动乱的根源就在

---

① 冯友兰:《中国哲学史新编》(上),人民出版社,1998年,第151页。
② 冯友兰:《中国哲学史新编》(上),人民出版社,1998年,第161页。
③ 宋志明:《中国古代哲学发微》,中国人民大学出版社,2012年,第188～189页。

于天下人尤其是上层不明大。这个大就是天意。"子墨子言曰：天下之所以乱者，其说将何哉？则是天下士君子，皆明于小而不明于大。何以知其明于小不明于大也？以其不明于天之意也"（《墨子·天志下》）。在墨子看来，天为贵，"天为贵、天为知而已矣。然则义果自天出矣"（《墨子·天志中》）。

为什么"天"才是最高的原则？墨子强调天的普遍性和公正性、明觉性。"天之行广而无私，其施厚而不德，其明久而不衰，故圣王法之"（《墨子·法仪》）。在这段话中，天具有三个属性，其一是"行广"，即天有普遍性；其二是无私、施厚而不德，这是道德性；其三是认知性，也就是"明久而不衰"。在其他地方，《墨子》进一步强调了这几点。关于明，《墨子》说："夫天，不可为林谷幽门无人，明必见之。"（《墨子·天志上》）天之明，表现在天有赏善罚恶的功能。"天子有善，天能赏之；天之有过，天能罚之"（《墨子·天志下》）。天有普遍性，天下万物都不能逃出于天之外。"今人皆处天下而事天，得罪于天，将无所以避逃之者矣"（《墨子·天志下》）。

墨子的表述已经非常明白了。今日书写中国哲学史，今人书写中国哲学史中的墨子哲学，首要的任务就是把"天"当成最高的范畴，当成叙述的出发点，否则就成了墨子批评的对象，就成了"不知大"，就成了"不知贵当所贵"之人。把握《墨子》的体系性，从心态来说，即是尊重古人的智慧的心情。当然，这不否定今人有今人的立场，今人有今人的需求，今人可以从自己的立场和需求按照自己的意愿去书写古代的经典。但今人书写的基础是古代经典自身的逻辑结构，今人书写的最低限度是古人的致思过程。这样，中国哲学史才有一个稳定的内核，这个内核随着不同时代、不同学人的努力阐发而逐渐得到明朗。这样中国哲学史就在现代解读中能够得到奠基，否则中国哲学史就会随着多样的阐发，花样的书写而支离破碎。体系性的把握当是奠基主义的基本要求，也是创新的要求。

墨子是先秦比较注重按照逻辑假设和概念推理的方式表达自己的思想的一个人。墨子哲学思想的首要的范畴是"天"，而对天的内涵，墨子并没有一开始就揭示出来，而是在逻辑论证的末尾才表达出来的。"故子墨子置立天之以为仪法，若轮人之有规，匠人之有矩也。今轮人以规，匠人以矩，以此知方圆之别矣"（《墨子·天志下》）。"天"和"天之意"具有"仪法"的逻辑地位，是用来衡量事物的方圆的度量标尺。也就是墨子所说的"方法"和"圆法"。"是故子墨子之有天之，辟之无以异乎轮人之有规，匠人之有矩也。今夫轮人操其规，将以量度天下之圆与不圆也，曰：'中吾规者谓之圆，不中吾规者谓之不圆。'是以圆与不圆，皆可得而知也。此其故何？则圆法明也。匠人亦操其矩，将以量度天下之方与不方也，曰：'中吾矩者谓之方，不中吾矩者谓之不方。'是以方与不方皆可得而知之。此其故何？则方法明也"（《墨子·天志中》）。墨子之"天"不同于儒家之"天"，在于《墨子》中的"天"除了具有常规意义上的道德和认识含义以外，还被当成规矩，当成准则，当成标尺。"故子墨子之有天之意也，上将以度天下之王公大人为刑政也，下将以量天下之万民为文学、出言谈也。观其行，顺天之意，谓之善意行。反天之意，谓之不善意行。观其言谈，顺天之意，谓之善言谈。反天之意，谓之不善言谈。观其刑政，顺天之意，谓之善刑政。反天之意，谓之不善刑政。故置此以为法，立此以为仪，将以量度天下之王公大人、卿、大夫之仁与不仁，譬之犹分黑白也。是故子墨子曰：今天下之王公大人士君子，中实将欲遵道利民，本察仁义之本，天之意不可不顺也。顺天之意者，义之法也"（《墨子·天志中》）。

那么，这个标尺要衡量什么呢？具体内容包括三个方面：其一，就是什么是善和恶的行为，什么人是仁的，什么人是不仁的。"观其行，顺天之意，谓之善意行。反天之意，谓之不善意行。""故置此以为法，立此以为仪，将以量度天下之王公大人、卿、大夫之仁与不仁，譬之犹分黑白也。"其二，就是衡量政治问题。"上将以度天下之王公大人为刑政也"。"观其刑政，顺天之意，谓之善刑政。反天之意，谓之不善刑政。"其三，就是语言问题。"下将以量天下之万民为文学、出言谈也。""观其言谈，顺天之意，谓之善言谈。反天之意，谓之不善言谈。"这三个方面也可以看成是两个方面，就是语言和理论层面和政治层面。这两个层面是具体的层面。行为的层面可以看成是更高的理论层面。这样墨子的理论体系就有两个层次，一个层次是基本的理论框架，一个层次是理论框架在理论斗争和政治实践中的应用。

《墨子》前半部分思想自成体系，其主要的范畴是：天、天志、天意、正、兼、义正、力正、天德、贼、利、三表等。这些范畴具有体系性。

围绕最高范畴的三个范畴："天"是最高范畴，墨子的新意是"天志"和"天意"范畴的使用。另外，通过"仪法"确立了"天"是最高标尺也是墨子比较独到的地方。"仪法"是逻辑的保护，诉诸的是理性的力量，然而人恰好还是个非理性的生命，需要有感性的威慑。"明鬼"赋予天以具体的操作善恶的能力。"今若使天下之人，偕若信鬼神之能赏贤而罚暴也，则夫天下岂乱哉？"（《墨子·明鬼下》）"非命"则进行理论独特性的保护，因"执有命者以杂于民间者众"（《墨子·非命上》）。

"正"和"兼"回答了其它范畴和"天"的逻辑关联。在墨子的思想体系中，存在一定的循环论证，在其思想体系中"天"之后的逻辑范畴是"义"和"正"。"义"和"正"强调"自上正下"。"是故子墨子言曰：戒之慎之，必为天之所欲，而去天之所恶。曰：天之所欲者何也？所恶者何也？天欲义而恶其不义者也。何以知其然也？曰：义者，正也。何以知义之为正也？天下有义则治，无义则乱，我以此知义之为正也。然而正者，无自下正上者，必自上正下"（《墨子·天志下》）。

能够做到用天来正就是义，就是"义正"，这就是"兼"。"义正"对应"力正"，"兼"对应"别"。"顺天之意者，兼也。反天之意者，别也。兼之为道也，义正。别之为道也，力正。曰：义正者何若？"（《墨子·天志下》）"兼"和"正"显然逻辑链接的意义高于实际内涵的揭示。这样的范畴在目前流行的中国哲学史书写习惯中往往是不受重视的。而把握体系性则不可忽略逻辑过渡性的范畴。

"兼爱"作为较低逻辑层次的范畴回答了天意的内容。"义正"和"力正"的分别是"兼"和"别"的分别。"义正"的内容就是"兼爱"。"大不攻小也，强不侮弱也，众不贼寡也，诈不欺愚也，贵不傲贱也，富不骄贫也，壮不夺老也。是以天下之庶国，莫以水火、毒药、兵刃以相害也"（《墨子·天志下》）。

"力正"的内容就是非兼爱。"力正者何若？曰：大则攻小也，强则侮弱也，众则贼寡也，诈则欺愚也，贵则傲贱也，富则骄贫也，壮则夺老也。是以天下之庶国，方以水火、毒药、兵刃以相贼害也。若事上不利天，中不利鬼，下不利人，三不利而无所利，是谓之贼。故凡从事此者，寇乱也，盗贼也，不仁不义，不忠不惠，不慈不孝，是故聚敛天下之恶名而加之。是其故何也？则反天之意也"（《墨子·天志下》）。

"义正"和"兼"的内涵是"兼爱"。"今天下之士君子之欲为义者，则不可不顺天之意矣。曰：顺天之意何若？曰：兼爱天下之人。何以知兼爱天下之人也？以兼而食之也"（《墨子·天志下》）。兼爱也就是"天意"。"既以天为法，动作有为必度于天，天之所欲则为之，天所不欲则止。然而天何欲何恶者也？天必欲人之相爱相利，而不欲人之相恶相贼也"（《法仪》）。"义正"和"力正"的二者的分别是"天德"和"贼"的分别。

从墨子的思想的体系性来看，天有贯通性，从上贯下，"兼爱"虽然重要，然其重要性是通过"天"来保障的。把"兼爱"孤立起来代表墨子的思想是很难显示墨子哲学的特征的。

"天德"和"三表法"是逻辑的落脚点和回答"政"和"文学"问题的逻辑起

点。"天德"是墨子思想体系的落脚点之一。"若事上利天，中利鬼，下利人，三利而无所不利，是谓天德。故凡从事此者，圣知也，仁义也，忠惠也，慈孝也，是故聚敛天下之善名而加之。是其故何也？则顺天之意也"（《墨子·天志下》）。"三表法"而是重要的落脚点。二者之间有一定的相通之处。"天德"涉及天、鬼、人，这三者实际上是墨子思想体系从上到下的三个逻辑环节。因为"天"和"鬼"缺乏实际内涵，其实际内涵的"兼爱"属"人"的层次，三利而无不利其实就是归结为利人。"利人"要兼大小、强弱、众寡、诈愚、贵贱、富贫、壮老。但从思想言论的角度来看，则需要兼"古者圣王之事"、"百姓耳目之实"、"国家百姓人民之利"。"三表法"也是兼爱的一种表现。正因为如此，二者可以称为论述政治问题和出言谈、为文学问题的理论出发点。

  论述政治的问题，涵盖了涵摄"尚贤"、"非攻"等义，论述出言谈的问题则涵盖"非儒"等义。在这两个领域，上述理论原则均是适用的。如"且夫义者，政也"（《墨子·天志上》）。墨子以"义政"期许清明的政治，其原则是天意、兼爱和天德。"顺天意者，义政也；反天意者，力政也。然义政将奈何哉？子墨子言曰：处大国不攻小国，处大家不篡小家，强者不劫弱，贵者不傲贱，多诈者不欺愚。此必上利于天，中利于鬼，下利于人。三利无所不利，故举天下美名加之，谓之圣王。力政者则与此异，言非此，行反此，犹倖驰也。处大国攻小国，处大家篡小家，强者劫弱，贵者傲贱，多诈欺愚。此上不利于天，中不利于鬼，下不利于人。三不利无所利，故举天下恶名加之，谓之暴王"（《墨子·天志上》）。这样一来，政治的义就是符合这个逻辑过程和逻辑结果，而做到"兼爱"（《墨子·天志上》）。语言的义就是符合"三表法"，其基本内容就是"兼爱"。

  以重视体系性的内观法书写中国哲学史有何意义？其意义不一而足，现略疏一二。

  其一，内观法为体系法，其实质即展示哲学个性的个性法。关于这一点前文已经略有陈述。中国古代哲学范畴相对较少，单纯从概念范畴和基本命题来看，很多哲学家的思想何等的相似！经常可以看到现行中国哲学史的书写有很多无奈之举，其中比较典型的现象是以后人的理解代替文本自身的概念范畴的使用。比如《易经》有不同于《易传》的理论层面，却常常看到以《易传》的解读代替《易经》自身独特性探讨的书写模式。比如有的《中国哲学史》教科书谈到《易经》哲学的时候，以对立统一、运动发展等词语概括之。这不能算错，但这些用语可以套用到老子哲学上面，无法体现《易经》变化、运动哲学的精神和精髓。

《易经》运动哲学的精髓在于以具体的符号和卦辞诠释了运动发展的多种状态和阶段。这些状态和阶段起码有六十四个细节,甚至有三百八十四个细节。不仅仅如此,《易经》还给出了如何把个体定位到这些运动阶段上的方法论系统,从而帮助个人了解自身的发展运动状态。这种特性岂可一个对立统一,一个否定之否定可以涵盖?比如有《中国哲学史》在谈论孔子的"中庸"的时候直接用宋明理学的解释加以定义。基本上把中庸解释为折中的方法论。"中"被解释为不偏、无过无不及、折中、调和、正等;"庸"被解释成不易、平常、用、持续地用、劳役、民众等等含义。该如何理解"中庸"呢?以往的很多解释,都不是从涉及"中庸"的句子出发的,而是从其他相关的句子出发来解释"中庸"。这在解释学的角度看是不被允许的。因为就解释的优先性来说,需要优先关注直接论述或者使用"中庸"的句子,否则就犯了概念或者语言乱用、指鹿为马的错误。当然用这样的方法来研究《论语》的"中庸"思想,会遇到很大的困难。因为《论语》关于"中庸"只是记载了一句话。这就是"子曰:'中庸之为德也,其至矣乎!民鲜久矣。'"(《论语·雍也》)而要解释清楚"中庸",显然是受对"德"的理解制约的。应该说方法论意义是"中庸"的一个次要的意义,一个引申的意义。"中庸"的最核心的意义具有认识论价值,要结合"知"、"学"来解读。"中庸"的核心意义是持续地停留在"知"、"学"等智慧状态之中;次要的意义是根据智慧的要求,从而可以在对立和矛盾的情景中,找到恰当的方法解决问题。"中庸"是一种智慧,是明道的智慧。"曰:'道之不行也,我知之矣:知者过之,愚者不及也。道之不明也,我知之矣:贤者过之,不肖者不及也。人莫不饮食也,鲜能知味也。'"(《中庸》)知者和愚者不是没有衡量标准的一般意义上的知者和愚者,这个标准是明道。"道"对人的重要性和必要性就像人要饮食一样,但是一般的人不能"知""道"的"味"。不能从精神本身感觉(味是一感性的范畴)和领悟到"道"。道本身是"行"在这些人那里的,但从自觉的领悟和体验的角度看,"道"需要自觉的体认和表现于人才能说"道之行"和"道之明"。"贤者"和"知者""过之",就是说"忽略""超过"了"道之明"和"道之行"。为什么说是"忽略"或者"超过"了呢?就是因为,"贤者"和"知者"的"知"和"贤"本身的内在根据是"道之行"和"道之明",但是这样的人没有自觉反思和反省这个根据,就像一个人本来是靠另一个人有名的,但却以为是自己的能力大,巧取"道"的贤和道的知为自己的"贤"和"知"把责任、智慧和贤能从"道之明"和"道之行"那里"卸载"。"愚者"和"不肖者""不及"是"明道"和"行道"的不及,这也是一种忽略和掠过,是一种遮蔽和逃逸。"然而因为常人预定了一切判断与决定,他就从每一个此在身上把责任拿走了。常人仿佛能够成功地使得'人们'不断地求援于它。常人能够最容易地负一切责任，因为他绝不是需要对事情担保的人。"①"中庸"的作为至德就是"明道"和"行道"的智慧。这个智慧需要片刻不离的守护和习练。"子曰：'人皆曰予知，驱而纳诸罟擭陷阱之中，而莫之知辟也。人皆曰予知，择乎中庸，而不能期月守也。'"（《中庸》）真正的智慧性的"知"就是守"中庸"，否则就是不知，所谓的"知"（予知）也是使人进入陷阱之中，而只有"中庸"的价值才能保证人拥有人性的主体性价值。"子曰：'回之为人也，择乎中庸，得一善，则拳拳服膺而弗失之矣。'"（《中庸》）颜回的优点就在于持续不失地保守智慧。用持续地恪守"道"的智慧，来对待"善"和"恶"的两端就是"中庸"必然导出的方法论要求。"子曰：'舜其大知也与！舜好问而好察迩言，隐恶而扬善，执其两端，用其中于民，其斯以为舜乎！'"（《中庸》）除了用社会环境解释思想家会抹杀哲学家的个性以外，用相关的哲学思想来阐释同样会导致这一结果。中国古代哲学家的个性需要把握体系，需要把握独特的思考线索才能理解概念范畴的独特内涵，以及概念范畴地位的不同，从而对哲学家进行区分。只有讲出了哲学家独特的思考线索和切入的角度才算比较接近一种哲学思想了。如果仅仅局限在外在环境的探索，局限在几个核心观点的阐发，无法建立起思想家思想的整体面貌，于哲学思维的训练无益。

其二，体系内观法是继承和创新法。前文已述，寻找体系性有助于中国哲学史在不断书写过程中有一个稳定的内核。中国哲学的发展应当是内核的发展，而不仅仅是外围的发展。内核的发展就是要抓住中国哲学经典最核心的问题，最重要的范畴，表现独特的视角，跟随文本的思维线索，探讨观念和范畴的系统。比如《道德经》和《庄子》，"闻道"和"修道"自是其基本问题，是其基本的实践基础，不能离开这个基础去创新。离开了这个基础的创新不具有累积性，不具有奠基性。而在奠基性不足是笔者思及中国哲学发展的时候所最为忧虑的事情。而围绕着"道"开展的政治实践讨论显然具有外围性。

加上古代汉语相对简洁，精到的语言包含丰富的思想。笔者曾说：中国古代汉语表达的哲学是用来分析的，而不是用来概括的。出此说的原因即在于古代汉语中的每一个字，每一个句子都包含非常丰富的哲学内涵，需要解析之，而不是大概看一个意思做整全的概括。那样无疑就讲古代哲学简单化了。思想之叙述必

---

① ［德］海德格尔：《存在与时间》，陈嘉映，王庆节译，生活·读书·新知三联书店，2006年，第148页。

然不会每处都点及思想之系统，这样后人之书写和阅读就需要进行补充的工作。就像《孟子》谈及君子、大丈夫和圣人都有所侧重。君子侧重天人关系，大丈夫侧重和社会流行价值尺度的关系，圣人侧重人伦。然结合孟子的思想体系来看，均可以从心性、人伦、知天等角度阐发君子、大丈夫等范畴。

这个显然是"补充"，是"发挥"，是"创新"，但却是较为合理的创新，这种创新反倒有助于思想内核的巩固。这样一来，中国哲学的不断书写的历史就不是一部中国精神不断被肢解的历史，不再是越来越没有共识和公约数的历史，不再是一部自说自话的历史，"自说自话"均为天下同心、天下同理的一个环节，以致"天下大同"、"和而不同"。

第四节 现代中国哲学史的核心要件

中国是和西方相对应的，没有和西方文化的对比就不能有所谓的中国文化，没有和西方哲学的对比就没有所谓的中国哲学和中国哲学史。从这个意义上说，20世纪中国文化和思想史上的重大事件就是中国哲学史的艰难开拓。

不能把中国哲学史看作是先天就有的，也不能否定有中国哲学史，这是研究中国哲学史面临的难题。这就要求把中国哲学和中国哲学史的看作是一个建构的漫长的过程。在这个过程中建构和解构将同时进行。现在这个过程并没有真正的完成，并且也不会在短时期内完成。因为要完成这个过程还要依赖世界一体化的进程，以及在这一进程中中国进一步的开放和融入全球化的进程当中。

中国哲学和中国哲学史的建构最初主要是在文化上来立论的。这除了当时哲学文化要把更多的精力集中到社会问题上这一原因以外，也和中国文化和中国哲学自身的学科分类系统有关系，西方的学科分类系统没有被深入的介绍和接受之前，独立的中国哲学和中国哲学史是不能形成的。在二十世纪才形成了中国哲学史和中国哲学并不是历史的偶然。因此中国哲学史建构过程中的一个基本的规律是先建构中国文化和中国文化史，或者有着中国文化和中国文化史的建构和理解才能有中国哲学和中国哲学史。就中国哲学和中国哲学史家个人而言，情况也大致如此，比如梁漱溟就是个典型。《东西方文化及其哲学》第一、二、三章都讲文化问题，到了第四章才讲西洋中国印度三方哲学之比较。主要在形而上学、知识论和人生哲学三个方面进行了比较。由于篇幅所限和梁漱溟个人学术兴趣的导引，他并没有形成系统的在中国哲学观念或者中国哲学概论指导下的中国哲学史。他是这样表白自己的:"就以人生问题之烦闷不解,令我不知不觉走向哲学,出入乎东西百家。然一旦于人生道理若有所会,则亦不复多求。……这是与专门治哲学的人不同处。又当其沉潜于人生问题,反复乎出世与入世,其所致力者,盖不徒在见闻思辨之间;见闻思辨而外,大有事在。……我无意乎学问,我不是学问家,以哲学家看我非知我者……在我决非无谓的声明。"①

冯友兰的中国哲学和中国哲学史是纯粹的,面向中国哲学的内核和本身的,而不是在外围转来转去。冯友兰在《新知言·自序》中也就说过新理学是纯哲学的系统。冯友兰是很关心文化问题的,只不过他把解决文化问题的重点放到了哲学方面。

经过哲学家的艰辛努力,近现代以来的中国哲学史建设形成了一些基本的逻辑思路。反思这些思路是中国哲学史建设的基础性工作。概括起来看,近现代以来的中国哲学史建设具有如下特征:哲学和哲学史相对分离;用一般和个别范畴来处理中国哲学和外国哲学、哲学的关系;在中国这一概念中包含着中西古今的矛盾,包含着民族性、阶级性、文化性的不同路向;在哲学问题上比较重视哲学家的思想阐释,而比较忽略以哲学原著作为基本的阐发主体,并以哲学、宗教、科学的分类体系来把握哲学;在学科分类体系上逐步接受了西方的学科分类;在内容的来源和取舍方面逐步拓展范围,汉学、宋学到诸子,由儒学到道学和佛学逐步纳入中国哲学史的阐释范围,但诸学术流派的学术共性还缺乏有效的整合;在内容和框架方面还基本采取本体论或本原论、认识论和历史观等分析框架;在建构的路数上更多的是采取文化先行的路向,在中西文化对比的大背景下描述中国哲学的发展历史。在中国哲学史的概念中包含着很多的歧义。在以往的中国哲学史研究当中,都包含着一定的对中国哲学史这一概念的理解方式。分析这些歧义可以给未来的中国哲学史建设一个基本的定位。

1. 中国问题:民族和文化的自觉

中国哲学和中国哲学史的成立和自觉体认、自觉建构要有一个世界性的文化观念和文化背景才行。而中国传统的民族和世界、文化观念妨碍了这一点。中国传统的历史观是以单一的国家和民族占据的狭隘的地域为基点和经验的前提展开论述的。思想家们都持有同心圆式的等级理论,居天地之中的是中国,居天地之偏的是四夷。传统的历史观虽然承认"四夷"的存在,但由于其文明未开,是谈不上什么历史的。因此传统的历史观基本上描述的是中国单一的国家和民族的历

---

① 梁漱溟:《中国文化要义》,学林出版社,1987年,第4页。

史，而不是"世界"的历史。长期以来，中华民族都束缚在传统的"夷夏"观念中狭隘地看待世界，自以为中国居于大地的中心，君临四海。但这不意味着传统的历史观不能描述和解决"世界"的历史问题。以儒家历史观为主导的传统历史观产生于春秋战国时代，面对多个诸侯国的竞争，王与霸、德与力的讨论本身就是面对的一个小的"世界"的历史的。传统历史观持有华夏中心主义的地理观念。传统的历史观以华夏文化优于其他民族的文化观念为核心，包括羁縻怀柔观。在这一文化观念下，西方文化不可能得到真正的承认，并自觉的建构中国文化和中国哲学及其历史。只有逐步改变这一观念，自觉的建构才能进行。

要解决中国概念中包含的中西古今问题。一方面要看到，中国哲学和中国哲学史的成立是和中国的哲学家逐步认识到西方文化的价值以及相应的历史观、国家观的改变密切相关的。西方文化不能得到真正的承认，就不能自觉地建构中国文化和中国哲学及其历史。世界性的眼光的出现和发展同时带来了中国哲学和中国哲学史面貌的巨大革新。但这种革新同时给中国哲学史的建设带来了另一个新的问题。这就是，现代意义上的中国哲学史和古代意义上的中国哲学史之间由于巨大的历史观和世界观差异带来的材料取舍等一系列问题。这就必须承认和挖掘中国现代以前的哲学和哲学史自身的逻辑内容和自身的独特的哲学理念，并在这种独特的哲学逻辑基础上建设一个中国哲学史的崭新形态。现有的中国哲学史在这个方面作了很多的努力，但也有着重大的缺陷。这个缺陷就是古代中国哲学史所依凭的哲学理念和哲学逻辑是笼罩在西方文化的强势话语下面的。中国哲学史还缺少"中国气派"。和西方向比较的情况下的"中国"与中央之国的"中国"哲学史是不同的。和西方相比较的中国概念指导下的中国哲学史要和独立的中国概念指导下的哲学史有一个有机的结合。中国哲学史的建设需要一定的中西比较，但仅仅局限在中西比较的外在引导的学术进路则是有缺陷的。

现代的中国概念和古代的中国概念并不是相同的。我们所说的中国无论是地理的概念、文化的概念、民族的概念的中国古代和现代都会有很大的不同。其核心问题是中国古代是否有哲学和哲学史。这么大一个国家，绵延几千年的文明和民族，没有自己的哲学是不可想象的。但作为中国历史发展的一个新的阶段，近代以前的哲学史相对于以后的哲学史而言应该是在中国的哲学，它涵盖了在中国这片土地上，在中华民族当中有显著影响的一切哲学。

中国近代民族主义的萌生来自于甲午战争的刺激。"保国、保种、保教"意味着对国家、种族和信仰的自我体认超越了对具体王朝的归属。"教与国不同。国者积民而成，舍国之外更无国，故国必恃人力以保之。教则不然，教也者，保人而非保于人者也"(梁启超《保教非所以尊孔论》)①。梁启超在日本创办的《清议报》(1898年)、《新民丛报》(1902年)和1903年前后中国留日学生创办的一系列救国刊物,系统地引进并迅速传播了西方民族主义学说。梁启超认为民族主义就是同种类、同语言、同宗教习俗的人,相视如同胞,组织完备的政府,谋求公益和独立自由。建构近代民族主义需要解决"夷夏之辨"的"文化中心主义"的民族立场问题以及民族内部的民族关系问题。梁启超把近代社会的进步理解为民族主义的发展。梁启超把国家理解为人格,国家意志是立法,国家行为是行政。他认识到每一个人既是国家一分子,又是世界人类一分子。因此,中国要成为世界的国家。这就要求有强有力之政府,有政党内阁作为强力政府的手段,最终落脚到国民。这就要求新民,而新民则要有新道德、新文化。在梁启超那里,为了实现民族富强的理想两个主要的要素是政府和民众,而要实现这两点需要新的文化和学术,而其核心问题是国民性问题。对于内部的民族关系,后期改革派主张用"平满汉之界"的办法来解决这一问题。章太炎(1896~1936年)于1899年写的《客帝篇》把清帝安置在"客帝"的位置上,力图用虚君的形式实现中国建立统一民族和整体国家的设想。1900年章太炎写了《客帝匡谬》,反清革命的思想得到了一定的阐发。1903年秋,孙中山(1866~1925年)在《东京军事训练班誓词》中首次完整地提出了三民主义思想。1905年10月《民报》发刊词进一步将其主张归纳为民族、民权、民生"三大主义"。民族主义就是要求民族的独立,掌握国家政权。武昌起义后在"五族共和"的主张中民族统一和民族平等的思想得到了确认。

  从近代到现代中国,中国改革和革命走着一条相反的道路。原来的中国社会和国家、政府不分,都统一在夫妻、父子、君臣、朋友的关系之中。近代中国的改革和革命总的思路是区分社会结构,区分社会不等同于国家,民族不同于国家,国家不等同于政府,国家和政府不等同于人民。所以要中国自强,就分为民众的强大、政府的强大、国家的强大等不同方面。中国要强大,国家和政府要强大,民族要强大,最后则是民众强大,民众的强大则包括思想自强,体力自强,道德自强,这就要开民智,强民力,兴民德。着眼于国家和政府的强大,则会批评清政府或者军阀政府,就会导致优先政治革命的想法,就会优先考虑民族独立和民族统一问题,对于西方重点看到西方的帝国本性、殖民本性、剥削本性、欺骗本性;如果着眼于民众的强大、社会的强大,则会关注问题。优先关注民众的文化、

---

① 庞朴等:《先秦儒家研究》,湖北教育出版社,2003年,第71页。

道德和体力和个性解放的就成了主张社会革命，优先考虑国家独立和民族解放的就属于政治革命的范畴。如胡适坚持实验主义，倾向于社会改革。个人解放和民族解放之间有一种互动的关系，有一种互相抵消的关系。个人的觉醒总是和承担对他人、对民族和国家的责任是不可分割的，反过来，对民族和国家的责任感同样会促进个人的自我启蒙和追求个性解放。中国民族主义的起因及其实质是知识分子在感情上与中国传统文化的疏离。"① "改革的目的是为了使国家富强，这是他们必然会做出的回答。因为如果是国家而不是文化成为人们关切的第一对象，那么，对那些看起来没有多少用处的文化价值的抛弃，则是一件幸事而不是痛苦的灾难。"② "文化与道德，亦即整个价值世界都属于'天下'，如果人们只知保'国'，那仅是一种政治上的利害关系。"③ "当文化至上论绝望地退出历史舞台的时候，民族主义就占据了中国人的心灵。"④ "然而，传统主义必须在中国民族主义之中'起作用'，而自身不能发挥其影响的事实，提醒我们去注意民族主义为什么会得到人们的普遍偏爱。原因是传统主义已失去了它的自然吸引力，不管怎样不情愿，中国思想家对流传下来的价值已失去了信心。而民族主义在情感上为背离传统提供了依据。"⑤ "王朝是使儒家免遭社会风暴袭击的避雷针，它作为革命的对象，经历过改朝换代，然而官僚却一直延续下来，没有受到革命的打击。"⑥ 但这次，儒学则要随着王朝的灭亡而面临浴火重生的困境了。

中国哲学与中国哲学史中所谓的中国指的是什么？在近现代以来形成的中国哲学和中国哲学史当中有两个基本的问题是需要注意的。其一就是地理性、民族性、文化性和阶级性的不同取舍。中国是地理概念的中国，国家概念的中国，民族概念的中国，还是文化概念的中国？不同的理解会带来不同的中国哲学史面貌。如果是一个地理的概念，那么其他的哲学流传到本地以后，也应该算作是中国哲

---

① 约瑟夫·列文森：《儒教中国及其现代命运》，郑大华等译，广西师范大学出版社，2009年，第77页。
② 约瑟夫·列文森：《儒教中国及其现代命运》，郑大华等译，广西师范大学出版社，2009年，第80页。
③ 约瑟夫·列文森：《儒教中国及其现代命运》，郑大华等译，广西师范大学出版社，2009年，第82～83页。
④ 约瑟夫·列文森：《儒教中国及其现代命运》，郑大华等译，广西师范大学出版社，2009年，第85页。
⑤ 约瑟夫·列文森：《儒教中国及其现代命运》，郑大华等译，广西师范大学出版社，2009年，第85页。
⑥ 约瑟夫·列文森：《儒教中国及其现代命运》，郑大华译，广西师范大学出版社，2009年，第221页。

学。如果是一个国家的概念,也是如此,但会更加强调在政治上占据了统治地位的哲学,更加强调哲学的阶级性和意识形态的性质。如果中国是一个民族的概念就会认为是中国人的哲学,那就必须区分是研究普通老百姓平均水平下的思想状况,还是研究少数哲学家的思想状况这一问题。如果是中国文化的概念,就必须关注形成传统的东西。

强调中国哲学的民族性是近现代以来中国哲学史建设的基本路向之一。有的哲学史教科书就把中国哲学史定位为中华民族的认识史。牟宗三区别了"在中国的哲学"和"中国的哲学"。"在中国的哲学"基本上是个地域的概念,而中国的哲学则可能是一个民族的概念或者文化的概念。牟宗三理解的中国哲学是中国的哲学,也就是"指中国以往所有的那一个传统讲",而不是"在中国的哲学"。①

牟宗三比冯友兰更加明确强调"中国的"所包含的文化传统的含义。张岱年在《中国哲学史大纲》"自序"中说:"所谓中国哲学,可以指中国人的哲学,也可以指中国系的哲学。哲学可以分为数系,即西洋系,印度系。中国人的哲学,未必即是中国系的哲学,如中国佛学,便是中国人的而属于印度系的哲学。其根本态度,问题,方法,都是从印度来的,所以虽产生在中国,却不属于中国系,不是由中国哲学传统中出来的,而是由印度哲学传统中出来的。哲学的系别,在今日将趋于消失,但在过去确实存在。……本书所谓中国哲学,乃是指'中国系的一般哲学'。因是专指中国系的,所以中国佛学的思想,不在本书范围之内"。②也比较强调中国哲学的文化性。未来的中国哲学需要有效地发掘中国概念所包含的地理性、民族性、文化性和阶级性之间的统一性,并把这种统一性有效地贯穿于中国哲学史的建设过程之中。

2. "哲学"问题:哲学及其学科意识的自觉

近代一个历史时期,还是使用"学"和"教"这样的概念来说明哲学。19世纪日本西周首次使用中国"哲学"二字。黄遵宪(1848～1904年)把这一表述介绍到中国。梁启超、王国维、胡适等使用的比较明确。1905年前,王国维主要从事哲学研究,康德、叔本华的思想是他的主导思想,并翻译了《哲学概论》。他曾对哲学和伦理学、美学的关系进行了界定。比较自觉地在现代的哲学层面上表述自己的思想的应该属于王国维。王国维在1905年写的《论近年之学术界》中对

---

① 牟宗三:《时代与感受》,《理性与生命——当代新儒学文粹二》,上海书店出版社,1993年,第324页。

② 张岱年:《中国哲学大纲》,中国社会科学出版社,1982年,第2～3页。

此做了说明。他指出严复所介绍的学术是英国的功利论和进化论哲学。"其兴味之所存,不存于纯粹哲学,而存于哲学之各分科。如经济、社会等学,其所最好者也。故严氏之学风,非哲学的,而宁科学的也,此其所以不能感动吾国之思想界者也。"① 康有为的学问也是如此。"人之读此书者,其兴味不在此等幼稚之形而上学,而在其政治上之意见。"② 学术成为手段,"况近数年之留学界,或抱政治之野心,或怀实利之目的,其肯研究冷淡干燥无益于世之思想问题哉!即有其人,然现在之思想界,未受其戈戈之影响,则又可不言而决也。"③ 王国维在1903年《教育世界》第55号刊发的《哲学辨惑》一文中,曾批评时人对哲学的误解与贬抑,肯定"哲学非有害之学","哲学非无益之学",认定"哲学为中国固有之学",强调"中国现时研究哲学之必要",映了时代的心声。从1900年开始,其后十年间是中国学术界译介西方哲学与哲学史著作,别是转译日本学者有关西方哲学与哲学史著作最为丰富的时期。

梁启超对哲学、宗教、科学和迷信的区别进行了探讨。他认为"'哲学'是从智的方面研究宇宙最高原理及人类精神作用,求出各至善的道德标准。"④ 梁漱溟在1921年的《东西方文化及其哲学》中认为思想就是知识的进一步——就是从已有的知识,发生添出来的意思。思想,广义的哲学包括哲学和宗教,哲学包括形而上学、知识论和人生论。"至于哲学所包亦甚宽,如形而上学、认识论、人生哲学皆属之。"⑤ 哲学就是思想之首尾一贯自成一家言的。宗教就是思想具有一种超越现实世界的信仰的态度。

中国哲学史的建设还涉及对哲学的理解和定位的问题。中国哲学史当中所说的"哲学"是指什么呢?是在怎样的思维框架下来理解哲学的呢?其中涉及如下一些问题:

其一,描述哲学家的哲学思想、民族的哲学思想,还是哲学经典的哲学思想呢?中国哲学和中国哲学史当中所说的"哲学"是指哲学家呢,还是指哲学著作呢?还是民族的哲学思想呢?在现存的一般的中国哲学史著作当中,民族的哲学思想占据了比较重要的地位,然后是哲学家的哲学思想,其次是哲学著作的哲学思想。未来的中国哲学史要突出哲学典籍在描述哲学史过程中所具有的重要地位,

---

① 干春松,孟彦弘:《王国维学术经典集》(上卷),江西人民出版社,1997年,第97页。
② 干春松,孟彦弘:《王国维学术经典集》(上卷),江西人民出版社,1997年,第98页。
③ 干春松,孟彦弘:《王国维学术经典集》(上卷),江西人民出版社,1997年,第98页。
④ 梁启超:《欧游心影录》,《国性与民德——梁启超文选》,上海远东出版社,1995年,第196页。
⑤ 梁漱溟:《东西文化及其哲学》,《梁漱溟全集》第一卷,山东人民出版社,1989年,第395页。

并且要努力实现三者的协调。中国哲学史首先应该是现存的哲学典籍反映的哲学思想的历史，然后才是中国哲学家和中华民族哲学思想的发达史。因为哲学典籍具有社会性和一定的超时代性，而哲学家的哲学则具有一定的时代性，加上考证的困难，追问哲学家的哲学思想往往有很大的局限性。

其二，哲学、思想、文化之间如何进行适当的区分，用科学、宗教、哲学三分方法来解读人类文明的体系是否合适。文化、宗教、科学等划分方法很容易忽略佛教和道教等在中国哲学中的独特地位，忽略史学和文学典籍在中国哲学中所具有的独特的哲学和哲学史价值。

能够把文化、哲学和哲学史的建构结合起来，同时取得成绩的代表人物还是冯友兰。就目前而言，在中国文化、中国哲学及其历史的建构方面达到最高成就的是冯友兰。冯友兰真正在三个方面有划时代的贡献，他把三方面有机地结合在一起了，可以说，他有中国文化建构的基础，有中国哲学原理的一般构建，并实际地写出了自己的中国哲学的通史；还不仅如此，他前前后后，哲学的范式和哲学史都有发展和变化，可以说与时俱进；他一个人就完成了很多人也许都不能完成的事，是个了不起的成就。

其三，在怎样的学术和学科分类体系的设定下描述中国哲学史？20世纪中国哲学史的诞生很大程度上是西学冲击的产物，中国哲学史这一名称本身就带有西学的色彩，是中国学术自我发展的一个新的阶段，它抛弃了中学过去以"六艺"为核心、以"四部"为框架的学术和图书分类体系。中国近代一些思想家，如严复等人曾经尝试用天地人三学的划分方法来整合中西学问，也有用"性理之学"和"器数之学"二分的方法来进行学术归类。中国现代的思想家们多用形而上学、人生哲学、认识论或知识论、辩证法和历史观等方法来进行哲学分类。一般的中国哲学史教材是按照自然观、辩证法、认识论、历史观等结构式的解读来安排中国哲学的。胡适则分为宇宙论、知识论、伦理学、教育哲学、政治哲学、宗教哲学等几个方面。张岱年在《中国哲学大纲》中则分为宇宙论或天道论，人生论，修养论，政治论，五部分。蔡元培则分为世界观、认识论和人生观。这种分类提供了在宏观上把握中国哲学的一个范畴框架，但也要看到，由于中国古代汉语和古代哲学中的一些概念同时可以描述主客体、人和自然、社会和历史等多个方面，在上述框架下阐释中国哲学需要更为艰难的语言分析。中国哲学的构建就是要在传统的学科分类中建立起一种中国哲学的逻辑来，一种中国人习惯使用的最高层面的哲学逻辑通摄传统的学术分类。建构中国哲学的目标是中国文化和中国哲学的世界化。

其四，在中国哲学的各家各派中如何进行内容来源的取舍和排序？中国哲学的内容和来源是不断拓展的，不是既定的。时代的发展产生的新的需求要求不断重新解释旧的哲学史内容，同时开辟新的研究领域。领域的拓展是中国哲学史发展的动力之一。以一种新的哲学观念和叙述方式描述旧有的内容，也是中国哲学发展必需的工作。近现代以来中国哲学的发展就经历了理学或宋学的现代化、考据学和古文经学的现代化、今文经学的现代化、"诸子学"的复兴、中国佛教革新与佛学研究的现代化，道学、易学的哲理化，西方哲学和马克思主义哲学的中国化等发展过程。这些研究给一种能够广泛涵盖中国哲学各派的哲学精神的中国哲学的一般理论的诞生创造了条件。但同时由于后现代思潮对体系这些的批判，又给这种体系化的哲学提出了很多的质疑。尽管如此，必须要看到中国哲学史的建设更多地依赖深植于中国哲学广博的基础上的中国哲学的一般理论这一基本的事实。如何平等对待并有效整合各家的思想是制约中国哲学史未来发展的一个十分重要的问题。

其五，中国哲学史在建构的路数上涉及的文化先行的引导路数，还是反过来的问题。这个问题涉及中国哲学史的哲学纯粹性的问题。中国哲学和中国哲学史的建构最初主要是在文化上来立论的。这除了当时哲学文化要把更多的精力集中到社会问题上这一原因以外，也和中国文化和中国哲学自身的学科分类系统有关系，西方的学科分类系统没有被深入的介绍和接受之前，新形态的、独立的中国哲学和中国哲学史是不能形成的。在20世纪30～40年代才形成了中国哲学史和中国哲学并不是历史的偶然。因此中国哲学史建构过程中的一个基本的规律是先建构中国文化和中国文化史，或者有着中国文化和中国文化史的建构和理解才能有中国哲学和中国哲学史。就中国哲学和中国哲学史家个人而言，情况也大致如此，比如梁漱溟就是个典型。冯友兰把中国哲学和中国哲学史的建构达到了一个新的历史高度。文化问题在其思想体系中是一个子部分。但尽管如此，解决中西文化问题依然是其哲学研究和哲学创造的一个目的和动力之一。冯友兰真正在三个方面有贡献，他把三方面有机地结合在一起了。但要建设一个有中国气派的中国哲学史并不一定要把哲学研究的焦点放在中西文化矛盾这个问题上，而是要面对人类社会生活中的出现的新问题和一些万古常新的问题。在中国哲学自身思想的深入研究的基础上，中西文化的关系问题自然就得到了很好的解决。

3. 历史问题：传统的复归、现代回应、未来的展望

中国哲学史也要面对原本的历史和当代史这一关系问题。中国哲学史的现代

建设和未来发展具有当代性。中国哲学史也表现为一种当代史。由于人是人类历史的经常前提，也是人类历史的经常的产物和结果，而人只是作为自己本身的产物和结果才成为前提。中国哲学史的当代性本身就是中国哲学和中国文化传统的结。中国哲学史的当代性并不妨碍中国哲学的传统性。尽管如此，能够自觉体认时代的精神，并较好地深入中国哲学本有的精神世界之中，则是中国哲学史建设一直要追求的一个价值目标。中国哲学史建设的当代性强调中国哲学和中国哲学史家的自主性和批判性；中国哲学史建设的传统性强调中国哲学史家的对历史的接纳性和继承性。实现了二者的有机结合，中国哲学史的建设一定会形成新时代的"世界眼光"和"中国气派"。

仅就文化传统而言，中国哲学包含中国哲学的核心传统，有不能局限于特殊性。实际上，在每一个外来文化的强烈冲击下，都有一个在中国的哲学向中国哲学转化的问题。佛学初传，它只是在中国的佛学，到隋唐，尤其是禅宗那里才成为中国固有哲学传统的一个有机的部分，完全中国化了，成为中国哲学。承认有在中国的哲学就是承认哲学有普遍性，承认中国哲学和在中国哲学的历史交替和内涵，就是承认哲学的特殊性。在不同的观念指导下的中国哲学史会有很大的不同。这就涉及中国哲学史建设中的西洋标准与中国标准问题，也就是以西洋标准来衡量中国哲学还是以自己的标准看待自己，西洋本位抑或中国本位的问题。

中国哲学史面临的核心问题是自我的发展还是他我的发展的问题。根据外生性和内生性、自我发展和他我发展的程度的不同，大致形成三种情况。自我发展强调自我的价值和主体地位，并把发展的重点放在自我上面，但如果容忍外在性，同时认为自我又是必须加以改造和更新的，但这种外在性不能超过内在性的成分，不以外在性为主就是内生性的自我发展道路。内在性发展道路遇到的一个内在矛盾就是坚持自我和改造自我的矛盾，这一矛盾在思想上就表现为坚持原则和改革的矛盾。内在性道路强调内因的决定性作用，强调自强和自律，强调自我的发展，但同时也不否认外因的作用，因此，内在性道路会遇到坚持原则和自我发展与对外开放的矛盾；内在性道路要求利用外在的有利因素，同时又要避免外在因素成为自我发展的主导，避免外在的主宰，因此不可避免地要遇到学习外在和反对外在主导的矛盾。一旦对自我发展的理解，外在性的因素超过了内在性的因素，就成为一种外生性的自我发展。而最终会形成他我的发展。近现代中国哲学和哲学史的建构大致在三条道路上走：其一是传统学术内在性的自我发展的道路，较多地延续了传统的学术特征，并糅合了现代学术思想。其二是外生性的、以西方文化和西方哲学为主要的解释框架的中国文化的自我发展的路子。其三是纯外生性的,中国文化和哲学的外生性道路。本书强调以"中国哲学史"这一核心概念来理解所谓的"中国现代哲学史"就是有机处理上述问题的努力。

4. 哲学和哲学史的关系问题

中国哲学和中国哲学史并不等同。混淆二者也是常有的思维方式。冯友兰自述自己的学术活动有两个方面,一是哲学,一是中国哲学史。他以哲学为主,以中国哲学史为辅。这个问题在胡适那就碰到了。胡适虽是现代中国哲学和中国哲学史开山的人,但他的哲学建构却不是中国哲学的,而是西方哲学,也就是实用主义的。冯友兰的新理学是中国的,但依凭的素材和基本精神却是宋明理学的。金岳霖肯定了冯友兰在处理哲学和哲学史的关系的时候采取的一般的哲学形式的意义。张岱年在《中国哲学大纲》"自序"中指出自己的这本书是通过问题的研究显示中国哲学之整个的条理系统。问题史的范式具有一定的论的性质。应该说冯友兰的新理学、熊十力的新唯识论等也可以看作是中国哲学的一种导论。

每一种中国哲学史或者中国哲学的研究中都会有一定的主导的观念,挖掘出来加以系统化就成了论——中国哲学的一般性的论。但到目前为止,比较客观的、从中国哲学史的广泛背景出发的、自觉的中国哲学的建设工作还任重而道远。如此看来,描述中国哲学之一般的论绝非一件容易的事。在中国哲学史当中需要一定的哲学。这个哲学有两个方面,一个方面是哲学的一般的形式问题;另一个方面就是具有中国哲学特色的哲学内容问题。中国哲学的未来发展要从中国哲学史广泛的原始素材及其基本精义出发,并实现中国哲学和中国哲学史的有机统一。

把自己的哲学贯穿到中国哲学史当中,还没有人胜过冯友兰。我的基本理解是讲中国哲学史本身就是在讲一种中国哲学。没有一种中国哲学的建设也就没有办法讲清楚中国哲学史;而建设出来的中国哲学如果没有办法在中国哲学史中顺利的讲下去,那他的中国哲学的属性体现的是不够的。中国哲学要在中国哲学史中生长出来,也就是要在传统文化中生产出来,才是中国哲学传统的合理发展和延续。没有中国哲学史的支撑就很难有合理的中国哲学。不能以某一种哲学主张和哲学成见,而尽量用普遍哲学的形式来写中国哲学史;但没有一种哲学观是不能有中国哲学史的,任何一本中国哲学史都隐含着一种中国哲学观在里面,所以还是自觉地把自己的哲学观好好反省一下在写中国哲学史为好,也好让后来者和初学者指导你在什么立场观点下说话,也好有个思考的前提和批判超越的立足之地,否则一下子就把人放到一个朦朦胧胧的框子中,不是认真思考的人走不出来。

5. 一般与个别问题

金岳霖提及的一种哲学主张和普遍的哲学形式的问题是研究中国哲学以及中国哲学史必须面对的问题。其中已经揭示了一个基本的逻辑关系：一般和个别。张岱年在《中国哲学大纲》中使用一般和个别来处理中西哲学的关系问题，不过他首先解决的是名称的类与特殊性问题。冯友兰把一般和个别的思维方法贯穿于哲学观、方法论、社会历史哲学、文化观、本体论等多个层面。冯友兰把一般和个别应用于对哲学本身的分析当中。牟宗三力主中西哲学会通，思考了会通的程度、限度，在那些层面上会通，在什么问题上会通等问题。他认为哲学会通的可能性在于哲学真理既有普遍性又有特殊性，有普遍性也不失其特殊性，有特殊性也不失其普遍性，由此可言中西哲学的会通，也可言多姿多彩。徐复观也用共性和个性的概念来解释中西文化的关系问题。他认为在共性上应该承认有世界文化，在个性上应该承认有民族文化；文化的个性是不断向文化共性的上升；其过程是个性与个性之间、共性与个性之间的接触、吸收导致个性的重新凝集从而不断扩大共性和形成新的个性。

但如何处理个别和一般的关系本身就是一个哲学难题。冯友兰设定了一个从哲学最高的认识对象——宇宙，显示宇宙之理的多种可能的哲学是本然的哲学系统。这样一来，中西哲学这些都是能够接近本然的哲学系统的具体的哲学系统，其中都有哲学的一般。各自的一般相对于另外的具体的哲学系统来说必然就是特殊。中西哲学的融合，必然是中国哲学的一般（相对于西方哲学就是特殊）和西方哲学的一般的结合，这就是用逻辑分析的方法分析中国的天地境界，中国的极高明而道中庸。但这样一来，哲学的一般其实就脱离了具体的哲学，成为一种逻辑的设定，哲学一般的具体内容还是空的。反过来，如果把哲学一般看作是从具体哲学中抽象出来的，也要解决从中国哲学还是从西方哲学中抽象的问题。从具体哲学抽象出一般还有一个这个一般能否容纳另外一种哲学的一般的问题。如果从世界各种具体哲学中进行抽象则需要世界哲学更大范围的互动的前提。牟宗三主要依据中国哲学的资源参照西方哲学得出了一个一般的哲学架构，不同的哲学家还可以依据另外的哲学资源提出更多的一般哲学架构。一般和个别的处理方式还蕴涵一个难题，那就是以抽象出来的一般指导研究中国哲学的个别，自然就会支解中国哲学的个别。一般要从个别中得出，中国哲学特殊性的揭示其实就是中国哲学家的一般性。中国哲学的未来发展更需要能够涵盖中国哲学诸多人物和派别的一般，而不是外在设定的一般哲学的剪裁、肢解。

中国哲学自近代以来的发展一直没有超出中西文化及其哲学的关系的制约，相关的哲学构建也是在中西文化及其哲学的关系的判断这一基础上进行的。中国哲学的发展昭示着、呼唤着一个新的中国哲学独立建设的时代的来临，这一新的阶段要求在中西哲学比较也已取得的成果上深入地、独立地发展中国哲学。中国哲学的未来发展需要认真思考这一问题。

6. 中国哲学的特质及其趋近的方法问题

如何定义中国哲学？要坚持本土性、主体性和民族性。就是中国这个地域、这个国家政权和中国这个民族的成员创造的、继承发展的哲学。可以以西方哲学为参照系，但不是西方哲学的注解。它应包括所有的在中国这片土地上得到长久的流传和重新创造的哲学。现行的大部分中国哲学史教科书里面缺乏对中国哲学的明确定义，但它里面隐含了一些对中国哲学的理解。这些隐含的理解还没有根本上摆脱站在西方哲学立场上来看中国哲学的倾向。定义中国哲学的方法之一是以西方哲学为参照系，把符合西方哲学基本特征的叫哲学，或者寻找中西哲的共性，来拣择中国哲学。从中国哲学自身的特点来定义，要涵盖中国哲学的发展中不同的派别和使用的不同的名称，注重地域性和民族性、本质性。

关于中国哲学的本质有心灵哲学、体验哲学、情感哲学、泰古哲学、伦理型哲学等说法。中国哲学有可研究者，有不可研究者。可研究者是我们看到的典籍和史料。这些典籍和史料是经过凡俗加工了的东西，但也有圣人的遗迹，有不可研究者是没有记载的东西。哲学研究就是在可研究的东西中指出可能存在的不可研究的东西。因此，哲学的最后的境界是超越凡俗。哲学就是哲学家对人生和世界觉悟的结果。觉悟是灵魂，概念体系是外在的印记。聆听天道的声音、观照世界是哲学之源，哲学就是世界对人的开显。

第七章　中国哲学创新的基本视域

第一节　保守主义和激进主义的两难

1. 保守主义和激进主义的交锋

在对待中国传统文化成果方面，有激进（批判）和保守两种思潮的激荡。这两种思潮对中国历史和中国当下的任务的认识有很大的不同。

其一，在传统文化性质的定位方面，对传统文化持有批判态度的观点全面否定传统文化。王海明称呼为最劣质的道德。比如他这样解释孟子的话。"鸡鸣而起，孳孳为善者，舜之徒也；鸡鸣而起，孳孳为利者，跖之徒也"（《孟子·尽心章句上》）。"所以儒家所主张的决不仅仅是仁爱利他，而是地地道道的仁爱利他主义：利他主义就是否定目的利己而把无私利他奉为道德总原则的理论，就是把无私利他奉为衡量行为善恶唯一准则的道德总原则的理论。"[①]在王海明教授看来，仁爱利他主义把利己的目的看成了有害他人和社会的恶的源头，忽略了他有利于社会和他人的善的方面。就这一问题而言，孟子的确有所否定，侧重于看到单纯为了小体的利益，就会导致人与人之间彼此的争斗，对于其积极意义缺乏肯定的理解。另外他还认为儒家利他主义的错误源于其道德起源和目的自律论。他认为道德的目的不可能是为了道德自身，而只能是为了道德之外的他物。按照这一逻辑，儒家就侵犯了个人的欲望和自由；堵塞了人们增进社会和他人利益的最有力的源泉。

邓晓芒把儒家文化的根本性缺陷归结为"伪善"。"应当反过来说，除了极少数坚持原则的人之外，我们每一个中国人其实都有一种制造假象以解决某些实际问题的倾向，只不过有的还没有做出来，有的做出来了，但危害还没有这么大而已。我们在现实生活中往往看到，只要有某种需要，中国人通常不在乎做假。"[②]"文饰"是文化的必要条件，不过过头了就成了伪善。"既然平日已在做戏，在银幕上表演时再经'艺术夸张'，就只有使演戏的痕迹毕露，没有一点真实感。"[③]平时就是类型化的做人方式，自己并不觉得这是在演戏，在这个基础上再夸

---

① 王海明：《儒家道德之我见》，《人文杂志》，2007年第4期，第4页。
② 邓晓芒：《儒家伦理新批判》，重庆大学出版社，2010年，第258页。
③ [美]孙隆基：《中国文化的深层结构》，广西师范大学出版社，2004年，第183页。

张，自然假上加假。"事实上，中国人这种'文饰'的态度也不一定是常常用来掩饰自己的错误，也可以用来使自己'好看'一点。"① 比如照相要摆姿势，刻意弄个样子给别人看等等。"但是，我们在这里要谈的，并不是当局大规模的刻意'文饰'，而是老百姓在日常生活中的下意识行为。这种行为的目的并不一定在于欺骗他人，因为它几乎是一种习惯性的仪式动作。"② "中国人的一切做假，都源于这种灵魂的造假，也就是造出一个'假诚'的灵魂来，这就是伪善。"③ "伪善不一定是有意造假，也可以是无意识地造假（即人格结构的伪善）。"④ 关于中国人喜欢"文过饰非"，对过错进行"文"，对"非"进行装饰，"文"成、"饰"成"对"的和"是"的，就是"伪善"。对于中国文化传统中存在的不足，坚守儒家阵地的学者也承认，不过不会把这些缺点看成是中国文化的本质和全部表现，而是采取一分为二的观点来看待传统文化的优缺点。

其二，社会问题的文化归因。保守主义者常常把问题的根源归结有两个：理论和现实的结合不够；是历史发展导致儒学精华的丧失。"在接近21世纪的时候，我们仍然不能拒绝这一事实，即20世纪是在前现代作为整体的儒家文化经历解体、离散、飘零的历史。"⑤ 真精神丧失是儒家的一个老思路，近代的早期改革派人物多持有这样的看法，他们想从先秦儒家中找到和西方文化匹配的真精神。蒋庆说："在我看来，这种'以西研中批中'的传统很成问题，因为追随这种传统的人不可能真正理解中国文化的真精神与真生命，相反，只能误解和歪曲中国文化。我们知道，在这种传统中，研究者与批判者总是站在中国文化之外，用自己一套既定的西方思想模式或观念体系来解析、评判、规范甚至硬套中国文化，凡是不符合自己思想模式或观念体系的就一概批判否定，凡是符合自己思想模式或观念体系的就一概颂扬推崇。结果往往下笔千百万言，说来说去只是在说自家，与中国文化的真精神与真生命毫不相干。"⑥ 这种思路往往把弊端看成是反儒思潮带来的。"……儒学就只能存活在少数思想家的头脑之中，不能落实在社会文化的空间与个人的精神人格上，而无法改变反传统主义和反儒思潮带来的社会失序与价值混乱。"⑦ "儒学并未死亡，它在离散之后作为文化心理的传统仍不自觉地以隐性

---

① ［美］孙隆基：《中国文化的深层结构》，广西师范大学出版社，2004年，第181页。
② ［美］孙隆基：《中国文化的深层结构》，广西师范大学出版社，2004年，第182页。
③ 邓晓芒：《儒家伦理新批判》，重庆大学出版社，2010年，第260页。
④ 邓晓芒：《儒家伦理新批判》，重庆大学出版社，2010年，第260页。
⑤ 陈来：《孔夫子与现代世界》，北京大学出版社，2011年，第139页。
⑥ 蒋庆：《儒学的时代价值》，四川人民出版社，2009年，第179页。
⑦ 陈来：《孔夫子与现代世界》，北京大学出版社，2011年，第150页。

的方式寓于文化和人的行为之中。但也正是因为它是支离的、隐性的，其表现便不能整全和健康，当前中国世态与文化的病症悉由于此。"① 易中天认为："今天的'道德沙尘暴'，恰恰源于积重难返的'国民性问题'。"②

激进主义认为中国问题的根源是传统本身的结构性缺陷或者历史性缺陷造成的。国民性格"皆专制政治之余毒，吾人久承其习染然而今犹未能涮除者。"③ 国民性的形成的根源是封建宗法制度。如陈独秀认为这种制度损坏个人独立自尊的人格，剥夺个人在法律上的平等权利，养成依赖性。儒释道对国民性的形成各有不可推卸的责任。鲁迅认为首在立人，如不改造国民根性，那么革命就如沙上建塔。

其三，当前和未来的任务是启蒙、正启蒙还是超越启蒙？在当代任务判断上保守主义和激进主义的认知有很大的差异。激进主义认为需要"在文化上，从上个世纪的'批判与启蒙'，走向了新世纪的'创造与振兴'。"④ 保守主义则认为："几十年后，也就是20世纪60年代，'破四旧'的政治运动在神州大地如火如荼地展开，底层群体的任何文化都无法躲过精英群体的法眼，他们的思想被命名为旧思想，他们的文化被命名为旧文化，他们的风俗被命名为旧风俗，他们的习惯被命名为旧习惯，统统都在扫荡革除之列。"⑤ 失去了精神寄托和文化滋养，底层群体失去了文化依托，不知所措。"他们一面对知识精英所承载的孔孟儒学进行激烈的攻击，一面对底层群体所代表的更加古老、更加原始的民间文化展开讨伐。当五四时贤成为中国舞台上的主流力量的时候，意味着那个代表孔孟儒学的知识精英群体已经从历史舞台上消失，新文化运动至此成功了一半。此后的工作重点，就在于对承载中国原始的民间文化的底层群体进行文化改造和政治改造。"⑥ 底层群体遭遇了文化权利危机和政治权利危机。"我也不再相信在精英文化和底层文化之间，真的有什么真理与谬误之分、信仰与迷信之分、高与低之分、贵与贱之分。"⑦ 如认为"中国精英群体喋喋不休叨咕了一百余年的国民性批判，就是一种刻意建构底层群体的卑贱与愚昧的人文学说。"⑧

从学术的角度来看，这种分歧包含态度、目的和学术和思维方法等多方面的

---

① 陈来：《孔夫子与现代世界》，北京大学出版社，2011年，第153页。
② 摩罗，杨帆：《人性的复苏——国民性批判的起源与反思》，复旦大学出版社，2011年，第316页。
③ 《李大钊文集》（下），人民出版社，1984年，第332页。
④ 陈来：《孔夫子与现代世界》，北京大学出版社，2011年，第11页。
⑤ 摩罗：《中国的疼痛——国民性批判与文化政治学困境》，复旦大学出版社，2011年，第254页。
⑥ 摩罗：《中国的疼痛——国民性批判与文化政治学困境》，复旦大学出版社，2011年，第255页。
⑦ 摩罗：《中国的疼痛——国民性批判与文化政治学困境》，复旦大学出版社，2011年，第289页。
⑧ 摩罗：《中国的疼痛——国民性批判与文化政治学困境》，复旦大学出版社，2011年，第275页。

问题，需要仔细厘清。

2. **走出保守主义和激进主义**

作为新文化运动以来中国面临的文化问题的折射，保守主义和激进主义的争论有历史的贡献，不过从未来中国文化发展的角度来看，需要走出保守主义和激进主义。

其一，需要反思对传统文化的认知，以开放的心态对待传统文化。中国传统文化成果对于现代社会究竟有什么样的意义？这是百年来一直困扰着国人的一个问题。对于这个问题，涉及的领域广泛，仅就构成了保守和激进的猛烈的交锋的方面而言以下几个方面是值得注意的。保守主义和激进主义对中国文化的认定有共同的前提和基调，恰好这个认识前提是需要反思和超越的。要尽量避免先入为主，给传统文化套上这样那样的帽子，而是要研究一下，要保持平静的心态。

要注意揭示保守主义和激进主义对中西文化传统，尤其是中国文化传统上的一些看法上的"共性"，如把中国儒家文化的内容定位为"血缘亲情"、"德治"、"集体主义或权威主义"、"天人合一"、"和谐"等。在这一点上，目前两派大致都承认这些是儒家文化的特征。但这些所谓"共识"真的的传统文化的核心内容吗？即便是传统文化的核心内容，其丰富内容是什么？这些都是要认真研究的，而不是拘泥在某个结论上争论。其实强调政府管理、家庭、道德、自我修养未必就是构成了中国文化的内核。这就要求对双方共同承认的（但态度不同）东西进行一番批判反思，才能超越"西学东渐"以来形成的一些过时的看法。另外，西方文化也不仅仅是个人自由、个人权利和法制。如此才能跟踪时代的步伐，提供给青少年更多的、具有时代感的东西，需要抱着老实的、虚心的态度好好地学习中西文化传统，需要"补课"。

其二，理性地对待传统文化就是要把握传统文化思想的系统性，避免断章取义式的理解和应用。不容否认的是：由于中国古代经典形式上的体系性不明显，在对待中国传统思想的时候，"断章取义"、"为我所用"的阅读和解说方式很流行。体系性的忽视往往会导致"张冠李戴"，似是而非。

其三，要处理好白话阐释和与古文为载体的经典国学的关系。批评某某人白话翻译或者理解错了是不对的。每个人都有自己理解的权力，阅读的权力。但是把自己的解释置于古文文献之上，淹没、窜改，甚至想要取代古文经典是不可取的。

其四，要走出古今、中西的模式。保守主义和激进主义依然纠缠在中西古今之中而不可自拔,需要以更高的心态来面对这一时代课题。自"西学东渐"以来,在中国人的心目中逐渐形成了一种思维定势,这就是从当时所处的时代出发,把中国古代文化称为传统文化,把西方近现代文化叫做现代文化,并在传统与现代、本土和外域之间作或激进或保守、调和折中或"创造性转化"、"综合创新"的选择与评判。对待传统文化既要看到文化传统对于国人的价值强化方面,如强调中国传统文化教育对于培养国人的民族认同,培养爱国主义情感,增强凝聚力,培养重视集体的精神,重视家庭的精神,强化自我修养等方面的意义;同时也要看到传统文化教育对于国人对自己的传统行为进行自我反思和自我超越的意义。需要把对国人现实的思想和行为方式的文化传统特征的分析和经典的把握结合起来,并保持合理的界限。中西的融合和结合是当代中国文化发生的总体变局,需要正面这一变局,才有可能找到中国文化的未来出路。

第二节　新批判主义对中国哲学的理解

在诸多的对传统文化的批评当中,邓晓芒教授的新批判主义有代表性。因为新批判主义思想系统,哲学性强,涵盖面广,持续时间长。新批判主义提出了很多中国哲学不能回避的问题,对这些问题的回应当是能够让中国哲学获得生命的一个重要的理论生长点。下面只是以新批判主义关于中国怀疑论的看法为例进行说明。

1. 论"复归于婴儿"

第一,在什么样的主题或者话题下面面对这一说法,会得出不同的结论。我曾经给老庄哲学的实践基础和核心话题给了一个基本的定位。"总体上看,这是基于修道实践基础上形成的一个观念系统。我把这个观念系统叫做"道的通见"。那么这个"道的通见"系统有什么存在的价值呢?其一,可以起到对修道者进行一定的理论指导的作用;其二,可以起到"道的通见"内部的沟通、协调作用;其三,可以起到和常识经验开展对话的作用,起到道的教化作用。《庄子·内篇》哲学可以说是一种解释学,是对修道实践的解释,对道的通见和常识经验的关系的解释,是道之通见的内部互相解释。"① 根据这一基本定位,"复归于婴儿"应该从"道的通见"的角度来理解,而不是从常识经验的角度来理解。

从常识经验的角度来看,成年人已经不再是"婴儿",既然肉体变化了,相

---

① 周海春:《道之通见:〈庄子·内篇〉哲学注》,长江出版社,2011年,第192页。

应的心理也会变化，精神生活会受到社会的影响，受到文化的影响，变得远比婴儿复杂得多。在常识经验来看，成年人的心理很难再变回婴儿的心理了，即便是努力让自己的心灵保持婴儿的状态，但也是成年人的"婴儿"心理。对于成年人的"婴儿"心理表现或者状态，完全可以有两种不同的价值评价，肯定的或者否定的。如果从否定的眼光来看，成年人的"婴儿"心理模式可能有一个悖论：一方面是成年人的所谓"经验"，成年人的老谋深算；一个方面是婴儿式的单纯、天真、无我和真诚。成年人的"婴儿"心理模式可能有时候表现为单纯，有时候表现为复杂。两种合起来可以定位为自欺和虚伪。"通常所谓'中国智慧'恰好表现在：将一种婴儿般的内向的圆融性建构为成年人老谋深算的心理平衡模式，在这种'早熟'的心理模式中，既有着赤子般的'无我'的真诚，又有着习惯性的自欺和故作天真式样的虚伪。"①

从"道的通见"来看，成年人是可以"复归于婴儿"的。虽然从常识经验来看，"真正的婴儿是不会讲'复归于婴儿'的。"②从"道的经验"来看，人悟道以后，就意味着生命的再生，虽然在外表上看是成年人，但就内在的本真的生命来看，是一个新的生命的诞生，这个生命开始迈向回归于道的家园的旅途，是一个崭新的生命，也可以说是一个"婴儿"。"复归于婴儿"是就开悟而言的，开悟者的"婴儿"的状态可以与成年人的心理和身体的状态无关，也就是说一个悟道者的婴儿状态可以引起人的心理和身体的变化，表现出婴儿的某种特征，也可以不表现出这些特征来，不管是否引起了变化，就生命的内在本质而言，都是"新生"。讲到这里，邓教授可能会说，又是开悟一类的说法，只有你自己知道开悟是什么，别人不知道，所以完全可以是假的。开悟者本身有自己的"通见"，可以互相交流经验，也有自己的思想逻辑，同样记载这些悟道经验的经典本身也有逻辑，这个逻辑要在"道的通见"内部来理解。

如果以其他的话题为切入点来理解，就会有文不对题之嫌。不管是从哲学的话题入手，还是从现实的问题入手。邓教授把"复归于婴儿"的问题拉到了怀疑论这一话题上面。"正因为这种怀疑论是静止型的、满足型的、放弃型的，所以它的本质是非信仰的。"③"所以这种怀疑论不含有要趋向于任何方向的意向、试探和追求，又是一种'满足型'的怀疑论，满足于不知。认为不知是天性，人要做到

---

① 邓晓芒：《灵之舞——中西人格的表演性》，上海文艺出版社，2009 年，第 5 页。
② 邓晓芒：《论中西怀疑论的差异》，《福建论坛》，2003 年第 1 期，第 8 页。
③ 邓晓芒：《中西文化比较十一讲》，湖南教育出版社，2007 年，第 85 页。

圣人的状态，就应该像婴儿那样，无知无识。"①从道的经验来看，"复归于婴儿"是生命内在本质的变化，"复归于婴儿"者依然可以求知，依然可以去追求，并不放弃求知，并不放弃意向、试探和追求，尤其是不会放弃对道的追求、意向。邓教授说："中国怀疑论的悖论性主要表现在它是一种反文化的文化，一种取消精神的精神。当老子讲要'复归于婴儿'时，他实际上并不是真正的婴儿，而正体现了一种老谋深算的策略和阴谋，并且他自己也明白这一点。"②"复归于婴儿"可以从两个层面来理解：常识经验层面的成年人对婴儿心理的回忆和追求；自己能够反观自己的精神生活的那种"反思"能力，也就是"他自己也明白这一点"。前者是剧中人的心灵活动；后者是剧作者的心灵活动。前者是相对的，后者能够澄明地面对前者的相对性的两个方面。在道的世界，一切都是澄明的，悟道者能够做到"他自己也明白这一点"，"复归于婴儿"就是做到了"他自己也明白这一点"。

　　第二，关于如何进行中西对比的问题也是值得讨论的。邓教授在"复归于婴儿"这一问题上进行了中西对比。但是邓教授使用的是《传道书》。《传道书》中说："少年人哪，你在幼年时当快乐。在幼年的日子，使你的心欢畅，行你心所愿行的，看你眼所爱看的，却要知道，为这一切事，神必审问你。所以你当从心中除掉愁烦，从肉体克去邪恶，因为一生的开端和幼年之时，都是虚空的。"（《传道书》第11章）邓教授在《论中西怀疑论的差异》中提到了《传道书》。他说："连儿童的赤子之心都否认了，这是与中国文化精神、尤其是道家精神决不相容的。"③邓教授的解读是理解这段话的一种方式。在这种解读方式中，邓教授否定了幼年时候的快乐、欢畅的价值，认为《传道书》否定了幼年快乐心灵的价值，因为神也会因为幼年对快乐的追求而去审判他，更不要说愁烦了，二者同样都归于虚空，或者说无价值。如果幼年的快乐心灵也不值得肯定，那么"复归于婴儿"也就没有什么价值了，或者说本身不能够成为终极的价值，不能成为信仰和理想，起码不能成为具有超越性的信仰。关于这段话也可以有另外的理解方式。人的一生是虚空的，但是心中的愁烦和肉体的邪恶会受到审判，快乐则受到肯定。

　　另外，中西比较有一个选择素材的问题，西方文化和中国文化都是复杂的，选取什么素材进行比较结论就会不同。比如《马太福音》则对"婴儿"另有不同的态度。耶稣说："让小孩子到我这里来，不要禁止他们，因为在天国的，正是这样的人。"（《马太福音·耶稣为小孩祝福》）在这里，小孩和天国中的人具有相似

---

① 邓晓芒：《中西文化比较十一讲》，湖南教育出版社，2007年，第84页。
② 邓晓芒：《论中西怀疑论的差异》，《福建论坛》，2003年第1期，第8页。
③ 邓晓芒：《论中西怀疑论的差异》，《福建论坛》，2003年第1期，第5页。

性。在道家那里，"婴儿"的诞生是得道的标志。在《马太福音》中耶稣肯定了婴儿的谦卑。"我实在告诉你们：你们若不回转，变成小孩子的样式，断不得进天国。所以，凡自己谦卑像这小孩子的，他在天国里就是最大的。凡为我的名接待一个像这小孩子的，就是接待我。"（《马太福音·天国里谁最大》）在这个文本中，婴儿和天国之间建立了逻辑联系，和天国中的"人"建立了逻辑联系。泰戈尔也是从神的角度来看待"婴儿"的价值的。泰戈尔说："每一个孩子出生时都带来信息说：'神对人并未灰心失望'。"（《飞鸟集》）① 在泰戈尔看来，孩子的内在的精神境界是乐土。"孩子永不知道如何哭泣。他所住的是完全的乐土。"②

老子的"复归于婴儿"与印度和基督教的思想不完全相同。主要是老子讲的"婴儿"更多的是联系"道"来讲的，而泰戈尔和耶稣是联系神、天国、乐土来讲的；另外，泰戈尔和耶稣讲的"婴儿"是现实的婴儿，肯定婴儿是肯定婴儿的"样式"，也就是婴儿具有的谦卑、快乐、希望的品质，而老子更多地是一个意义性的"婴儿"，是从道的经验的角度来讲的，得道就是"复归于婴儿"，这里的婴儿不是现实生活中的婴儿。

第三，孤立地对待文本还是系统地对待文本会导致对文本不同的解读，另外思想系统自身的逻辑进路也会影响对文本的解读。邓教授说："儿童正因为无知、无欲、无为，所以天真无邪，自然而不矫饰，这是中国人最为向往的'圣人'性格，充满光明和幸福意识，因为中国人除此之外再无更高的信仰了。基督教却以上帝的眼光把人生这段最纯洁美好的时光也看作毫无疑义，一切都为了对上帝的信仰而被牺牲和奉献了。"③ 邓教授把"复归于婴儿"中的"婴儿"理解为现实的婴儿，并且孤立起来，忽略了探究婴儿和"道"的关系，或者把"道"也仅仅理解为是一种老谋深算的处世智慧或政治智慧。笔者则把"道"理解为一种把握超越世界的智慧，"婴儿"是进入道的世界的人的一种内在说明。这样一来，"复归于婴儿"本身就构成了一种超越的信仰，因为不进入超越的道的世界，就无所谓"复归于婴儿"。在"复归于婴儿"这一问题上，中西方都导向一种最高具有超越性的价值系统。

最后，需要说明的是：即便老子讲得"婴儿"是现实的"婴儿"，对婴儿的实际价值和地位的估计，也可以有多种。在上述文本中的"婴儿"不是孤立的，而同时伴随着很多品质，这些品质与"阴谋"一类无关，也可以说肯定"婴儿"就

---

① ［印度］泰戈尔：《泰戈尔诗选》，上海三联书店，2011年，第78页。
② ［印度］泰戈尔：《泰戈尔诗选》，上海三联书店，2011年，第7页。
③ 邓晓芒：《论中西怀疑论的差异》，《福建论坛》，2003年第1期，第5页。

是肯定这些品质，如快乐、希望、谦卑。在《道德经》中"婴儿"也是一个符号，与其相关的方面才是要重点关注的。"载营魄抱一，能无离乎？专气致柔，能如婴儿乎？涤除玄览，能无疵乎？爱民治国，能无知乎？天门开阖，能为雌乎？明白四达，能无为乎。生之、畜之，生而不有，为而不恃，长而不宰，是谓玄德。"（《道德经》10章）"载营魄抱一"是说让人的精神专一在道上面，专一在道的经验上面；专气致柔，努力使得自己活在（专）道的场域（气）中，与道（柔）的关系是密切的（致）。"玄鉴者，内心之光明，为形而上之镜，能照察事物，故谓之玄鉴。"① "玄览"是一种"览""玄"的能力，是人的一种无限心的作用，这种能力在悟道后获得，在这种作用中，一切都是澄明的。"婴儿"相关的含义之一就是拥有这种能力，这种能力没有被瑕疵所污染。这种能力不受时空界限所限制，能够"明白四达"，但是相当于理性和感性能力的应用而言是"无知"、"无为"，但就自身的实际作用而言是"无不为"。肉体感官的应用，以及理性思考是有为法的范围，是有限的，是"雄"，深入到道的经验中获得的玄览能力是无限的，是隐藏在有为的能力之中的，所以是"雌"。"入出而无见其形，是谓天门。天门者，'无''有'也，万物出乎'无''有'。"②

在《道德经》中婴儿和成年人的意象分别表示的是道的经验和常识经验的差别。"知其雄，守其雌，为天下溪。为天下溪，常德不离，复归于婴儿"（《道德经》28章）。"复归于婴儿"的真正哲学内涵就是"常德不离"，也就是得道。得道和不得道的区分同时造成了常识经验和道的经验之间的差别。"绝学无忧，唯之与阿，相去几何？善之与恶，相去若何？人之所畏，不可不畏。荒兮其未央哉！众人熙熙如享太牢、如春登台。我独泊兮其未兆，如婴儿之未孩；儽儽兮若无所归。众人皆有余，而我独若遗。我愚人之心也哉！沌沌兮，俗人昭昭，我独昏昏；俗人察察，我独闷闷。澹兮其若海，飂兮若无止，众人皆有以，而我独顽且鄙。我独异于人，而贵食母"（《道德经》20章）。活在道的世界的"婴儿"是"食母"的，以"道"为营养；活在经验世界的人都谋求有为、事业，而活在道的经验中的人则显得呆、顽、鄙；活在经验世界的人不能真正的静止，运动起来缺乏固定的方向，而活在道的世界的人安静如深海，运动如无止境；活在经验世界的人察察，精明，而活在道的世界的人对事物好像缺乏分别的能力；活在世俗经验世界的人自以为聪明，而活在道的经验世界的人则显得愚钝；活在道的经验世界的人在世

---

① 陈鼓应：《老子注译及评价》，中华书局，2012年，第95页。
② 陈鼓应：《老子注译及评价》，中华书局，2012年，第96页。

俗的世界感觉像丢了什么东西式的，感觉这个世界不是自己的家园，而活在常识经验世界的人则觉得很满足了；活在常识经验世界的人享受这个世界，而活在道的世界的人对这个世界的一切提不起追求的兴趣；活在世俗经验世界的人区分善恶，运用理智去学习知识，而活在道的经验世界的人则对这些不感兴趣。就现实的婴儿而言，有与道密切相连的品质，从道的角度看是婴儿，但也可以不是，与道之间有距离，是一个"老人"。

2. 老庄讲"不动心"吗？

邓教授说："'不动心'也是老庄哲学一个重要的概念。"① 显然，这个说法是有一定的问题的。因为从"概念"或者"命题"的角度来说，"不动心"是孟子和告子使用的概念。告子也强调"不动心"，这个"不动心"在内外关系领域中，和孟子的"不动心"存在的领域和思维方法有差异。"是不难，告子先我不动心"（《孟子·公孙丑上》）。"敢问夫子之不动心与告子之不动心，可得闻与？"（《孟子·公孙丑上》）告子的"不动心"是什么呢？"告子曰：'不得于言，勿求于心；不得于心，勿求于气。'不得于心，勿求于气，可；不得于言，勿求于心，不可。夫志，气之帅也；气，体之充也。夫志至焉，气次焉。故曰：'持其志，无暴其气。'"（《孟子·公孙丑上》）在告子这里，依然是在"仁内义外"的思维框架下理解"不动心"的。这里的"言"和"气"在逻辑地位上相当于"义外"，"心"在逻辑地位上相当于"仁内"，"不动心"就有两层含义：一层含义是说要坚持外在对象对于形成道德认识的决定性，而不能忽略这一点，即告子所说的"不得于言，勿求于心"；另一层含义是强调主观认识的重要性，即"不得于心，勿求于气"。"不动心"强调的是在处理"仁内义外"的关系的时候，保持道德认识的客观实在性，一方面是对象的客观实在性；一方面是心灵上主观能动性。而孟子的"不动心"则强调"得于心"、"求于心"。而孟子的"心"的道德内容主要是"四端"之心。孟子的"不动心"不是被放置在他人和自我构成的内外关系中来理解的。"其为气也，配义与道；无是，馁也。是集义所生者，非义袭而取之也。行有不慊于心，则馁矣。我故曰，告子未尝知义，以其外之也。必有事焉，而勿正；心勿忘，勿助长也"（《孟子·公孙丑上》）。"气"不像告子所理解的那样是外在的对象，所以要"袭而取之"，"气"在孟子那里是"集义所生者"。"人皆有所不为，达之于其所为，义也"（《尽心章句下》）。"孩提之童，无不知爱其亲者，及其长也，无不知敬其兄也。亲亲，仁也。敬长，义也。无他，达之天下也"（《孟子·尽心章

---

① 邓晓芒：《中西文化比较十一讲》，湖南教育出版社，2007年，第78页。

句上》)。显然告子的"不动心"在孟子看来，还是属于"其所为"的领域。在孟子看来，把"义"看作是我与你之间的对象性关系本身就是"外"了。孟子所理解的"义"是超越"人""我"之间的对象性关系的。所以孟子说："人能充无受'尔'、'汝'之实，无所往而不为义也。"(《孟子·尽心章句下》)把"不动心"说成是老庄的概念可能还需要斟酌一下。

怀疑论的目的是达到宁静。"我们肯定怀疑论的终极目的是对于意见之争保持灵魂的平静状态，面对不可避免的事情情绪平和。……因为一个相信事物有本性上的好与坏的人永远处于不宁静当中。"①

在怀疑论那里，达到宁静是通过"在研究中悬置判断"达到的。"怀疑论曾希望通过在感性及思想的对象的种种分歧之中作出是非判断来获致宁静。由于做不到，他们悬搁判断。这时他们却发现平静好像是偶然式的随着悬搁判断出现了，就像影子随着物体出现一样。"②获得宁静的方法分为两个阶段：第一个阶段是发现事物的矛盾，研究真假，进行选择。如把现在的事情和现在的事情对立起来，把现在的事情和过去、未来的事情对立起来，把呈现和呈现对立起来，把呈现和思想判断对立起来就会发现事物的是非。第二个阶段是悬搁判断。

怀疑论对待是非的态度是复杂的，邓教授说："怀疑论认为没有真正的是非。"③怀疑论不是认为没有是非，而是没有确定的是，没有确定的非。怀疑论希望得到是非，但是得不到，就转向了对现象和命题提出对立的现象和命题，或者对想象提出命题，从而构成了新的是非。这是怀疑论的第一个阶段，怀疑论的第二个阶段是"悬搁判断"，把是和非都放下。关于这一点，邓教授承认老庄有着和怀疑论有共同点。我们所谓的"知"可能是"不知"，我们所谓的"不知"可能是"知"，每个"是"都有"非"相伴，"是""非"会无穷。"至于说到美丑、善恶、是非、生死的相对性，那么老子和庄子的一些论述和希腊怀疑论者们的论述几乎完全相同。"④二者的差别在哪里呢？邓教授认为差别是一个导向苦恼意识，一个导向幸福意识，一个满足于不知、不求知、不必知道，一个则继续从事研究。

在这里，邓教授对庄子思想的理解有其固定的思路。庄子不是不求知，而是区分了两种"知"，也就是"梦知"和"醒知"，两者庄子都不否定，这是"两

---

① [古希腊]塞克斯都·恩披里克：《悬搁判断与心灵宁静》，包利民等译，中国社会科学出版社，2004年，第9页。
② [古希腊]塞克斯都·恩披里克：《悬搁判断与心灵宁静》，包利民等译，中国社会科学出版社，2004年，第9页。
③ 邓晓芒：《中西文化比较十一讲》，湖南教育出版社，2007年，第79页。
④ 邓晓芒：《论中西怀疑论的差异》，《福建论坛》，2003年第1期，第4页。

行"。"相对化的论述指未醒或梦的意识状态。"① "将所有价值的相对性运用于醒的意识状态,是一个惊人的大错。"②

在谈到苦恼意识的时候,邓教授讲到了皮浪认为人应该像猪一样面对风浪泰然自若的故事。邓教授解读这个故事的时候认为,人有理性,所以不能像猪那样平静。所以断定皮浪是烦恼的。因为没有人能面对风浪表现出平静。其实这个解读并不那么恰当。因为皮浪这样讲的时候,是认为风浪本身不一定是风浪,从现象看是风浪,但是还有宁静的现象,所以不必惊慌。或许皮浪是认为人能做到平静的。皮浪对出现在感官面前的东西不警惕,不规避,包括狗、车等等。对此邓教授认为皮浪是要试探,说明不动心是彼岸世界的理想。这就奇怪了,不规避不就是不动心吗。这个不动心是对现象的不动心,是此岸世界的事情。"所以老庄主张人在灾祸面前应该保持一种平常心,也就是像皮浪所说的像猪一样吃食。当然皮浪是做不到的,但是老庄却做到了。"③ 显然皮浪做到了不动心,要不然怎么会不躲避出现在眼前的事物呢?

怀疑论才是在此岸世界的理论,怀疑论只是提出一个对立的看法,然后悬搁判断,心灵生活中看不出有什么地方是超越的,因为还是面对现象,还在理性的范围之内。据说皮浪对那指责他的人说:"一个人不应在女人身上显露出不动心。"④ 女人显然是此岸世界的事情。老庄要求超越肉体,超越感性和理性,进入道的世界,从而道的世界的事情和现实世界是非就都弄清楚了,两个方面都可以肯定下来。这就既肯定了超越的世界,也肯定了现实世界。邓教授提到了"环中",他把"环中"理解为跳到环中间,这样就左右逢源了,而西方人跳到环上。所以老庄在此岸世界。其实"环中",是借助对道的认识来明了是非,也就是"莫若以明"。"环中"不是在环中间,而是在其上。在其上,环和环之中也就看清楚了。无超越就无法"环中"。

邓教授把老庄所谓的不动心理解为一种精神上的优越感,一种通过不动心捞到更多好处的动心,一种愉快地接受难堪的现状的心态,是一种自命清高,是一种盲目的自信,是一种自欺,是生活的凋落。所以老庄的不动心不是信仰。皮浪和庄子谁更自欺?皮浪一方面强调对眼前的事物不动心,另一个方面有说对女人

---

① [美]爱莲心:《向往心灵转化的庄子——内篇分析》,江苏人民出版社,2010年,第134页。
② [美]爱莲心:《向往心灵转化的庄子——内篇分析》,江苏人民出版社,2010年,第134页。
③ 邓晓芒:《中西文化比较十一讲》,湖南教育出版社,2007年,第81页。
④ [古希腊]第欧根尼·拉尔修:《名哲言行录》,徐开来,溥林译,广西师范大学出版社,2010年,第467页。

要动心,显然这是一种自欺的行为。明明一个人掉到了水里面,皮浪却表现出冷漠和不动心,因为或许那个人从理性上看没有掉到水里面,所以不需要去救。这不是自欺是什么呢?理性真的不自欺吗?因为现实是感性的,也是理性的。感性也好、理性也好、信仰也好,既可以是真实的,也可以是自欺的,因为人生是自己弄成真的和假的的。

3. 庄周梦蝶是混淆是非和自欺吗

邓教授两次提到庄周梦蝶的问题,在《中西怀疑论比较》中是说人连自己是蝴蝶还是庄周都无法确定,那么就可以安心在这个世界生活了,对任何东西都不判断,对现实采取一种回避的态度,就获得心灵的宁静了。在《论中西怀疑论的差异》中则用来论证自欺的问题。庄周梦蝶说明以不知为知,以不真为真。"既然人生本来就是梦,则梦、神话和幻想等等也就等同于人生了。所以庄子从来不管事情的真实性,而只要一个故事说得好听、好看,有意思,就沉醉于其中,聊以自慰。"①邓教授显然把中国人表现出了的一些品性安到了庄子身上,安到了庄子思想上面。庄周梦蝶的故事包含了丰富的哲学内涵,远非邓教授讲得这么简单。《哲学研究》2008年第4期发表了我的《〈庄子·内篇〉关于"梦"的哲学逻辑》一文,对《庄子·内篇》中"梦"区分了逻辑意义和实质意义。六个"梦"用简化的名称指代之,第一个梦叫做芒者之梦;第二个叫做大圣梦;第三个叫做蝴蝶梦;第四个叫做匠石梦;第五个叫做真人梦;第六个叫做孟孙氏之梦。从《庄子·内篇》提到的梦醒作为基本的论辩逻辑包含如下内容:

其一,梦和醒之间是差别甚至对立的,如哭泣和饮酒之关系——可用于论证现实的人生是梦的状态,但存在一种与此不同的醒的状态。

其二,在梦中的主体往往不知道是梦,往往以梦为醒,把梦当作醒来经验——可用于论证现实的人生本质上是梦,是被人当作了醒来经验的一种梦而已;也可支持和论证人更愿意去追求醒,只不过在没有恰当的方法以前把这种追求异化为以梦为醒而已;还可说明现实的在梦的基础上的人生发生的梦醒生理活动和心理活动都是梦的或者"芒"的。

其三,人们会从梦中醒来,并且还可以记住梦——可支持和论证人具备从梦中醒来的能力,可以化梦为醒,或者在梦的状态下觉醒的本性依然存在,觉性是觉醒的。大觉可以发现和超越大梦。

其四,一个主体可以做梦,又可以醒来,在梦醒之间自由转换——可支持和论

---

① 邓晓芒:《论中西怀疑论的差异》,《福建论坛》,2003年第1期,第8页。

证觉悟的经验，觉悟恰好就是一个人由梦到醒的自由转换。现实的生活（梦）转换为梦（醒）恰好可以描述觉悟经验。

《庄子·内篇》中的梦醒构成了一个比较系统的方法论和认识论、逻辑系统。仔细分析这一系统是把握《庄子·内篇》，尤其是《齐物论》思想的钥匙，是揭开诸种解释纷争之谜的可行道路。经验生活中的梦醒关系包含的逻辑系统又被庄子用于论证现实生活的梦的本质和觉悟的可能性、现实性，以及觉悟和梦的关系等问题。把文本涉及的要素进行抽象化的类比忽略了文本逻辑内容的丰富性，不利于对经典文本包含的哲学思想进行持续的建构。从实质意义上来讲，六个梦之间构成了一个连续的序列，论证了人生和宇宙的实质就是一个梦醒的关系。第一个芒者之梦讲述了芒者的梦醒。这里寐（梦）中"魂交"，也就是把醒来关心的事物引入梦中；"觉"（醒）来"形开"，又把梦中的感受引入醒来的生活。在梦中和醒来互相颠倒，使得人失去了对事物的真实的感受。紧接着便指出人的这种状况是"芒"。"人之生也，固若是芒乎？其我独芒，而人亦有不芒者乎？"（《庄子·齐物论》）"芒"意味着某种非连续性，某种遮蔽，意味着暗昧，和"梦"的概念具有相同的功能。这是庄子对人的本体论或生成论地位的根本规定。

第二个大圣梦则在逻辑上肯定了存在大醒者。"且有大觉而后知此其大梦也，而愚者自以为觉，窃窃然知之"（《庄子·齐物论》）。逻辑上肯定有大醒，且有醒可以破此大梦。如果是这样的话，那么大觉就是可能的，也是人希望得到的结果。"且有大觉而后知此其大梦也。"既然一般人只能做到以梦为觉，那么指出真正的觉悟的道路就是哲学的重要的任务了。

第三个蝴蝶梦主体部分是对大觉者的觉悟状态的实质宣示。其具体的证据是：其一是文本使用了"庄子"自己这样一个意象。其二是蝴蝶这一意象。其三是"栩栩然"。揭示了觉悟经验的真实性和生动性，其中包含的造化的活力。其四是"忘"。"不知周也"。觉悟经验之所以是觉悟经验，就在于这个经验可以替换掉世俗经验，可以做到"忘"，显然，这和后来《人间世》所讲的"坐忘"是一致的。其五是"自喻适志"。"自喻适志"提示了这种美好性、愉悦的性质。

第四个叫做匠石梦；树木出现在匠石的梦中，树木还和匠石说了话，匠石醒来还记得树木和他说的话。由此他改变了对树木的认识和判断。显然在梦发生前和发生后，匠石对树木的认识发生了质的飞跃。显然在这里，梦具有解蔽的作用，具有"觉"的地位和作用。庄周梦蝶恰好是对梦的觉悟地位的形象化的表述。显然，蝴蝶梦不是一个在"芒"的境域下的"梦"，而是大觉者的梦，是对"吊诡"所要表达的意思的进一步说明。

第五个叫做真人梦。真人无梦觉，不是说真人不做梦，没有醒来和梦中的分别，而是在根本上获得了觉悟。梦醒都是在觉悟的基本上发生的。《大宗师》是对大觉者进行的进一步的描述。大觉者没有了梦和醒的对立关系："其寝不梦，其觉无忧"。

第六个叫做孟孙氏之梦。真人和一般人的梦醒既有相同性，也有不同性。"吾"与"汝"是表面看是"梦未始觉者"，在本质上是清醒的，因为心并没有受到形体的损害，真情也没有因为形体而死去。孟孙氏作为"觉"者，是就道（自其所以乃）的层面而言的，是就"吾"的层面而言的（且也相与"吾之"耳矣，庸讵知吾所谓"吾之"乎？）。这不妨碍他作为梦者的生活（且汝梦为鸟而厉乎天，梦为鱼而没于渊）。同时具备"觉"和"梦"（不识今之言者，其觉者乎？其梦者乎），自然就是"一"（安排而去化，乃入于寥天一）。

《庄子·内篇》中的梦醒构成了一个比较系统的方法论和认识论、逻辑系统。仔细分析这一系统是把握《庄子·内篇》，尤其是《齐物论》思想的钥匙，是揭开诸种解释纷争之谜的可行道路。把逻辑意义上的梦醒关系和现实生活的梦醒判断叠加起来就出现了如下逻辑结构：其一，现实的生理或心理的梦本质是醒；现实的生理的或心理的醒本质是梦，梦却为醒，醒却为梦，本质和现象之间是颠倒的关系。梦和醒具有否定之否定的性质，梦是对醒的否定，醒是对梦的否定；但梦对醒的否定不是彻底的否定，而是包含着肯定的否定，梦中是作为醒的事物和活动存在的；醒来是作为一种梦存在的。另外前面的逻辑关系如果进一步概括也会得到一个结论：发生了醒的时候，就发生了梦；发生了梦的时候就发生了醒。梦境本身是主体认取为醒的结果；醒来也是主体认取的结果。——如果梦醒存在这一逻辑关系的话，那么就可以论证一个本体论或生成论的话题：一个事物梦就是另一个事物醒，一个事物醒就是另一个事物梦。一个人之所以可以由现实的梦的生活中醒来，现实生活本身恰好是本性或者道的梦境，是人在道的梦境基础上对道的虚幻的认取；现实生活入梦，就是道或本性的醒来，是人对道或本性的清醒的认取。

其二，一个人的现实生活有梦有醒。但梦和醒的地位并不相同，本质并不相同，有的醒是以梦为醒，有的醒是克服梦的醒；有的梦是梦基础上的梦，有的梦却是对具有梦幻本质的醒的生活的克服。——可以论证愚者和觉者都具有梦，都具有醒，相同又不相同。相同是从外表看都有睡觉和白天醒来的生理机能，也以你我为称呼，也顺应礼俗的要求；不同是觉悟者的觉醒始终是觉醒的，超越了梦醒的隔绝和遮蔽关系，可以从觉醒出发对待常识的生活。

当然梦醒经验还可以进一步引申出新的逻辑关系来。这些逻辑关系起到了相互间的一定的制约关系。这一逻辑正好用于说明这样一系列对应的话题：指出现实生活其实是梦—论证存在大觉的可能性——描述觉悟的经验及其本体论根据—说明觉悟的人的真实的梦醒状况—说明大觉者的处事技巧。

4. 濠梁之辩：怀疑论和老庄谁更理性

邓教授强调老庄怀疑论的非理性本质。老庄理性不理性的问题，涉及他们对待是非的态度。怀疑论提出对立的命题，当然每一个是都是确定，虽然说怀疑，却是提出了新的命题，让是非更加丰富。邓老师提出的一个理由涉及对"道枢"的理解，是非构成一个圆环，从"环中"把握是非，自然无法根据确定的原则区分是非，对是非表现出非理性的厌倦。关于"环中"的意义前文已经陈述，在此不详细论证。

另外邓教授还提到庄周梦蝶的自欺性和"复归于婴儿"的"反文化的文化"，提到了语言学悖论。关于语言问题本文在此不进行说明。邓教授还提到了濠梁之辩。"惠子曰：'我非子，固不知子矣；子固非鱼也，子之不知鱼之乐，全矣！'庄子曰："请循其本。子曰：'汝安知鱼乐'云者，既已知吾知之而问我。我知之濠上也。"（《庄子·外篇·秋水》）邓老师说："庄子的论证是把一切逻辑推理引向不可言说的当下体验。"①并认为只要诉诸内心体验，就是永远的赢家，是精神胜利法。体验自身有其逻辑性，把体验和逻辑对立起来，并以中西化之，失之于简略。其实在这个文本中看不出庄子什么地方把论证引向体验了。惠施坚持人和人之间内心体验的不可沟通性、不可知性，强调人和鱼之间的不可知性，当然也就在逻辑上承认不同时间当下的快乐的差异性。庄子则相反，这不过是两种不同的哲学观点的对话。庄子在反驳惠施的过程中，使用的也是逻辑的方式，而不是体验的方式。"'汝安知鱼乐'云者，既已知吾知之而问我。""你怎么知道鱼儿是快乐的呢"这句话从语言上看，本身就包含了"知"一个词语，从逻辑上包含了惠施知道庄子知道鱼儿的快乐。另外庄子通过这一语言逻辑的运用指出"知"和"不知"背后有一个"知"的能力，这个"知"的能力知道自己知道还是不知道，正是建立在这个"知"的能力的基础上，人可以记忆过去的快乐经验，可以知道他人和动物的快乐与否。这个问题并不完全是体验的问题。邓教授还替惠施想出了一个回答的方式：知道鱼乐的时候是庄子和说话的时候的庄子不是一个庄子了，现在的我不知道刚才的我知道鱼之乐了。的确现在的我和刚才的我是不同时间中的我，

---

① 邓晓芒：《中西文化比较十一讲》，湖南教育出版社，2007 年，第 91 页。

但是二者之间真的是不连续的吗？是不"通"的吗？如果不"通"，人如何能够知道我还是我，如何能够回忆过去所做过的事情，如何回忆过去的快乐和痛苦的体验呢？过去的我犯的罪今天的我显然是不需要承担什么罪行了。人我之间、人物之间既是"断"的，也是"常"的，也可以是说不断不常的。这是理性能够想出来的。并不是一种观点是理性的，另一种观点一定就是体验的。所谓的"体验"，有的时候不过是某种理性的误区或者理性的盲点而已，而对于"体验"着的人来说，这就是他们理性。

《中西文化比较十一讲》中的《中西怀疑论比较》一文，把老庄的思想定位为怀疑论。但是这个定位有很多方面是值得考虑的。该文是用以今观古的方法来得出这个结论的。"西方的怀疑论从古到今有它自己的传统；而中国当代的怀疑论也跟中国的怀疑论传统有一脉相承的关系，而这两种传统之间又有一种深层次的差别。我研究这个问题主要还是从现实出发，从中国当前的怀疑论思潮来挖掘。"[①] 以今观古的方法是有积极意义的，但也要看到这一方法的局限。古今之间一定存在着变化、差异。中国是否有怀疑论传统本身就是一个需要详细论证的问题。邓教授认为中国的怀疑论传统的作用是消极的。"中国传统的怀疑论对社会的积极方面有腐蚀作用，它不同于西方的怀疑论。西方的怀疑论在消极否定中仍然有一种积极向上的作用。"[②]

但在定位怀疑论的时候，邓教授却使用了不可知论、虚无主义等说法。但在《悬置判断与心灵宁静》中则区分了怀疑论和不可知论。"中国当代的怀疑论思潮直接导源于中国的道家即老庄思想。老庄哲学在先秦时代就表现出了怀疑论、不可知论、无是无非的特点。"[③]"老庄的怀疑主义、虚无主义是中国文化更深层的东西。"[④]在《悬置判断与心灵宁静》中，不可知论和怀疑论是不一样的。"研究者或是找到了真理；或是认为真理不可知、不可理解；或是继续从事研究。"[⑤]"怀疑论者则继续研究。"[⑥]显然，把老庄的思想定位为怀疑论本身就是一件值得"怀疑"的事情。

---

① 邓晓芒：《中西文化比较十一讲》，湖南教育出版社，2007年，第76～77页。
② 邓晓芒：《中西文化比较十一讲》，湖南教育出版社，2007年，第77页。
③ 邓晓芒：《中西文化比较十一讲》，湖南教育出版社，2007年，第77页。
④ 邓晓芒：《中西文化比较十一讲》，湖南教育出版社，2007年，第77页。
⑤ ［古希腊］塞克斯都·恩披里克：《悬搁判断与心灵宁静》，包利民等译，中国社会科学出版社，2004年，第3页。
⑥ ［古希腊］塞克斯都·恩披里克：《悬搁判断与心灵宁静》，包利民等译，中国社会科学出版社，2004年，第3页。

第三节 传统文化与民族认同

1. 当代中国人的生存大势

现代新儒家牟宗三曾经把清代以来中国人的生存状态和问题描述为民族的生命和文化生命的不协调。"凡是一个时代,一个国家,民族生命与文化生命不能得到谐和的统一,这时代一定是恶劣的时代,悲剧的时代。"① "所以目前的中国人意识上的观念横撑竖架,而把生命撕成四分五裂。"② 关于这一点列文森也进行了说明。他认为"中国民族主义的起因及其实质是知识分子在感情上与中国传统文化的疏离。"③ 在他看来,民族主义在情感上为背离传统提供了依据。如果说清代的不协调是因为满清和汉文化的不协调的话,今日中国人的不协调则是古代文化和现代文化,中国传统文化和西方文化的不协调。当今世界文化发展态势既是文化冲突的时代也是文化融合的时代,而落实在个人的生命上面就是文化的不协调。

儒家文化和现代人生活之间的关联,是一个很复杂的现象,不是简单几句就可以说清楚的,但中国人的生活传统,以习惯、习俗、下意识的形式却依然保持了高度的一贯性。儒家文化如何建立与现代生活的关联,而且这种关联是建设的性的、积极的、健康的?这两个方面是很难被兼顾的。每一种联系,每一个遗留下来的传统都和现代中国的成绩相关联,同时也和现代中国的丑陋现象扭结在一起,以至于难以分清。况且,价值评价的多元化使得对优劣的评价都成了问题,对儒家文化进行新的估计难度之大就可想而知了。在这种情况下,保险的方法只能是所谓"客观"的描述的方法。

近代以来发展起来的一个强劲的思路是:传统文化是民族复兴的障碍,是积贫积弱的根源。民族主义和传统文化之间被理解成对立的关系,而后兴起的个性解放运动打着"伦理觉醒"的旗号,把这一思路推向极致,从而奠定了一种文化不同于民族、民族不同于国家,国家不同于政府,政府不同于人民的概念框架,力求在孤立的个体基础上,构建中国社会发展的框架。但人是离不开文化的,国家建设也是离不开文化的,这一框架本身就是西方文化的成果,体现了对西方文化的认同。这样就出现了一种诡异的局面,身为中国人,却奉行所谓的西方文化。

---

① 牟宗三:《中西哲学之会通十四讲》,上海古籍出版社,1997年,第20页。
② 牟宗三:《中西哲学之会通十四讲》,上海古籍出版社,1997年,第21页。
③ [美]约瑟夫·列文森:《儒教中国及其现代命运》,郑大华等译,广西师范大学出版社,2009年,第77页。

一方面是世俗化的中国文化大行其道,另一方面却是对西方文化的理想化的幻想。现代中国人的生存存在某种程度的人格困惑和人格的分裂:比如一方面有着强烈的奴性人格,但同时却对一切有价值的事物进行贬损和贬低。比如口头上奉行道德,在自己的行为上却行不道德或者违法的事情;比如行善事却在助涨别人不劳而获的观念和贪心;比如一方面说要诚信,另一方面却把一些人置于于各种评价、考评体系中,逼迫人们做超过自己的能力和违背创造规律的事情,从而为弄虚作假提供了土壤。

这种情况的产生有几个公认原因。其一是工业化、城市化、商业化导致知识的世俗化,形成了一种大众文化体系,把儒家文化、西方的经典体系体现出来的文化等推向了高雅文化的境地。商业化导致知识的供应者和使用者与知识的关系,越来越具有商品的生产者和消费者与商品的关系所具有的形式。文化是商品化瓦解了文化的凝聚力和权威性。其二是高度的组织化本身伤害了个性化的意义创造活动。哈贝马斯指出,对意义和符号进行商业生产和行政计划,会消耗低虚拟的有效性的规范力量。"如果文化传统是以客观主义形式提供出来的,并被当作策略加以使用,那么,它就会丧失这种力量。"[1]危机意识产生于观念控制的无力感,并且总是与控制的不力相关联。人们对意义的把握出现了困难,对于经典文本的内容失去了理解和形成共识的能力是这种危机的一个典型的表现。对于普通民众而言,很多经典文献对于他们的生活来说是陌生的,甚至不可理解的。文化遭遇到了较为普遍的意义危机。

2. 理性对待传统文化

相当多的民众还保留着对传统文化的优良情感,或者是怀念的,或者是信仰的,不一而足。但情感怀念是否转换为实际的行动,是否转化为理性的认知则是存在很大的问题的。另外,还有对针对传统文化的愤怒的情感,敌视的态度也不容忽视。而且这两种情感往往是不可调和的。保护好对热爱传统文化的情感,并使得这种情感更为理性,并能转换为实际的行动非常重要。

其一,百姓日用而不知的状态,学习传统文化要落脚在国民性反思和国民性再造上来。相当多的中国人只是在实际奉行着中国传统文化,但却不了解传统文化本身,可以说他们是国民性的体现者。对于这部分人而言,一方面要学习经典,另一方面要认识中国国民性的优缺点。

当代中国文化的发展和繁荣不能离开对当代中国大众文化的省思。这种思考

---

[1] 尤尔根·哈贝马斯:《合法化危机》,刘北成、曹伟东译,上海人民出版社,2000年,第93页。

以现实生活中运行的活的文化为立足点,谈文化首先谈的是人和人的生活。这一文化体现在人的情感、知觉和观点之中,体现在人的行为中,体现在人的交往中,体现在人的创造物中的。谈文化首先要谈的是民族的生命和生活方式,谈论国民性问题。

梁启超的国民性概念是和奴隶性相对的。这是一个有特定内涵的国民性概念,是针对只知道有家庭、朝廷而不知道有国家来说的,针对不是国民来说的。呼唤国民性是为了解脱奴隶性。后来国民性的概念就泛化了。国民性就是一个国家和一个民族中绝大多数人通过心理、思想和行为表现出来的人格特质。是一种集体性格,一种根性,包括优根性和劣根性。国民性问题可以分成如下三个问题:怎样才是最理想的人性?中国国民性中最缺乏的是什么?它的病根何在?

当代中国的大众文化是何种类型的文化。如何概括这一文化。对于这一问题目前缺少广泛的关注和研究。但在儒家文化和西方文化的争议中包含着对这一问题的回答。目前比较流行的看法是直接把当前的中国的大众文化当成了儒家文化。这种观点认为孔子创立的文化思想已无孔不入地渗透在广大人民的观念、行为、习俗、信仰、思维方式、情感状态之中,自觉或不自觉地成为人们处理各种事务、关系和生活的指导原则和基本方针,构成了这个民族的某种共同的心理状态和性格特征,思想理论已转化为一种文化—心理结构。这是"实质的传统",是"庸俗化的儒家伦理"。[①]

陈来认为"亚洲价值是亚洲传统性与现代性的视界融合中所发展出来的价值态度和原则。"[②]"现代亚洲的价值与现代西方的价值的不同,不是所有要素都不同,而是价值的结构、序列不同,价值的重心的不同。简言之,这是一套非个人主义的价值观体系,但却是亚洲现代性的价值观。这也是新的、现代的儒家文明的价值观。其核心是,不是个人的自由权利优先,而是族群、社会的利益优先。这种社会公群利益优先的价值态度,不能用作压制人权的借口,它靠民主制度和尊重个人的价值实现人权的保护。"[③]

孙隆基称之为一个深层结构,一个良知结构。"既然中国历史上任何'表层结构'意义的变动都是使'深层结构'越来越没有变化的因素,因此,由中国整个历史发展过程呈现出来的'深层结构'遂表现为一个'超稳定体系'的形态。"[④]

[①] 陈来:《孔夫子与现代世界》,北京大学出版社,2011年,第122页。
[②] 陈来:《孔夫子与现代世界》,北京大学出版社,2011年,第19页。
[③] 陈来:《孔夫子与现代世界》,北京大学出版社,2011年,第19页。
[④] 孙隆基:《中国文化的深层结构》,广西师范大学出版社,2011年,第25页。

上述说法有一定的合理性，但在反映当代中国大众文化的现实上都有欠缺。上述定位或者忽略了中国近现代以来所发生的文化变革，或者忽略了中国当代大众文化的特殊性而等同于和其他亚洲国家同属于一个类别的文化。要解释当代中国文化的特殊性就要正确把握历史和现实文化的关系以及当代中国大众文化和其他国家大众文化的区别。一种探索性的思路是当代现实的中国大众文化不能再归结为儒家文化或者是庸俗儒家伦理，或者是亚洲价值，或者是某种来自西方的工商业和大都市文化，而是一个多种文化要素的混合体。这一混合体包括如下几个公认的部分：传统文化与现代文化、本土文化与外来文化、先进文化与落后文化、一元文化与多元文化等棘手问题。这是一个多样文化要素融合成的一个过渡形态的文化状态。重点不是定位为何种类型的文化，归结为哪种文化类型中去，而是要鉴别或者讨论现有文化的优缺点，形成某种共识。把单纯的对某种典籍为核心的文化的反思转到对现实的反思上来，并保持理论批判和现实文化批判的某种界限和张力。

国民性的再塑对当代中国文化的健康发展依然很重要。"国民性应该等同于众数人格结构；它应指一个社会中不同人格分布的某一众数或多个众数。"[①] "'国民性'指一个社会成年群体中具有众数特征的、相对稳定持久的人格特征和模式。"[②] 具有相同民族起源的人若处于不同的国家环境，会表现出殊为不同的心理特征；而处于同一国家环境中的不同民族则会拥有相同的国民性。国民性中的人格特征具有持久性和普遍性，是稳定的、普遍化的气质倾向或功能模式，可以涵盖大量不同的具体行为形式。国民性与制度二者互相影响。首先，国民性与制度的理想型吻合。所谓理想型吻合，是个体的人格特征与制度模式对个体的角色要求相符合。一是个体能对制度模式对个体的角色要求的积极接受，"能够非常愉悦地利用现有的机会，能够以最小的代价（痛苦、焦虑等）接受社会的要求"，二是个体对制度模式的个体角色要求存在困难和压力，"但还不至于需要动用内在外在两种控制手段以防出现危害的后果。"[③] 其次，国民性与制度存在不稳定吻合。所谓不稳定吻合，是国民性与制度的角色要求大体相同，但是个体在完成角色扮演时存在巨大压力，其结果是威胁到个体的内在人格完整"，或者个体不得不向外寻找出路，对现有制度的行为产生破坏或改变。此外，还有制度造成的不吻合与性格造成的不吻合，即二者互不兼容。从这一意义上说，优化国民性不仅具有个人的意义，

---

① ［美］艾利克斯·英格尔斯：《国民性》，王今一译，社会科学文献出版社，2012年，第11页。
② ［美］艾利克斯·英格尔斯：《国民性》，王今一译，社会科学文献出版社，2012年，第14页。
③ ［美］艾利克斯·英格尔斯：《国民性》，王今一译，社会科学文献出版社，2012年，第76页。

还具有更为深刻的意义。

其二，激进主义和进步主义依然是面对传统的一种方式，学习传统文化就是让启蒙更彻底，认清什么是新的，什么是旧的，找准改革的方向和改革的对象。一些人口头上讲西方的权利、自由和民主，而实质上却奉行中国传统的行为方式中较为腐朽落后的权谋术。反传统依然按照反传统的传统在行事。一切批评主义和激进主义都诉诸理性和个人解放。从个人解放的角度来看，个人想不被先定的社会关系和文化框架所限制，把原有的一切看作对自己而言是偶然的东西，从而表现自己的自由。这本身是历史演进和人类历史的基本态势。但问题是：个人解放是一种剧作者的努力，但是剧作者永远都是剧中人，没有办法避免原来传统的舞台，不管是拆台也好，还是重建也好，完全离开原有的舞台是不可能的。

个人解放和理性主义者强调一切都要在理性的审查之下，尤其是孤零零的不受到任何文化影响和限制的自我理性的审查之下。问题恰好在于：离开了文化的学习和先哲思想的学习，我们很难拥有理性的能力。理性的能力不是先天的，离开了读书学习，我们总是陷在感性生活之中，总是感性地对待一切。这也是很多激进主义者总是表现得不那么理性的原因。当然，对于部分学者型的激进主义者来说，他们会认为中国传统文化的学习是伤害理性能力的发展的，因为中国传统文化推崇权威，也发展权威的精神。只有学习西方文化尤其是西方的理性文化，中国人才能理性起来。这一想法乍看起来是很具诱惑力的想法。学习西方哲学无疑对于提供中国人的理性思维能力是有巨大帮助的。但也可以看到一种现象，非常优秀的能够以学术的和理性精神对待西方哲学的学者却无法理性地对待中国传统文化，一旦进入传统文化的领域，他们好像立刻失去了理性的能力。如果舞台在那里，却视而不见，这不能够说是理性的。学习传统文化，才能实现真正的个性解放，我们才能真正地理性起来。

其三，保守主义不等于落后主义。要从为社会主义核心价值观固本的角度继承中国传统优秀文化。富强、民主、文明、和谐，自由、平等、公正、法治，爱国、敬业、诚信、友善是中国优秀传统文化的基因的传承，而中国传统文化需要以社会主义核心价值观为目标进行升华。要以社会主义核心价值观为重要的衡量标准，来鉴别中国传统文化，在理论上和实践上区分何为中国文化中的优秀部分，哪些是糟粕的部分。以此标准来审视东莞蒙正国学馆的教学内容，其中存在的问题是显而易见的。女性自立、自强是推动国家富强的重要力量，而不是所谓的靠服从男性来"救世"。男女平权、妇女解放一直被看成是人类进入现代文明的标志。"打不还手，骂不还口，逆来顺受，绝不离婚。"显然与此人文精神相矛盾。

和谐是"和而不同",男权至上显然是"同"而不是"和"。对善恶是非都能以爱心对待是仁爱的要求,是非分明是公正的要求。"打不还手,骂不还口"既不是仁爱的体现,更是是非不分。在进行传统文化教育的时候首要的就是要以社会主义价值观为标准对教育内容进行一番认真的检验。

中国传统文化包含着丰富的、多元的内容,其中一部分内容具有较大的时代性和历史局限性。民间中国传统文化教育的一个很大的特点是内容局限于"日常伦理"或世俗伦理部分。《三字经》、《弟子规》、《女诫》等文本具有强烈的规范性特征,相比于《论语》等经典,内容更具体,从言行举止、衣食住行到交游之道等,都进行了具体的规定。因为其规定的具体,所以具有较高的可操作性。也正因为操作性强,一些文本也具有较大的时代局限性。如《小学诗》宣扬"三从兼四德,自有好名扬。"直接把这些文本拿来进行道德教育显然是有问题的。那么该选取哪些内容来继承和发展呢?就是要关注有永恒魅力的部分。继承中国传统优秀文化需要恰当地处理好传统和现代的关系。不能以负面的心态打着道德批判的旗号,以负面的眼光看待当代社会生活。笔者曾经拜访过某国学馆,其中的教育模式主张吃苦教育,并以制造强烈的耻辱感、负罪感的方式达成学员的信任和服从。培养奴性的人格,制造服从的心理机制,是与儒家文化的精髓不相符合的。儒家文化最终追求的是"乐"、"荣",继承中国传统优秀文化需要保持积极的、乐观的情感,需要有健康的心态。更不能以开历史倒车的方式继承中国传统文化。需要面向未来,需要积极的情感,健康向上的心态。着眼于关注传统文化有永恒魅力的部分才能处理好传统与现代的关系,继承和传统文化中就有现代价值的部分。继承中国优秀传统文化不能对其他文化采取敌视、封闭的心态。反对"以西研中批中"一直是中国传统文化在当代发展的一个动力,处理不同文化间的关系需要建立在理性的基础上,既要反对做"应声虫",也要防止故步自封、夜郎自大。

3. 中国传统文化复兴的方向

中国传统文化教育近年来有长足的进步,但与历史发展的需要相比,还有很多的不足。中国传统文化的教育面临着诸多的挑战,有很多的困难需要去面对。文化包括很多的层面,从提升中国传统文化的教育水平的角度来讲,如下几个方面是比较重要的。

1)学经典

中国传统文化教育的理想和目标之一是把中华民族塑造成一个熟悉本民族文

化经典的民族。目前的现状是大多数民众对本民族的经典完全没有听说过，或者只是知道经典的名称，而对内容完全不了解，或者只会道听途说其中的几句经典语句。造成这种情况的原因很多，但如下几个方面是值得反思和改善的。

其一，基于所谓的收视率的考量或者先天的认知、情感缺陷，中国传统文化经典很少出现在电视节目中，且不说专门的经典解读性的节目，连其中的新闻、电视剧情节中都很少有经典的内容出现。

其二，中小学教育要引入《论语》、《道德经》、《大学》等经典的内容。目前的中小学教学内容中古典诗词占较大的比重，而思想性经典内容偏少。要改善中下学教育，除了加大中国古代文化经典的比重以外，还要对内容进行大幅度的调整和检讨。

其三，研究领域需要高度的专业化和专门化，对某种经典集中研究和研读。集中注解和研读经典是中国传统学问延续和发展的基本方式。现代学问也当如古代那样形成六经传统和出现"经师"，不过方法和学术取向应该现代化。

继承中国传统优秀文化，需要深植文化的经典根基，让书写在古籍里面的文字都活起来。直面经典是古籍里面的文字活起来的方式。"回到经典"往往有启蒙的意义，能够保护民族文化的根本，并极大地促进文明的进步。经典的"我说"、"大话"、"戏说"需谨慎。为了商业的或者其他目的故意人为地歪曲经典或扭曲人物形象更不可取。相信受众的鉴别力也很重要，不能越俎代庖，剥夺受众直面经典的权利。

关于是否需要和如何开展儒家经典教育的问题。需要肯定为了更好地、理性地对待中国传统文化成果，通过一定的教育形式（如成立国学院），编写、出版教材、读本，提倡少儿，乃至成人阅读经典是必要的。典籍是文化保持和传播的主要途径，经典对每一个人、甚至对一个人本身都是开放的，每一个人在面对经典的时候，在不同的时代和不同的时期会从中吸收不同的东西，经典阅读得多，借助经典间的对比和互相批评，会提高阅读者理性评判水平。但不应该提倡绝对盲从的蒙昧主义。

2）学古汉语

提升中国传统文化的教育水平，一个重要的关口是语言。一般情况下，人们可能会认为都是汉语，古代汉语和现代汉语毕竟是一种语言。但事实上二者的差别很大，现代汉语已经高度"西化"了。从思维方法来说，现代汉语有高度的主体性和客体性。比如现代人说学习，一定是某个主体学习什么，而古代汉语往往不见主体，只有一个"学"字，也不见客体。现代汉语喜欢用合成词，如"学生"

一词，更多地是来说明在学校学习的年轻人。而古代汉语语境下如果说学生，就变成了"学"和"生"，因"学"而"生生不息"才是学生。从这一意义上来说，只要一个人不断地学习和探究生命的意义，并使得生命不断提升就是"学生"。现代汉语中的"学生"和教师相对，而古代汉语语境下理解学生，则不必然要有老师，自己觉悟而成长即可以是学生。古代汉语的教育不能停留在书法欣赏的水平上，更不能停留在背诵的水平上，不能停留在语法研究的水平上，而是要有情感认同，有思维方法的体认。

3）做君子

儒家文化有一套人格范畴体系，如圣人、君子、大丈夫、小人、庸人等。当代人中如果单纯以理论标准来衡量，现代人中符合圣贤、君子标准者寥寥。"小人喻于利"（《论语·里仁》），追逐利益已经成为理性人的标志，这显然和儒家的君子理想相冲突。"小人不知天命而不畏也，狎大人，侮圣人之言"（《论语·季氏》）。在当代文化中，对权威的反叛被认为是有反思能力和有批判的精神，如何要求人们敬畏天命呢！"小人求诸人"（《论语·卫灵公》）。不能充分利用社会关系的力量为自己服务能会面临被边缘化的命运。"小人不耻不仁，不畏不义，不见利不劝，不威不惩，小人惩而大诫，此小人之福也"（《易·系辞上》）。自律的乏力使得君子理想的实现变得更加困难。

不过，各色人等的"大师"依然是一个遗产。其中包括"国学"大师、"哲学"大师、"中医"大师、"书法"大师、"国画"大师、"京剧"大师等等。从事西方文化研究的学者最难理解的一件事情就是中国文化研究者的"抱团"现象。一些研究者得到了学生和社会的自觉的尊重和爱戴，这自然有社会心理的因素，有共同复兴传统文化的理想的因素，不过人格的魅力也是一个重要的方面。儒家文化走进现代世界依然需要呼唤"大师"。呼唤"大师"就是呼唤自我人格完善的重要性，呼唤简单的人伦关系的重要性，呼唤对传统文化的情感的重要性。

当然现有的"大师"们的言行并不总是被人肯定的，比如老谋深算、伪善等，并且还经常被冠以"邪"、"迷"、"骗"的字样。这说明"大师"的群体是鱼龙混杂的，也说明部分民众传统文化知识的匮乏，以至于让一些人打着传统文化的旗号行不法之事。另外，部分所谓的"大师"是技术性的而非人格性的，是功利性的而非道义性的，是世俗性的而非超越性，是普及性的而非学术的，是情感性的而非理性的，是封闭的而非开放的。"大师"的进路需要协调好技术性和人格性、功利性和道义性、世俗性和超越性、普及性和学术性、情感性和理性、封闭和开放的关系。

继承中国传统优秀文化需要努力提高自身道德修养，着眼于优化民族文化品性。一个民族的文化品格，有优有劣。中华民族没有理由不站在世界民族文化品格的至高点上。在日常生活中，常常会看到具有讽刺意义的现象：声声反对传统文化者，思维和行为方式中却浸染了民族文化性格中很多要素而浑然不觉。声声继承传统文化者，却因受到个性、认知、利益等因素的影响，却成了民族文化性格"劣根性"鲜活的例子。自中国进入现代社会以来，文化论争不断，始终难以达成共识，除了理论上的分歧，也包括"做人"的现实分歧。一些传统文化的教育者抱着强烈的"救世"心态，而忘记了"自修"。个别人不能划清个人兴趣和公众教育的界限，在自己不甚了了的情况下，急于去当国学"大师"，所宣扬的内容或许能够一时迎合一些人的心理需求，却经不起学理和历史的检验。"言传"与"身教""相得"才能"益彰"。育人是一件慎之又慎的事情，优化自身的形象标识自然能够发挥典范的作用。

4）习礼仪，变习俗

乡村生活以及血缘亲情曾经是儒家文化的深厚基础。但这一基础在近代以来就出现了分崩离析的趋势。随着科举制度的废除，文化士绅逐步退出历史的舞台，甚至流落为文学作品嘲讽的对象。打倒牛鬼蛇神使得很多乡村的传统文化活动被压制甚至阻断。改革开放以来，随着传统家庭的解体，传统文化在中国农村和城市日渐式微。不过中国人依然保持了一些来自中国文化的思考和行为方式。但这个"世俗伦理"却是有人爱有人恨。如面子化、伪饰化、依赖性人格、心灵的场态化、整体主义等等都是有争议的。儒家文化如何保住世俗化的成果，并克服自身的缺陷，这是一个很难一下子说清楚的问题。很多传统的礼仪活动，如祭天、祭山、祭水、祭祖等能够培养人的敬畏感，并能起到凝聚人心的作用。文化延续和发展的基本经验和基本面貌就是有一定的人群信奉或者推崇某种文化，在群体内部学习某种经典，并身体力行实践经典的思想，互相交流和互相监督，从而形成全体的特殊的文化特性。这些带有某种特定文化特性的文化社群具有强大的生命力，甚至可以不依赖于正规的教育系统，口耳相传，起到改善人格和人际关系的积极作用。如佛教传入中国以后，形成了专门信奉净土的社群。这些文化社群在现代社会背景下有衰落的趋势，不过也有新的发展机遇，有广泛的社会需求。如近年来各地出现了专门传习《弟子规》的群体。这类群体从文化上讲具有一定的边缘性，个别群体相对封闭，与社会流行的大众文化相冲突。这类文化群体的健康发展是非常重要的。既不能全盘否定，也要看到其中一些社会负面作用。

5）兴仁政，优化道

当代中国的治理体系与中国传统文化有很大的继承关系，是在我国历史传承、文化传统、经济社会发展的基础上长期发展、渐进改进、内生性演化的结果。要治理好今天的中国，需要对我国历史和传统文化有深入了解，也需要对我国古代治国理政的探索和智慧进行积极总结。

6）倡儒商

工具性进路包括经济、政治和文化领域的诸多现象。经济领域突出表现为一些商人乐于给自己冠以"儒商"的称号，实际上自己并不懂，也不在实际行为中追求儒家的人格理想，更多是儒家文化来美化自己，或者希望用儒家文化为工具来实现更好管理员工的目的。文化领域出现了诸多的与儒家文化相关的公司，或者办学，或者从事其他商业活动。其中一些儒家文化公司是读经运动的推手。

来自于经济领域的投入，来自于政府的经济投入保证了儒家文化依然成为一种强大的文化力量，并吸引更多的人投入到传统文化中。政治投入方面也出现了一些新的气象，当关注民族复兴、民族的凝聚力和对人心的关注的时候，当关心民族的道德品性的时候，政治总是会想到中国传统文化，尤其是儒家文化。儒家文化有利于维系民族感情，实现社会和谐，有助于避免由于不了解传统文化带来的民族虚无主义引起的社会和政治稳定问题。儒家文化的情感投入问题不仅仅是其他文化传统竞争带来的，其他文化夺走了儒家文化的部分吸引力只是问题的一个方面，更多的威胁来自高度世俗化和功利化、表面化的现代生活。现代生活的紧张、简单、平面性以及功利性使得人民的情感之源匮乏，人伦情感难以被唤醒。

第四节 中国哲学的自觉

1. 和合学与和谐思维方式

和谐体现了一种时代的精神和时代的呼声。身处文化冲突和文化裂变的时代背景下，和谐至关重要，这不仅涉及文化之间的关系，也涉及个人不同文化价值取向之间的协调。

1）三种文化资源

关于和谐的研究，目前有三种主要的理论路向。其中一种是中国传统文化的研究路向。主要代表是改革开放以来逐渐形成的"和谐"或"和合"哲学对和谐思维的研究。张立文先生倡导"和谐"或"和合"对于人的心灵和谐、社会和谐、民族和谐、文明和谐等的价值。张立文先生认为："'万物并育而不相害'，'君子和而不同'，'中和'，'乐道'，'己所不欲、勿施于人'，'泛爱众'，'兼相爱'等中华民族哲学资源，有助于化解当今世界的自然病态和生态危机、社会病态和社会危机、心理病态和心理危机、人际病态和道德危机、文明病态和价值危机。"①《和合哲学论》和合方法概括为生生法、创新法和意境法。成中英《论中西哲学精神》一书之第三章的第二节《中国哲学中的和谐化辩证法》提出和谐化的辩证法，并就和谐化辩证法和冲突辩证法、超越辩证法进行了对比研究。唐力权《周易与怀德海之间——场有哲学序论》认为西方文化传统的思维方式是有隔无融的异隔思维，印度文化是无融无隔的同独思维，中国文化是有融有隔的同融思维。这些看法都很有启迪意义，也有很大的现代价值。另一种和谐观是从西方文化出发的，倡导在个人意志、个人权利、个人自由基础上，保护和尊重个人权益，并实现人与人、人与自然的和谐，实现世界和谐。在当代中国，一方面要吸收西方建立在实体思维，个体自由，主客二分基础上的和谐观的一些优点，但也要看到其中包含的文化局限，充分重视中国传统文化的和谐思维，并重视马克思主义的和谐思维对于西方文化传统和谐思维的革命性变革及其意义。

2）和合的文化语境与抽象意义

和合学是讲自己，代表着中国哲学的自觉创新。和合学是针对五大危机的：人与社会的价值冲突及其人文危机；人与自然的价值冲突及其生态危机；人与人的价值冲突及其道德危机；人与心灵的价值冲突及其信仰危机；人与文明的价值冲突及其智能危机。为了化解这些危机需要和合方法：不同于"求一法"的"生生法"；不同于"对立法"的"创新法"；不同于"写实法"的"意境法"。为了化解这些危机，需要遵循五大原理，尤其是三个主要原理：和生、和立、和达、和处、和爱。"和处为美，和立为真，和达为善，相与组成从和生到和爱的三部曲，从三维立体关系上范导意义追寻的道德路径和价值创造的人文程序。"②和合学构建了和合哲学的基本义理，不过和合的应用则需要考虑文化的实际运作层面。本书作者与许宁合作写的两篇文章，对和合哲学提出了一些自己的看法。《中国传统文化中的"和"思想及其现代转生》和《也谈"和合"文化的现代转生》分析了"和"观念与爱有差等、宗法等级、夷夏之防等观念的互动关系，指出要重视考察"和"观念与其他基本观念的相关性，在主体性原则、平等性原则、目的性原则的

---

① 张立文：《中国哲学的现代价值》，《中国人民大学学报》，2005年第2期，第33页。
② 张立文：《和合哲学论》，人民出版社，2004年，第46页。

基础上实现"和"思想的现代转化。

3）个体原则和整体原则

和谐有两个不可或缺的原则，单一某个原则都不能实现和谐。和谐要以个体为主体，而以整体为目标和终点。人不能脱离社会角色和社会的关系结构而存在，依据社会分层和结构来对待人，就可以保证社会结构的稳定，使得各个个体各安其位。现实的个人是扮演一定的社会角色的个人，是一定的生产力和生产关系条件下的个人，个人的和谐必然是整体的和谐。整体原则下面的个体基本上是一个关系和角色意义上的个体，是社会关系位格中的人，诸如父亲、母亲，诸如各种职位和所属的组织总是优先限定在个人前面。个体的成熟程度也是以其在整体位格中找到自己的合适的位置为准则的，人我关系基本上被在"一定条件下的关系"这一程度上被理解。至于具体的管理和行为准则的选择，一般总是要引入整体主义的原则作为一个"中介"，甚至在评价一个人的时候也是如此；而不是直接把对方当作一个逻辑上在整体之先，具有对整体的独立性和决定性的个体来理解。人与人的关系基本上就是社会关系的缩影，自然这种关系就是社会性的而不是个人性的。"然而在历史发展的进程中，而且正是由于在分工范围内社会关系的必然独立化，在每一个人的个人生活同他的屈从于某一劳动部门以及与之相关的各种条件的生活之间出现了差别。这不应当理解为，似乎像食利者和资本家等等已不再是有个性的个人了，而应当理解为，他们的个性是由非常明确的阶级关系决定和规定的，……"① 整体主义原则肯定了整体秩序优化具有优先性，对于大治的追求归结为整体秩序的维护，把维护既定的整体秩序理解为大治，对具体的既定的整体秩序的伤害看作是大乱，这培养了个体一种宏观的视角，习惯从整体的眼光调试个体的行为，来达到整体的优化。而整体的优化又给个体的发展带来了相对普遍的、均衡的利益。

整体主义原则不能离开个体原则。离开了个体原则心灵生活容易被身体化、人事化、社会化、场态化。离开个体原则，和谐就会僵化，就会变成教条。为了维护整体的秩序，有的时候会导致社会成员把必要的整体秩序的调整看作是对和谐的伤害，整体秩序的调整就会遇到教条主义的阻碍，从而阻碍了整体结构的优化进程。过于僵化和偏激的理解和运用还会被形式化，导致社会成员只关心形式上的大治，从而默许实际的乱，而对于个体自我的优化和秩序的实际的"乱"视而不见，从而酝酿更大的祸端。过于关注整体的治乱，会导致忽略局部的治乱，

---

① 《马克思恩格斯选集》第1卷，人民出版社，2005年，第119页。

从而在抓主要矛盾的时候，只看到了那些直接伤害整体，实际上并不在实际上构成伤害整体利益的那些问题的解决，而忽略了更根本的局部性的、隐藏的矛盾。关注整体的治乱还会导致一种全能主义的幻觉，导致过于依赖他律的方式来实现对个体的管理，形成一种过渡的理想主义的秩序追求，忽略了个体自律和个体现实的局限性，以及建立在这种局限性基础上的秩序的重要性。进一步说，如果把法律完全奠基在没有恰当的理解的整体主义准则之下，就会容忍那些没有明显伤害整体利益但实质构成了对个体伤害的行为的法律制裁；法就会成为一种社会成员的义务规范的法制化，而不是权利的保护。"法"就会成为整体秩序的一种形式化，进一步强化了现有秩序。如果现有秩序需要改革的话，就会遇到法制的障碍。对个体原则的轻视，会导致个体在追求利益的时候用缺乏尊严的方式，通过伪善的为集体谋利的方式为个体谋利。就容易出现通过人情的方式把他人工具化的倾向，进而也把自己置于工具性的地位上。心灵生活的忽视，往往会形成弱化了的个人，没有个性的个人，缺乏创造力的人，同时也会使得社会成员养成依赖社会关系来谋利的行为习惯，而不是把思考的重心放在自己的能力发展方面。在整体主义的和谐当中，个体可能面临着无限道德责任，每一个个体都可以向其他个体发出义务请求，导致责任和义务关系的混乱。中国和谐文化传统，既有优点，也有缺点，需要依据变动了的社会现实，进行创造性的转换，尤其是需要找到个体原则和整体原则共存的空间。

德国社会学家齐美尔曾经对社会的数量特征进行了分析。从社会学或社会哲学的角度来看，"一"是受制于"多"的，"一"要通过"多"显现出来。比如一个人的孤独感、个体感总是和另一个人或者群体有关。一个人单独存在的时候，有时没有孤独感和个体感，一旦进入某种群体关系，往往会增强这种个体感；一个人单独存在的时候有孤独感往往意味着个体存在着强烈的对群体的某种依赖和渴望认可的心理。一个领导者显现出是一个领导者，具有统一全局的能力或者权威，恰好是在诞生新的工作任务的时候。一个群体组织每增加一个新的要素，就会强化或者显现出领导的统一性功能。构成个人的个人性的东西，或者是与他人共有的带有整体性特征的东西，或者是和其他个体或者整体能够相区别的东西。"多"归结为"三"，归结为"二"，归结为"一"，不仅是一种自然规律，还是一种社会规律。比如投票活动，尽管有很多人投票，但只有三种可能，或赞成，或否定，或弃权。而最终只有肯定或者否定才成立。而结果又只有一个结果是被认可的。齐美尔指出，第三位妻子，还是第二十位妻子，从婚姻结构来说，都是无足轻重的。因为丈夫都是把这些妻子当作一个妻子角色来看待的。"二"是这个家庭整体之"一"构成的法则。个体的意义丰富了整体的意义，个体的创新使得整体具有存在和发展的可能。

4）和谐法是意境法

现实世界是否是和谐的对人的生活来说并不是最重要的，重要的是要化冲突成和谐。张立文把和合学看作是追求一种人文精神。"和合学的终极追求就是'和合起来'。'和合起来'的逻辑进程，始终是一个基于主体自觉、自愿和自由的创造性的生生过程。和合不是自然法则，也不是客观规律，而是一种亟待弘扬的人文精神，是一种哲学智慧。"[①]这一讲法有一种实体和合向价值、意义和合的转向。作为意境法的和谐就是要正视斗争，正视差异，尊重差异，并发现差异之间的统一性，以及相互转化。作为意境法的和谐就是要把斗争变成和谐，把斗争状态发展成和谐状态。作为意境法的和谐就是要求共生，求共赢。和谐思维可以说是一种化解冲突发展同一性的思维，是一种过程性思维。和谐思维是一种自然和谐的思维，也是一种求和谐的思维。

5）和谐法是价值法

中西方文化都重视和谐范畴，都追求和谐。和谐本身构成了一种价值诉求，但由于思维方式不同，和谐在思想体系中的地位不同，和谐追求背后还包含其他的价值诉求，或者与其他价值诉求密切相关。只有把和谐背后或者相关的价值诉求阐发清楚，才能确切地知道一个哲学家和谐价值诉求的丰富内涵，以及不同和谐观的异同。

关于中西方和谐观的差异，可以从动态和谐还是静态和谐，人与自然的和谐还是人与人的和谐或者人自身的和谐，积极和谐还是消极和谐，是多元和谐还是二元和谐，是建立在整体原则基础上的和谐还是建立在个体原则基础上的和谐，是本体和谐还是方法和谐抑或是价值和境界和谐，是有为和谐还是无为和谐等等角度进行分析。

总体上看，西方的和谐观虽然也触及到价值问题，但和谐价值的肯定主要是从自然和谐的事实认定的基础上推导出来的。西方比较典型的例子是赫拉克利特的和谐观。他说："自然是由联合对立物造成最初的和谐的，而不是联合同类的东西。艺术也是这样造成和谐的，显然是由于模仿自然。"[②]而中国和谐观主要是一种价值诉求。如"和为贵"（《论语·学而》），当然在论证这一价值诉求的时候，也

[①] 张立文：《和合哲学论》，人民出版社，2004年，第2页。
[②] 北京大学哲学系外国哲学史教研室：《古希腊罗马哲学》，商务印书馆，1982年，第19页。

会以例证的方式提到事物自然存在的和谐问题。不仅如此，但就和谐价值本身的追求来说，东西方既包含着共同的价值内容，也有一定的差异。

（1）一元价值、二元价值和多元价值。在中西方思想史上，有的哲学家强调和谐是建立在多元事物的存在和发展基础上的，相应的，和谐的价值诉求就是万物都可以共同存在和发展，不同的理论也都可以得到相同的肯定。

毕达哥拉斯学派认为，一切都是和谐的，和谐是杂多的统一，不协调因素的协调。在强调和谐是杂多的统一的前提下，再讲和谐是美或者和谐是美德的时候，就等于赋予了杂多的统一是美或者是美德，这就肯定了事物多元性的价值地位。美德乃是一种和谐。毕达哥拉斯学派对事物多元性的价值肯定是建立在对事物的杂多的统一的认识基础上的。

和谐是杂多的统一，前提是杂多，统一是建立在杂多基础上的。而统一的价值诉求最终还是为了创造更为丰富的杂多的世界图景。中国先秦哲人更着眼于万物的生成发展来说明和谐的价值和意义。"和者，阴阳调、日夜分而生万物"（《春秋繁露》卷十六）。董仲舒是客观地描述和谐才能生成万物的，同样荀子也大概是着眼于对和谐的价值进行一种客观描述。"和者，天地之所生成也"（《荀子·天论》）。而《中庸》则表达了更多的价值渴望"致中和，天地位焉，万物育焉"（《中庸》）。《中庸》希望"万物并育而不相害，道并齐而不相悖"（《中庸》）。先秦哲人还从实践创造新事物的角度来说明和谐的价值，"先王以土与金木水火杂，以成百物"（《郑语·史伯论西周必然灭亡》）。"夫和实生物，同则不继"（《郑语·史伯论西周必然灭亡》）。万物并育用现代的语言来说，相当于价值上的合作共赢。在这一意义上，和谐的价值诉求就是万物生生的诉求，就是发展和创新的诉求，和谐的价值就是要使得世界更为丰富多彩，使得大千世界的不同事物都获得更多的发展空间，在生生中实现动态的稳定。和生万物，

在和谐这一个"一"的基础上生出"二"和"三"，乃至"万"的价值是这种和谐观的价值诉求。在这种思路看来，只有肯定事物的多元性才能最大限度地让万物为人服务，从而达到最高的和谐境界。"是以和五味以调口，更四支以卫体，和六律以聪耳，正七体以役心，平八索以成人，建九纪以立纯德，合十数以训百体。出千品，具万方，计亿事，材兆物，收经入，行姟极。故王者居九畡之田，收经入以食兆民，周训而能用之，和乐如一。夫如是，和之至也"（《郑语·史伯论西周必然灭亡》）。所以调和甜酸苦辣咸五种滋味来适合人们口味，强健四肢用来捍卫身体，调和六种音律用来使耳朵聪颖，端正七窍来为心服务，调正身体的八个部分用来形成完人，健全人的九脏用来树立纯正的德行，综合建立十种等级

用来训导百官。于是就产生了千种品类，具备万种方法，计算上亿的事物，裁定兆计的财务，接受经常的收入，实行最大的极数。所以君王拥有九州的土地，收取经常收入的经费来养育万民，用忠信来教育他们，使他们和乐如同一家人。这样的话，和谐达到了顶点了。

强调多元杂多的和谐，本身也包含着把多归结为二的可能性，也存在着进一步归结为一的可能性。不过，这种杂多归结为"一"可以是"一心一意"、"合力"的价值。"和则一，一则多力"（《荀子·王制篇》）。而不是肯定某种单一事物的价值至上性的价值一元论。

尽管如此，从逻辑进程来看，多元的世界本身包含着二元的对立和一元性的发展趋势。多元性可以进一步归结为二元性，而二元性则可以归结为一元性。"一"是受制于"多"的，"一"要通过"多"显现出来。如齐美尔指出，一个人的孤独感、个体感总是和另一个人或者群体有关。一个人单独存在的时候，有时没有孤独感和个体感，一旦进入某种群体关系，往往会增强这种个体感；一个人单独存在的时候有孤独感往往意味着个体存在着强烈的对群体的某种依赖和渴望认可的心理。一个领导者显现出是一个领导者，具有统一全局的能力或者权威，恰好是在诞生新的工作任务的时候。一个群体组织每增加一个新的要素，就会强化或者显现出领导的统一性功能。构成个人的个人性的东西，或者是与他人共有的带有整体性特征的东西，或者是和其他个体或者整体能够相区别的东西。"多"归结为"三"，归结为"二"，归结为"一"，不仅是一种自然规律，还是一种社会规律。比如投票活动，尽管有很多人投票，但只有三种可能，或赞成，或否定，或弃权。而最终只有肯定或者否定才成立。而结果呢，又只有一个结果是被认可的。"二"是整体之"一"构成的法则。

中西方和谐观中都有强调"二"在和谐中的地位的哲学家。赫拉克利特说，"反者必合，极致的和谐来自方向相悖之物，万物皆从争斗出。"① 赫拉克利特是强调二元对立造成和谐的哲学家。在中国，老子也强调"二"，善恶、高下等等对立面是相成的关系。"道生一，一生二，二生三，三生万物。万物负阴而抱阳，冲气以为和"（《道德经》42 章）。

二元对立和谐观的价值诉求并不完全一样，因为"二"可以被归结为"一"。在对立面中强调一个方面是正确的，是善的，其结果就在价值上把"二"归结为

---

① ［古希腊］《赫拉克利特著作残篇》，［加］罗宾森英译，楚荷中译，广西师范大学出版社，2007 年，第 18 页。

"一"。一元的价值取向。如赫拉克利特说:"事物聚集一处:完全者,非完全者;{某物}被聚拢,{某物}被分离;{某物}和谐,{某物}不和谐。万物(生)一,一(生)万物。"①赫拉克利特通过"二"把万物归结为"一"以后,自然二元对立造成的和谐本身的价值也就随着"二"的地位的否定而一起被否定了。"〈宇宙中?〉最美丽的秩序(或:'这最美丽的宇宙'),{赫拉克利特说},是随意堆起的垃圾。"②显然,赫拉克利特否定了和谐秩序的意义。

中国先秦时期有丰富的二元对立造成和谐的思想,其中很多强调发展和丰富二元性,强调保持每个部分的独立性的价值和意义。《左传·晏婴论和同》认为一个事物有肯定和否定两个方面;君可,是对肯定方面的说明;臣子说明否定的方面,这样对事物的认识就全面了;在此基础上成就一个新的包含肯定和否定两个方面的新的可,是否定之否定后达到的新的肯定。"夫和实生物,同则不继"(《郑语·史伯论西周必然灭亡》)。"和"和"同"的价值追求不同,"和"中有"他者"的立场,强调"他者"独立价值。"以他平他谓之和,故能丰长而物归之;若以同裨同,尽乃弃矣"(《郑语·史伯论西周必然灭亡》)。站在他者的立场上来对待自己和事物,就会彼此和谐。使用人才和政策意见的采纳要讲究和谐。君王本身"谗慝暗昧",更应该使用"高明昭显",让不同种类的两种人的价值诉求都能得到伸张。

结党营私和团结协作的区别是"党"、"别"和"比"的区别。"宣子召而礼之,曰:'吾闻事君者比而不党。夫周以举义,比也;举以其私,党也'(《国语·晋语五·赵宣子论比和党》)。赵宣子向晋灵公推荐韩献子,任命他为司马。在秦、晋河曲之战时,赵宣子派人乘坐他的战车去干扰部队的行列,韩献子立刻逮捕了赶车人并将他处以死刑。大家都说:"韩厥一定没有好结果了,他的主人早晨提升他的官职,而晚上就杀了主人的车夫,谁还能保持他这个官位呢!"赵宣子召见了韩厥,并且以礼相待。在"党"中只有自我的一元价值是被肯定的,而在"比"中则他人的价值和公共利益是被肯定的。"叔向曰:'君子比而不别。比德以赞事,比也;引党以封己,利己而忘君,别也。'"(《国语·晋语八·叔向论比而不别》)

追求和谐没有错,但同时还要区分追求和谐背后是追求何种的价值。多元价值和谐不是一盘散沙,二元价值的和谐也不是无休止的争斗,一元价值的和谐追

---

① [古希腊]《赫拉克利特著作残篇》,[加]罗宾森英译,楚荷中译,广西师范大学出版社,2007年,第20页。
② [古希腊]《赫拉克利特著作残篇》,[加]罗宾森英译,楚荷中译,广西师范大学出版社,2007年,第135页。

求不是唯我独尊。

"一"如果是合力、是整体的利益，是凝聚力就是值得肯定的，如果"一"是对某一具体事物的价值肯定，则与价值包容相悖。"二"元的价值则是要肯定不同事物有自身的价值，都允许其存在和发展。"万"的价值追求的核心是包容性的万物生生繁荣，推动发展的多样化，让生活更加丰富多彩。"一"的价值实现是奠定在"多"的价值得以实现基础上的，整体和个体要有机结合，一元价值的实现要有利于个体价值实现的优化，个体价值的实现要能促进一元价值的优化健康发展，以达成动态的过程性的和目标性一体的和谐。和谐的价值诉求不等同于那种否认个体及其价值的绝对整体主义，也不等同于那种单纯地强调个体价值和局部利益的分散主义和个体主义。

（2）正义、自由和恻隐。如前文所述，立足于"一"来观"二"可以最终导致一元价值的强调，也可以导致对二元价值的包容，以及对二元价值平等的肯定。一元的价值的强调在伦理学中就是对"元德"的诉求。在中西和谐思想中都有把一元的价值定位为仁爱的思想。仁爱对好的和坏的，善的和恶的对立的双方都爱。以恻隐作为一元的价值对待是非价值双方，自然容易达成和谐。

在二元价值中，如果和谐实现了公正也就实现了。"人必须意识到战争是平常事，正义是斗争，一切事物都通过斗争而存在，并〈如此〉被注定。"①张载也说："仇必和而解。"（《正蒙·太和篇》）如何达成对立的和解呢？除了恻隐以外，公正的价值得以实现也是非常重要的。对立的双方都追求优秀，都要得到肯定，但只有其中一方是最后被肯定为优胜者，这就要求制定一定的规则，让双方在规则面前保持平等的竞争，胜出则为优胜。而对于失败者，从优秀的差异性来看，和优胜者相比也具有相对平等的价值，也要在公正体系中对其进行权利的保护。

叔本华曾经指出，西方一直都追求正义，西方文化更关注公正，关注公理。只是到了基督教诞生之后，仁爱才获得了自己应有的地位，被列为一种德行。他觉得没有仁爱，公理和正义就没有根基，没有保障。讲公理，追求正义没有错，但不要因为公理忘记爱心，要是非，更要恻隐。

公正价值的实现有一个基本的前提，也就是个体的自由价值的肯定。中西哲人都曾用不同的哲思方式表达了自己对个体自由的价值诉求。莱布尼茨的单子论认为，万物由"单子"构成，单子绝对单纯，彼此之间无相互依存关系，但万物

---

① ［古希腊］《赫拉克利特著作残篇》，［加］罗宾森英译，楚荷中译，广西师范大学出版社2007年版，第90页。

却构成了一个和谐的总体，从而肯定万物的自由。

郭象的独化论为个体的自由、平等提供了一种哲学论证方式。万物之间是"无待"的关系，是"相因"，"俱生"，"玄合"的关系。"相因"不是因果条件关系。万物之间不是敞开的关系，而是遮蔽的关系，就像有一个大幕，遮住了彼此的关系，但是彼此却可以独立地和"天"相沟通。万物自身就具自足性和独立性。独化论思想的价值诉求包含了"自由"、"个性"、"平等"。有"自矜"，区别了内外，是无法实现"齐"，无法实现平等的。郭象追求的是"诱然皆生"，"同焉皆得"，万物"共成乎天"；"莫不自尔"；"故任而不助，则本末内外，畅然俱得，泯然无迹"（《庄子注》）。郭象希望超越内外，担心内外的逻辑引起事物之间地位上的不平等，希望借助"独化"的道理，"明斯理也，将使万物各反所宗于体中而不待乎外，外无所谢而内无所矜"（《庄子注》）。郭象想要借助这样的哲学思考针砭一方被另一方强制。

和谐固然重要，但和谐包含的其他价值追求更值得探讨。如果和谐实现的是万物生生不息的价值，实现的价值是凝聚力和合力，是万物的自由、平等和公正，实现的是恻隐的价值，这种和谐就是值得肯定的。相反，如果和谐实现的是僵化、无生息、是某个单一的价值，是不公，是不自由的价值，这种和谐是不值得肯定的。

和谐包含了一种尺度的要求，来保证避免"过"和"不及"两种情况，"过"和"不及"，都是"不均"，是与公正的原则相悖的。在和谐的基础上达成的"和"则是一种均衡，"多力"是对整体功能的价值追求。在现代社会，有积极意义的和谐应该是有差异事物间的关系共在，独立自由个体间的关系性共存，互不相容的完备性价值学说之间的价值共生。

现代和谐不应是表面上一堂和气，实则暗藏权威控制、不平衡、灰色博弈乃至危机。现代和谐也不应是表面上平衡、有差异各方相安无事，实则弊端渐生、龃龉渐起。

建立在个体自由价值基础上的和谐，需要肯定人的自由意志，肯定个体的价值追求，肯定彼此之间的相互性关系，肯定程序性。但程序性要建立在个体选择和个体责任的基础上，负责就成了伪程序。伪程序也是一种程序，有程序总比没有程序要好。虽然也能起到化解冲突，吸收不同意见和建议的作用，但最终还是把矛盾和冲突掩盖了下来，容易导致更根本的矛盾和冲突。另外，也要考虑程序的成本，虽然无个体充分参与的程序过程也会起到达成和谐的作用，但是这样达成的和谐花费了太多的成本。程序要在相互性的基础上进行，并最终有利于各个个体利益的优化和整体利益的优化,否则程序性就失去了价值方向。

2. 场有哲学视野

唐力权的《周易与怀德海之间——场有哲学序论》、《蕴徼论——场有经验的本质》比较系统地阐发了场有哲学的观念。场有哲学就是一种以场有为本,以场有为研究对象和以场有义理为依归的哲学。其基本内容是:事物是在活动中权能运作的行依中的相关性存在;以场外观和场内观为基本的思路分析中国哲学的本质特征及其与西方哲学的差别;以根身性相学(道身不分)的泰古哲学语言作为基本的语言学和哲学思路;仁材并建中国哲学。在唐力权看来,直立行走与中国哲学的发生有着密切的关系。唐力权说:"'站起来!站起来!'——根身的朝直用中也就成为文明社会的第一个无上律令了。要做文明社会的一分子就得学习站起来走路——这不正是做'人'的基本礼仪么!"[①] 站起来等于出场。"古人'无'的观念,可用小孩的成长来解释,小孩子一步一步站起来,但站直之前的状态便是无。"[②] 中国哲学未来的建设不能忽略场有哲学。

古代汉语具有在场性的特点。动词性谓语的使用以及主客体的省略突出了在场性。有和无可以理解成出场和不出场。"我"是一种出场,这种出场以身体的形式出现,以语言和感受,以思想的面貌呈现。当一个人说一句话的时候,就有一个人登场了。当表达一种思想的时候,就意味着人的出场。自我的出场意味着"物"的出现,所以说心外无物,意所在即是物。不出场为寂灭。寂灭不是不存在,寂灭是不出场。从真如门的角度来看,世界万物都是在场的状态,对于真如的世界来说,万物都是在场,都是在澄明之境。但对于生灭门来说,万物均为离场,进入自我遮蔽的旅途。出场为阳,不出场为阴,出场和不出场统一于一个世界。同心同德为同时在场,离心离德为与他人和他物进入一个场态之中。事物不是一个实体,也不是一个简单的条件的聚合,而是一个场域。

3. 中西哲学比较:双向视域

进入中国哲学的门径离不开中西比较,又不能拘泥于中西比较。哲学的个性强,个性不强的哲学无法留存于世。这使得不同的哲学都有不同的关注的问题,有不同的概念体系,有不同的核心线索,有不同是思维方式。这种多彩性是哲学的魅力所在。因为有以上的不同,使得哲学之间往往无法比较,或者比较的时候需要进入哲学的境界,真正了解不同哲学的路径。基于这一点,中西哲学比较需

[①] [美]唐力权:《蕴徼论——场有经验的本质》,中国社会科学出版社,2001,第88页。
[②] [美]唐力权:《蕴徼论——场有经验的本质》,中国社会科学出版社,2001,第65页。

要注意如下几点：

其一，需要深入研究中西哲学比较史。要进行中西哲学比较研究，需要研究中西比较研究的历史，否则结论就可能是重复旧有的东西。考察中西哲学比较史，有几个关键环节不容忽视。第一个环节是欧洲启蒙哲学时期，如狄德罗、莱布尼兹等对中国哲学的思考。第二个环节是清初来华传教士留下的文献。紧接着第三个关键环节近代，早期改革派、洋务派、维新派、革命派等对中西文化关系的思考。新文化运动以后，东西方文化和哲学的比较成绩斐然，自不待言。

其二，中国哲学特质的常规认识可以作为进一步研究的参照。目前提出来的中国哲学的本质特征包括如下几个方面：

（1）中国哲学的本质是心灵哲学、体验哲学、情感哲学、泰古哲学、伦理型哲学、生命哲学、场有哲学。中国哲学的智能类型属于直觉型、情感型、象数型、内求型、模糊型、实践型、伦理型、惟圣型。中国哲学以直觉方法为主，兼顾分析和逻辑思维的辩证思维。这种思维方式在精神活动的知情意三要素中发展了情意的方面，知则处于依附地位。无论是道家对"慈""俭""勇"的弘扬，还是儒家知情意的探讨，及佛家慈悲的胸怀都体现了这一特色，从而使中国哲学成为"心灵哲学"、"情感哲学"、"体验哲学"。中国哲学思维方式具有"象"思维的特点，是一种超越名言的非逻辑化的随机思维方法。中国哲学注重理性内求，对内求可以超越自我把握宇宙抱着坚定的信念。中国哲学本质上是一种生命哲学，其形而上学性体现在对现实人生的超越和对理想人生境界的追求上。

（2）致知论特点。读书求知被当成一种功夫，如王阳明所理解的是致良知功夫的有机组成部分，获取知识的主要目的是为了自家受用，安身立命，参天地赞化育、为天地立心，而不是单纯地求知而求知。在知识的来源问题上，中国哲学认为主要来源于内在本体（天命、天道、自然、道体、佛性），来源于外在事物（对象）及主客体相互作用是次要的部分；在知行关系问题上，知行合一占主导，分知分行为补充；在真知标准问题上，认为本心（道，天命，理，良知）为主要标准，认为符合客观事物是补充；在知识内容的看法上，追求道德的知识和天理是根本，追求外在对象的感性知识则是补充；在知识的限度问题上，是一种感官知识有限论和内在知识无限论。

（3）人生论特点。与上述特点相应，对人生的认识也有两种倾向，群体与个体、兼与独之间的平衡；理想和现实兼顾；天人合一和天人相分并行不悖；内心修养和外物改造均被统一在心学的范畴之下；知即德，知即力，理欲平衡；注重道德和艺术，忽视科学和宗教。

（4）宇宙论特点。中国哲学的宇宙论是建立在对宇宙现实的生命感受基础上的。中国哲学认为现实与实在合一，宇宙即真实，万物同源，同体异用，从而发展出无神论，自然主义，唯物主义传统。中国哲学认为宇宙是变化的，变化的根源在于对立统一。中国哲学尚无薄有，对人生的幽远玄想移情对象化为"人化自然"。

（5）语言特色体系的特点。中国哲学具有一种超语言的倾向，不是从语言的逻辑本性，而是在非逻辑本性方面使用发展语言，用隐喻的、非逻辑的语言表达对宇宙、人生、社会的体验。中国哲学学术语少，一个名词有多种用法，往往采用对话、描写、韵律诗形式表达思想，言简意赅，文约意丰，哲学的形式上的体系不完备。中国哲学的许多名词理论具有强烈的实践意义和思维方式内涵。由此决定，研究中国哲学必须深入中国哲学所讲的实践和思维方式"补"和"讲"出中国哲学的言外之意，不可说的"第一义"讲出实质的系统。分析出概念范畴的实践涵义，概念的发展等便是中国哲学的特殊任务。

其三，中西互证是中西比较的正确方法。要想相对公允地对中西文化经验进行恰当的评价，中西哲学经验的互证是一条必经之路。互证有利于解决一元论和多元论的难题。王国斌在《转变的中国——历史变迁与欧洲经验的局限》中对中西经验的互相阐释做了比较精彩的运用。他在导论中指出："不应因为反对欧洲中心论，就断言以欧洲为标准来进行比较不对；相反，我们应当扩大这种比较。为了进行更多层面的比较，我们应当以中国为标准来评价欧洲。……如果我们在普通问题的研究上培养起多元化的观点，那么就能对历史上的诸多可能性的问题，提出新的见解。"[①] 吴承明在该书的中文版序当中指出，该书作者提出了一种独特的比较研究方法，一方面用欧洲的经验来评价中国发生的事情，另一方面则用中国的经验来评价欧洲，通过互为主体，得出新的行为模式和价值观念。这一研究方法的优点就是避免了一种先入为主的普遍价值标准和来自中西方单方经验的抽象假设性的价值尺度造成的研究局限。

互证的前提是每一种思想自身的逻辑要素和逻辑进程、逻辑结构的合理性。这样一来，运用文本自身范畴进行自我的解说和证明就具有逻辑的优先性。互证重视原著和思想家本人自我对概念的界定和运用，重视每一个哲学家范畴运用具有的个性特征，重视通过文本自身的范畴和用语体系来加以显现这种个性特征。

[①] ［美］王国斌：《转变的中国——历史变迁与欧洲经验的局限》，李伯重译，江苏人民出版社，1998，第3页。

互证只是一条道路，在这条道路上还可以运用其他的范畴和语言，可以借助其他的哲学家的思想来说明，可以在这条道路上，开辟出不同的小路来。互证体现了哲学研究"在途中"的特点。互证包含对比，但不关心对比的结果和对比的价值结论，互证只关心对比中相互意义的呈现。互证是开放的，是直接面对对象来直接呈现的。互证则以同为基础，在同的基础上，相互补充彼此的相差异之处，在同的基础上实现中西之融合。互证重视建构，揭示中西思想家自己思想的逻辑进程和逻辑结构，在互证中同时显现中西两种哲学的价值和局限。互证一开始就预设了中西哲学沟通的可能性，互证就是寻找相同道路的尝试。互证的过程可能会发现不是一条道路，也可能发现是一条相同的道路。

4. 中马互动

马克思主义哲学传入中国以后，就发生了马克思主义哲学和中国哲学互动的过程，经过毛泽东等党和国家领导人以及郭沫若、范文澜、翦伯赞、吕振羽、侯外庐、杜国庠、赵纪彬、张岱年、任纪愈等专家学者的不断努力，基本上形成了对中国哲学进行解读的规范的马克思主义哲学视野。马克思主义中国化要处理好和中国传统文化的关系。

其一，实现马克思主义的文化化需要把民族的精神生命典籍在传统文化的土壤中。要克服文化决定论思想倾向，不能认为中国的落后，都是由于文化尤其是儒家文化或者中国哲学造成的；不能把解决文化问题和伦理问题当作解决一切问题的前提。，要尽量合理地处理视界和本文的关系。要注意中国哲学史的主语是中国哲学的历史，注意对中国哲学史上的思想家的精神实质的把握。要避免简单的文化对立和否定性倾向。要注意扬弃，注意以积极的肯定的方式继承中国文化的传统。单纯求同就不能丰富和发展马克思主义哲学。把握中国哲学史要注意中国哲学的民族性。"中国哲学史"讲的是"中国"的哲学的历史，不是"哲学在中国"。中国哲学是指中华民族（中国人）所占有的疆域和所组织的国家的哲学。就现代中国来说，马克思主义哲学已经是中国哲学史的有机组成部分。

其二，每种哲学都有其优长的地方。马克思主义把握了人类历史演进的脉络，就对社会历史的宏观把握来说，就经验世界来说，马克思主义是真理。然哲学的魅力还在于探究人力所不及的领域，探究超越的领域。在坚持经验世界真理的同时，应该保留对未知世界进行探究的空间。

其三，实践是理论的基础，意识是实践的反映。保持一种开放的、多元的、历史主义的实践观和实践思维方式，承认各个个体和各个民族实践活动的合理性，以及人类实践的多元的开放性,尤其是要承认道德实践和超越性的求道、修道实践的现实性。马克思要求哲学面向实践,是要承认人的现实生活,对人的生活作一种实证的研究。不能就主观主义地排除了人类曾经存在的活动的现实性,并且对人和人的生活的哲学理解和阐释远未终结。要看到人类实践的具有共性和个性,一方面每个人都要衣食住行,可以从这里阐发人类实践的一般规律和人类精神生活的根本制约性,但也要看到人并不足于这些,精神还要有一种超越的需求。思想家言谈的对象和实践的主旨的不同,把哲学的解释转化为对实践活动的解释就可以找到不同哲学共存的空间。如研究老子及其《道德经》就要围绕着"善为道"这一点来展开。也就是为道的实践活动来展开,从政治实践或者物质生产实践来理解《道德经》虽然也讲得通,但总给人一种牵强附会、支离破碎的感觉。

其四,在认识论、辩证法、历史观、人生观等方面要用中国哲学丰富马克思主义哲学的论域,并保持一定的开放性。其中世界观和自然观方面的根本问题是:哲学的智慧既是关心现实世界的,但同时不能放弃探讨超越世界的问题。在自然观方面,需要发展马克思主义哲学中的人道主义层面,发扬儒家的生命的观点和整体主义的观点。"不是意识决定生活,而是生活决定意识。"① 生活是意识的基础,意识要为优化生活服务。中国人的生活是深受儒家文化传统影响的生活,把生活作为哲学的前提、基础和目的,需要研究中国哲学。要突破感觉、知觉、表象、概念、判断、推理范畴的限制,探讨体悟、学习、情感、志(意志、理想)、下意识(意)、深层意识(阿赖耶识)、自我意识(我、我执)、问题意识(忧患)、明、照、知等认知形式。人的生存有两个不可或缺的条件,一个是物质条件,一个是精神条件。不可夸大克服物质障碍的意义而否定精神的努力。就像唐力权在《场有哲学序论——周易与怀特海之间》中所说的:"人生的无数问题,因此作茧的问题心乃是一由无数理性统绪所构成的虚机茧网。问题心的基本心结就是不安"。② 人的解放包括物质和精神两个维度,在这个基调上,马克思主义和儒家哲学有可"商量"之处。

其五,历史的外围性解释和是思想内部逻辑的把握要兼顾,要处理好文化的特殊性和普遍性,文化的时代性和超时代性,文化的人类性和自然性的关系。民族性的文化内容中并非只为本民族所有,其中也包含人类性的内容;同样,时代性内容并非仅能风行一时,其中也有永恒性内容。正是由于以上的交织,使文化

---

① 《马克思恩格斯全集》第1卷,人民出版社,2005年,第73页。
② [美]唐力权:《场有哲学序论——周易与怀特海之间》,辽宁大学出版社,1997年,第76页。

得以传播。时代精神、民族精神、阶级精神、人类精神、宇宙精神相互交错,构成文化发展的内在生命力。于哲学而言,由于哲学的超越本性和时代回归性特征所决定,超越精神表现得尤为明显。对中国哲学史的解读就要把阶级观点、时代观点、民族观点、人类观点、宇宙观点合理地加以运用,而不是顾此失彼或干脆弃之不顾,抹杀中国哲学中许多富有生命力的内容,如此才能增强民族自信心和凝聚力。

5. 古今之间

如果依据本书开端所陈述的中国哲学的本质,则古今问题的处理有两个维度:从真如门来说,真如如如自然无古今之别。从生灭门入真如门也需要超越三维时空,即了悟"一时"的重要性。从哲学的角度说,"一时"可以说同时。古代虽然已经过去,一时即是一种古代在场感。如何获得"一时",要害是体会"过去心不可得,现在心不可得,未来心不可得。"(《金刚经》)然而就经验的生活而言,有过去,有现在,有未来。如何处理二者的关系?

其一,传统和现代是连续的。人们在使用传统与现代概念时,大致用两种方式来设定:时间设定和质量设定。就时间设定来讲,传统概念是英文的汉译,其现代含义是:人类创造的不同形态的特质经由历史凝聚沿传下来的诸文化因素的复合体。因此,传统本身的含义包含三个时间段:过去、现在和未来。传统必然是历史的。传统首先是旧时代人的社会生活包括心态、宗教、道德、思维、审美以至风俗习惯、礼仪制度、行为模式等凝聚而成的相对稳定的文化结构及文化诸现象的统称。人们一谈到传统就联想到过去,但传统不是过去,而是过去的延续。传统的本质是现实,传统主要是由现实定义的。传统是一个动态系统,传统的"体"既不能在历史中,也不能在未来。历史已经成为过去,体已转化成现在了;未来还没有实现,未来的体只是在现实中孕育着。传统是经由历史沿传下来的世代相承的根本性东西及有一定特色的文化思想心态等要素及其总和。传统也包含未来,一种传统要真正成为传统,就要不断地进行新的创造和发展,而不是简单的复制,传统是指向未来的一种创造。同样,现代或现代化也可以有三种时间界定方式。过去时的界定方式:现代化是针对旧东西而言的,是以前才能在的东西的现代化,现代化所要解决的是旧有的一切与新时代的结合发展问题。这是以过去为"体",现实为"用"。现实的界定方式:现代化是针对现实存在而言的,是在诸具特色的现实中做一种价值上的判断,哪一种是先进的哪一种就是现代的。这种界定须以质量程度作参照。界定的结果,便导致中外之争,关涉到"中体西用"、"西体中用"等问题。对于传统和现代除时代意义外，人们还在质量程度的含义上使用它。传统是落后保守的代名词，现代是开放进取的代名词。未来的界定方式：现代化是针对发展而言的，是把诸种文化的或政治经济的现实放到发展这一坐标上衡量，有生命力的无疑是现代的。

其二，要区分传统文化和文化传统。文化的传承不仅是典籍文化一种形式，主要以生活实践的形式来传承。在研究传统文化（典籍文化）时，要关注实际的文化传统，通过研究去理解生活，改造生活。进行方法论或者义理层面的考察是必要的，它有助于研究从时代条件的分析中解脱出来，恢复思想家及其思想的本来面目。对于突出思想家在历史中的地位及其思想的主动性和对现实生活的反作用，而不看作是一个僵化的、抽象的、被动的存在物是有好处的。但不能僵化，不能让思想家游离社会历史之外，不顾思想家的时代制约性和思想在现时代的意义，进行所谓"纯粹"的研究，同样不利于恢复思想家的本来面目，发挥其思想的现代意义。不顾思想家实际及其思想内涵（实际活动、理想或价值目标、要解决的问题等等）简单化地从今人的观点去解析，把本来是产生于不同实践活动基础上的解决不同问题的理论牵扯到一起进行评判，忽视实践的多样性、丰富性以及理论与实践的密不可分的联系也是有害的。可以说，不了解一个思想家的实际社会活动，所要解决的问题及理想和价值目标，思想家的理论就是"空洞的存在物"。当然，任何思想产生出来都有解决其他类似问题的普遍有效性，都会超出思想家思考范围，起到"意想不到"的社会效果，从而具有生命力。但是，不能因此就用他所实际地解决了的问题或为人们提供了会怎样的观念知道了人们的行为而"替代"思想家及其思想本身的"问题"、"理想"和"实践"。这种取代往往使人们只看到实际的文化传统，并以作为传统存在的对古人及其思想的理解当作思想家本人及观点而盲目地去肯定或否定古代的思想家，造成很坏的影响，研究必须弄明白所针对的问题和对象，不能扩大化，把几千年来形成的好文化传统全部"归功于"某些思想家及其思想，这不是历史唯物主义的态度。文化传统批判，是否要把思想家当作靶子是一个值得"反思"的问题。文化批判要划清文化传统和传统文化批判的界限，要掌握好"度"。良莠不分地对思想家及其思想进行批判容易造成对古人及其思想的错觉，产生文化上的冲突和混乱。这种冲突可能是潜在的，但却是长久有害的，它疏远了今人和古人在文化上的联系，使今人不认识古人，也不认识自己，其结果只能是思想茫然、精神空虚。

只有把传统文化和文化传统在现实基础上进行结合，才能确定对典籍文化和现实的文化传统进行评判的标准。因为传统文化（典籍文化）和现实文化传统间的联系和差异及造成这种联系和差异的经济、政治和文化的原因，只能在分析具体生活的文化传统和学习研究典籍文化的过程中才能找到。而这又是推动传统文化或文化传统的现代进程所必需的。文化研究要结合的现实有三：一是思想家的现实，包括他的活动，价值理想，思考和解决的问题；二是时代的现实，思想家为解决所提出的问题要用时代的语言，思想家是受时代影响的，理论是时代问题、价值观点、生活面貌的反映和折射。但这种关系不是直接应对关系，是有中介的，其中介就是思想家的现实。时代和思想的关系大致是这样的：时代→思想家→思想；三是当代现实古代典籍文化和现实文化传统的研究都要考虑上述三方面的内容，并将其密切地联结在一起才能使文化研究既划清界限，有解决实际问题。

文化研究脱离现实是有害的。对文化传统教育的忽视及文化传统研究脱离现实现状，导致了中国文化传统优秀精神的削弱，使得中国人自省和自我更新能力的发展受到影响。而优秀传统精神的弱化必然导致对外来文化的盲目信仰和崇拜，使两种文化传统的消极因素相结合有了滋生的土壤，从而形成文化建设的两大死敌——封建主义和资本主义的文化。文化传统是现实经济的底蕴和内涵。改革开放以来经济的迅速现代化加速了古代文化的复兴和对西方文化的吸收改造，但传统的惰性及外来文化的消极因素也极大地阻碍了经济发展，需要有一种与现代经济相适应的文化回答经济活动的目的意义和方式问题。受旧思维方式的影响，人们一面忙于吸收西方文化，从西方文化中寻找出路，一面又力图从传统文化中寻找答案。在旧思维方式下用全盘引进西方价值观念及全盘复兴文化传统的办法都不能解决问题。全盘引进或复兴只能使传统文化中的不良成分及西方文化的糟粕在经济的刺激下"发酵"，毒化社会风气。只有立足于认识、发展、更新创造传统本身，在此基础上吸收西方文化的优秀成果，方是出路所在。

其三，要把传统与现代问题和合理性和合法性问题结合在一起。传统文化现代化的问题要解决的一个问题是产出现代人需要的观念和价值，这是合理性的问题。另外要解决的一个问题是情感投入的问题，这是合法性的问题。这两个问题密不可分。

第八章　中国哲学的解释学与通向语言之途

哲学所讨论的对象是否曾经在人类语言中显现，或者通过人类语言的显现而在人类出场？在我们产生之前，超越的对象和主体是否已经预付了我们认识它的费用和机票？我们人身是否具有一种交流的工具来认识超越的对象？如果有，他和我们日常生活的用语一样吗，他寓于其中，还是另有他方？黑格尔相信日常语言就是绝对精神的显现，在理念逻辑结构中就可以把握绝对精神的全貌。

语言问题在西方经过"认识论转向"之后，成为现代西方哲学关注的一个大问题。他们的研究成果启发我们对中国传统哲学的语言学特色的研究以利于准确理解和和阐释中国传统哲学。海德格尔与分析哲学着重从分析语言逻辑形式入手来清除形而上学的做法不同，他试图深入发掘语言与存在之间的源始关系，使哲学运思重归早已被形而上学遗忘了的存在之路。海德格尔企图突破语言的逻辑工具性的限制，在他看来，语言在本质上并不是人与人之间相互交流的工具，而是人与存在相属的领域。他力图探讨语言与存在及人的源始经验间的原始关联，以期找到一条揭示存在的意义的可能途径。海德格尔认为语言是存在的家；人必须先倾听然后才能发言，语言是存在的揭示和敞亮。海德格尔的观点触及了中国传统哲学关于大言与小言、言与无言、道言与人言等的探讨。道的是如何在语言中显现的？人又如何认识道或者存在？

第一节　道言及其显示的诸种形式

1. 道言：核心语言

唐力权在自己的场有哲学中区分了泰古哲学语言和文明语言，并认为《道德经》、《易经》、《中庸》和先秦其他一些儒家经典的哲学更多的是保留了泰古哲学语言的印记，应该按照泰古哲学的思路来解读这些语言文字。唐力权认为，泰古人的语言是"根身性相学"的语言，"形而上学"的语言，是"核心语言"，是描述人类核心体验的语言，是语言中的语言，文明人的核心语言是异化了的泰古哲学语言，道、体等词语就是这样的语言。泰古语言是纯粹的依形躯而起念的语言。这个语言的基本特征之一就是没有意识心，没有把心孤立起来，心和形不是截然分开的。

这个语言的另一个基本特征是自我的形躯和道体的某种合一性。道、太极、大这些描述本原、本体和场有自身的概念其核心的所指就是人直立的形躯和人格。我与物或者世界是一个浑然一体的物事。这种统一是在形躯和道体的活动中得到了统一的。在泰古语言中，人自己的存在和存有、场有自身是通过根身一体相连的。这种语言是心性境界论的语言，也是宇宙论的语言。中国文明思想中的语言都是直诠或曲诠根身性相的核心语言。核心语言是一种现象学的、存有论的语言。核心语言是一种自然语言，"一"、"道"、"太极"、"易"等是"核心语族"和"核心语构"。其中"一"等属于直诠的核心语词，宗教、礼乐、魔术、文学艺术、哲学和科学的语言在义理上是曲诠语言。随着文明社会的演变和精神生命的确立，文明人类的思想和哲学乃是建立在直诠语言化石上的曲诠语言，是奠基在根身的形上化上面的。后世形而上学的"道"、"易"、"太极"、"神"等词语已变成为"单向的"——只有道体义而无根身义的曲诠语言。人类的核心语言是一切自然语言发展的语义核心。

中国哲学的核心语言是由不同民族的核心语言混成的。泰古哲学语言一方面是向着"自我"一观念而发展并形成心性论思想的核心语言；另一方面是向着"大我"观念的发展而表达宇宙论、形而上学思想的核心语言。核心语言朝"小我"和"大我"的双向发展所反映的乃是场我朴识在文明意识中的分裂。

泰古哲学语言基本上就是场有哲学的语言，就是描述根身生长变化的语言。而根身的生长变化的场有内容是道、形、器一体相连的一个场有的基本格局。这个基本格局构成了核心语言所要描述和表达的核心事实和现象的语言。而核心事实的最关键的事实乃是根身从原始混沌意识朗现之后继续经坐标身的贞定作用而演变为道身精神体的形上化历程。逻辑语言是建立在场有领域自身的抽象形式和事物间的相对相关性。

唐力权对先秦哲学语言的分析是古代汉语的一种揭示方式。本书的处理方式是尽量回到当时时代文字的写作方式和文字内在的构思方式来把握其比较核心的意义，从而帮助投射出哲学文字的泰古哲学含义，进而在文本中进行印证和调整。依据本书前文所述，无声之声和光是核心语言。另外，对于根身和道身的关系，宜采取的是一种同构性的理解，而不是分开来，把核心语言仅仅从肉体的角度进行理解。宇宙、心性、身心等是在一个逻辑结构中进行哲学阐释的，它们服从同一个哲学模式，中国哲学家有自身的分类方式。这种分类构成了一种不同于西方的哲学视野。古今和中西哲学的互相阐释首先要重视对事物分类理解的不同。

海德格尔的探讨的贡献是巨大的，他的观点有助于佐证和进一步揭示中国哲学语言的探讨，但稍显不足的是，海德格尔认为源始语言是诗。实际上，源始的语言作为存在本身的语言，是由存在本身物质能量、信息交流产生的声和光。于人而言，就命名为语言。它可以表现为诗，也可以表现为哲学等不同的理论形态或日常生活的语言；它既可以表现为显态的语言，也可以表现为只可意会不可言传的直觉体悟，灵感以及形体与行动语言等。龚自珍曾这样描述道："情孰为畅？畅于声音。……人之闲居也，泊然以和，顽然以无恩仇；闻是声也，忽然而起，非乐非怨，上九天，下九渊，将使巫求之，而卒不自喻其所以然。畴昔之年，凡予求为声音之妙蓋如是。……凡声音之性，引而上者为道，引而下者非道，引而之于旦阳者为道，引而之于暮夜者非道；道则有出离之乐，非道则有沉沦陷溺之患。虽曰无住，予之住也大矣，虽曰无寄，予之寄也将不出矣。"①

现代哲人对道言的探讨，实际上重复了中国传统哲学的一个古老的语言学观念。那就是要区分道言和人言。在《尚书》中道就有了"言说"的意义，老子的《道德经》更明确地区分了常道和非常道、道言和人言。老子所"不言"之言只是作为表象和交流现成观念手段的"小言"而已。常道要用常名即道言来认识和表述；非常道才用非常名即人言、小言来加以表达和认识。老子认为道内有精、有象、有信。道有语言的意义，也就有音声的意义。人类社会的有形语言是对存在的能量信息所造成的声音的一种反映和表达。道内有象，道也有形象的意义，对存在进行形象的描述是中国哲学一个十分重要的特点，这形成了中国哲学的象思维方式。中国的文字和语言总体上属于形象化的语言、音声是附助和补充。《易经》中隐去了"音声"方面的内容，而大大地突出了"象"的内容。

任何一种人类社会的语言，都是有一定的语法规则和逻辑结构的，都属于广义的逻辑化的工具性的语言范畴。由于不同哲学形态对语言的看法不同，对工具性语言的地位作用和意义的看法不同，中国哲学基本上是为弘扬道的目的解构语言逻辑化。中国哲学认为人言依于道言，人言有依存于道的成分。禅宗通过机锋棒喝、参话头、参公案等方式教导学生，其宗旨是克服语言和思维运用的工具性缺陷。对中国哲学核心语言进行深入探究是必要的。

2. 万事的语言学意义

"言"是一个会意字。甲骨文中，"言"从口，上像箫管乐器形，会口吹乐器之意。金文中的"言"也大致如此。篆文之中则整齐化。《说文·言部》中，"言，直言曰言，论难曰语。从口，平声。"《尔雅·释乐》："大箫谓之言。"《诗大雅公

---

① 《长短言自序》，《龚自珍全集》，上海人民出版社，1975年，第232页。

刘》:"于时言言,于时语语。"《论衡·书解》:"出口为言"。从字源上可以看出,"言"本指吹奏乐器,也指被吹奏的乐器;"言"后指开口说话。从广义上讲,"言"应是一种"有意义的声音",其中包括吹奏乐器,直言、论难、文字写作等诸多的语言形式。

从事实角度来看,"言"有两种表现形式:"言之言"与"不言之言"。"言之言"主要有两种:一为开口说话;一为书写写作,如诗、书即为雅言。"实际上孔子所理解的交流活动不仅包括口头和书面表达。也包括礼仪行为和音乐"。[①] 在郝大维和安乐哲看来,孔子的语言交流活动不仅有"言之言",还有很多其他的言语形式。吹奏乐器本不是"言",但其能显示人的心灵追求,聆听者也可以从中体会人生意义。同时代的人能够从孔子的乐曲中听到他关心世事,孔子的弟子曾经从孔子的乐曲中听到贪欲,原来是孔子在给"猫捉老鼠"伴奏。吹奏乐器、人的行为,甚至自然现象都能给人以意义启迪,从而构成"不言之言"。

在孔子的眼中,"不言"绝非仅是"言"的对立面,有时它可以是更高一层次的"言"。"天何言哉。四时行焉,百物生焉。天何言哉!"(《论语·阳货》)世间的井然秩序在天的"不言"之中自然生成,这里的"不言"也是一种语言形式。天的四时运行、万物繁衍本身就像说了某种话一样,同时,这种话又不同于人的有声音的语言。不仅自然本身有着言语的价值,而且,一个有道的君子本身也是一个丰富的语言库,饱含了丰富的意义和价值。孔子虽然重视有声音的语言,但同时也给予了"不言之言"以更高的价值地位,并揭示了"不言"的伦理内涵。因为对这种来自自然界或者他者的"不言"之言的体认直接关系到对"天命"的把握。

"四时行"、"百物生"是一种"不言之言"。"四时行"、"百物生"就是天"言"的方式。孟子把这一"言"的方式概括为"示"。"天不言,以行与事示之而已矣"(《孟子·万章章句上》)。"行"与"事"的范围很广,如颜渊死了,孔子认为是"天丧予"(《论语·先进》)。"凤鸟不至,河不出图",孔子认为是"吾已矣夫!"(《论语·子罕》)君子、圣人不同于其他人的地方就在于能够在诸多的自然和社会现象中领会"天"之"命"。"命"字本身就有语言的意义,如命令、命名。《尔雅》释"命"为"告"。"命,名也"(《广雅·释诂三》)。《说文》:"命,使也。从口,从令。"

对天的语言(命)的体认,可以有两种表现形式:不说话和说话。两种形式

[①] [美] 郝大维,安乐哲:《通过孔子而思》,何金俐译,北京大学出版社,2005年,第316页。

都可以呼应天的语言。面对眼前的诸种现象时，不同的人会体会出不同的东西。就像面对"水"，既可以体会到柔弱，也可以体会到性善。人的说话本身丰富了"天"的语言，同时给予了"天"的语言以具体的规定性。但其中有没有一定的规矩和逻辑的思考，这是中国哲学现代转换必须面对的问题。在回答这一问题之前，涉及如何理解人的语言从何而来的问题。自然的不言之言，恰好是人的语言的来源，是保证人的语言具有真实性和善的属性的根本。"行"和"事"也可以是一种语言。比如民心，比如制度，比如个人的美德，比如某个人的意见，比如内心的念头等等。把握万事的语言学意义是进入中国哲学智慧的必经之路。

第二节 汉字与中国哲学

现代以来，在西方文化的冲击和白话文话语体系的广泛运用的情况下，中国哲学史的建设虽然取得了巨大的进展，但也面临着危机。这种危机不仅存在于社会基本成员的合法性认同和相对于西方文化的合理性方面，或者相对于意识形态的合法性方面，更根本的是存在于中国哲学自身的研究范式之中。其突出的表现是对中国哲学元典基本范畴、基本用语及其逻辑的漠视和误读。其外在的表征是非中国古典哲学范畴和用语，包括西方哲学以及现代汉语等在解释中国哲学家思想时不加选择、不加分析地优先运用。其中也包括对中国哲学不同经典原著、不同哲学家不同范畴的同化、混用。其结果是越解释越无法使人接近中国哲学的问题和概念所指的对象。这种情况在中西哲学对比研究和对中国哲学应用性指向的研究过程中尤为明显。在中国哲学史的写作过程中也不同程度地存在忽视原著和本人自我对概念的界定的情况。在中国哲学的研究领域普遍存在着滥用概念的情况，诸如善、恶、德、利，道、有、无等概念在中国不同哲学家那里都有着比较严格的运用范围，不弄清这一点，用现在的概念大而化之，实无益于中国哲学和中国哲学史的建设。一般都认为中国哲学概念的运用缺乏系统性、逻辑性，回应这种认识，中国哲学范畴的研究也取得了很多的成果，但这种系统的研究如果缺乏对每个哲学家概念范畴的系统考察是不行的。在中国哲学原著的研读当中，我们可以发现，尽管存在界定概念位置和运用层面的困难，但中国古代的哲学家在运用概念时基本上是严格的、规范的，在中国古文体系中同样存在不同的概念体系。

解释学的方法，如创造的诠释学、本体诠释学和范畴诠释等已经为中国哲学的研究广为运用。但如果脱离具体文本的范畴体系和话语体系的具体的研究，一般性的中国哲学范畴框架是很难科学地建立起来的。文本范畴解释对于一般的中国哲学范畴解释具有优先性。

在使西过程中，郭嵩焘曾探讨中西古代文字异同。"乃知文字之始，不越象形、会意。泰西始制文字与中国正同。中国正文行而六书之意隐。西洋二十六字母立，知有谐声，而象形、会意之学亡矣。"① 早期改革派以声和意别中西："中国制字不以声而以意，故有六书。外国制字不以意而以声，故用切韵。切韵则能读其音即能知其意，六书则虽知其意不得其音，而读书之难易判然矣。"②

掌握汉字演化的历史具有十分重要的意义。高本汉认为"上古时代形成的字形有四个演化阶段，首先是简单的象形字，然后是会意的合体字，然后是语音假借字，最后是改良的语音假借，即形声合体字。"③ 如人，人字分不出是这人、人们、这些人们、人的等。"最初阶段的汉字就不是表音的，不分析词中不同成素的发音，而是表意的象形文字，即一个符号标示整个词的意义而不标示读音。"④ "上古时代存在特别丰富的一批单元音和双元音，但后来都被简化了，它们在发展进程中合并成了为数不多的简单类型。音系的简化是非常厉害的。"⑤ "结果是，在从公元前直到今天的书面语言里，人们始终使用着最初那些简短的词汇："⑥

会意合体字如"家"，屋子下面有猪，一幅画式样的小场景。但不是所有的意义都可以这样表示出来，所以就发展出了语音假借字。如麦＝来。如簸箕＝其。在高本汉看来，这是一个既聪明、实用又危险的道路。"由于汉字所特有的这种语音假借用法使臆测的机会难以消除。"⑦ 如《小雅·天保》中说："俾尔单厚，何福不除"。毛亨解释"除，开也。"意思是：什么福气不向你打开。朱熹理解为：除旧而生新。意思是：什么福气不替换。高本汉认为这个字无非是"储"的假借。形声合体字，如扣，声音是口的与手有关的活动。"语音的变化在字形上根本反映不出来，字形基本上是不变的。"⑧ 因，许慎说是从口、大。高本汉认为实际上是画的是一个人伸直身体躺在席子上。"中国人早先没能构拟出他们自己的古代语言的音

---

① 陆玉林选注：《使西纪程——郭嵩焘集》，辽宁人民出版社，1994年，第70页。
② 郑大华点校：《新政真诠——何启胡礼垣集》，辽宁人民出版社，1994年，第376页。
③ [瑞典]高本汉：《汉语的本质和历史》，聂鸿飞译，商务印书馆，2010年，第22页。
④ [瑞典]高本汉：《汉语的本质和历史》，聂鸿飞译，商务印书馆，2010年，第18页。
⑤ [瑞典]高本汉：《汉语的本质和历史》，聂鸿飞译，商务印书馆，2010年，第51页。
⑥ [瑞典]高本汉：《汉语的本质和历史》，聂鸿飞译，商务印书馆，2010年，第53页。
⑦ [瑞典]高本汉：《汉语的本质和历史》，聂鸿飞译，商务印书馆，2010年，第90页。
⑧ [瑞典]高本汉：《汉语的本质和历史》，聂鸿飞译，商务印书馆，2010年，第23页。

韵系统，这似乎有些难以理解，事实上他们在17世纪和19世纪之间作了一些相当值得佩服的尝试，但由于缺乏足够详密的语言学方法，所以妨碍了他们得出有效的结论。另一方面，他们对字形历史的考证成绩就好得多了。"①"汉字提供了一种增加符号而不增加语音的手段。"②汉字淡化了语音现象，通过字符构造和思想之间的关系。在高本汉看来，义中的羊是形旁，而我是声旁，不是"己之威仪"。言，上面是辛，下面是口，代表用口吹箫。

汉字体现了一种哲学。同一字系中的诸汉字之间的联系和相互关系是类推性的。如首包括人头、首领、首要、发端、首先、自道、要等含义。朝包含早晨、初始、拜见君王、拜访、朝庭、朝代等含义。汉字不仅是人与人交流的工具，而且还是人神、人与自然交流的中介，因而有祸福的意义，是本体论、生成论、语言论、道德论、社会哲学的统一性。就古代汉语来说，大部分情况下一个汉字记录一个词；就现代汉语来说，多数情况下一个汉字记录的是一个语素。汉字具有隐喻性功能性，本身就包含一定定义，判断、推理的成分在字内，从而具有句子功能，可以用多个句子来解释一个字。象形、会意、指示等思维过程已经隐藏在文字之中了。中国哲学对语言范畴的运用基本上是没有体系和逻辑的，缺少分析。这使得字意自身包含的逻辑延展性导致已经构成了一种范畴体系，这个范畴体系和文本的逻辑体系之间有差别，但也互相呼应。

关于汉语与中国哲学的关系问题，越来越受到国内外学者的关注。"既定句法为主＝偏重秩序；缺乏主词＝集体主义；物质名词代替可数名词＝僵化代替个性化；更有甚者，缺乏格式变化（inflexion）＝缺乏反思（reflection）。"③不过本书引申出的结论和目前流行的认识有所不同。从文本解释学的角度来说，需坚持如下几点：

（1）文本范畴自足性的优先性。尽管每一个哲学家在使用哲学范畴时，会具有同时代的一般的范畴运用方式所具有的一般含义，可以通过训诂其他文本的方法加以说明。但每一个哲学家对于范畴的运用一定具有个性的特征，具有相对特殊的含义，这种含义可以通过文本自身的范畴和用语体系来加以显现。文本范畴的自足性应该是优先要考虑的。尽管每一种对文本范畴的解释都会带有解释者自身的特殊爱好，需要解释者一定的补充性的解释，但这是中国哲学和中国哲学史建设的根本的地基和根本的出发点。在多元的文本范畴解释中，文本阐释是中国

---

① ［瑞典］高本汉：《汉语的本质和历史》，聂鸿飞译，商务印书馆，2010年，第27页。
② ［德］威廉·冯·洪堡特：《洪堡特语言哲学文集》，湖南教育出版社，2001年，第174页。
③ ［德］罗哲海：《轴心时期的儒家伦理》，陈咏明等译，大象出版社，2009年，第22页。

哲学不丢失自身的特质的唯一的可能的道路。不从中国哲学文本体系出发的中国哲学一定是以断章取义的方式来对待古人，尽管这样的哲学也会成为一种有价值的中国哲学和中国哲学史形态。对于中国哲学的基础性工作而言，文本范畴体系解释学更具有深远的意义。在文本概念范畴阐释优先的前提下，中国哲学各家的差别和相互影响的关系才可能得到很好的说明，中国哲学的逻辑发展和世界化问题才能得到合理的说明。

古汉语中汉字是一个词，要像对待现在所说的"范畴"那样来对待它。古汉语中的单个字具有较大的意指独立性。汉字在具体的语句、语境和词汇系统之外具有其固定的、带有中心性的意指内容，并且这种独立性有时极大地制约了整个句子和文本结构的意义表达。一个字也能构成一个句子，句子就像一个名词字串。"这意味着中国人只是对词语、而非对文句感兴趣，显示中国哲学中缺乏真理的概念，因为真理只能从文句中产生。"①有时这种独立性是一个一般性的、开放型的，无法确定个别性内容的。在每一个具体的语句和语境中，单个字的意义受到了新的具体限定，形成了具体的意义内涵。但该字在具体语境中的核心意义的形成并没有就因此使这个字失去了一般的意义，它还是可以不同程度地引申出若干个相关的边缘意义，从而在文本中形成综合性的意指集合体。甚至允许在另外的语句中完全转换了核心意义，在另一个语句中的边缘意义上升为核心意义。这样一来，同样一个字或者一句话在一个具体的情境中可能会出现无限多元的理解的可能性。如果脱离了作者、时代、传统、文本等背景构成的具体的情境，其意义的无限性就变成了现实。这不能于说，在具体的语境中，字意和文本意义是不固定的。因为汉字的这一运用逻辑还极大地保证了交流的可行性。在具体的交流活动中，字、句子和文本的含义得到了调整，并形成了高度的逻辑上的一致，从而赋予了字的意义上的一种自我参指和清晰化。"字"通过暗指找出相似性指代了一类事物，而语言的具体含义的确定产生于具体交流活动中相互的反应。文字表达的隐喻是用语言暗示提醒各种特殊，唤起交流者的特定情感。而特殊的情境和语言所指有归于一般的抽象意义和内在的逻辑合理性。寓言似的语言，讲故事的语言都会起到揭示一般的效果。语言的交流是即时的，是榜样的传播，是直接的，而不直接是原则的交流，原则是蕴涵在榜样的个别性之中的。通过指出在和现在的相似的环境下传统人物怎样行事、建立了类同的模式。中国语言活动是一种譬喻活动，是暗指隐喻，暗示提醒，提示各种特殊，并在特殊中建立起一般的意义域。中国哲

---

① ［德］罗哲海：《轴心时期的儒家伦理》，陈咏明等译，大象出版社，2009年，第19页。

学的世界化很大程度上就是要揭示这种一般的意义域。

（2）具象性、个体性、抽象性和推理性。汉字在先秦两汉古籍中有很多的复杂的意义。怎样看待这些字意呢？应该说，就单个字的独立语义来讲，字是在具体意义基础上的一个一般的共同体。这种共同体是通过具体和抽象的有机结合完成的。汉字具有具象性、个体性，其抽象性内含涵在字本身内部了。尽管每一个字可以分为象形、指事、会意、形声等等，但实际上一个汉字本身就具有描绘某种"象"，指称一种对象，表达一种意义，引导一种行动或意念的功能。汉字本身就包含了一定的定义和推理。如祭字由示、又、肉三部分独立的象形字组成。每一部分都有独立具体事物与之对应。三部分加起来，形成的整体结构既指称一种具体的事物，也表达一种抽象的意义。中国的语言是单音节的，是方块字的汉字，其来源是象形文字，这不利于用字尾的变化表达辞性，一个名词的抽象意义和具体意义在字尾中表达不出来。中国哲学的语言是沿着声音形象化的道路前进的，在形象的基础上建立抽象。字一般就是对一个具体事物的形象说明，其抽象的含义则相对稳定。另外，需要注意的是：汉字本身并不主要是参指某个对象。因为很多汉字所表象的对象是多个事物，可以说汉字就是一幅画，其中具有把不同事物组合在一起形成的意境和事物的过程。这种情况决定了在使用汉字的时候，个体性和整体性，个别含义之间可以互相过渡。如"兵者，国之大事也。"（《孙子兵法》）"兵"外延包括哪些内容要结合整个《孙子兵法》来理解，这里面的"兵"是一个整体，包含战争的善、军事政策、国际政治、士兵、将领、战争与和平等与军事相关的系统的整体。假使翻译成战争是国家的大事，或者军队是国家的大事都不能很好地表达这么多的丰富的内涵。兵卒是这个系统一个部分，但可以表示出整体。

就类和个别方面来看，汉字所指称的类，可以兼指物质和心灵领域，乃至现在事物分类方式中的一切或者多个领域的对象类别。如厚可以指称物体、人的道德等等多个类别的一般性。这种一般性侧重于意象、意义、意境等的关联性，而内容可以各异。这种归类是建立在直观性基础上的综合性的、知觉整体性的类。西方思想家对这一点认识不足，他们看到了中国哲学存在"无本体论差异之思维模式"的问题，但是在寻找语言根源的时候，则认为"应归因于它那种纯粹讲究构句、而将语言机制降低到只是一种字词排列的特性。"[1]这种观点认为古汉语因为讲究位序导致了忽视反思和意识问题。其实根源并在此，根源在于中国古人特有的哲学分类模式。从这个意义上说，也可以说古汉语中集合名词占中心地位。汉

---

[1] ［德］罗哲海：《轴心时期的儒家伦理》，陈咏明等译，大象出版社，2009年，第17页。

字指称的类，以及汉字间的类的延展是意象性的机体性关联的动态结构。范畴指称的对象的自然具体性通过类比延伸的应用而得以广延化和抽象化。这使得汉字本身及古汉语本身具有模糊性、整体性、累积性、辩证性（对称）、系统性、流动性、整体性、相关性的特点。古汉语字与字之间具有非西方语法逻辑所能涵盖的逻辑相关性。字的创造、运用和发展本身就成了一种独特的语法规则。由于古汉语相对缺少抽象名词，这就导致了在使语言发挥指称或参指功能时候，要用类名词来表示单个对象。汉字一个名词往往有许多用法。《论语》中的"学"、"时"都是可以指称一类事物的。在这类事物中都具有抽象的"觉"的意义。这就要适当地分析在不同语境中的个别意义与一般意义。

（3）范畴具有多元的、丰富的哲学价值。中国哲学范畴在经验基础上进行分类和综合、抽象（属性），同时具有具体性。以应用为动力进行类比延伸（广延化）和延伸抽象化，实现了范畴与经验互摄和统一，具有认识论意义。每一范畴均通过个别体验者的体验而获得新的意义，或发展为相关的意义。整体的经验及实用需求，决定并丰富了范畴的意义及内涵。

哲学范畴反映自然宇宙中事物的机体性关联，范畴间具有一种机体性关联的结构。表现为一定的系统化、系统性和整体化倾向，具有本体论或者本原论意义。

哲学范畴具有落实性和应用性，范畴的规范性与价值性得到了统一。每一基本范畴均为一种具有规范性的价值，故能直接或间接地规范思考和行为，并因之发展了一套有关实用的解释学或指导个人的修养论。中国哲学的范畴不仅具备了范畴应具备的认识真实之意，而且也具备了规范行为、广泛应用等意义，更成为一切其他多元范畴系统之根本，进而把其他范畴看作其应用，以及在不同层次上具体的变化。一个汉字既有价值性又有事实性，并且在价值上往往同时兼顾事物的正反、好坏两个方面，体现出一种阴阳整体性的特征。比如"乱"字，《说文解字》解释说："乱，治也"。乱就是理乱，并进而引申出名词性的"治"。中国古代汉字，既可以表达肯定的价值，也可以表达否定的价值，或者中性的价值。同样事实判断很多时候就有价值判断的意义和作用。

（4）范畴的相对独立性。字作为一个独立的意义体的时候，其核心的抽象意义是稳定的。而在不同的语境中，它可以和不同的范畴结合。但每一种结合中都有抽象的意义旨归。字的运用，在极大程度上是一个独立的范畴。古汉语是一种以字为主的语言。字有自己的书写符号，语言以字序和字的位置、功能组合起来，字的功能和意义依赖"字"的笔画结构。古汉语缺乏词类、语法，只要懂得字，并进行一定的组合就可以了。字词有着超越语法限制的机动性。古代汉语更接近符号逻辑。古汉语是实用的，古汉语一个字就是一个名词，短语和句子是一连串名词。"在中文着重物质名词和字词为主之现象中，蕴涵了集体主义的精神，而让社会的所有成员都向既定的标准看齐。"①汉字是一个意义库，其所指称的具体对象并不是绝对固定的，在不同哲学家那里和不同时代那里都会获得新的引申。这样一来，研究中国哲学必须把古代文献中出现频率比较高的字当作一个词来对待，当作哲学范畴来对待。字与字在句子中的组合在某种意义上就是范畴的联结。字本身和字的组合形成了中国古代哲学家特有的推理或类推的陈述，形成了特有的命题方式。只不过这种独特性还有待于逻辑学家和语言学家更深入地去研究。字原本的意义和在不同文本中被哲学家赋予的新的意义之间可能会不一致，研究中国哲学需要把字的意义和文本中字的意义结合起来。

（5）知行合一性。汉字具有对象摹写与行动指南双重功能。汉字不仅摹写对象，而且还激发内在的或者外在的行为倾向。汉字注重的是表达命名以起到指导合于道的行为的目的。范畴具有价值规范、制度法则的意义，具有指导和规范思考的意义，具有实用性。古汉字的主要功能是命名，以命名来认识和确立界限。中国人更关心行为词的语言效果，而不是研究命题真假基础的意义问题。汉字具有知行合一的精神。字意不仅是认识对象，对象是内在的，字意本身既是理论的，又是行动的。字意意指本身可以是理论性的、精神性的活动，但这种活动本身就是一种行动，会在多种具体行动当中表现出来。一个范畴与其他范畴的关联就是说明这一点的。古代汉语并不着眼于描述事实，而是建构意义世界，并把对意义世界的理解带入了对事实世界的理解之中。在汉学家看来，古代汉语的词语是唤起标准化行为的"符号"，汉语是一种讲究效应的语言模式，这种情况导致了"于是不存在让个人与世界拉开距离，而后对它进行质疑的机会。"②"通过说和写，这种语言传输着基于历史经验而不断令人信服的内容，于是巫术和神话便取代了伦理学。"③

就对象摹写层面而言，一般认为中国古代汉语不是参指的语言。参指就是力图说出某事物是什么或不是什么。这种语言建立在命题的基础上。在参指的语言中，概念优于意象，无法精确地说出某物是什么或不是什么，这被认为是这种语言的不足之处。严格语言学意义上的"参指"的意思是"指称"或"代表"；那么一个概念所代表的就是一类特殊事物。参指的语言通过命名而呈现想知道的对象，一般应用抽象名词把已知的事物表达出来。但这不意味着古汉字和古汉语不

---

① ［德］罗哲海：《轴心时期的儒家伦理》，陈咏明等译，大象出版社，2009年，第17页。
② ［德］罗哲海：《轴心时期的儒家伦理》，陈咏明等译，大象出版社，2009年，第18页。
③ ［德］罗哲海：《轴心时期的儒家伦理》，陈咏明等译，大象出版社，2009年，第18页。

指称对象。在汉语中名词占了中心地位。名词并不命名对象，甚至不命名事件或行动，而是命名"意象"。这只是说明，古汉语和古汉字指称的类和和具体事物的方式与西方不同，中国有独特的"参指"方式。

由上述两个特点所决定中国语言表现出了与西方许多不同的特点：哲学是人的思维的产物，而思想不可能脱离语言，也必须通过语言来表述。如果可以广义地将中国哲学、印度哲学和西方哲学等哲学形态统称为哲学，那么这些在不同的文化和语言背景之下形成的、在表达方式上具有显著的差异的哲学形态，一定有其语言上的根源。在西方的哲学和文化传统里，理性的主要工具就是形式逻辑。罗格斯一词正是语言的意思。语言运用的过程也就是意义开显的过程。形式逻辑乃是从语言中蜕变出来的理智工具。语言所开显的只是一个意义的世界，而不一定是一个服从逻辑秩序的世界。但希腊哲人都有把意义世界等同逻辑秩序的倾向。由于希腊人主要是通过工艺制造的思想模式来看宇宙人生，希腊文化所开出的理性结构就无可避免地注重个体性与逻辑秩序。在西方的哲学传统里，"逻辑"的意义正建立在事物的独立可分的认识基础上。形式逻辑所允许的乃是事物外在关联性，而非事物之内在关联性。西方的抽象名词是命名理念的手段，而理念是通过判断得到例示的原则，而虚拟条件句则是描述供选择的行动类型之结果的。两者都是伦理和科学教育与实践所必需的。条件句和抽象名词都是某种理论思维的基础，这种理论思维使人们的思想和态度能够同人们在世界上的实际行动方式相分离。理论思维预先设定，一个人在考虑理解和行动的不同模式时能够客观和冷静；科学的和伦理的思维活动都要求考虑各种不同的可能性，在这个意义上，它们是紧密联系的，"或的或"这种结构决定了伦理的科学的思维，在西方传统中超越概念无处不在，如神和世界、存在和非存在、主体和客体、心和物、实在和现象、善和恶、知与无知等等。

西方语言是一种声音语言。声音语言显示了主客体关系的断裂，并且保持着一种远距离作用。因为声音不能形象化，因此必须形成抽象概念，这就就形成了概念思维。从巴门尼德开始，述谓语句结构中系动词"存在"演变成名词概念。而随着苏格拉底和柏拉图对普遍性概念的考察，范畴逐步发展起来。范畴是普遍性概念，来源于语言中的述词，具有相对的独立性。亚里士多德对范畴进行了研究，奠定了西方哲学语言的逻辑化特点。中国哲学关心以命名来认识和确立界限，关心行为词的语言效果，而不是研究命题真假基础的意义问题。由于古汉语相对缺少抽象名词，这就妨碍了语言的指称或参指功能，以致要用类名词来表示单个对象。中国哲学语言是沿着形象化的道路前进的，在形象的基础上建立抽象。由于增加了形象的环节，中国哲学的一个名词往往有许多用法。

从感觉、知觉、表象到概念这个环节中西哲学差距很大。猪是象形字，这个概念没有和形象脱离。依据易学的道理，猪可以归结为水、钱等类别中去。其中归类的时候只是有某种联系和共同性而已。按照现代的分类方式，猪要归结为动物，动物又是什么呢？按中国哲学的语言，一切运动的事物都是动物，那么显然动物和猪之间出现了更大的语言跳跃。中国判断和推理的过程与西方哲学存在巨大的差异，不能一概而论。

由以上分析，我们可以看出，在逻辑化语言运用方面中国有自己的特点，可以学习西方、进一步加强中国哲学范畴的研究，而在道言运用方面，中国哲学可以开出一个不同于西方主流哲学的哲学体系来。

第三节　汉语语法和中国哲学

学习和研究中国古代哲学的难题之一就是语言的时代性和个性差异。就语言的时代性而言，影响对中国古代哲学的理解的一个难题是古代汉语和现代汉语的差异。由于现代汉语和古代汉语的差异的形成是在中西语言冲突和融合的过程中完成的。仅就哲学的层面上来看，现代汉语和古代汉语的差异就是中西哲学思维的差异。因而可以在某种程度上忽略古今之别。

马建忠的《马氏文通》创建了汉语语法学。《马氏文通》以西方语法模式，分析中国语言，使中国传统的训诂学与修辞学研究发生了质的变化。马建忠继承了陈骙的《文则》（1170 年）卢以纬的《语助》（1311 年）和袁仁林的《虚字说》（1710 年）的语法分析传统，借用了许多词语，并对这些词语作了新的定义：名、动、读、句，以及实字和虚字。继承了刘淇《助字辨略》（1711 年）等训诂类著作的语法分析成果。他引用前人的论说，引用古注，引用雅书，字书、韵书进行了辨析，力求在共性中找到适用于各种语言的普遍性语法原则。许国璋先生认为《文通》可以解作普世语法。普世语法的追求是可以的，但是对于阐释中国哲学的精神来说，把握古代汉语的特殊性更为重要。

从哲学的角度来说，语法对于把握古代汉语的哲学思想帮助并不大。因为古代汉语缺乏曲折形式。"不管从哪个方面看，汉语里都没有任何东西可以称为曲折形式。"[①]古代汉语表达思想在某种意义上说就是把字罗列在一起完成的。"汉语的

---

① ［德］威廉·冯·洪堡特：《洪堡特语言哲学文集》，姚小平编译，湖南教育出版社，2001 年，第 113 页。

语法之所以可能，完全是靠句子的短小和简单。"①至于字之间的罗列关系是否遵循一定的语法规则则另当别论。"汉语激发起并维持着针对纯思维的精神活动，避开一切仅仅属于表达和语言的东西。"②在把词联结为句子时，汉语并不利用语法范畴。"在汉语里，所有的词都用来直接表达概念，而不指明语法关系。"③"之"在主语后有属格的意义；在动词后有宾格的意义。"之"有区分开的意义，也有联系的意义。"这类词不是语法形式的标志，而是指出一个思想片段向另一思想片段的过渡。"④小人之中庸——"汉语的这个句子其实就是把概念小、人、中间、坚持一个接一个排列起来，其中的语气助词'之'表明，前两个词作为一个组合应该与后两个词相联系。"⑤大哭道＝某个人哭了，说了话。古汉语里的介词没有时态标志，也不是格的标志。在西方语言中，虚词起到代替曲折形式的作用，虚词可以成为实词的一部分，隶属于实词，与实词融合起来，最终成为曲折形式。"可是在汉语里，虚词的目的决不在于标示语法范畴，而是要指出从一部分思想到另一部分思想的过渡；如果完全从词的语法范畴的角度出发，那么虚词显然同时适合于若干范畴。此外，许多虚词仍十分明显地保留着原有的用法，所以把它们理解为实词往往更好，例如'以'就是如此。"⑥现代人面对古代汉语，需要进行大量的添补工作，而这种添补工作往往成了训诂的分歧。"汉语把添补大量中介概念的工作留给读者自己去做，因此给精神带来了大得多的负担。"⑦从这一意义上说，不深入把握古代汉语的特征就没有办法找到办法去面对众说纷纭的文本注疏。

没有曲折手段，就区分不出来句子中出现的是我、你、他、我们、他们，也不知道动词是用作过去时态、现在时态还是将来时态。"众所周知，孔夫子及其学派的著作是用所谓古文体撰成的，这种文体至今仍为所有伟大的哲学和史学作

---

① ［德］威廉·冯·洪堡特：《洪堡特语言哲学文集》，姚小平编译，湖南教育出版社，2001年，第121页。
② ［德］威廉·冯·洪堡特：《洪堡特语言哲学文集》，姚小平编译，湖南教育出版社，2001年，第120页。
③ ［德］威廉·冯·洪堡特：《洪堡特语言哲学文集》，姚小平编译，湖南教育出版社，2001年，第132页。
④ ［德］威廉·冯·洪堡特：《洪堡特语言哲学文集》，姚小平编译，湖南教育出版社，2001年，第115页。
⑤ ［德］威廉·冯·洪堡特：《洪堡特语言哲学文集》，姚小平编译，湖南教育出版社，2001年，第112页。
⑥ ［德］威廉·冯·洪堡特：《洪堡特语言哲学文集》，姚小平编译，湖南教育出版社，2001年，第147页。
⑦ ［德］威廉·冯·洪堡特：《洪堡特语言哲学文集》，湖姚小平编译，湖南教育出版社，2001年，第150页。

品普遍采用；然而正是在这种文体里面，语法关系仅仅由词序或独立的词来表达；读者往往不得不凭上下文去猜测，某个词应该被理解为名词、形容词或动词，还是语助词。"①在古代汉语中，可以把动词当做纯粹的系词来使用。"父道"和 they like（他们喜欢）并不一样。"like"在其他场合有曲折变化。"汉语里通常所说的介词，其实是动词。"②比如"以天下予人"，其实是：拥有帝国，赠于该人。我吃＝我的食物。这里面"吃"等同于"食物"。"可以把不定式状态的动词看做名词，而主语的主格形式也可以化为属格。"③中国古代汉语的意义表达不限于主谓结构，尤其是主谓结构的命题表达上面，往往是字意自身包含的逻辑延展性导致的范畴体系。

其一，是字的组合显现一定的过程性。"理解汉语始终必须从词的意义开始。"④当一个字和其他范畴结合在一起表达思想的时候，并不总是一种严格的对象化的思维模式，而是过程性的思维模式。西方语言是一种声音语言，声音语言显示了主客体关系的断裂，并且保持着一种远距离作用。而中国古代汉语体现了强烈的过程性思维。汉语的词序并不能明确地指出，句子里的每个词都具有什么样的语法形式，而只是表达了一个思想的组成部分。"严格地说，在汉语里词序只是指出，哪个词决定着（bestimmt）哪个词。"⑤这种决定作用包括：一个概念的范围由另一个概念的范围加以限定；一个概念指向另一个概念。"它更突出了思想。"⑥"汉语对表达有意义的独立概念的词作了大胆的处理，让它们一个个孤立地存在，然后把它们串起来，同时排斥一切本身不具意义、只起粘附和联系作用的成分。"⑦字和字之构成句子描述一个事物发展的过程。如"子夏曰：百工居肆以成其事，君子学以致其道"（《论语·子张》）。道是"学"的过程性展开，是一个过程的两个不

---

① ［德］威廉·冯·洪堡特：《洪堡特语言哲学文集》，姚小平编译，湖南教育出版社，2001年，第60页。
② ［德］威廉·冯·洪堡特：《洪堡特语言哲学文集》，姚小平编译，湖南教育出版社，2001年，第110页。
③ ［德］威廉·冯·洪堡特：《洪堡特语言哲学文集》，姚小平编译，湖南教育出版社，2001年，第111页。
④ ［德］威廉·冯·洪堡特：《洪堡特语言哲学文集》，姚小平编译，湖南教育出版社，2001年，第149页。
⑤ ［德］威廉·冯·洪堡特：《洪堡特语言哲学文集》，姚小平编译，湖南教育出版社，2001年，第116页。
⑥ ［德］威廉·冯·洪堡特：《洪堡特语言哲学文集》，姚小平编译，湖南教育出版社，2001年，第118页。
⑦ ［德］威廉·冯·洪堡特：《洪堡特语言哲学文集》，姚小平编译，湖南教育出版社，2001年，第118～119页。

同的阶段和发展程度。如"攻乎异端"中"攻"和"异端"的关系在语法上可以分析成谓语和宾语的对象性关系,也可以分析成过程性关系。在过程性的视野中,"攻"等同于"功","异端"是用功夫导致的一个结果。洪堡特说"换言之,汉语的艺术性在于,它只是把概念简单地一个个排列起来,这样,概念之间的一致和对立不仅可以像在所有其他语言中那样被感觉和悟识到,而且以一种新奇的力量作用于精神,促使精神去跟踪概念,再现出概念的关系。由此便产生了一种显然不依赖于基本推理的趣好(plaisir),我们可以将之称为纯智力的趣好,因为它针对的只是概念的形式和组织。"① 洪堡特还说:"我认为,这种风格取决于概念之间的直接交触,以及概念与其表达之间的崭新关系,而概念与表达的关系则受到以下因素的约束:几乎没有任何语法标记;拥有一种基于汉语句法的组构艺术,即把词一个个排列开来,使得概念之间的相互关系从概念结构本身中凸显出来。"② 洪堡特指出古代汉语"它的简洁、精炼的风格以独到的方式将生命力注入叙述和描写,并使情感的发抒获得某种表现力。"③ "汉语没有把词改造得适合于句子中的运用。"④

其二,涉及命题、定义等情况的时候也有中国哲学自身的特点。"中国思维不是始自指称的事物而是事物由此划分的整体或集合。"⑤ 提问"是什么"往往涉及个体事物在某种情境或者事件中出场。很多提问的定义式样的回答往往是用具体的示例来回答,当然示例本身有一定的逻辑关系,这个逻辑关系是一般的,但又不是一个简单的具有一般性的回答。其中包含着从整体划分殊相,从殊相显示共相的运作。往往是回答两个对象之间的限量、归属、过程、符合、适当等等的关系的。命题有时不是关心这样思考的真和假的问题,而在于主体及环境是否适当。把长句切断,阻碍了思想沿着一串更长的命题的发展。"甚至句子的统一性也不是完全由词的不同位序来确定,我们往往没有把握断定一串词表达的是一个命题还是两个命题。"⑥ 在古代汉语中,在语词和句子的关系上词的地位更为核心。"中国

---

① [德]威廉·冯·洪堡特:《洪堡特语言哲学文集》,姚小平编译,湖南教育出版社,2001年,第158页。
② [德]威廉·冯·洪堡特:《洪堡特语言哲学文集》,姚小平编译,湖南教育出版社,2001年,第159页。
③ [德]威廉·冯·洪堡特:《洪堡特语言哲学文集》,姚小平编译,湖南教育出版社,2001年,第162页。
④ [德]威廉·冯·洪堡特:《洪堡特语言哲学文集》,姚小平编译,湖南教育出版社,2001年,第163页。
⑤ [英]葛瑞汉:《论道者:中国古代哲学论辩》,中国社会科学出版社,2003年,第479页。
⑥ [德]威廉·冯·洪堡特:《洪堡特语言哲学文集》,姚小平编译,湖南教育出版社,2001年,第134页。

人不是根据那些严格界定各种命题的语法形式来排列整理词语，而是把每个词当作孤立的对象来处理，以至接连不断地切断句子，只是在概念绝对需要的场合才把词相互联系起来。"①

其三，主客体的在场性。如"见"。《左传·昭公十八年》："夏，五月，火始昏见"。一般把"见"翻译成"出现"，出现侧重于客体的方面，任何出现都意味着看见。"见"表达了这种"出现"与"看见"的在场性。

其四，事件出场的优先性。《庄子·逍遥游》中许由说："归休乎君，予无所用天下为！"一种翻译是："你请回吧！我要天下做什么呢？"此翻译当中比较强调"我"的主体性，而不是"我"的出场性。"我"是否在"天下"中出场是中国古代汉语的一个基本的使用方式。此句当为"天下对我没有什么用"，表示"我"不愿被大家关注，不愿在"天下"中出场。

其五，主语和宾语或者补语往往被隐含，主动和被动不分。"他们也极少标明动词是主动的还是被动的，让一个形式包括起同一动词的这两种形式。"②《庄子·应帝王》记载说，列子受命去追一个人，然而此人一已逃，他向老师报告说："已灭矣。"这里是说，此人已经逃走了，还是说被我灭了呢？显然是前者。主客体往往是可以省略的，只要符合这一动态过程，或者相应规定的事物都可以进入到句子所规定的主客体范围之中。这就决定了中国古代哲学语言并不是以纯粹的事实性的个体世界为哲学关注的焦点的，而是把事实和意义统一起来，并以意义为根本的指归。主语或物主代词主语往往不规定动词，而恰恰由动词来规定物主代词，主语表示对某类行为的占有，或者可以被归到（包括否定）某个系列之中。古代汉语并不专心去描述事实，而是关心秩序，关心建构意义世界，并把对意义世界的理解带入了对事实世界的理解之中。无主语性在西方思想家那里被认为是和集体主义以及缺乏完整的个性化相关联的。

在古汉语中，动词和名词的界限模糊不清，名词、动词、形容词、系动词、行为动词等可以互相过渡。在西方语言中，"动词性"范畴（概念）一般是名词，但在中国则必须重新返回到动词的位置上去理解。如《论语·为政》："子游问孝。"这里的被问及的"孝"不仅仅能够被理解为一个抽象的名词概念，更是指某种"行为"。"孝者"、"仁者"就是某某对孝、仁（动词或者名词）的占有者。古

---

① ［德］威廉·冯·洪堡特：《洪堡特语言哲学文集》，姚小平编译，湖南教育出版社，2001年，第135页。
② ［德］威廉·冯·洪堡特：《洪堡特语言哲学文集》，姚小平编译，湖南教育出版社，2001年，第109页。

代哲学关心意义的世界，某类行为的占有者其实就是意义世界的占有者。很多的阐释困惑往往就是没有很好地把握古代汉语字的动词性意义和名词性意义带来的。例如《论语·里仁》中记载有"以约失之者鲜矣"一句。其中的"约"往往被作了动词行动的理解，被译为"约束"。如果理解为动词性的"约束"，则要回答约束的对象、内容、方式和目的等等问题。一般人们认为这是要求人约束身心言行。这样一来，对古代汉语的解释就会越来愈复杂，从而堵塞了建构之道路。而本句中的"约"可以当作名词性的字，是约束力、自制力一类的意思。那么这句话就是说，一个具有内在约束力的人，是不会有过失的。或者说一个人具有内在约束力的人，还会有过失的情况是很少见的。

古汉语有其特殊的实践性体验的基础。"他日"和"从此以后"，就不完全相同，他日和今日是一个并列的关系，他日和今日具有时间的自足性，都是"一时"，并不是从现在开始向过去或未来的一种单线条的紧张关系。"他日"的概念具有时间上的价值平等性，显示了一种较为自由的人性化的时间观念。

第四节　中国哲人对话的艺术

关注一种哲学不仅仅要关注其基本的观点，区分不同的哲学思想也不仅仅看其表达的哲学观念，而更重要的是看哲学方法和使用的哲学概念体系及其差别。在历史上的重要哲学家或哲学派别都有其建立哲学体系的方法。中国哲学中使用比较多的是对话的方法。交谈是一种通俗艺术形式，最基本的交谈形式是发起交谈的人和另一个人之间存在着某种合作，另一个人参与交谈，轮流说话，让交谈继续原来的话题或变换另一个不同的话题。交谈的线性顺序是交替说话，谈话以寻找共同感兴趣的话题，并以对话可持续下去为必要的条件。对话是发生在两个或两个以上的人之间的话语活动。对话潜在地要求对话者坚信没有最终的绝对真理存在，对话者在话语权力上是平等的，不能有话语霸权。在哲学领域内的对话突出了通过提问来引出哲学家的观点和立场的功能，突出了对话一方的中介性。但不能因为哲学领域这种特殊类型的对话来否定《论语》中孔子的言说方式是"对话"。《论语》中哲学思想的表现方式是"对话"，而不是"口授"和"听写"。当然，由于历史的原因，对话的很多情景性内容被略去了，对话中更突出了孔子的立场和观点，突出了弟子的聆听性美德。其实聆听是一种哲思性美德。急于说话往往是没有认真听或没有听懂说话者思想的表现。

其一，社会情景和事件。中国哲学从表达方式和表现形式来讲，一个很重要的特点就是对话往往发生在特定的社会情境中，需结合社会情境了解对话的意义指向。中国哲学的重点是给出特定的社会情境和事件中个体的创造性活动，如果说有原则性的话，原则性意义也是潜藏在创造性活动中的。"孔子的哲学是事件的本体论，而不是实体的本体论。"①事件的本体论，是受到哲学思维方法制约的。情景性定义、具体事件和行动指令显示出的抽象意义需要一定的历史记载和补充性的说明。

"冉有曰：'夫子为卫君乎？'子贡曰：'诺。吾将问之。'入，曰：'伯夷、叔齐何人也？'曰：'古之贤人也。'曰：'怨乎？'曰：'求仁而得仁，又何怨！'出，曰：'夫子不为也。'"（《论语·述而》）

这是一个对话，在这个对话中表达了怎样的哲学思想呢？无疑需要大致了解对话发生的情境，对话所涉及的历史事件。就情境而言，这个对话发生在卫君（卫灵公的孙子定公辄）和其父（灵公的儿子，世子蒯聩）争国的情境之下。就事件而言，蒯聩因为得罪南子，出奔宋，后来晋国赵鞅帅军队接纳蒯聩于卫国的邑——戚。后来灵公死后，立了蒯聩的儿子为卫君，卫石曼姑率领军队包围戚。

其二，典故和传统。中国哲学重视历史，重视历史形成了中国哲学特殊的方法论。讲话的含义就是对某个人讲话。历史不是作为先定的原则在发挥作用的，而是在人的行动和仪轨活动中发挥作用的。讲话属于"我们"的领域。在交谈中所说与被说的东西往往是一种可以交流的平台，其重视共享的内容。子贡用了一个典故，一个孔子和子贡甚至更多人都了解的一个传统事件作了一个类比性的提问。"子贡曰：'诺。吾将问之。'入，曰：'伯夷、叔齐何人也？'"关于伯夷、叔齐，司马迁《伯夷列传》有详细的记载。伯夷、叔齐的故事很大程度上是传说，但是，传说一旦形成，在传说中就包含了一定的历史内容。这个传说和这两个人物与现实的对应关系应该说是开放的，可以讨论的话题很多，仅就司马迁的记载就可以讨论"让国"、"孝"和"仁"的观念、反对"以暴易暴"等问题。在这里子贡显然把这个传说和当前的父子争国的事情联系在一起。父亲把王位传给老三叔齐，老三叔齐让给老大伯夷，伯夷不受，两人出逃，把王位留给了老二中子。孔子只是回答了"古之贤人也"；"求仁而得仁，又何怨！"孔子显然是就历史人物和传说而评论历史人物和传说，没有主动引申出什么现实结论来。

---

① ［美］郝大维，安乐哲：《孔子哲学思微》，蒋弋为，李志林译，江苏人民出版社，1996年，第7页。

其三，问题。对话中冉有提出的问题是：孔子帮不帮卫君；子贡对冉有问题的回答是不帮助。子贡提出的问题是：伯夷、叔齐是什么样的人，是不是有"怨"。孔子面对的直接的问题是：伯夷、叔齐是什么样的人，是不是有"怨"。孔子的答案是："古之贤人也"；"求仁而得仁，又何怨！"只是直接回答了子贡提出的问题。孔子的回答是就事论事，是否意识到子贡话中的玄机是很难说的。但即便孔子意识到子贡真正要问的问题，但答案中包含的哲学原则及其思维方法也肯定和子贡不同。

其五，事件评论中的原则和主张。叔齐（卫君）均是得父命或父王命，只不过一个是争一个是让；伯夷（蒯聩）均是没有得到父命或父王命，只不过一个是拒绝让，一个是主动去争的问题。从叔齐（卫君）角度来评论，朱熹从伯夷、叔齐都让国以及伯夷尊父命，叔齐重人伦，得出结论认为应该重视人伦，人伦的价值大于国家。既然卫君应该以亲情为重，就应该让国。子贡从孔子评论中得出的结论是孔子主张不帮忙卫君，潜在认为卫君该让。但在这里，卫君争可以理解为为国事，叔齐让为亲私，也可以得到辩护。

但反过来讲，从伯夷（蒯聩）角度来评论，伯夷让很合理，但"蒯聩"争就显得莫名其妙，显然蒯聩应该让。

这些理解都是包含一个原则在先的问题，都是悬置了某个原则或理想，讨论的"应当"问题，让"事实"迁就某种"应当"，然后根据"应当"选择自己的行动方案。子贡从尊重"礼"的角度出发，不能说卫君不好，但希望以一个理想的"应当"来看待卫君，希望卫君让。他从孔子的回答中得出孔子不支持卫君的结论，也就成了自己的行动指南。其实可能是他自己不准备支持，然后从孔子那里坚定了自己的信念而已。其实他并没有真实地把握孔子的哲学思维，也自然没有很好地回答冉有的问题。

孔子不管是否意识到了子贡和冉有的问题？但孔子的回答其实都是可以适用于当前的情境的。"求仁而得仁，又何怨！"

首先要尊重事实。伯夷、叔齐既然是一个历史现象，就要尊重，并从肯定的角度，抱着宽容的心态去发现正面的价值，而不是采取历史虚无主义，现实虚无主义。对待眼前的历史事件，显然只能尊重，而不能用"应当"或原则来看待。在西方人看来，中国古代人缺乏超脱于行为结果的自主理性能力，这从古代汉语中缺乏假设性的句子。"中文里只有'如果X，则Y（If X, the Y）的肯定条件句，却缺乏'X虽为假，但如X为真，则Y为真'（If X were, then Y would be）的这种带有揣测意味的条件句。"①

"求"和"得",甚至"不得"都是每个人自己的事情,是自己的选择。自己的选择,自己承担责任,自然不需要别人用另外的一个价值观来评价和求其"应当"。伯夷、叔齐只是在这个意义上是值得肯定的。换句话说,卫君、蒯聩各有自己的主体意志,各有所求,这个不是别人能够要求和评价的事情,他们应该自己去解决自己的问题。孔子的弟子也应该自己决定,一旦决定了应该勇往直前。后来孔子自己离开,默许有些弟子留下,子贡、冉有先后离开,子路为卫战死,也比较能够说明孔子的态度。

如果说,孔子的立场中还包含什么价值倾向性的话,就是"求"和"得"之间的关系。欲求仁,仁就可以来,自己能够通过自己的努力实现某种道德价值,这是完全由主体自我决定的。伯夷、叔齐重视人伦的价值,重视对父的孝,对君主的仁,对和平的向往,并身体力行,实现了这个价值,自然值得肯定。孔子肯定的不仅仅是伯夷、叔齐所追求的那些价值本身,而是价值追求过程本身。卫君、蒯聩所求的也是一种价值,只不过是国家权力,是一种功利性的价值,这个价值是彼此冲突的,并且并不是"求"就可以"得"的,不是一种与主体能动性必然联结在一起的普遍性的价值。孔子对卫君、蒯聩价值内容的否定也应该是有限的,因为也可以为自己的价值理想(国家权力)而死去,也算其"求"有所"得"了。孔子对伯夷、叔齐的肯定也是有限的,因为不能"无可无不可"。(《论语·微子》)

第五节 譬喻中的逻辑

中国古代汉语的语言系统主要是说话的活动和展现的活动,它通过语言系统表现出一个意义的动态化领域从而展现道的变化。语言的使用是一种生活样式,具有与时间、对象、论题的某种因应性、事件性、情境性,通过情境来说明意义。因此要理解意义,需要搜罗人物、时间、地点、事件等诸多情境性因素。脱离了这种情境性,古代哲学并没有充足的概念、命题系统可以实现超过时空界限来达到表达和传达思想的目的。当然在哲学家的思想中,哲学情境的保留和概念解说也是有一定的生活的普遍性意义的,具有超越时空的价值。这也是与中国哲学对语言的广泛的理解有关。沉默与说话都是语言,行动也是语言。生活本身就是对意义的一种论述,言说只是对这种论述的一种补充说明而已。世界只是一种榜样、

---

① [德]罗哲海:《轴心时期的儒家伦理》,陈咏明等译,大象出版社,2009年,第21页。

一种范例或多种范例的集合体。哲学语言就是在诸范例中发现（说出）其内在的意义。"譬"的方法恰好有助于表达范例中的哲学逻辑和价值意义。

给"譬"下一个精确的定义是很困难的。"譬"是一种审美认知还是理性认知的问题涉及"譬"和类比、比喻的关系，涉及中西方哲学的差异。本书以《论语》中明确提到过"譬"的资料为主要依据，分析所得到的结论主要适用于解释《论语》中的"譬"，尽管这种分析也可能对研究先秦其他文本中的"譬"方法有启迪，但对于其他文本的"譬"方法需要具体的分析，不可统而论之。"譬"，喻也，依"此"显"彼"。我们大致可以把孔子的"譬"定义为：用具有同样"关系质"的事物来说明问题和唤起适当的行为。

其一，"譬"是相似性的比较，而相似性主要是"关系"的相似性而非实体的相似性。譬和被譬之间具有某种同一性，从而可以相耦合，并进而起到说理和证明的作用。但这种同一性在《论语》中的"譬"那里主要是"关系"上的同一性。"譬"中有"类"，有"比"，类主要是"关系类"，譬中的类比，是在关系类下面对实体事物的比较。"譬"可以发挥类比推理的逻辑力量也是这种意义上的类比推理。至于譬和被譬所涉及的实体事物之间，本体和喻体所涉及的实体事物之间，不必然具有现代人所理解的"个体"和"类"的必然关系。而恰恰相反，二者的关系往往不同类，这也就是人们常说的分得越开，则合得越好。凡是涉及"喻"，一定是以不同类的事物来进行譬比才更能达到良好的效果。但由于譬和被譬所涉及的实体事物之间具有关系的"类"性，譬关系中的事物和被譬关系中的事物之间也会具有某种相似性。"譬"从这个意义上说不同于现代人们所说的类比，现代人们所说的类比是在承认事物之间具有个体和类的逻辑关系为前提的。也就是说类比中的实体事物在性质或者因果关系上存在着一定的同一性，而"譬"中的实体事物之间则不一定具有这种关系。"譬"中有真，主要是以关系"真"为逻辑基础，从而阐明事件的"真"。

其二，"譬"是"喻"，"譬"具有显现的功能，"譬"通过对具有同一关系的事物的比较从而获得一种使人容易把握的效果。这也就是人们所说的，不能直接表达，可以借助具有同样关系质的事物彰显思想，用"知"喻"不知"，从而使人"知"，从而达到"明"。

人们往往把重点放在了"譬"所涉及的人、物等实体性事物上面了。实际上重点应该是"关系"，而不是实体性的人或者物，或者说需要把实体性的要素放在"关系"中，"情境"中，当作"事件"来理解。比较的基础不仅仅是实体性事物的本质、属性或者特征的相似性，还是关系的相似性。"子夏曰：'百工居肆以成其事，君子学以致其道。'"(《论语·子张》)在这里"百工"对应的是"君子";"居肆"对应"学";"事"对应"道"。工匠对应的是技艺和器具,"肆"是造作之处,工匠在作坊做出器具,工具性的知识具有工具性知识的用处。"学"和"肆"具有同等的逻辑意义。"学"相当于"道"的作坊,君子在这个作坊里做出"道"的事业来。各有各的"道",二者不可混淆,但二者又有共同的逻辑,所以可以形成"譬"。在这个譬喻之中,如果认为"百工"和"君子";"居肆"和"学";"事"和"道"具有本质、属性或者特征上的相似性则会在根本上背离子夏的思想。

"譬"中包含了两个层次的内容:一个内容是通过故事语言、教益语言唤起一种情感和实践,实现一种审美;一个内容是通过"关系质"表达一种思想,实现一种相对精确的理性认知,表达一种理性的观念。在这两者之中,后者是最为重要和关键的。对于现代人来说,弄清楚古人通过"譬"说了什么比我们只是情感上认同或者反感更为重要。"子在川上,曰:'逝者如斯夫!不舍昼夜。'"(《论语·子罕》)如果我们仅仅有类似的情感认同是不够的。每个人会基于个人的生活体验和具体情境对这段话产生各异的情感认同,并进而得出不同的思想。如此一来,孔子的思想似乎就没有什么确定性了。如在朱熹那里,这句话说得是"天地之化",实践启迪是"欲学者时时省察而无毫发之间断也"。①在黄侃那里就成了感叹"人年往去","向我非今我"。②在赵歧那里就成了"言有本不竭,无本则涸"。③这说明,"譬"作为一种表达方式,作为一种方法论的确具有极强的实践适应性和开放性,不同时代,不同的人都会赋予其很多具体的感悟,从而引申出各异的具体的实践方案。但问题在于,我们该相信其中的那一种理解呢?还是我们自己提出一种理解?自己提出一种理解的可靠性根据是什么呢?限度是什么呢?事实上,如果把历史上的解读仅仅理解为一种情感性的反应,那么这些解读就不再有注释孔子思想的唯一的合法性和合理性。每个人对这句话的任何反应都具有合法性。如此一来,古人的思想就成了没有清晰明白特性的思想。

实际上,这句话从表达的哲学思想的角度来看,是清晰明白的,符合一切科学的思想表达的特征。这里的"逝者"更多地应该从动词的意义上来理解,而不应理解为名词。如果理解为名词,则要问,是什么东西在流逝,思维一开始陷入了具体思维,就已经先验地否定了孔子是在进行一种理性的抽象的哲学思考。这里的"逝"应该被当成一种抽象的哲学概念来理解。此句的逻辑关系是:"川"(奔

---

① 程树德:《论语集释》,中华书局,1990年,第611页。
② 程树德:《论语集释》,中华书局,1990年,第611页。
③ 程树德:《论语集释》,中华书局,1990年,第611页。

腾的河水）之"不舍昼夜"对应"逝"之"不舍昼夜"。在这里，孔子由具体到抽象，从河水的不分昼夜的流淌得出一个抽象的道理，流逝本身超越了人为的、带有工具色彩的时间概念。按照这一理解，《论语》的哲学性就是不容置疑的了！

把握"譬"的方法，以下几点是要注意的。

（1）譬喻之抽象化。"王孙贾问曰：'与其媚于奥，宁媚于灶，何谓也？'子曰：'不然，获罪于天，无所祷也。'"（《论语·八佾》）如何面对这段话呢？一个可行的解释方向是把譬喻抽象化。"奥"，是粮仓，指代粮食的管理者、生产者。抽象化以后就是人生和万物的基本生存原料的管理者。人与天的关系就是"奥"的关系。"灶"用烹饪食品的装置指代厨房、厨房的主管等与其相关的一切。人和"灶"的关系是直接的、表面的、感性功利的关系。取悦于"灶"就是要把自己的人生奠基于感性的、直接的利益之上。

（2）剥离意义与情境和事件、道德指令句子的等同性关系。"子夏问孝。子曰：'色难'有事，弟子服其劳，有酒食，先生馔，曾是以为孝乎？"（《论语·为政》）如何面对这段话呢？"孝"不能等同于弟子劳动，老师享受这样一种行动格局。从这个行动格局中需要体会孔子的意义追求："君子不器"，不能以一种物质性的功利性的方式来处理"老师"与"学生"的关系，要努力实现彼此人格的完善。不能拘泥于这个行动上面，并把孔子关于如何开展孝行的行动说明当作原则，永远否定学生帮助老师劳动的行为；也不能单纯肯定学生为老师劳动性行为，关键就在于在这个行为中是否促进了人格的健全的成长。

（3）原则"一"对对立"二"的超越。从上面的论述已经可以看出，把握意义，必然对从否定或者肯定的某种行为中"跳脱"出来，然后又要把这一意义的理解"还原"回去，才能实现对孔子思想的准确把握。这就要很好地处理意义"一"和事实或者事件"二"、"三"之间的关系。

第六节 中国哲学史上的两种逻辑进路

陈汉生认为："在中国古代的确不存在柏拉图式的实在论（也不存在抽象的集合或类的理论），公孙龙并不构成一个例外。"[①]按照这一说法，冯友兰先生以一般和个别的逻辑阐释中国哲学和中国哲学史，就有很大的缺陷。可以说，在中国哲学史上有两种与古代汉语的使用特性密切相关的逻辑进路：一种是个别一般的逻

[①] ［美］陈汉生：《中国古代的语言和逻辑》，周云之等译，社会科学文献出版社，1998年，第3页。

辑进路；一种是多元和合相涵的思路。这两种思路在中国现代哲学史上都有现代的表现和回应。其中一般和个别的思路占据理论的主导和优势。

1. 一般与个别理论范式

一般和个别是中国近现代哲学家处理中西文化及其哲学的关系问题的一个重要的理论范式。冯友兰首先明确加以运用，牟宗三、徐复观、张岱年等都在不同程度上再度使用。中国哲学的未来发展需要对这一范式进行一定的反思。

金岳霖提及一种哲学主张和普遍的哲学形式的问题是写作中国和研究中国哲学以及中国哲学史必须面对的问题。其中已经揭示了一个基本的逻辑关系：一般和个别。这二者的关系是日常生活和学术的基本性的问题。

张岱年在《中国哲学大纲》中使用一般和个别来处理中西哲学的关系问题，不过他首先解决的哲学名称的类与特殊性问题，他把哲学看作一个类称。

冯友兰之对一般与个别逻辑的运用更加彻底，贯穿了方法论、社会历史哲学、文化观、本体论等多个层面。我们仅就中国哲学和中国哲学史本身的宏观方面来加以说明。在中西文化的转换那里，冯友兰看作是类别的转换，而在哲学那里他则认为只是程度的不同。冯友兰把一般和个别应用于对哲学本身的分析当中，哲学有哲学之本然系统，有各种本然哲学系统。冯友兰用近代逻辑学的成就，分析中国传统哲学的概念，其所用的近代逻辑学成就主要就是一般与个别的思维逻辑。

牟宗三力主中西哲学会通，思考了会通的程度、限度，在哪些层面上会通，在什么问题上会通等问题。他认为哲学会通的可能性在于哲学真理既有普遍性又有特殊性。牟宗三会通的具体的哲学架构就是"一心开二门"。"一心开二门"是说开生灭门、开真如门。他指出中西哲学都是"一心开二门"，这是共同的哲学架构。

徐复观也用共性和个性的概念来解释中西文化的关系问题。他认为在共性上应该承认有世界文化，在个性上应该承认有民族文化；文化的个性是不断向文化共性的上升；其过程是个性与个性之间、共性与个性之间的接触、吸收导致个性的重新凝集从而不断扩大共性和形成新的个性。

牟宗三主要依据中国哲学的资源参照西方哲学得出了一个一般的哲学架构，不同的哲学家还可以依据另外的哲学资源提出更多的一般哲学架构。一般和个别的处理方式还蕴涵一个难题，那就是以抽象出来的一般指导研究中国哲学的个别，自然就会支解中国哲学的个别。一般要从个别中得出，中国哲学特殊性的揭示其实就是中国哲学家的一般性。中国哲学的未来发展更需要能够涵盖中国哲学诸多认人物和派别的一般，而不是外在设定的一般哲学的剪裁、支解。用一般和个别的理论范式处理中国哲学和西方哲学的关系和中国哲学的现代化的问题显示了中国哲学力图通过这一范式实现中国哲学的一般化、普世化、合法化的努力，有着它特殊的意义。但如何处理个别和一般的关系本身就是一个哲学难题。

　　一般的哲学实际上成了现代哲学家处理哲学和中西哲学关系的一个形而上学的立场，用一个形而上学立场处理中西关系在近代就已经发端，道器的处理方式其实还是把道当作了超越中西的最高范畴，中体西用论把体当作了超越中西的范畴，后来的仁等范畴的运用都有这样的形而上学的最终立场的意义。从这一方面看，这一运用方式虽然为冯友兰等明确使用，却是近现代大多数思想家的基本的逻辑思路。中国哲学的未来发展是否需要、是否能够走出一般的哲学设定带来的相关的局限性？用处理中西文化及其关系作为动力和目的来作为研究中国哲学的基本出发点，必然要找到一定的理论模型作为融会中西的基本尺度，一般和个别范畴在使用中出现的问题从另一个侧面启发我们思考另外一个问题：那就是中国哲学的研究是否一定要在中西文化及其关系问题的引领下进行。另外，用一般与个别的逻辑关系说明中国哲学史还存在普遍适用性的问题。中国哲学史上还存在另外一种逻辑思考。

　　冯友兰自己多少也意识到一般与个别的哲学缺陷，尤其是运用到中国哲学语境中的缺陷。"因为我常讲抽象，张荫麟曾经给我说个笑话，说是柏拉图有一次派人到街上买面包，那个人空手回来，说没有'面包'，只有方面包、圆面包、长面包，没有光是'面包'的面包。柏拉图说，你就买一个长面包吧。那个人还是空着手回来，说没有'长面包'，只有黄的长面包，白的长面包，没有光是'长面包'的长面包。柏拉图说，你就买一个白的长面包吧。那个人还是空着手回来，说没有'白的长面包'，只有冷的长白的长面包，热的长白面包，没有光是'白的长面包'的白的长面包。这样，那个人跑来跑去，总是买不来面包。柏拉图于是饥饿而死。"[①] 柏拉图的这个学生应该说真的进入了哲学的思维，因为的确，"面包"是一般，世界上并没有一个具体的叫做面包的东西。有的只是具体的面包，而具体的面包一定有形状，有味道，有冷热等具体的属性。不过这个仆人虽然懂得一般，懂得了解概念本身，却不知道一般和个别的关系，面包包括各式各样的面包，拿一个回来就可以了。柏拉图对于他的仆人的愚笨倒是有办法解决，可以拉着他到面包房，指着一块面包说：就是它。概念的重要性就是可以忽略很多个别的属

---

① 冯友兰：《冯友兰自述》，中国人民大学出版社，2010年，第219～220页。

性和特征，包括众多的个别事物，从而可以达到人与人之间的交流，不必亲自面对那个具体的事物。

西方哲学的概念还好办一些，如果到了中国古代汉语的语言这里，麻烦就更大了。冯友兰也听说一个笑话。"说是先生给学生讲《论语》，讲到'吾日三省吾身'，先生说。'吾'就是我呀。学生放学回家，他父亲叫他回讲，问他'吾'是什么意思？学生说'吾'是先生。父亲大怒，说'吾'是我！第二天去上学，先生又叫学生回讲，问'吾'是什么意思？学生说'吾'是我爸爸。先生没有办法叫学生明白，说'吾'是'我'。这个'我'是泛指，用哲学的话说，这个'我'是'抽象'的我，既不是他的先生，也不是他的爸爸。"① 在这个笑话中有点难办了，因为你任意找一个人来，叫他告诉学生说，"吾"就是"我"，那个学生总还是想，"吾"就是说话的那个人。中国古代汉语本身就是通过个别事物的形象来展现与其相关的各种意义的，并没有明确地区分出单数和复数，把一般和个别运用到中国哲学中会遇到语言的困难。

2. 现代哲人对相涵逻辑的发现

部分关注中国哲学史的哲人并不是完全认同一般与个别的逻辑把握中国哲学。陈汉生当然是一个典型的例子。他把中国哲学的主导逻辑说成是部分整体学的本体论。"我认为中国的本体论是部分整体学的本体论，因为对于对象的每一个抽象集合，人们都可以把该集合的所有元素当作一个不连续的质料，从而构造一个具体的部分整体学的对象。"② 陈汉生的叙述有其合理性。但是命名值得探讨。因为整体和部分的逻辑思路和一般和个别的逻辑思路殊途同归。对于一些中国哲学的素材不能用整体和部分的逻辑来表述。比如朱熹谈到理一分殊的时候举过一个例子，"理一"就像房屋，"分殊"就像有厅、有堂。从表面来看，这是一个整体和部分的关系，其实不然，"理一"和"分殊"的关系不是整体和部分的关系。其实厅堂就是房屋本身，不过所居之位不同。离开了房屋的整体，也就无所谓厅堂了。"理一"绝对不能分成部分，分殊不是部分。为了避免误解，陈汉生说描述的情形可以命名为多元和合的逻辑。这里所说的多元和合中的多元是独立、自足的，和合起来的整体不是多元不是部分，而是独立起作用的一元。

张东荪看到了一般和个别的局限。"故第二点是中国哲学不是形式哲学（form philosophy）。因为中国人没有'种'（genus）与所属的'类'（species）之分别，

---

① 冯友兰：《冯友兰自述》，中国人民大学出版社，2010年，第219～220页。
② ［美］陈汉生：《中国古代的语言和逻辑》，周云之等译，社会科学文献出版社，1998年，第38页。

其故乃是由于不把'属性'（attributes）中的'重要者'（essentials）标举出来。"①如何中国古代哲人所说的"类"呢？"至于所谓'以类取'与'以类与'乃根据'辞以类行'而来。但于此所谓'类'却决不和亚里士多德所谓 genus 相同。于此所谓以类取即等于取比，取比亦就是取譬。以其相近相似而比之。乃是触类旁通的意思，并不限于指其有所属。"②中国古代哲人讲"类"，更多的是归类，而所规之"类"和被归到某类中的事物之间并不不在一般和个别的关系，只要彼此之间有某种形式上的一致性，就可以归入某类。一个事物在这个标准下可以归入这类，在另外一个标准下可以归入另外的一类。

从逻辑上说，中国古代占据主导地位的思维逻辑是：事物本身可以从不同的角度找到与其他事物的相类关系，从而构成一种类别秩序。张东荪说："可见《易经》的哲学是完全站在'相关变化'（functional relation 即相涵关系）之上。"③"而中国人的五行则和八卦的命意差不多。决没有'原质'的意思在内。"④乾、坤、巽、离、坎、兑、震、艮不过是把世界分成八个层次，形成八个界限。可以归入乾的事物与乾之间没有一般和个别的关系。所以八卦以及六十四卦都是用象征来表示变化的式样。"中国人的'君''臣''父''子''夫''妻'完全是各为一个'函数'或'职司'，由其互相关系，以实现社会的全体。"⑤

3. 中国古代哲学中多元和合相涵逻辑的体现

中国古代哲学中有一条多元和合相涵逻辑的发展线索。这一线索体现在易学、白马非马、言意之辩、独化、理一分殊之中。能够体现中国哲学思维的两个基本点可以概括为场有和多元和合相涵。场有是对主客体思维的限制，而多元和合是对一般与个别思维的超越。

张东荪和梁漱溟都思考过阴阳范畴的问题，阴是一个阴阳，阳也是一个阴阳，那么该如何理解阴阳范畴呢？如果认为归结到阳下面是事物是个别，则会遇到较大的问题。比如男人和女人相对的时候，男人是阳，但是如果单独把男人拿出来，男人本身有阴有阳。显然阳不是一类，归于阳属性下面的事物也不是个别。具有阳的属性的事物和阳之间不存在一般与个别的关系。

五行顺序在不同文本中并不相同，五行概念内涵也不相同，要注意鉴别。如

---

① 张东荪：《知识与文化》，岳麓书社，2011 年，第 117 页。
② 张东荪：《知识与文化》，岳麓书社，2011 年，第 192 页。
③ 张东荪：《知识与文化》，岳麓书社，2011 年，第 190 页。
④ 张东荪：《知识与文化》，岳麓书社，2011 年，第 191 页。
⑤ 张东荪：《知识与文化》，岳麓书社，2011 年，第 116 页。

郭店楚墓竹简中的五行是仁、义、礼、智、圣。五行生克关系为：金生水，水生木，木生火，火生土，土生金；金克木，木克土，土克水，水克火，火克金。这一五行范畴体系体现了中国哲学范畴的基本特征。五行范畴具有较大的解释力，从人的肉体到人的精神，从植物到动物，到天地万物，都可以划分到五行之下。从五行之下有很多事物而言，五行是抽象的，具体事物是具体的，抽象和具体有机统一起来。但是五行并不是一般，称之为金的并不一定固定在金上。比如西方是金，说话也是金，少女也是金，但是三者并不是一类，并且如果从出生日期来看，少女可能是土命等。之所以会如此，就在于五行之间是机体性关联的结构，五行是相对成立的，每一范畴均通过个别体验者的体验而获得新的意义，或发展为相关的意义。五行每一基本范畴均为一种具有规范性的价值，故能直接或间接地规范思考和行为，并因之发展了一套有关实用的解释学或指导个人的修养论。中国哲学的范畴不仅具备了范畴应具备的认识真实之意，而且也具备了规范行为、广泛应用等意义，更成为一切其他多元范畴系统之根本，进而把其他范畴看作其应用，以及在不同层次上具体的变化。五行一元和多元之间可以实现有机统一性。每一个行，具有无限的拓展空间，是多；但均可归结为一行。五行之间不构成整体和部分的关系，因为每一行都是独立的一元，整体不是机械的。所以可以说是多元和合相涵。

八卦类象的道理与此相同。王弼《周易略例》提出了这样一个问题：只要一类就可以把不同的象归入进来，只要合义就可以把某物并入某卦之下。健可以是马，也可以是父，健是类，马和父之间不能替换，而是不同种类的事物。

之所以命名为多元和合相涵，就在于中国古代的和谐思想蕴含了一种不同于个别和一般的逻辑关系。和谐是以土与金木水火杂，以成百物。和谐强调事物是多元成就的，这个多元并不是部分，自身有其独立的价值。如果多元或者二元自身没有了独立性，就成了同。多元之间是济其不及、以泄其过的关系，有选择，有肯定，有否定。

孟子和告子辩论性的问题，其中也包含了对一般与个别的逻辑缺陷的认知和对其缺陷的利用。生之谓性，生是一般，就像白可以涵盖白羽之白、白雪之白、白玉之白一样。既然如此就存在一种个别可以互换的逻辑。既然都是一类的事物，个体的差异就不那么重要了，犬之性、牛之性和人之性都是个别，都是性之一般下的个别，彼此相近。性有产生、生命、生活、肉体等不同含义。"性"和"生"是一个逻辑层次的概念。把"生"的东西说成"性"，就像把白说成白一样。那么有可能得到结论是什么呢？天下万物都是生命，都有机体，都有生活，有产生和灭亡的过程。那么，就无法区别人性和物性，人的价值和物的价值有什么不同。孟子正是看到告子的这一说法包含的这一可能性，从句子形式上进行了推导。把"生"说成"性"，牛、犬都是"生"的东西，人也是生的东西，这样就会混淆这些类别存在物的"性"的差别。

白马非马论是多元和合相涵逻辑的集中表达。在公孙龙那里，马＝形；白＝色；白马＝色＋形（且白马突出色）。由于色不等于形，所以"白马非马"。按照另一方的看法，白马＝色＋形，白马自然包含马，有白马，自然就是有马。按照另一方的看法，天下是没有无颜色的马的，如果还有没有颜色的马，如果有也不应该叫做马了。按照公孙龙的逻辑，"马"是可以和"色"分开的，如果二者相合，就是白马。按照一般和个别的逻辑，不能把白马看作是"马"与"白"之间的相"合"。白马是"相与"，而白和马却是"不相与"，现在说"白马＝白＋马"就是讲不通的了。马是共名，白马是别名，有白马是单称。如果按照这个逻辑，显然有白马就是有马，有白马就是有马，而有马又包含有黄马，这样推导下去，有白马就是有黄马。显然这是不合逻辑的。既然有白马不等于有黄马，就意味着有马不等于有黄马，马就不等于黄马，黄马不等于马，当然白马也不等于马了。论证双方实际上坚持的是不同的哲学理念。一种哲学理念是从现实的事物着手考虑问题：现实的马都是有颜色，有形状的，并没有无颜色的马。马的概念是一个涵盖现实的有各种颜色的马的一个一般的概念。这个一般的概念是一种理论的抽象。白马作为个别显然是可以在一般的马的范畴之下，所以白马是马这个判断就是成立的。前面是个别；"是"是联结一般和个别的概念，而后面是一般。判断就是把个别归结为一般。按照这个逻辑理念，马这个范畴本身就不能脱离具体的马来理解，也就是说不能脱离有颜色的马来理解；白也不能脱离具体的事物来理解；既然不可以脱离开来理解，那么也就不能把白马看作是"马"与"白"之间的相"合"。白马是"相与"，而白和马却是"不相与"，现在说"白马＝白＋马"就是讲不通的了。白马非马论则坚持另外的逻辑。白和马都是独立的，二者是和合在一起的，是互涵的，二者可以分开。不可以把白马非马论的"指"和"指物"理解成一般和个别的关系。就像"白"和定在白马上的白之间不是一般和个别、整体和部分的关系。白马是个别，白马上的白本身就是白，并不是个别的白，而脱离白马的白也不是一般的白。

如果说白马非马论只是逻辑上的论证，独化论则是在现实上把事物看成是多元和合相涵的。假设具体事物是 a/b/c/d。"a/b/c/d"之间是相因"、"俱生"、"玄合"的关系。这里的"相因"不是因果条件关系。"a/b/c/d"之间的"玄合"可以说

"独"的关系，是"自尔"的关系，是"冥合"的关系。或者说"a/b/c/d"不是敞开的关系，而是遮蔽的关系，就像有一个大幕，遮住了彼此的关系，但是彼此却可以独立地和"天"相沟通。"a/b/c/d"之间不是因果条件关系，物"无待"，不必"寻其所由"。a/b/c/d 之间有两种关系。a 有本有末，本是相对于"天"的关系，"末"是相对于 b 的关系。相对于 b 的关系形成了内外的关系，a 为内，b 为外，a 背离了本的主宰，"丧主于内"，就会以相对的内外关系"自矜"，把相对关系中显示出来的我，被 b 制约的"我"当成了"我"；同时也会把"b"看成外物，从而"宗物于外"。

"a/b/c/d"和"天"是什么关系？首先要考虑先后的逻辑分布。先 a/b/c/d，后"天"，"天"更像是"境界"。a/b/c/d 之间和天之"圆圈"单线联系。a/b/c/d 和天虽然是单线联系，但不妨碍彼此相聚，并且彼此"共成"。天即不是"无"，也不是"有"，可以说是"造物者"，不过这个造物者，不有不无。

郭象这样讲有什么意义呢？有利于讲入世和出世的问题，讲名教和自然，讲人生和政治。用西化一点的语言，用今天的话说，"独化"保证了"共赢"，"独化"保证了"自由"，保证了"个性"，保证"平等"。有"自矜"，区别内外，是无法实现"齐"，无法实现平等的。之所以要坚持这一认识，是因为郭象追求的是诱然皆生，同焉皆得，万物共成，本末内外，畅然俱得，泯然无迹。郭象希望超越内外，担心内外的逻辑引起事物之间地位上的不平等，希望借助"独化"的道理，针砭一方被另一方强制。多元和合相生的逻辑是中国哲人的突出哲学成就，其中包含着自由、民主、平等的种子。

后 记

从本科开始，萦绕在我心中的一个问题是：何谓中国哲学，如何书写中国哲学史更能够反映中国古代典籍的面貌？这一问题产生于对所学的教材的某种不满意。其中最大的困惑是感到不能反映思想家的思想进程和思想的结构、体系，逻辑性不够好。后来，经过学习才发现，要解决这一问题是一件难事。不过，断断续续地还是得到了一些看法，本书记载了这些看法。但由于所得的看法时间不一，学术素养也不同，针对的问题也不同，导致相关看法的层次并不一样。从整体上看，还是有一定的思想的倾向性和线索在其中。我的目标是写成一部中国哲学原理来揭示中国哲学的深层次的内核。目前这本书离这个目标显然是有距离的。我追求一种纯粹的中国哲学，显然这本书不够"纯"，不够"深"，不够"精"，不过对志于中国之"哲学"的人们来说，这本书依然可以起到一定的"向导"的作用。

本书以四句话概括何谓中国哲学，即中国哲学是闻道功夫论；中国哲学是出生灭门入真如门的学问；中国哲学是转识成智的学问；中国哲学是即凡而圣的学问。说明这一问题需要整合儒释道，并把儒释道放在一个哲学平台上来理解。本书的论述是初步的，要完成这一工作需要更为深入的论述。本书力求说明中国哲学思路的转换，以及逻辑范畴的体系性，初步说明了无内外和有内外构成了中国哲学核心的逻辑线索，但相关范畴的整合工作并未完成。中国哲学史和中国文化的反思部分由《中国哲学史》学科的建设过程入手，反思《中国哲学史》的思路和方法，总结存在的问题，提出了未来《中国哲学史》建设的大致方向。这部分的思考发生较早，与中国哲学灵魂的定位之间的一贯性还有待加强。

在我的心目中，一个成熟的中国哲学原理当满足如下条件：涵盖儒家、道家和佛教的内容，体现三家学说的本质特征而不偏爱；不拘泥于哲学学科，而涵盖文学、史学等内容，应能揭示相关文本和作品的哲学底蕴；雅俗兼顾，除了对于文本有基础性作用外，对于文明产品以及人的行为文化也具有基础性和涵盖性；能够揭示中国哲学史提出的基本问题；能够勾勒中国哲学史逻辑范畴体系及其演化的大致情形；充分吸收中西哲学对比的成果，具有西方哲学的底蕴。

修辞立其诚，我依然很崇拜老一辈学者和我的老师们的学风，他们的著述不一定很多，却字斟句酌，很珍爱自己的写作和作品，而我多少已经沉浮在这个时代潮流之中了。本书的写作时间不一，心态不一，存在着这样那样的缺陷，请读者批评真正。时代的发展提出了太多的哲学问题需要回答，在这个时代，一个勤于思考的人，无法停下写作的脚步，以至于来不及回头去审视，这不能不说是一件憾事。本书总体上看还在"学术"的层次上，如果有一天我也可以从内心解开思想的束缚，表达我自己所谓的"哲学"或"思想"，将更为成体系，更为体现"思"的色彩。"学"是"思"的准备，"学"是为了更好的"思"，但愿我可以完成中国哲学"思"的事业。

本书得到湖北大学研究生精品课程教材建设经费的资助，2015年我以此书稿申请了湖北省社科基金项目。这些都是本书得以面世的机缘，不然，或许这些思考永远束之高阁了！感谢科学出版社樊飞编辑接受此书稿，并为此书面世所付出的辛勤劳动。写作为他人而生，为社会而生，为时代而生，对于这些帮助我由衷地怀着感恩的心情。此书虽然即将出版，但不代表思考已经结束，欢迎各位专家学者、各位读者朋友批评指正，我依然渴望，我可以再次尝试写作中国哲学原理，使得中国哲学原理得到较为科学、合理而又比较全面的展示。

周海春

2016年3月19日于琴园

丛书编后记

1994年，为振兴和发展湖北大学的哲学事业，我们两个人（江畅、戴茂堂）分别从湖北大学政治教育系和《湖北大学学报》编辑部调到湖北大学哲学研究所，当时我们信心满满地想建立中国哲学的"沙湖学派"。从那时到今天，已经整整20年了。20年来，沙湖学派从小到大，从弱到强——从当时的几位老师和几位学生，到今天的几十位老师和几百位毕业生和在校生；从没有一个学位点，到今天拥有本科、硕士、博士学位点，以及博士后流动站；从没有任何重点学科到今天具有省级一级哲学重点学科；从当时单二级学科的西方哲学或伦理学研究到今天的作为一级学科的哲学研究，以及更广范围的文化研究，搭建起了湖北大学基础文科的文化发展研究平台。我们正在组织出版五本集刊（《德国哲学》《价值论与伦理学研究》《文化发展论丛》（中国卷、世界卷、湖北卷）和三本蓝皮书（《文化建设蓝皮书：中国文化发展报告》《世界文化蓝皮书》《湖北文化蓝皮书》）；正在组织有关中国、世界、湖北文化发展的学术论坛。今天，沙湖学派已经成为中国哲学和文化研究的一支重要力量。我们希望本丛书能以更突出的个性特色为沙湖学派的发展壮大、为我国哲学与文化的繁荣昌盛做出一份贡献！

在2000年开始出版的"价值论与伦理学丛书"的总序中，我们第一次明确宣告了沙湖学派的宗旨，即："以关注和研究人类（特别是中国）价值与道德问题为宗旨，以个体自主和整体和谐为旗帜，以重反思、重批判、重对话为指针，以出思想、出观点、出理论为使命，力求在哲学和伦理学上有所突破，有所创新，形成独树一帜的'沙湖学派'，以成为哲学百花园中的一簇充满生机和活力的鲜花。"我们还阐明了出版丛书的基本思路，即："从广义上理解伦理学，把道德问题作为其中的一部分并放到更广泛的价值问题中去审视和探讨，使伦理学与价值论沟通、统一起来。从哲学的高度研究伦理学，使伦理学成为幸福哲学、价值哲学、人生哲学，成为能为社会和个人观念构建、反思、更新提供一般价值原则和基本行为准则的真正意义的哲学"；"立足中国当代现实，着眼人类未来发展，借鉴现代世界文明，弘扬中国传统文化。不拘一格，广泛吸纳人类已有的一切有价值的思想理论成果，在批判、选择、综合的基础上创新，构建一种理论与应用内在一致的、具有兼容性、开放性、创新性的动态伦理学体系"。在2002年创办的《价值论与伦理学论丛》（后改名为《价值论与伦理学研究》）的发刊词中，我们又强调了这些沙湖学派的基本观念。

上述观念仍然是本丛书的基本观念，我们还会将这些观念进一步运用于文化问题的研究。文化问题的核心是价值问题，价值问题的难题是道德问题。我们将着眼于文化问题研究道德和价值问题，以解决道德问题为突破口破解价值问题和文化问题，以价值问题的研究加强道德问题与文化问题之间的关联，使道德问题、价值问题与文化问题贯通起来，融为一体。我们希望通过我们持续不懈的学术探索为我国主流价值观和主流价值体系构建提供理论支持和智库服务。

江　畅

（湖北大学高等人文研究院院长、教育部"长江学者"特聘教授）

戴茂堂

（湖北大学哲学学院院长）

2014 年 10 月